図解で学ぶ
SEのための銀行三大業務入門［第2版］

株式会社シーエーシー
室　勝［著］

一般社団法人 金融財政事情研究会

はじめに

　銀行の勘定系システムが誕生してから50年近い年月が経ちました。
　1960年代半ばから登場した第一次オンラインでは、事務省力化・効率化を目的として、元帳のオンライン化、単科目処理、CDによる自動支払といった機能が実現されました。1970年代前半から開発された第二次オンラインでは、事務合理化、顧客へのサービス拡充を目指し、科目間連動、総合口座、銀行間CD連携といった機能・サービスが提供されました。そして、1980年半ばには第三次オンラインの開発が各行で始まりました。この世代では勘定系が再構築され、加えて情報系や国際系、対外接続系の整備と接続を行うことにより、金融自由化への対応、顧客向けネットワークの充実、営業管理・収益管理の強化などが実現されました。
　現在稼働中のポスト三次オンラインといわれる世代では、複雑化・肥大化したシステムを再整理し、柔軟性・即応性を求めて、SOAの採用、オープン系の導入などが行われ、新商品の迅速な提供、デリバリーチャネルの充実、統合リスク管理などが具現化されています。この結果、システムそれ自体でのみ提供可能な機能を有する、言い換えればそれなしでは実現できない高度で複雑な社会インフラとして存在しています。
　たとえば、以前は日銀ネット、全銀システム、SWIFT、CAFIS、MICS（BANCS、ACS）、ANSER、ファームバンキングなど企業間が主であった対外接続系は進化を遂げ、現在では個人・法人利用者はPC、スマートフォン、タブレット等での時間・場所を問わない照会・決済が可能になっています。
　ポスト三次オンラインは、PCの普及とネットワーク技術の発達が融合した結果、インターネットバンキングが登場したことに代表されるように技術の進歩に促されている側面が強いと考えます。この技術進歩にあわせて、システムは必ず再構築する必要が生まれます。銀行業務に携わるSEにとって、システム改善・改良作業が主流の昨今ですが、最新の技術を活用し、かつ要求される堅牢性・安定性を実現する銀行システムの再構築に備え、銀行業務の基礎をしっかりと理解する必要があります。

本書は入門書であるため、基本的な商品・処理の記述にとどまっており、複雑な商品・例外処理については触れておりませんが、手にとられたSEの方々が本書を足がかりに、業務理解を進めていただき、社会に貢献できる重要インフラとしての銀行システム構築で活躍されることを願っております。

2014年4月

株式会社シーエーシー
取締役兼執行役員
サービスビジネスユニット長
長倉浩和

第2版の刊行にあたって

　2010年12月に『図解で学ぶ　SEのための銀行三大業務入門』を刊行してから、早いもので、3年以上が経ちました。刊行直後は本書がはたしてどの程度受け入れられるのか、まったく想像もできませんでした。しかしながら、おかげさまで一定の評価をいただき、増刷を重ねるに至ったことは筆者にとって望外の喜びであり、またいっそうの励みにもなりました。

　本書は、銀行業務のなかでも最も基本的な預金・貸付・為替の三大業務について記述しています。これらの業務は伝統的な業務でもあり、大幅な改訂の必要はないと考えていました。しかし、電子記録債権制度の創設に代表されるように新しく記述を加える必要が出てきたため、今回改訂版を上梓することにしました。

　この第2版では国際財務報告基準（IFRS）の部分を除き、基本的に加筆修正のみ行っています。そのおもな加筆修正部分は、以下のとおりです。

　第1章では睡眠口座（休眠口座）について加筆しました。第2章にはおもな加筆修正箇所はありません。第3章では電子記録債権制度、新日銀ネットについて加筆し、手形の呈示期間、個別取立についての誤りを修正しました。なかでも電子記録債権制度は新しい制度であり、事業者の資金調達・決済の一翼を担うものですので、一定の紙幅を割いて記述しました。第4章では既述の為替特約付外貨定期預金に為替特約付円定期預金を追加し、電信送金の資金の受取方法についての説明を詳細化しています。また、外国為替業務のシステム面については、従来のファイル構成のみの記述に加えて、国内の預金システムと対比しやすいよう、外貨普通預金を例に、そのシステム概要を追加しています。第5章では一部に項番の不整合があり、構成を把握しづらい部分があったため、項番を全体的に見直し、付番のルールも明記しました。決算部分では直物為替の仲値評価替と引直については金額をはじめとして、わかりにくかった部分を改めました。また、最後に勘定系システムについても追記しています。国際財務報告基準（IFRS）は前回執筆時にはホットなテーマであったため、ごく簡単に取り上げましたが、第2版からは削除しました。

各章を通して、テクニカルな問題でいままで修正できなかった誤りや修正・補記すべきと思われる細かい部分も加筆修正し、各種の数値も極力、最新のものに更新しています。また読者の皆様から要望の多かった索引を巻末に追加しています。

　銀行業務とそのシステムを学ぼうとするSEの方々にとって、この第２版がいささかなりともお役に立てれば幸いです。引き続きご指摘・ご意見などありましたら、下記メールアドレスまでお送りください。よろしくお願い致します。

　【メールアドレス】ginkou-syoseki@cac.co.jp

　最後に第２版の執筆に際し、多くのご助力と適切なアドバイスをいただいた社内外の方々に御礼申し上げます。また、一般社団法人金融財政事情研究会の伊藤雄介氏には企画・編集・校正の各段階で各種のアドバイスを頂戴しました。この場を借りて、厚く御礼申し上げます。

2014年４月

株式会社シーエーシー
サービスビジネスユニット　サービスビジネス企画部
シニア・システム・エンジニア
室　　勝

【著者所属企業概要】

株式会社シーエーシー

1966年日本最初の独立系ソフトウエア専門企業として設立。情報化戦略の立案、システムの構築・管理運用を主業務とし、近年は業務受託までの一貫したサービスを提供。東証一部上場の株式会社CAC Holdingsの子会社。
URL：http://www.cac.co.jp/

【著者紹介】　主な業務経歴　開発システム名称（担当工程、役割）

室　　勝（むろ　まさる）
サービスビジネスユニット　サービスビジネス企画部
シニア・システム・エンジニア
1990年　シーエーシー入社　勘定系システム経験20年
A銀行預金システム（詳細設計～総合テスト、業務SE）
B銀行外国為替システム（基本設計～総合テスト、業務SE）
C銀行外国証券システム（詳細設計～統合テスト、業務SE）
D銀行外国為替システム（詳細設計～統合テスト、業務SE）
E銀行外国為替システム（基本設計～総合テスト・保守、業務SE）
F銀行外国為替システム（保守、業務SE）
G銀行海外支店向け外国為替システム（基本設計～統合テスト、業務SE）
H銀行海外支店向け資金為替システム（保守、業務SE）
I銀行外国為替システム（保守、PM・業務SE）
J銀行外国為替システム（保守、PM・業務SE）
K銀行外国為替システム（要件定義～基本設計、業務SE）
L銀行海外支店向け外国為替システム（要件定義、業務SE）、ほか
　（注）　SE＝システム・エンジニア、PM＝プロジェクト・マネージャー

目 次

第1章　預金業務

第1節　預金業務とは ……………………………………………………… 2
第2節　流動性預金・普通預金 …………………………………………… 3
　第1項　商品概要 ………………………………………………………… 3
　第2項　普通預金の利息計算 …………………………………………… 6
　第3項　決済性普通預金 ………………………………………………… 11
第3節　流動性預金システムについて …………………………………… 13
　第1項　預金システムの特性 …………………………………………… 13
　第2項　預金システム開発の留意点 …………………………………… 13
　第3項　普通預金の取引と起票 ………………………………………… 15
第4節　その他の流動性預金 ……………………………………………… 24
　第1項　当座預金 ………………………………………………………… 24
　第2項　貯蓄預金 ………………………………………………………… 26
　第3項　納税準備預金 …………………………………………………… 28
　第4項　別段預金 ………………………………………………………… 29
第5節　固定性預金・定期預金 …………………………………………… 32
　第1項　商品概要 ………………………………………………………… 32
　第2項　定期預金の利息計算 …………………………………………… 35
　第3項　スーパー定期以外の定期預金 ………………………………… 36
第6節　固定性預金システムについて …………………………………… 38
　第1項　定期預金の取引と起票 ………………………………………… 38
第7節　総合口座 …………………………………………………………… 44
　第1項　商品概要 ………………………………………………………… 44
　第2項　総合口座貸越とは ……………………………………………… 44
　第3項　貸越利息の計算例 ……………………………………………… 45
第8節　その他の固定性預金 ……………………………………………… 48
　第1項　通知預金 ………………………………………………………… 48

第 2 項　積立定期預金 ………………………………………………… 49
　第 3 項　財形預金 ……………………………………………………… 52
　第 4 項　譲渡性預金（NCD：Negotiable Certificate of Deposit）……… 54
　第 5 項　仕組預金 ……………………………………………………… 56

第 2 章　貸付業務

第 1 節　貸付業務とは …………………………………………………… 60
　第 1 項　貸付の種類 …………………………………………………… 60
　第 2 項　貸付の 5 原則 ………………………………………………… 62
　第 3 項　貸付の流れ …………………………………………………… 63
　第 4 項　貸付方法 ……………………………………………………… 65
　第 5 項　返済方法 ……………………………………………………… 66
　第 6 項　元利均等返済とは …………………………………………… 67
　第 7 項　元金均等返済とは …………………………………………… 69
第 2 節　法人向け貸付・手形貸付 ……………………………………… 71
　第 1 項　商品概要 ……………………………………………………… 71
　第 2 項　取引の流れ …………………………………………………… 73
　第 3 項　手形貸付の利息計算 ………………………………………… 74
第 3 節　貸付システムについて ………………………………………… 76
　第 1 項　手形貸付の取引と起票 ……………………………………… 76
第 4 節　その他の法人向け貸付 ………………………………………… 82
　第 1 項　証書貸付 ……………………………………………………… 82
　第 2 項　手形割引 ……………………………………………………… 85
　第 3 項　当座貸越 ……………………………………………………… 88
　第 4 項　債務保証 ……………………………………………………… 90
　第 5 項　信用保証協会保証 …………………………………………… 93
　第 6 項　代理貸付 ……………………………………………………… 95
　第 7 項　シンジケートローン（Syndicated Loan）…………………… 98
　第 8 項　コミットメントライン（Commitment Line）……………… 101

- 第9項　動産担保貸付（ABL：Asset Based Lending） …………… 102
- 第10項　ノンリコースローン（Non-Recourse Loan） ……………… 104

第5節　個人向け貸付
- 第1項　住宅ローン ………………………………………………………… 107
- 第2項　リフォームローン ………………………………………………… 109
- 第3項　カードローン ……………………………………………………… 111
- 第4項　教育ローン ………………………………………………………… 113
- 第5項　その他のローン …………………………………………………… 115

第3章　内国為替業務

第1節　内国為替業務とは
- 第1項　概　　要 …………………………………………………………… 118
- 第2項　送金為替 …………………………………………………………… 119
- 第3項　代金取立 …………………………………………………………… 120

第2節　資金決済制度
- 第1項　概　　要 …………………………………………………………… 123
- 第2項　全銀システムと日銀ネット ……………………………………… 123
- 第3項　手形交換制度 ……………………………………………………… 126
- 第4項　電子記録債権制度 ………………………………………………… 131

第3節　商品とサービス
- 第1項　概　　要 …………………………………………………………… 140
- 第2項　電信振込 …………………………………………………………… 140
- 第3項　文書振込 …………………………………………………………… 142
- 第4項　メール振込 ………………………………………………………… 143
- 第5項　MTデータ伝送 …………………………………………………… 144
- 第6項　普通送金 …………………………………………………………… 145
- 第7項　集中取立 …………………………………………………………… 145
- 第8項　期近集中取立 ……………………………………………………… 146
- 第9項　個別取立 …………………………………………………………… 147

第4章　外国為替業務

第1節　外国為替業務とは …………………………………………… 150
- 第1項　概　　要 ……………………………………………… 150
- 第2項　外国為替業務と国内業務の対比 ………………………… 152

第2節　相場・金利 …………………………………………………… 154
- 第1項　外国為替市場 …………………………………………… 154
- 第2項　外国為替相場 …………………………………………… 155
- 第3項　公示相場 ………………………………………………… 157
- 第4項　金利の種類 ……………………………………………… 160

第3節　外貨預金 ……………………………………………………… 162
- 第1項　概　　要 ………………………………………………… 162
- 第2項　外貨預金の為替変動リスク ……………………………… 164
- 第3項　流動性預金・外貨普通預金 ……………………………… 166
- 第4項　流動性預金・外貨当座預金 ……………………………… 168
- 第5項　固定性預金・外貨通知預金 ……………………………… 169
- 第6項　固定性預金・外貨定期預金 ……………………………… 171
- 第7項　固定性預金・為替特約付外貨定期預金 ………………… 173
- 第8項　固定性預金・為替特約付円定期預金 …………………… 177

第4節　外貨貸付 ……………………………………………………… 181
- 第1項　概　　要 ………………………………………………… 181
- 第2項　外貨貸付の為替変動リスク ……………………………… 183
- 第3項　円の貸付との差異 ……………………………………… 185
- 第4項　外貨貸付・外貨手形貸付 ………………………………… 186
- 第5項　外貨貸付・外貨証書貸付 ………………………………… 188
- 第6項　外貨貸付・外貨債務保証 ………………………………… 190

第5節　送　　金 ……………………………………………………… 193
- 第1項　概　　要 ………………………………………………… 193
- 第2項　電信送金 ………………………………………………… 196
- 第3項　送金小切手 ……………………………………………… 200

第6節 輸　　出 …………………………………… 202
- 第1項　概　　要 ………………………………… 202
- 第2項　輸出入取引にかかわるおもな書類 ……… 206
- 第3項　クリーン手形・小切手取立 ……………… 210
- 第4項　信用状付輸出荷為替手形買取 …………… 212

第7節 輸　　入 …………………………………… 216
- 第1項　概　　要 ………………………………… 216
- 第2項　信用状付一覧払手形・本邦ユーザンス … 227
- 第3項　信用状付期限付手形・外銀ユーザンス … 230
- 第4項　信用状なし期限付手形・B/Cディスカウント … 232

第8節 両　　替 …………………………………… 235
- 第1項　概　　要 ………………………………… 235
- 第2項　手 数 料 ………………………………… 236

第9節 先物為替予約 ……………………………… 240
- 第1項　概　　要 ………………………………… 240
- 第2項　売買（受渡）タイミング ………………… 242
- 第3項　売買形態 ………………………………… 244
- 第4項　売買通貨 ………………………………… 245
- 第5項　為替変動リスクの回避策 ………………… 248
- 第6項　先物予約相場の決定理論 ………………… 250

第10節 市場取引 …………………………………… 253
- 第1項　概　　要 ………………………………… 253
- 第2項　資金取引と先物予約取引 ………………… 254

第11節 持　　高 …………………………………… 260
- 第1項　概　　要 ………………………………… 260
- 第2項　持高と為替リスク ………………………… 260
- 第3項　持高と取引 ………………………………… 262

第12節 外国為替システム ………………………… 264
- 第1項　概　　要 ………………………………… 264
- 第2項　外貨普通預金の取引と起票 ……………… 268

第5章　銀行業務の会計

- 第1節　会計処理の概要 …………………………………………………… 278
  - 第1項　単式簿記と複式簿記の基礎 …………………………………… 278
- 第2節　基本的なルール、考え方 ………………………………………… 281
  - 第1項　勘定科目 ………………………………………………………… 281
  - 第2項　仕　訳 …………………………………………………………… 285
- 第3節　国内業務の会計 …………………………………………………… 289
  - 第1項　取引と会計処理 ………………………………………………… 289
  - 第2項　決　算 …………………………………………………………… 300
- 第4節　外国為替業務の会計 ……………………………………………… 321
  - 第1項　単一通貨会計と多通貨会計の違い …………………………… 321
  - 第2項　単一通貨会計 …………………………………………………… 327
  - 第3項　単一通貨会計における各取引の会計処理 …………………… 333
  - 第4項　単一通貨会計における決算手続 ……………………………… 375
  - 第5項　多通貨会計 ……………………………………………………… 418
  - 第6項　多通貨会計における各取引の会計処理 ……………………… 424
  - 第7項　多通貨会計における決算手続 ………………………………… 431
- 第5節　会計と勘定系システム …………………………………………… 447
  - 第1項　勘定系システムの全体像 ……………………………………… 447
  - 第2項　勘定系システムの詳細 ………………………………………… 451
  - 第3項　機能別にみたオンライン ……………………………………… 454

- ■参考文献／参考ホームページ …………………………………………… 456
- ■事項索引 …………………………………………………………………… 457

【コラム】

CIFについて ………………………………………………………………… 15
アメリカのノンリコースローン ………………………………………… 106
手形・小切手の資金化（現金化）………………………………………… 128
振込と振替 ………………………………………………………………… 148
外国銀行との資金決済 …………………………………………………… 195
輸出手形保険 ……………………………………………………………… 206
輸出者と輸入者について ………………………………………………… 212
T/C利用者の減少 ………………………………………………………… 239
円高と円安 ………………………………………………………………… 247
起票レートの使い分け …………………………………………………… 323

第1章

預金業務

第1節　預金業務とは

　銀行の資金はおもに預金により調達されています。この預金を取り扱うのが預金業務であり、貸付業務、為替業務と並び、銀行のなかで最も基本的な業務の一つです。本章では一般的な商品である「普通預金」と「定期預金」について詳述します。普通預金と定期預金以外の預金については、内容が類似している部分も多いため、簡単に触れるにとどめます。なお外貨預金は、本章を前提に「第4章　外国為替業務」で説明します。

　なお、預金利息に対し、2013年1月1日から2037年12月31日までの25年間、復興特別所得税として、所得税率2.1％が追加的に課税されています。このため、国税率が15.315％に変更されていますが、本書では、従来の15％のままとしています。

　預金は、流動性預金と固定性預金（定期性預金）に大別されます。流動性預金と固定性預金のおもな差異は、図表1－1－1のとおりです。

図表1－1－1　流動性預金と固定性預金のおもな差異

	流動性預金	固定性預金
流動性（入出金）	入金、出金とも随時可能	出金は制限あり
預入期間	定めはない	通常、商品ごとに預入期間が決まっている
利率	流動性が高いため、固定性預金に比べて、低いか、ゼロ	流動性が低いため、流動性預金に比べて、高い
預金の種類	普通預金、当座預金、貯蓄預金、納税準備預金、別段預金、決済用預金、外貨普通預金、外貨当座預金、外貨別段預金など	定期預金、積立定期預金、通知預金*1、譲渡性預金、仕組預金、外貨定期預金、外貨通知預金*1、為替特約付外貨定期預金など

＊1　通知預金、外貨通知預金は流動性預金に分類されることもありますが、本書では固定性預金に分類しています。

第2節 流動性預金・普通預金

　預金業務で取り扱う商品のうち、預入期間の定めがなく、随時入出金できるのが流動性預金です。この流動性預金のなかでも、最も一般的な「普通預金」について、商品概要やバリエーションだけでなく、利息計算方法、システム面などを詳しく述べていきます。

第1項　商品概要

　銀行と取引を始める場合、最初に普通預金口座を開設するのが一般的です。おもな特徴は、図表1－2－1のとおりです。

図表1－2－1　普通預金のおもな特徴

項　目	内　容
流動性（入出金）	随時可能。公共料金、クレジットカード、税金などの口座引落や、給与や年金の受取が可能
取引単位	1円以上
預入期間	定めはない（通常、解約しない限り、預入される）
利息	年利建、1年を365日とする日割り計算
付利単位	1円以上
最低付利残高	1,000円以上
利息決算	2月中旬、8月中旬の年2回
利息にかかる税金	個人は国税15％、地方税5％の源泉分離課税。法人は総合課税
対象者	個人、または法人（本人確認が前提）
預金保険	対象。その他の預金と合計して、元本1,000万円とその利息までが保護される

1　流動性（入出金）

入出金は随時可能です。いつでも出金ができるので、要求払い預金[*1]ともいわれます。出金は通帳＋印鑑＋払戻請求書（窓口）、口座引落、キャッシュカード＋暗証番号（ATM）などで行うことができます。入金は入金票＋通帳（窓口）、振替、振込、キャッシュカード（ATM）、通帳（ATM）などで行うことができます。

> [*1]　要求払い預金とは、預金者の要求に応じて随時出金可能な普通預金、当座預金、別段預金、通知預金、貯蓄預金、納税準備預金などを指します。

2　取引単位

システム的にも業務的にも通常、ゼロ円での口座開設も可能です。

3　預入期間

預入期間に定めのない預金です。解約するか、あるいは一定期間、口座に異動がなかった場合、オンラインファイルから削除され、最後の異動から10年経過すると睡眠口座（休眠口座）[*2]とされて、預入が終了します。この場合、その預金は銀行の収益（雑益）とされます。

> [*2]　銀行の場合、商法第522条の消滅時効を根拠としており、5年以上経過していても、預金者であることが証明（本人であることが確認）できれば、払戻に応じるのが一般的です（信用金庫、信用組合の消滅時効は10年（民法第167条））。なお、休眠口座をほかの公的機関に移管して、公益性のある事業に活用することが2014年4月現在検討されています。

4　付利単位

利息を計算する際の計算単位のことです。たとえば1円単位[*3]での付利であれば、1円未満は切り捨てられます。

> [*3]　付利単位を一定金額（例：100円）以上とすることで、利息計算の手間を軽減している銀行もあります。

5　最低付利残高

　利息を計算する際に、残高が一定金額以上の期間のみ利息計算の対象とするものです（図表1－2－2参照）。付利単位と同様に一定金額以上とすることで、利息計算の対象口座・対象期間を減らし、システム負荷を軽減します。銀行によっては、最低付利残高が1円というところもあります。その場合、残高がある口座すべてが利息計算の対象とされます。

6　利息決算

　普通預金の利息決算は、取引が少ないといわれる2月、8月に行われます。利息決算日は、銀行によって1週間前後異なりますが、おおむね2月、8月の中旬の週末付近（たとえば、第3金曜日）を基準に行われます。また、口座解約時にも利息決算（利息支払）が行われます。

7　利息にかかる税金

　利息にかかる税金は、個人の場合、国税15％、地方税5％の源泉分離課税です。法人は総合課税ですが、金融機関、公益法人などは非課税です。また非居住者（所得税法・法人税法によります。一例をあげれば日本国内に住所も1年以上の居所もない個人）は地方税が免除され、租税条約によっては国税率が軽減されることもあります。

8　対　象　者

　公的証明書などにより本人確認ができれば、個人・法人を問わず、普通預

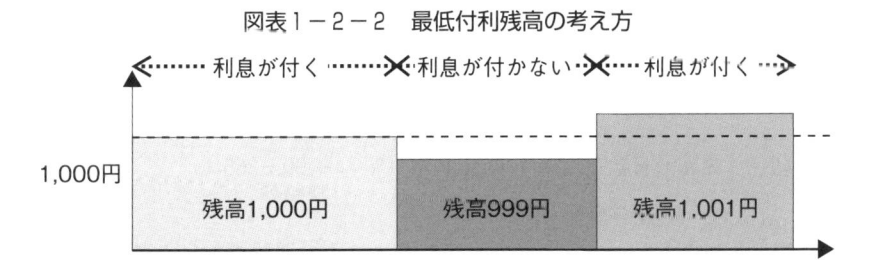

図表1－2－2　最低付利残高の考え方

｜……利息が付く……｜…利息が付かない…｜……利息が付く……｜

| 1,000円 | 残高1,000円 | 残高999円 | 残高1,001円 |

金口座をつくることができます。

　ただし、前述の非居住者（外為法によります。一例をあげれば、日本を出国し、外国に２年以上滞在している個人）は、非居住者円預金（非居住者円普通預金）しかつくることができません。

9　その他

　普通預金口座を開設すれば、通常、通帳が発行されます。ただし、入出金の多い法人などでは通帳ではなく、ステートメント方式（後述の当座預金取引照合表と同等のもの）にしているところもあります。また昨今では通帳は存在せず、入出金の履歴はインターネットバンキングなどで確認できる普通預金も登場しています。

第２項　普通預金の利息計算

　普通預金は、２月と８月の利息決算日に顧客に利息を支払います。利息の計算方法には、いくつかの方法がありますが、ここでは次回利息決算日までの予定利息を計算する方法について、記述します。なお、利息決算は元加（利息を元本に加えるという意味）、付利（利息を付けるという意味）ともいいます。

　利息の計算式そのものは、後述する定期預金などと同じですが、普通預金は残高が随時増減するため、入出金の都度、利息計算を行います。計算方法は利息決算日または普通預金口座開設時に、残高に次回利息決算日までの期間の日数を乗じ（以下、利息積数）、入出金があるたびにその入出金の金額で利息積数を補正します。そして利息決算日には、この利息積数に年利率を乗じ、年日数で割ることで利息を求めます。

1　利息の計算式

　　利息＝ $\underbrace{(残高 \times 日数（片端））}_{利息積数}$ ×年利率（％）÷100÷365

　片端（かたは）とは、日数を数えるときに、その期間の初日を数えない方

法（初日不算入）です。

また、初日も数える場合は、両端（りょうは）といいます。たとえば、2010/7/1～2010/7/26の日数は、片端では25日ですが、両端では26日です。預金利息の計算は、片端を使用します。1年の日数は、閏年であっても365日とします。

2 利息計算例・その1

利息決算日を2月、8月の第3金曜日とした場合、利息計算は、図表1－2－3のとおりです。なお、最低付利残高＝1,000円、付利単位＝1円、年利率＝1％（期間中、利率の変更なし）とします。

【2010年8月の利息決算の場合】
・今回の利息決算日＝2010/8/20
・利息計算始期＝2010/2/20（前回2月の利息決算日（2010/2/19）の翌日）

図表1－2－3では、口座が開設されたのが、2010/7/1なので、2010/7/1が利息計算始期です。

図表1－2－3　利息計算例（最終形）

日付	2010/7/1	2010/7/26	2010/7/27		2010/8/20：利息決算日
取引	①ご新規	②給与	③電話料金	④電気料金	⑤お利息
入出金	入金	入金	出金	出金	入金
入出金額	100円	500,532円	3,558円	7,890円	269円
残高	100円	500,632円	497,074円	489,184円	489,453円
残高不変の日数	25日	1日	－	24日	181日
利息積数	0円	500,632×1	－	489,184×24	489,453×181

税引前利息＝（0円×25日＋500,632円×1日＋489,184円×24日）×0.01÷365
　　　　　＝12,241,048円×0.01÷365＝335.371…円→335円（円未満切捨）
税引後利息＝335円－50円（＝335円×0.15（国税率）、円未満切捨）
　　　　　－16円（＝335円×0.05（地方税率）、円未満切捨）＝269円

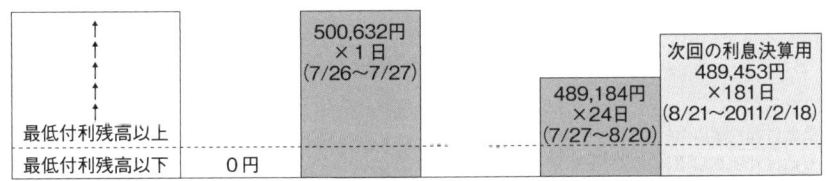

最低付利残高以上	↑↑↑↑	500,632円×1日(7/26～7/27)		489,184円×24日(7/27～8/20)	次回の利息決算用489,453円×181日(8/21～2011/2/18)
最低付利残高以下		0円			

網かけの部分が、利息積数

ただし、当初は最低付利残高を満たしていないため、利息積数はゼロとされます。

・利息計算終期＝2010/8/20

　図表1-2-3では今回の利息決算の利息積数についてわかりやすいように、最終形を例示しています。しかし実際には、今回の利息決算日に前回の利息計算日からまとめて6カ月分を計算することはしません。入出金がある都度、そのときの残高が次回の利息決算日まで増減しなかったと仮定し、利息積数を計算しておきます。そして残高の変動があったときに、入出金額で利息積数の差額を計算し、これで利息積数を補正していきます（具体的には、図表1-2-4を参照）。こうすることで、6カ月分の利息積数の計算を利息決算日に集中しないようにし、システムの負荷を軽減しているのが一般的です。

3　利息計算例・その2

　図表1-2-3は最終形で示しましたが、各入金・出金の際の利息積数の計算過程を図表1-2-4で説明します。

図表1-2-4　利息計算例（計算過程）

日付	2010/7/1	2010/7/26	2010/7/27		2010/8/20 ：利息決算日
取引	①ご新規	②給与	③電話料金	④電気料金	⑤お利息
入出金	入金	入金	出金	出金	入金
入出金額	100円	500,532円	3,558円	7,890円	269円
残高	100円	500,632円	497,074円	489,184円	489,453円
残高不変の日数	25日	1日	―	24日	181日
利息積数	0円	500,632×1	―	489,184×24	489,453×181

税引前利息＝（0円×25日＋500,632円×1＋489,184円×24日）×0.01÷365
　　　　　＝12,241,048円×0.01÷365＝335.371…円→335円（円未満切捨）
税引後利息＝335円－50円（＝335×0.15（国税率）、円未満切捨）
　　　　　　－16円（＝335×0.05（地方税率）、円未満切捨）＝269円

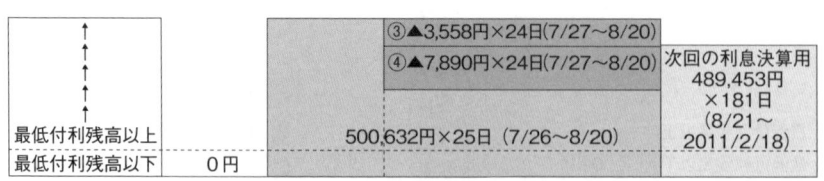

			③▲3,558円×24(7/27～8/20)		次回の利息決算用 489,453円 ×181日 (8/21～ 2011/2/18)
			④▲7,890円×24(7/27～8/20)		
最低付利残高以上		500,632円×25日　(7/26～8/20)			
最低付利残高以下	0円				

網かけの部分が、利息積数

① ご新規：残高＜最低付利残高のため、利息積数はゼロとされます。
   (100円→) 0円×25日（7/1～7/26までの日数（片端））＝0円
   ……①の利息積数
② 給与：残高≧最低付利残高と付利の条件を満たすので、以下の利息積数が計算されます。
   500,632円×25日（7/26～8/20までの日数（片端））……②の利息積数
③ 電話料金：残高は減りますが、残高≧最低付利残高であるため、以下の利息積数が計算され、②で計算済みの利息積数から引かれます。
   500,632円×25日（7/26～8/20までの日数（片端））……②の利息積数
   －3,558円×24日（7/27～8/20までの日数（片端））……③の利息積数
④ 電気料金：さらに残高は減ります。ただし残高≧最低付利残高であるため、以下の利息積数が計算され、計算済みの利息積数（②－③）から引かれます。
   500,632円×25日（7/26～8/20までの日数（片端））……②の利息積数
   －3,558円×24日（7/27～8/20までの日数（片端））……③の利息積数
   －7,890円×24日（7/27～8/20までの日数（片端））……④の利息積数
   これを書き直すと、以下のとおりであり、前の例の利息積数と一致します。
   500,632円×（25日－24日）＋（500,632円－3,558円－7,890円）×24日
   ＝500,632円×1日＋489,184円×24日
⑤ お利息：税引後利息が入金され、入金後の残高が次回の利息決算日まで変わらないと仮定したときの利息積数が計算されます。
   489,453円×181日（今回利息決算日の翌日＝2010/8/21～次回預金決算日＝2011/2/18（片端））
   この後、入出金があるたびに、図の②～④のように利息積数が補正されていきます。

4　利息計算例・その3

　市場金利の変動により、普通預金利率が改定されることがあります。この利率の変更は、当然、利息の計算に影響します。図表1－2－5で、利率変

図表1-2-5 利息計算例（利率変更があった場合）

日付	2010/7/1	2010/7/25	2010/7/26	2010/8/2	2010/8/20 ：利息決算日
取引	①ご新規	－	－	②給与	③お利息
入出金	入金	－	－	入金	入金
入出金額	200,000円	－	200,000円	300,000円	560円
残高	200,000円	－	200,000円	500,000円	500,560円
残高と 利率不変の日数	24日	－	7日	18日	181日
利率	1％	1％	2％	2％	2％
利息積数	200,000×24	－	200,000×7	500,000×18	500,560×181

税引前利息＝200,000円×24日×0.01÷365＋200,000円×7日×0.02÷365
　　　　　＋500,000円×18日×0.02÷365
　　　　　＝131円＋76円＋493円＝700円
税引後利息＝700円－105円（国税）－35円（地方税）＝560円

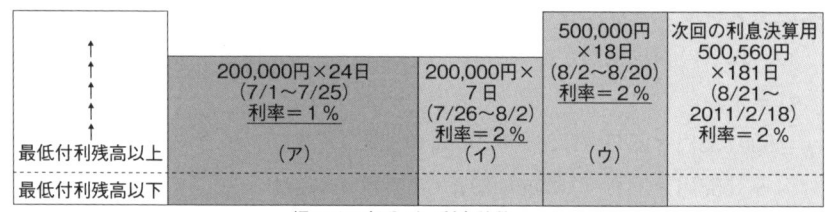

	200,000円×24日 （7/1～7/25） 利率＝1％ （ア）	200,000円× 7日 （7/26～8/2） 利率＝2％ （イ）	500,000円 ×18日 （8/2～8/20） 利率＝2％ （ウ）	次回の利息決算用 500,560円 ×181日 （8/21～ 2011/2/18） 利率＝2％
最低付利残高以上				
最低付利残高以下				

網かけの部分が、利息積数

更がある場合について説明します。なお、最低付利残高＝1,000円、付利単位＝1円、年利率＝1％（～7/25）、2％（7/26～）とします。

① ご新規：残高≧最低付利残高のため、以下の利息積数が計算されます。

　　200,000円×50日（7/1～8/20までの日数（片端））……①の利息積数

② 給与：残高が増え（残高≧最低付利残高のまま）、以下の利息積数が計算されます。

　なお、利率が変更された7/26には、この口座に入出金がないため、利息積数の再計算は行いません（利息積数の再計算は口座に入出金などの異動があった場合に行います）。

　　200,000円×24日（7/1～7/25までの日数（片端））……旧利率（1％）が適用される①の利息積数を再計算します。

　　＋200,000円×7日（7/26～8/2までの日数（片端））……残高に変動はありませんが、利率の変更があるので、まず新利率が適用される利息積数の計

算を行います。

　　＋500,000円×18日（8/2〜8/20までの日数（片端））……残高が増加したため、その部分の利息積数を計算します。
③　お利息：税引後利息が入金された後、入金後の残高で次回利息決算日までの利息積数を更新します（利率変更がない場合と同様です）。

　利率の変更を考慮せずに利息積数を計算してしまうと、異なる利率の適用・計算ができません。このため、図表1－2－5のように利率が同一の期間ごとに利息積数を分けて管理しておく必要があります（図表1－2－5のアの部分と、イ〜ウの部分）。

第3項　決済性普通預金

　2005年4月のペイオフ全面解禁にあわせて、この商品が導入されました。金額の上限がなく、全額が預金保険により保護される代わりに無利息である点を除いては、従来からある普通預金と同じです（図表1－2－6参照）。なお、普通預金（無利息型）、無利息型普通預金などとも呼ばれます。

1　預金保険

　預金保険では決済用預金[*1]は金額の上限なく、全額が保護されます。決済性普通預金は当座預金同様、この要件を満たしているので全額が保護されま

図表1－2－6　決済性普通預金のおもな特徴

項　目	内　容
流動性（入出金）	随時可能。公共料金、クレジットカード、税金などの口座引落や、給与や年金の受取が可能
取引単位	1円以上
預入期間	定めはない（通常、解約しない限り、預入される）
利息	無利息
対象者	個人、または法人（本人確認が前提）
預金保険	対象。全額保護される（金額の上限なし）

す。なお定期預金などの決済用預金でない預金は、その他の預金と合わせて、元本1,000万円とその利息までが全額保護されます。

> ＊1　①利息が付かない、②随時払戻が可能、③口座引落や振込などの決済サービスが提供されている、の３条件を満たす預金です。

2　その他

　新規に決済性普通預金を口座開設することも、既存の普通預金口座から決済性普通預金に移行することも可能です。既存の普通預金から移行する場合、口座番号を変えずにそのまま通帳やキャッシュカードを使い続けることができます。また、利息の付かない決済性普通預金から、利息の付く従来の普通預金に変更することも可能です。

　後述の当座預金と同様、資金決済（支払）が目的の預金であることから、保護される金額に上限があると、預金者に著しい経済的不利益が生じること＊2が想定され、ペイオフ全面解禁にあわせて本商品が開発・導入されました。

> ＊2　銀行の破綻により決済日に決済できない、あるいは決済資金が欠損し、最悪企業倒産に至るなどです。

第3節　流動性預金システムについて

第1項　預金システムの特性

　コンピュータシステムが導入される以前は、各預金口座の残高や入出金の履歴はすべて紙の帳簿で管理されていました。このため利息の計算も、すべて手計算によって逐一行わざるをえませんでした。

　しかし、コンピュータシステムの導入により、事務効率は飛躍的に向上しました。預金者にとっては、現金を入出金するために窓口で待つ時間が大幅に短縮され、銀行にとっても、事務処理に割いていた人員を別業務に充てることができるようになったのです。

　個人では給与・年金・配当金の受取、公共料金・クレジットカードの自動引落、住宅ローンの返済、法人では代金の支払・受取、貸付資金の受領・返済など、金銭的なやり取りの多くは、普通預金に代表される流動性預金のシステムによって行われるといっても過言ではありません。いまやこうしたシステムのない状況は、考えられません。

　流動性預金のシステムでは恒常的に大量の取引が行われ、特に繁忙日[1]には取引が集中するため、システムも迅速かつ正確な処理が求められます。迅速性についていえば、取引データ送信後、レスポンスタイムの目安は最大でも、2秒程度とされています。不具合やシステムダウンが発生し、資金決済や現金の引出がストップしてしまうと、社会的な影響がきわめて大きいため、システム障害を起こさないよう、細心の注意が必要です。

　＊1　企業の給料日や公共料金の引落が集中する、25日～月末、翌月初や5日、10日などの5の倍数の日（俗にいう「ごとうび」）です。

第2項　預金システム開発の留意点

　処理効率やボトルネックの発生抑止のため、特定のファイルにアクセスが

集中しないように普通預金のDBは複数に分割（店群管理）されています（図表1－3－1参照）。

それ以外にも、一部DBをメモリーに常駐させる、DBを正規化する、レコードを都度作成せず、枠のみ、あらかじめ作成しておく、レコードサイズを必要最小限に抑える、随時再編成をかけるなど、銀行のシステムには処理効率を意識したさまざまな工夫がされています。

さらに近年は、チャネルの多様化（自行以外のATM・CD、テレフォンバンキング、モバイルバンキング、インターネットバンキング）やシステム稼動時間の延長・24時間稼動化により、システムがますます複雑化し、正確性や処理効率の点でも技術的なハードルが高くなっています。

こうした状況をふまえると、バグを出さないよう設計・開発・テストをするのはいうまでもなく、膨大な取引量を勘案し、処理効率を十二分に意識して、偏りやボトルネックをつくらないような考慮・工夫をし、処理速度を劣化させないことが求められます。

また、テストによる十二分な確認が必須であり、機械的な故障や通信障害などを起こさないように、回線・システムの二重化を行い、キャッシュカードのセキュリティ向上などにより、信頼性の確保を図ることも重要です。

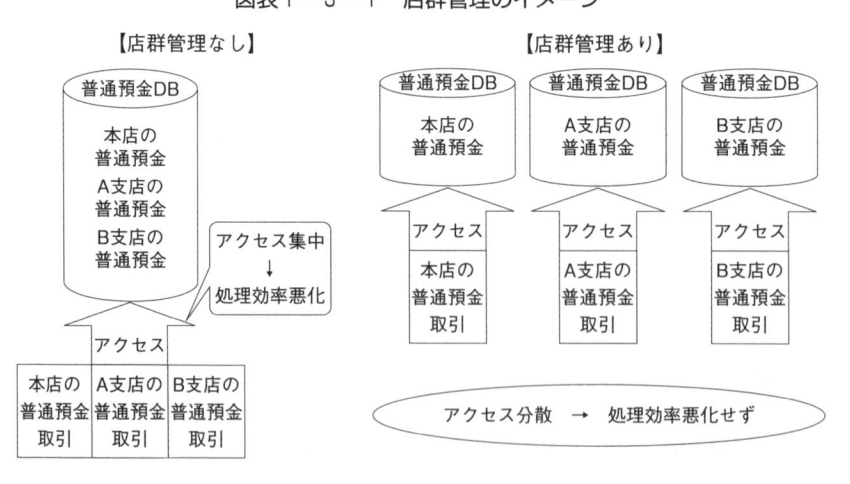

図表1－3－1　店群管理のイメージ

第3項　普通預金の取引と起票

　普通預金のファイル構成、おもな取引と起票処理、処理例について説明します。なお以下にあげるシステム内容は、いくつかの実例を参考にした仮想のシステムについて述べたものです。

1　CIFとは

　預金システムについて解説する前に、CIF（Customer Information File）について説明します。CIFとは、顧客の基本属性項目を管理する顧客マスタのことで、このマスタに普通預金などの個別の商品や各業務のマスタが紐付けられます。

　一般的に普通預金をつくることで銀行と取引を始めることが多いため、新規の顧客であれば普通預金口座の作成（開設）に先立ってCIFを作成します。なお、CIFと普通預金口座のおもな項目は、図表1－3－2のとおりです。

2　作成手順

　CIF作成は、以下のような手続を経ます。

> **コラム　CIFについて**
>
> 　CIF＝「シフ」と読みます。銀行によっては、CMF（Customer Management File）と呼ぶところもあります。銀行のシステムのなかでも、主要で大量の取引を行う勘定系システムにおいて、業務共通の顧客マスタに位置づけられます。
> 　顧客がCIFに登録されていないと、大半の取引ができません。ただし、現金による振込、税金納付、外貨両替の取引などは、CIFに登録がなくても、取引が可能です。たとえば、外貨両替の外国人観光客といった一見客（いちげんきゃく：その銀行と取引がなく、今後も継続した取引が見込めない可能性が高い顧客）についても、CIFの登録を必須とすると、登録する手間がかかるだけでなく、1回しか使われないCIFが大量に登録されてしまいます。この結果、CIFファイルの容量が膨らむ一方なので、一見客が多い取引については、CIFの登録がない顧客でも取引ができるようにしています。

図表1-3-2　CIFと普通預金口座のおもな項目

【CIF】

おもな管理項目	説明
店番号	顧客を管理する店番号
CIF番号	顧客を管理する店別の番号
カナ氏名・漢字氏名	顧客の名称
取引先種類	個人、中小企業、大企業、金融機関、地方公共団体など
業種コード	個人事業主、農業、製造業、サービス業など
課税区分	課税、非課税、免税など
生年月日・設立年月日	個人は生年月日、法人は設立年月日
性別	男女の性別（個人のみ）
郵便番号	郵便番号
住所	住所コード＋補足住所（番地、マンション名など）
電話番号	電話番号、FAX番号、携帯電話番号、代表電話番号など
本人確認区分	済、または未済
本人確認書類	運転免許証、住民票、商業登記簿謄本、印鑑登録証明など
取引有無	預金、貸付、外国為替、投資信託などの取引の有無など

⇩

【普通預金口座・基本情報】

おもな管理項目	説明
店番号	口座を管理する店番号
科目	普通預金、当座預金、別段預金などの科目
口座番号	口座を管理する店別の番号
CIF番号	顧客を管理する店別の番号
残高	預入残高
課税区分	総合課税、源泉分離課税、非課税など
通帳種類	普通預金通帳、総合口座通帳、ステートメント方式
カード種類	カード単体、クレジットカード一体型など
暗証番号	カードの暗証番号
印影	届出印鑑の印影

⇩

【普通預金口座・入出金情報】

おもな管理項目	説明
取引日	入出金などの取引を行った日付
入出金区分	入金、出金など
金額	入出金などの取引金額
摘要	給与、賞与、電気、ガス、水道など
通帳記帳済区分	済、または未済
取消区分	取消未済、または取消済

通常、顧客が銀行と取引を新たに始めるにあたって、まずCIFの作成を行います。その際には犯罪収益移転防止法（旧・本人確認法）により、公的な証明書による本人確認が義務づけられています。公的な証明書とは、個人の場合、運転免許証、住民票、パスポートなど、法人の場合、商業登記簿謄本、印鑑登録証明書などを指します。また、重複して顧客を登録することがないよう、氏名（名称）、住所、生年月日（設立年月日）などの項目により、すでに当該顧客が登録されていないかチェックします。

　これらに問題がなければCIFが作成され、通常7桁の番号がシステムにより自動的に採番されます。この番号は顧客を管理するための店別の番号で、銀行によって、CIF番号、取引先番号、顧客番号、依頼人番号などと呼ばれます。

　また、CIF番号は普通預金の口座番号と一致させることもあります。ただし、1顧客が複数の普通預金口座をもつこともあるため、常にCIF番号と口座番号が一致するとは限りません。

　通常、性別や和暦の元号といった各項目はコード化されています。それ以外にも業種コードであれば、総務省統計局の日本標準産業分類を参考にしたコード体系が採用されています。また住所であれば、市区町村までをコードで管理しています。住所を表すコードは複数ありますが、一般的にはJIS地名コードが採用されています。

　銀行と顧客の取引の種類など、取引状況を管理している場合も多くみられます。たとえば、保有している預金の種類と残高、貸付取引の有無と残高、外国為替取引、投資信託取引などの有無などです。

　さらに普通預金口座では、残高や課税区分、通帳種類、暗証番号、印影イメージなどの口座固有の情報を管理し、入出金があるたびにその履歴を作成します。なお、印影イメージは、データが画像ファイルのため、別システムで管理されることが一般的です。

3　ファイル構成と項目

　普通預金を中心としたファイル構成と、各ファイルの項目を図表1－3－3に示します。

CIFの外為マスタレコード、同貸付マスタレコードなど、普通預金の取引とは関係しないものもありますが、勘定系システムの典型例としてあげています。このほか、日付テーブル、店番テーブル、システムテーブルなども存在しますが、ここでは割愛します。

(1) CIFファイル

大半の取引で必要とされるファイルです。基本レコードはCIFの登録の際に作成されます。キーは店番号＋CIF番号（システムが自動採番）です。顧客の基本的な属性（名称、住所、生年月日、性別など）や各種情報（CIF作成日、口座数、業務有無など）を管理します。

貸付、外為などの各業務のマスタレコードは個別業務を行う場合に登録され、当該業務についての基本項目（取引開始日、英字名称、企業規模など）を管理します。基本レコードの配下にあり、基本レコードと業務の有無で紐付けされます。

(2) 名寄せファイル

同じ店に同一名称の顧客がいないか、チェックするためのインデックスファイルです。CIFの登録の際に作成されます。キーは店番号＋カナ名称で

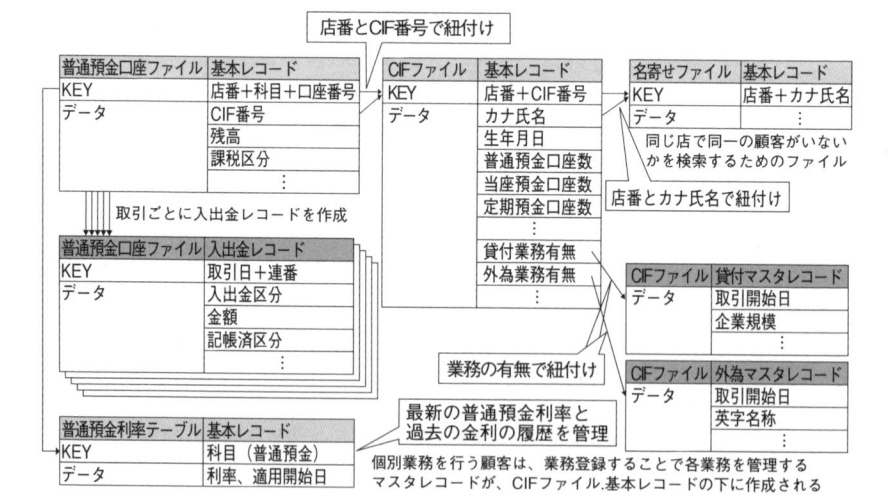

図表1－3－3　普通預金のおもなファイル構成

普通預金口座ファイル	基本レコード
KEY	店番＋科目＋口座番号
データ	CIF番号
	残高
	課税区分

取引ごとに入出金レコードを作成

普通預金口座ファイル	入出金レコード
KEY	取引日＋連番
データ	入出金区分
	金額
	記帳済区分
	⋮

普通預金利率テーブル	基本レコード
KEY	科目（普通預金）
データ	利率、適用開始日

店番とCIF番号で紐付け

CIFファイル	基本レコード
KEY	店番＋CIF番号
データ	カナ氏名
	生年月日
	普通預金口座数
	当座預金口座数
	定期預金口座数
	貸付業務有無
	外為業務有無

名寄せファイル	基本レコード
KEY	店番＋カナ氏名
データ	

同じ店で同一の顧客がいないかを検索するためのファイル

店番とカナ氏名で紐付け

CIFファイル	貸付マスタレコード
データ	取引開始日
	企業規模

業務の有無で紐付け

CIFファイル	外為マスタレコード
データ	取引開始日
	英字名称

最新の普通預金利率と過去の金利の履歴を管理

個別業務を行う顧客は、業務登録することで各業務を管理するマスタレコードが、CIFファイル.基本レコードの下に作成される

す。CIFファイルの基本レコードとは店番号＋カナ名称（キーの重複を許容するよう、設定しておきます）で紐付けされます。

(3) 普通預金口座ファイル

基本レコードは、普通預金の口座開設の際に作成されます。キーは店番号＋科目（普通預金、当座預金など）＋口座番号です。普通預金口座の基本的な項目（残高、課税区分、通帳種類、カードの暗証番号など）を管理します。1顧客で1普通預金口座の場合にはCIF番号と口座番号を一致させることもあります。ただし、1顧客で二つ以上の普通預金口座をもつ場合には、口座番号はシステムが別途自動採番します。CIFファイルとは、店番＋CIF番号で紐付けされます。

入出金レコードは、勘定の起票がある（残高の異動がある）場合に作成されます。キーは、取引日＋連番（システムが自動採番）です。入出金レコードは入出金時の明細情報（入出金区分、金額、摘要[*1]、通帳記帳済み区分など）を管理します。この入出金レコードは、基本レコードの配下に作成されます。

　　*1　給与、賞与、電気料金、電話料金などの摘要です。

(4) 普通預金利率テーブル

最新の普通預金利率と過去の利率の変更履歴を管理します。テーブルは預金の積数計算、利息計算で参照されます。処理効率の観点から、通常メモリーに常駐しています。

4　普通預金のおもな取引と起票

普通預金の取引には、大別すると勘定の異動がある「勘定取引」と、勘定の異動がない「非勘定取引」の二つがあります（図表1－3－4参照）。

図表1－3－4の各取引（丸数字のある四角）とその下のT字（Tバー）について、簡単に説明します[*2]。

　　*2　各取引をつなぐ線で実線は取引遷移上、通常、口座が解約されるまでに使用されるはずの取引を表し（入金、出金も使用されないことが考えられますが、使用されないほうが異例です）、破線はオプションの（必ずしも使用されない）取引を表します。普通預金の見合い（相手科目）には現金を使っています。

① 口座開設

CIFが有効であることをチェックし、普通預金の口座番号を採番して、基

本レコードと入出金レコードを作成します。現金（資産の増加）と普通預金（負債の増加）を起票します。取引完了後に伝票を出力し、通帳発行の口座の場合、通帳も記帳（印字）します。なお、入金額はゼロ円でも取引が可能です。その場合、勘定の起票はありません。

② 出　　金

CIFと普通預金口座が有効であること、カード・通帳・印鑑の紛失・盗難の登録がないかをチェックします。出金額≦残高であれば現金を出金し、入出金レコードを作成し、出金額を残高からマイナスします。現金（資産の減少）と普通預金（負債の減少）を起票します。取引完了後、伝票を出力し、通帳入力がある場合は通帳も記帳します。

③ 利息決算

2月と8月に利息積数から利息を計算し、その利息を入金し、利息入金の入出金レコードを作成し、利息を残高にプラスします。利息がゼロ円でない場合、預金利息（損失の発生）、普通預金（負債の増加）、利子税預かり金（負債の増加）を起票します。預金口座は非常に数が多いため、人の手は介さず、システムが夜間に自動的に利息決算処理を行います。夜間の自動処理のため、通帳の入力はなく、したがって通帳の記帳はありません（後日、ATMなどで記帳されます）。

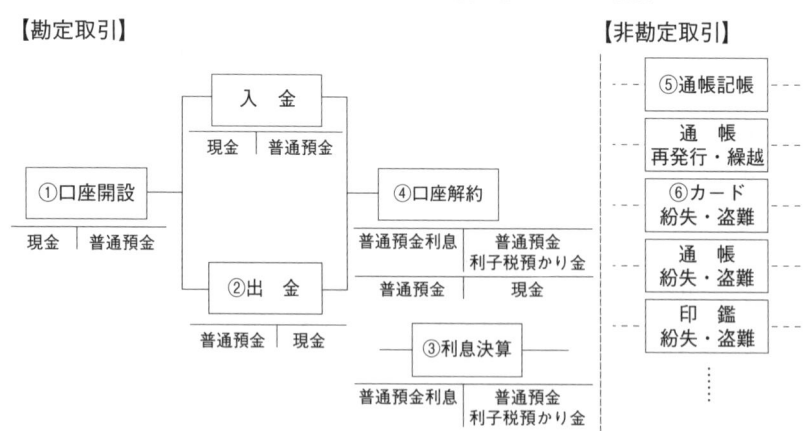

図表1-3-4　普通預金の取引遷移とおもな取引

【勘定取引】

①口座開設
現金｜普通預金

入　金
現金｜普通預金

②出　金
普通預金｜現金

④口座解約
普通預金利息｜普通預金
　　　　　　　利子税預かり金
普通預金｜現金

③利息決算
普通預金利息｜普通預金
　　　　　　　利子税預かり金

【非勘定取引】

⑤通帳記帳

通　帳
再発行・繰越

⑥カード
紛失・盗難

通　帳
紛失・盗難

印　鑑
紛失・盗難

④ 口座解約

　CIFと普通預金口座が有効であること、カード・通帳・印鑑の紛失・盗難の登録がないかをチェックし、利息をリアルタイムで計算します。残高と利息を合わせた金額を現金で支払い、利息入金の入出金レコードと解約出金の入出金レコードを作成し、基本レコードを解約済みにします。利息分として、預金利息（損失の発生）、普通預金（負債の増加）、利子税預かり金（負債の増加）、元本分として、現金（資産の減少）と普通預金（負債の減少）を起票します。

　取引完了後、伝票、顧客向け計算書を出力し、通帳発行口座であれば通帳にも未記帳の入出金レコードをすべて記帳し、解約済みの文言を印字して当該口座を解約済みのステータスにします。なお、解約時には解約前の残高も利息もゼロ円という場合もありますが、このような場合は勘定の起票は必要ありません。

⑤ 通帳記帳

　CIFと普通預金口座が有効であること、通帳の紛失・盗難の登録がないかをチェックします。通帳にまだ記帳されていない入出金レコードを通帳に記帳し、記帳した入出金レコードに記帳済みのフラグを立てます。この取引では勘定（残高）の異動がないため、勘定の起票はなく、入出金レコードも作成しません。

⑥ カード紛失・盗難

　CIFと普通預金口座が有効であること、カードの紛失・盗難がすでに登録されていないかをチェックし（登録済みはエラーとします）、基本レコードにカード紛失・盗難ありのフラグを立てます。このフラグが立っている場合、カードによる出金はエラーとします。この取引では勘定（残高）の異動がないため、勘定の起票はなく、入出金レコードも作成しません。

5　出金取引のシステム処理概要

　ATMからカードによる出金取引を行う際のシステム処理について、その概要を簡単に説明します（図表1－3－5参照）。

① キャッシュカードや通帳には店番、科目、口座番号などの情報が書き込まれています。ATMに入れることで、ATMがその情報を読み取り、ホスト

に送るデータの一部とします。入力されたデータが妥当かどうか、最も基本的なチェック（カード型健康保険証のようにキャッシュカードでないカードが入力されていないかなど）はATMで行われます。

② ATMでは入力するデータ項目が少なく、桁数や項目属性（数値、文字など）もチェックされますが、ホスト側でも二重にデータそのものの妥当性をチェックします。一般的なチェック項目としては、必須項目、数値、文字、桁数・金額のオーバーフローなどがあげられます。

③ 各ファイルを読み込み、入力データと各ファイルに管理されている項目との妥当性のチェックを行います。口座のステータス（解約済みか否か）チェック、盗難紛失のチェック、出金額と残高のチェック、暗証番号の一致チェックなどが行われます。

④ 当該出金取引の結果、出金取引が済んだ状態にマスタファイルを更新します。今回の出金の履歴として入出金レコードを新規作成し、ATMに通帳の入力がある場合には過去の未記帳の入出金レコードを記帳済みに更新します。また、利息積数の再計算・更新、残高の更新なども行われます。

⑤ 以下の起票が行われます。

借方	貸方
普通預金	現金

⑥ 今回の取引結果と、今回の出金取引を含む過去の未記帳分のデータをATMで印字できるように編集し、ATMに送信します。

⑦ ホストから電文を受け取ったATMはレシートの印字と通帳の記帳を行い、出金額分の現金を排出します。

図表1-3-5　普通預金・出金取引(ATM)のシステム処理例

No.	場所	処理	処理概要
①	ATM	電文作成	入力されたカードから店番、科目、口座番号を読み取り、通帳入力の有無、および画面から入力された出金額、暗証番号と合わせて、電文を作成し、ホストに送信
②	ホスト	入力チェック	ATMから送られてきた電文を解析し、入力データの妥当性をチェック
③	ホスト	主要処理・マスタチェック	入力された店、科目、口座番号で普通預金口座ファイルを読み込み。読み込めない、当該口座が解約済み、カード盗難紛失ありの場合はエラー。入力された暗証番号が普通預金口座ファイル.基本レコード.暗証番号と一致していなければ、エラー。入力された出金額＞普通預金口座ファイル.基本レコード.現在残高であれば、エラー。
④	ホスト	主要処理・マスタ更新	入出金レコードを新規に作成。前回の取引～今回の取引の間に普通預金の利率変更がないかを普通預金利率テーブルで確認し、利息積数を再計算。普通預金口座ファイル.基本レコード.現在残高から今回の出金額を引き、同レコードを更新。ATMに通帳が入力されているとき、普通預金口座ファイル.入出金レコードで通帳記帳が済んでいない入出金レコードを特定、未記帳分データを編集し、入出金レコードは記帳済みに更新。
⑤	ホスト	主要処理・勘定処理	出金額で、科目＝現金と科目＝普通預金を起票
⑥	ホスト	主要処理・出力処理	出金額、取引日、取引時刻、更新後残高、未記帳分データなどをATM宛に送信
⑦	ATM	印字・記帳	ホストからの電文で、レシートを印字(出金額、取引日、取引時刻、更新後残高など)し、未記帳分データを通帳に記帳

第4節　その他の流動性預金

第1項　当座預金

　小切手や手形を振り出すことにより、資金決済（支払）を行うための預金です。無利息であることが定められています。当座預金のおもな特徴は、図表1－4－1のとおりです。

1　流動性（入出金）

　入出金は随時可能です。出金は小切手＋印鑑（窓口）、口座引落、キャッシュカード（ATM）などで行われます。入金は振替、振込、当座預金入金帳＋入金票（窓口）、当座預金入金帳（ATM）、キャッシュカード（ATM）などで行われます。なお、当座預金入金帳は、通帳に近いものですが、入金帳を使った入金以外の取引は印字されません。

2　利　　息

　無利息であることが、臨時金利調整法により定められています。

図表1－4－1　当座預金のおもな特徴

項　目	内　容
流動性（入出金）	随時可能。公共料金、クレジットカード、税金などの口座引落や振込、振替が可能
取引単位	1円以上
預入期間	定めはない（通常、解約しない限り、預入される）
利息	無利息
対象者	個人、または法人（本人確認が前提）。銀行の審査がある
預金保険	対象。全額保護される（金額の上限なし）

3　対象者

　現金の代わりに有価証券の一種である小切手・手形によって、資金の支払が行われる預金です。

　手形の金額は、当座預金の残高以上であっても振り出すことができます。ただし銀行に支払呈示されたときに残高が不足していると、最悪、不渡り（6カ月間に2回で銀行取引停止）とされてしまいます。このため預金者が資金の入出金予定を十分に把握し、残高管理ができることが必須です。預金者の信用力が問われるため、当座預金の口座開設時には銀行が審査を行います。審査は商業登記簿謄本、印鑑登録証明書、過去の決算書など、銀行との取引状況、顧客についての信用情報などにより行われます。

　なお、個人向けには日常生活での支払を想定し、パーソナルチェック（小切手）が振り出せる当座預金がありますが、クレジットカードなどの普及により、ほとんど利用されていません。また、自動車などの割賦代金の決済には、約束手形専用の当座預金（手形専用当座預金、マル専）が用意されていましたが、現在では自動車ローンなどで代替されています。

4　預金保険

　預金保険における決済用預金に該当し、前述の決済性普通預金と同じく金額に上限なく、全額が保護されます。

5　その他

　口座開設後、残高の範囲内であれば小切手はすぐに振り出すことができますが、手形の振出は預金者の信用力によってはすぐには振り出せないこともあります。これは手形が通常3カ月前後先の支払を約束する有価証券であり、手形期日まで企業間などで資金決済にも使われるため、預金者により高い信用力が求められるからです。

　口座開設時には口座開設手数料がかかり、小切手帳、手形帳の交付にも手数料がかかります。普通預金に該当する通帳はありません（当座預金入金帳は通帳ではなく、入金のための手段です）。入出金取引の履歴は当座預金取引

照合表（ステートメント）という帳票が、一定のサイクル（毎日、毎週、毎月など）で銀行から送付されます。なお近年では、インターネットバンキングで確認できる銀行も増えています。

第2項　貯蓄預金

　流動性の高さは普通預金に近く、利率の高さは定期預金に近い預金です。比較的新しい商品のため、従来からある商品と違って銀行による差異が比較的多くあります。なお、昨今の低金利により、普通預金や定期預金との金利の差別化が図れず、新規の取扱を停止している銀行もあります。貯蓄預金のおもな特徴は、図表1－4－2のとおりです。

図表1－4－2　貯蓄預金のおもな特徴

項　目	内　容
流動性（入出金）	随時可能。ただし、公共料金、クレジットカード、税金などの口座引落や、給与や年金の受取は不可
取引単位	1円以上
預入期間	定めはない（通常、解約しない限り、預入される）
利息	年利建、1年を365日とする日割り計算
利率	利率は普通預金の利率より高く、定期預金の利率より低い。銀行により、①金額階層別利率、②金額別利率の2種類がある。
付利単位	1円以上
最低付利残高	1,000円以上
利息決算	銀行により、①毎月所定の日、②2月中旬、8月中旬の年2回に分かれる
利息にかかる税金	国税15％、地方税5％の源泉分離課税
対象者	個人のみ（本人確認が前提）
預金保険	対象。その他の預金と合計して、元本1,000万円とその利息までが保護される

1　流動性（入出金）

入出金は随時可能です。出金は通帳＋印鑑＋払戻請求書（窓口）、キャッシュカード＋暗証番号（ATM）などで行います。入金は入金票＋通帳（窓口）、キャッシュカード（ATM）、通帳（ATM）などで行います。

銀行によっては、月に一定の回数を超える出金については、時間外でなくても手数料を徴求するところもあります。

2　利　率

以下の二つの方式があります。

(1)　金額階層別利率

一定金額以上、かつ一定金額未満といった金額の幅（金額階層）を複数設け、その幅ごとに利率を決めているものです。以下のような金額階層があげられます。

10万円未満、10万円以上〜30万円未満、30万円以上〜50万円未満、50万円以上〜100万円未満、100万円以上〜300万円未満、300万円以上〜1,000万円未満、1,000万円以上。

(2)　金額別利率

基準金額（残高）を定め、その基準以上か未満かで利率を分けているものです。たとえば、10万円型（10万円未満と10万円以上）、30万円型（30万円未満と30万円以上）といった分類があります。

3　利息決算

毎月利息決算を行う銀行では、利息決算日は月末、月初の繁忙日は避け、月中の週末（毎月第3日曜日など）にしているのが一般的です。2月と8月に利息決算を行う場合、普通預金の利息決算と同じタイミングで行われます。

4　その他

銀行によっては、普通預金との間でスイングサービスを行っているところもあります。スイングサービスとは、毎月特定日に一定金額を普通預金から

貯蓄預金に振り替えるサービスです（順スイング・定額方式）。また、一定額を貯蓄預金から普通預金に振り替えるもの（逆スイング・定額方式）や、一定金額ではなく、一定の残高を超過した金額を振り替える不定額方式もあります（順スイング、逆スイングとも）。

第3項　納税準備預金

納税資金を預金しておくための預金で、預金利息は非課税という特徴があります。一方で、原則として納税目的以外の出金はできません。納税以外の目的で出金した場合、利息は普通預金と同じ扱いをされます。納税準備預金のおもな特徴は、図表1－4－3のとおりです。

図表1－4－3　納税準備預金のおもな特徴

項　目	内　容
流動性（入出金）	随時可能
取引単位	1円以上
預入期間	定めはない（通常、解約しない限り預入される）
利息	年利建、1年を365日とする日割り計算
利率	通常、普通預金よりも高い利率。ただし、納税目的以外での出金があった場合は、普通預金利率
付利単位	1円
最低付利残高	1,000円
利息決算	普通預金に準じる
利息にかかる税金	非課税。ただし、納税目的以外での出金があった場合は、普通預金に準じる
対象者	個人、または法人（本人確認が前提）
預金保険	対象。その他の預金と合計して、元本1,000万円とその利息までが保護される

1　目的

　納税資金の貯蓄を促進し、納税を促すための商品です。給与所得者にはほとんどメリットはありませんが、消費税や事業税を納付する個人事業主や自営業者、企業などにとっては、預金利息にかかる税金を節税できるといったメリットがあります。

2　流動性（入出金）

　入出金は随時可能です。出金は通帳＋印鑑＋払戻請求書（窓口）で行い、入金は入金票＋通帳（窓口）で行います。ATMで入金取引ができる銀行もあります。

3　利息と税金

　通常は普通預金利率よりも高い利率が適用されます。ただし納税目的以外の出金があった場合、その出金が行われた日が属する利息計算期間（6カ月間）の利率は普通預金のものが適用され、利息が計算されます。このとき利息にかかる税金も課税対象とされます。

4　その他

　納税目的以外の出金がある場合とない場合で適用される利率が異なることと、利息にかかる税金の計算があるかないかが異なるだけで、普通預金と大きな違いはありません。また、預金者が納税貯蓄組合法に基づく納税貯蓄組合の組合員である場合、出金額の合計が一定金額[*1]を超えない場合、利息は非課税です。このような納税準備預金を、「納税貯蓄組合預金」と呼ぶこともあります。

　＊1　納税貯蓄組合法第8条によります。現在の一定金額は10万円です。

第4項　別段預金

　その他の預金には分類できない、特定の資金をプールしておく預金です。

銀行内部、または特定の法人向けの商品です。別段預金のおもな特徴は、図表1－4－4のとおりです。

1　目　　　的

　銀行自身が預金の保有者である場合、たとえば、以下のような目的で使用されます。
・日銀鑑定（損券、偽札鑑定など）に出す際に、顧客から預かった現金を一時保管する場合
・ATMなどで、現金の取り忘れがあり、持ち主が特定できない場合や、持ち主にすぐに返却できないときに一時保管する場合
・振込などで、口座が該当なし、または口座が解約されているなどの理由で口座に入金できないときに振込金額を一時保管する場合

図表1－4－4　別段預金のおもな特徴

項　目	内　容
流動性（入出金）	随時可能。口座引落や給与などの受取は不可だが、振込、振替は可能
取引単位	1円以上
預入期間	定めはない（通常、解約しない限り、預入される）
利息	無利息のものと、有利息のものがあり、有利息の場合、普通預金に準じる
利率	
付利単位	
最低付利残高	
利息決算	
利息にかかる税金	
対象者	銀行自身、または法人（法人は本人確認が前提）
預金保険	対象 有利息の場合、その他の預金と合計して、元本1,000万円とその利息までが保護される 無利息の場合、全額保護される（金額の上限なし）

銀行以外が預金の保有者である場合、たとえば、以下のような目的で使用されます。
・株式の増資などのときに株式払込金を払い込んでもらう場合
・災害時の地方公共団体向けの寄付金などを一時的に保管する場合
・税金、国民健康保険料、交通違反時の反則金などの歳入金や公共料金を納付まで、一時保管する場合

2　流動性（入出金）

入出金は随時可能です。預金の保有者が銀行のときは、内部の伝票で入出金処理をします。預金の保有者が銀行以外のとき、出金は通帳＋印鑑＋払戻請求書（窓口）で行い、入金は入金票＋通帳（窓口）で行います。CD、ATMでは通常取引はできません。ATM、インターネットバンキングなどで別段預金宛に振込することもできませんが、窓口であれば、別段預金宛に振込することができます。

3　利　　率

通常は無利息ですが、預金の保有者が銀行自身以外の場合、有利息の場合もあります。その場合、普通預金利率に準じますが、預金者との個別契約による場合もあります。

4　対　象　者

別段預金の性質上、個人が預金者であることは、通常ありません。

第5節 固定性預金・定期預金

　預金業務で取り扱う商品のうち、流動性預金に比べて利率が高く、かつ貯蓄性が高いのが固定性預金です。このなかでも最も一般的な「定期預金」について、商品概要やバリエーションだけでなく、利息計算方法、システム面などを詳しく述べていきます。

第1項　商品概要

　銀行預金で資産を運用する場合、代表的な商品である定期預金のうち、スーパー定期について説明します（おもな特徴については、図表1－5－1参照）。

1　流動性（入出金）

　預入後、満期日までは解約できない預金です。ただし預金者の突発的な資金ニーズもあることから、実際には満期日以前であっても解約することができます（中途解約、期日前解約）。

　ただしその場合、当初の定期預金利率（約定利率）ではなく、普通預金利率か、別途銀行が定める中途解約利率（預入から中途解約までの期間に応じた一定割合（10％～90％）を定期預金利率に乗じた利率）が適用されます。これは満期日まで預け入れるという銀行との契約を預金者が守らなかったことに対する一種のペナルティともいえます。

　また1年を超える定期預金の場合、預入日から1年以上経過すれば、多くの場合は預入金額の一部を払い出すことができます。そのとき、適用される利率は中途解約利率ではなく、預入時に定められた預入期間に応じた利率が適用されます。新規預入は新規申込書兼入金票＋印鑑（窓口）で行います。追加預入は入金票＋通帳（窓口）、通帳（ATM）により行うことができます。また解約は払戻請求書＋通帳または証書＋印鑑（窓口）により行うことができます。

図表1-5-1 定期預金（スーパー定期）のおもな特徴

項　目	内　容
流動性（入出金）	預入後、満期日以降に払出が可能
預入金額	① スーパー定期：1円以上～300万円以内 ② スーパー定期300：300万円超
預入単位	1円以上
利率	1カ月以上の期間、預け入れるため、普通預金などに比べて高い利率が適用される。通常、期間が長く金額が大きい（300万円以上か否か）ほど、利率は高い
預入期間	① 定形方式：1カ月、3カ月、6カ月、1年～10年（1年単位）、自動継続が可能 ② 期日指定方式：1カ月～10年以内で満期日を指定。自動継続は不可
利息計算・利息支払	年利建、1年を365日とする日割り計算 ① 単利型：預入期間に、複利型のような制限はない 　・預入期間が2年未満のとき、満期日に一括して利息を支払う 　・預入期間が2年以上のとき、預入日の1年ごとの応答日に中間利払により利息を支払う ② 複利型：預入期間が3年以上に限る。半年複利で利息計算し、満期日に一括して利息を支払う
付利単位	1円以上
利息にかかる税金	個人は国税15％、地方税5％の源泉分離課税。法人は総合課税
対象者	個人、または法人（本人確認が前提）。ただし、複利型は個人のみ
預金保険	対象。その他の預金と合わせて、元本1,000万円とその利息までが保護される

2　預入期間

　3カ月物、6カ月物などの定形方式の定期預金は、満期日が来て預入継続（書換）の手続が不要な自動継続の定期預金として預け入れることもでき

ます。自動継続の種類として、①満期日に元本と利息の合計額を次の定期預金の新元本にする元利継続型と、②利息は預金者があらかじめ指定した普通預金口座などに入金し、元本は自動継続後の定期預金でも変わらない元金継続（利息受取）型の二つがあります。さらに銀行によっては、満期日前の一定期間内に申し込むことで、満期日に元本と利息の合計額を預金者が指定した普通預金口座などに入金する自動解約型もあります。また満期日に自動継続も自動解約も行わず、満期日以降は普通預金利率が適用される非継続型（顧客が満期日以降に解約手続を行う必要がある）もあります。

　なお期日指定方式は、あらかじめ満期日を都度指定するという商品性格上、自動継続はできません。

3　利　　　率

　預入日から満期日まで、固定金利です。非継続型で、満期日が過ぎても解約や再預入の手続がとられない場合（期流れ）、満期日以降の利率はその期間の普通預金利率が適用されます。この利息のことを期流れ利息、期後利息などといいます。中間利払がある場合、その定期預金に適用されている約定利率の70％が適用されます。残りの30％は満期に満期利息に加えて支払われます。

4　利息計算・利息支払

　2月と8月に一斉に利息決算を行う普通預金と違い、満期日が特定日に集中せず、また基本的に残高の増減がない定期預金の場合は取引の都度、利息積数を計算するのではなく、満期日など利息支払があるときに利息を計算します。

5　対　象　者

　普通預金と同様に、非居住者は本商品の対象外です（非居住者は、非居住者定期預金が対象商品です）。

6　その他

　スーパー定期は愛称であり、正式名称は「自由金利型定期預金」です。
　通帳、または証書が発行されるのが一般的です。証書発行の場合、一つの定期預金明細につき一証書が発行されます。通帳発行の場合、1口座に1冊の通帳が発行され、複数の定期預金明細が管理されます。なお、最近は通帳・証書不発行の定期預金も登場しています（定期預金明細の管理は通帳発行に同じです）。

第2項　定期預金の利息計算

　基本的に元本が変動しない定期預金の利息計算は、元本（残高）が随時変動する普通預金の利息計算に比べて簡単です。ただし預入や解約・継続の仕方により、いくつかのバリエーションがあります。
　そのバリエーションを図表1－5－2に例示します。なお、元本金額＝100万円、期間2年、定期預金利率（年利）＝1％、預金者＝個人、普通預金利率（年利）＝0.1％とします。
　①は預入後28日で中途解約したケース。普通預金利率が適用されます。
　②は中間利払がなく、単利計算のケース。

図表1－5－2　利息計算の例（定期預金）

	2009/7/31 預入	2009/8/28 中途解約	2010/7/31 1年後応答日		2011/7/31 満期日	2011/9/28 満期後解約	
①	(A) 中途解約利息　100万円×0.1％×28日÷365日＝76円	28日＝2009/7/31～8/28の片端日数　税引後利息＝62円					
②	(B) 期中利息　100万円×1％＝1万円　税引後利息＝8千円		(C) 期中利息　100万円×1％＝1万円　税引後利息＝8千円		中間利払なし、単利計算　(B)＋(C)：利息合計＝2万円　税引後利息合計＝1万6千円		
③			59日＝2011/7/31～9/28の片端口数			(D) 期後利息　101万6千円×0.1％×59日÷365日＝164円	税引後利息＝132円
④	(E) 中間利払利息　100万円×(1％×70％)＝7千円　税引後利息＝5千6百円		(F) 満期利息　100万円×1％＋100万円×(1％×30％)＝1万円＋1万3千円（税引後＝1万4百円）		中間利払あり、単利計算　利息合計＝2万円　税引後利息合計＝5千6百円＋1万4百円＝1万6千円		
⑤	(G)	(H)	(I)	(J)	中間利払なし、6カ月複利計算　税引前利息＝2万0,150円　税引後利息＝1万6,121円　左の式で「＾」は、べき乗の意		
		100万円×(1＋(1％÷2))＾4＝102万0,150円					
	2009/7/31 預入	2010/1/31 6カ月後応答日	2010/7/31 1年後応答日	2011/1/31 1年6カ月後応答日	2011/7/31 満期日	2011/9/28 満期後解約	

③は自動継続でない場合で、満期日以降も解約の手続を取らず、2カ月近く経ってから解約したケース。満期前は、②や④のように定期預金の利率が適用されますが、満期後の利率は普通預金利率が適用されます。

④は中間利払があり、単利計算のケース。

⑤は中間利払がなく、半年複利計算のケース。

②などの単利計算の利息の計算式は、以下のとおりです。

元利金＝元本(残高)×日数(片端)×(1＋(年利率％÷100))÷365(円未満切捨)

これに対して、⑤の複利計算の利息の計算式は、以下のとおりです。

元利金＝当初預入金額×(1＋(利率％÷100))^利息計算回数

(「^」は、べき乗の意、円未満切捨)

この式の利率には、1年複利の場合は年利をそのまま代入し、半年複利の場合は年利率÷2で半年利を求めて代入します。1カ月複利の場合は、年利÷12で月利を求めて代入します。

この⑤では利息を元本に加えながら、利息計算する複利計算のため、②のような単利計算に比べて、利息額が多くなるという特徴があります。

②を例に自動継続の実例を示すと、満期に元本100万円＋税引後利息1万6,000円を新元本として預入するのが元利継続であり、税引後利息1万6,000円は普通預金などに入金して、新元本も100万円として預入するのが元金継続です。

なお、税金の計算は普通預金などと同様、税引前利息から税引後利息を求めます。計算式は以下のとおりです。

税引後利息＝税引前利息－(税引前利息×国税率15％)　……円未満切捨

　　　　　－(税引前利息×地方率5％)　……円未満切捨

第3項　スーパー定期以外の定期預金

スーパー定期以外の定期預金には、以下のような商品があります。商品概

図表1－5－3　スーパー定期以外の定期預金の特徴

商　品	概　要
大口定期預金	対象は個人、法人。 最低預入額が、1,000万円以上の定期預金。 スーパー定期などより高い金利が適用される。
変動金利型定期預金	対象は個人、法人。 預入期間は3年前後で、利率は6カ月ごとに最新のものが適用される。 固定金利の定期預金に比べ、金利上昇時に有利。
期日指定定期預金	対象は個人のみ。 預入金額は、1定期預金明細当たり、1円～300万円。1年の複利計算。 最長預入期間は3年。 1年の据置期間が経過した後は預入期間の範囲で自由に満期日を指定することができる（ただし、事前に申出が必要）。 満期日の指定がない場合は預入期間の限度である、3年後の応答日が満期日である。 なお、満期日を指定した場合には、預入時に決められた期間別の利率で解約できる（中途解約の扱いとはされない）。

要（特徴）は図表1－5－3のとおりで、スーパー定期との差異のみを記述しました（記述のない部分は、スーパー定期と同じです）。なお、銀行によっては、下記以外の商品を用意しているところもあります。

第6節　固定性預金システムについて

第1項　定期預金の取引と起票

　固定性預金システムについて、定期預金を例にファイル構成、おもな取引と起票処理、処理例について述べていきます。なお、普通預金と同様、仮想のシステムについての説明です。

1　ファイル構成と項目

　定期預金を中心としたファイル構成と、各ファイルの項目を図表1－6－1に示します。

(1) **CIFファイル**

　流動性預金のシステムに同じです。

図表1－6－1　定期預金のおもなファイル構成

預金利率テーブル	基本レコード
KEY	科目（スーパー定期など）
データ	利率、適用開始日

定期預金口座ファイル	基本レコード
KEY	店番＋科目＋口座番号
データ	CIF番号
	通帳・証書区分
	課税区分

CIFファイル	基本レコード
KEY	店番＋CIF番号
データ	カナ氏名
	生年月日
	普通預金口座数
	当座預金口座数
	定期預金口座数
	貸付業務有無
	外為業務有無
	…

店番とCIF番号で紐付け

預入ごとに明細レコードを作成

定期預金口座ファイル	明細レコード
KEY	明細番号（自動採番）
データ	金額
	利率
	満期日
	…

科目や預入日から適用される定期預金利率を取得

利払ごとに利払履歴レコードが作成される

定期預金口座ファイル	利払履歴レコード
KEY	利払日
データ	利息額
	利率
	…

(2) 定期預金口座ファイル

基本レコード、明細レコード、および利払履歴コードなどから構成されます。

基本レコードは、定期預金の口座開設の際に作成されます。キーは店番号＋科目（スーパー定期預金など）＋口座番号です。定期預金口座の基本的な項目（CIF番号、課税区分、通帳・証書区分、通帳種類など）を管理します。

明細レコードは預入の単位で作成されます。定期預金は１口座で複数預入されることが多いため、明細レコードは基本レコードの下に置かれます。これにより、異なる預入日、利率、預入期間（満期日）などのデータを分別管理しています。キーは明細番号（システムが預入単位に自動採番）であり、この単位に中間利払や解約などが行われます。

利払履歴レコードは解約を含む利息支払の際に作成されます。明細レコードの下に作成されます。キーは利払日です。利払の各種情報（利息額、利率、利息計算開始日、利息計算終了日など）が管理されます。

(3) 定期預金利率テーブル

最新の各種固定性預金利率と過去の利率の変更履歴を商品ごとに管理します。固定性預金の利息計算で参照されます。なお、ファイルの競合などを避けるため、普通預金利率テーブルとは物理的に分けている場合もあります。

2　定期預金のおもな取引と起票

普通預金の取引と同様に勘定取引と非勘定取引の二つがあります（図表１−６−２参照）。

図の各取引（丸数字のある四角）とその下のＴ字（Ｔバー）について、簡単に説明します[1]。

> [1] 各取引をつなぐ線で実線は取引遷移上、通常、口座が解約されるまでに使用されるはずの取引を表し、破線はオプションの（必ずしも使用されない）取引を表します。定期預金の見合い（相手科目）には現金を使っていますが、普通預金などに振り替えられることもあります。

① 新規預入

CIFが有効であることをチェックし、定期預金口座がない場合、定期預金の口座番号を採番して、預金利率テーブルから当該定期預金の適用金利を検

索、金利を決定し、基本レコードと明細レコードを作成します。すでに有効な定期預金口座がある場合は、明細番号を採番して預金利率テーブルから当該定期預金の適用金利を検索、金利を決定し、明細レコードを作成します。その後現金（資産の増加）と定期預金（負債の増加）を起票します。取引完了後、伝票を出力し、通帳発行の口座の場合、通帳も記帳（印字）します。

② **中間利払**

CIFと定期預金口座、定期預金明細が有効であることをチェックし、中間利払の利息を計算し、利払履歴レコードを作成して、利息をあらかじめ指定のある普通預金口座に入金します。その後、預金利息（損失の発生）、普通預金（負債の増加）、利子税預かり金（負債の増加）を起票します。なお、中間利払がある定期預金明細は事前にわかっているため、通常はシステムが夜間に自動的に中間利払処理を行います。この取引は夜間の自動処理のため通帳の入力はなく、したがって通帳の記帳はありません（後日、ATMなどで記帳されます）。

③ **解　　約**

CIFと定期預金口座、定期預金明細が有効であること、通帳・印鑑の紛失・盗難の登録がないかをチェックして利息を計算し、元本と利息を合わせた金額を現金で支払い、利払履歴レコードを作成し、明細レコードを解約済みにします（口座レコードは口座を解約する場合にのみ、解約済みにします）。利息分として預金利息（損失の発生）、利子税預かり金（負債の増加）、元本分

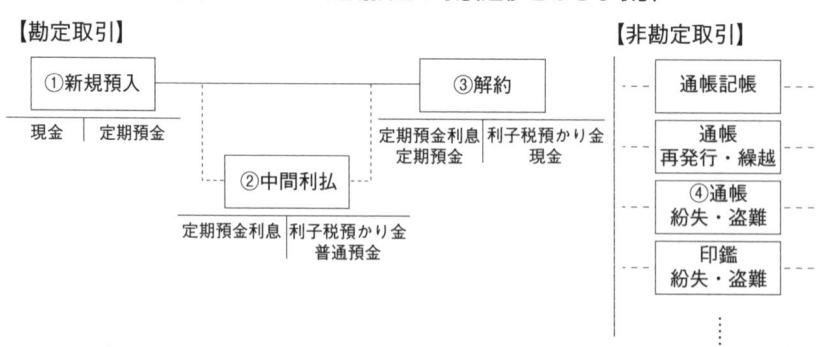

図表１－６－２　定期預金の取引遷移とおもな取引

【勘定取引】
① 新規預入　現金｜定期預金
③ 解約　定期預金利息／定期預金｜利子税預かり金／現金
② 中間利払　定期預金利息／利子税預かり金／普通預金

【非勘定取引】
通帳記帳
通帳再発行・繰越
④ 通帳紛失・盗難
印鑑紛失・盗難

として、現金（資産の減少）と定期預金（負債の減少）を起票します。

　取引完了後、伝票・顧客向け計算書を出力し、通帳発行口座であれば今回解約した定期預金明細について、解約済みの印字を通帳に行います（口座解約の場合は、通帳にその旨、印字します）。

④　通帳紛失・盗難

　CIFと定期預金口座が有効であること、通帳の紛失・盗難がすでに登録されていないかをチェックして（登録済みはエラーとします）、口座レコードに通帳紛失・盗難ありのフラグを立てます。このフラグが立っている場合、定期預金の明細や定期預金口座自体の解約はエラーとします。この取引では勘定（残高）の異動がないため、勘定の起票はなく、明細レコードも作成しません。

3　新規預入取引のシステム処理概要

　銀行の端末は大別して、CD、ATMと、窓口などで銀行員が操作する営業店端末があります。ここでは、営業店端末から新規預入取引を行う際のシステム処理について、その概要を簡単に説明します（図表1－6－3参照）。

① 　通帳には店番、科目、口座番号などの情報が磁気的に書き込まれており（磁気ストライプ（MS））、営業店端末に通帳を入力すると磁気情報を読み取って、ホストに送るデータの一部とします。入力されたデータが妥当かどうか、最も基本的なチェック（店番号、科目、口座番号の形式チェックなど）は営業店端末で行われます。

② 　営業店端末でも入力するデータ項目が少なく、桁数や項目属性（数値、文字など）もチェックされますが、ホスト側でも二重にデータそのものの妥当性をチェックします。一般的なチェック項目としては必須項目、数値、文字、桁数・金額のオーバーフローなどがあげられます。

③ 　各ファイルを読み込み、入力データと各ファイルに管理されている項目との妥当性のチェックを行います。口座のステータス（解約済みか否か）チェック、盗難紛失のチェックなども行います。

④ 　預金利率テーブルから、当該定期預金の種類（科目）や預入期間（1ヵ月、3ヵ月など）の条件により適用されるべき利率を取得します。今回預入の

明細の履歴として、明細番号を採番し、預入日、利率、預入期間、満期日（預入日と期間からシステムが自動計算）などの情報を明細レコードとして作成します。過去の未記帳の明細レコードがあれば、それらを記帳済みに更新します。

図表1－6－3　定期預金・新規預入取引（営業店端末）のシステム処理例

No.	場所	処理	処理概要
①	営業店端末	電文作成	定期預金通帳の磁気ストライプから店番、科目、口座番号を読み取り、画面から入力された預入額と合わせて、電文を作成し、ホストに送信
②	ホスト	入力チェック	営業店端末から送られてきた電文を解析し、入力データの妥当性をチェック
③	ホスト	主要処理・マスタチェック	入力された店、科目、口座番号で定期預金口座ファイルを読み込み。当該口座がない、あるいは解約済みの場合はエラー。
④	ホスト	主要処理・マスタ更新	預金利率テーブルを読み込み、定期預金の科目（種類）、預入期間などから適用する定期預金利率を決定、満期日を計算し、明細番号を自動採番し、明細レコードを作成。定期預金口座ファイル.明細レコードで通帳記帳が済んでいないレコードを特定し、未記帳分データを編集し、明細レコードは記帳済みに更新。
⑤	ホスト	主要処理・勘定処理	預入額で、科目＝現金と科目＝定期預金を起票
⑥	ホスト	主要処理・出力処理	預入額、取引日、取引時刻、明細番号、利率、満期日、未記帳分データなどを営業店端末宛に送信
⑦	営業店端末	印字・記帳	ホストからの電文で、伝票、計算書を印字し（預入額、取引日、取引時刻、利率、満期日など）、今回預入された明細と合わせて、未記帳分データを通帳に記帳

⑤ 以下の起票が行われます。

借方	貸方
現金	定期預金

⑥ 今回の取引結果と、今回の新規預入取引を含む過去の未記帳分のデータを営業店端末で印字できるように編集します。また、同時に伝票、顧客向け計算書（預入額、満期日、利率など）の電文データを作成し、営業店端末宛に送信します。

⑦ ホストから電文を受け取った営業店端末は、伝票の印字と通帳の記帳を行います。

第7節　総合口座

第1項　商品概要

　総合口座とは、普通預金と定期預金[*1]を一つにまとめたもので、普通預金と各種定期預金（スーパー定期、期日指定定期、大口定期など）の預入が可能です。1冊の通帳に普通預金と各種定期預金の両方が記帳される複合通帳が使用されます。

> ＊1　普通預金とセットされる商品は、ほかに貯蓄預金、積立定期預金、国債などがあります。ただし貯蓄預金は後述の総合口座当座貸越の担保にはできません。

　総合口座は、急に資金が不足した場合でも利率が高い定期預金を取り崩すことなく、通常の貸付よりも低い利率で総合口座当座貸越（貸越）ができる個人限定の定型商品です。貸越を利用するには、総合口座に自動継続の定期預金があることが必須です。普通預金の残高を上回る出金がある場合、総合口座に預入されている自動継続の定期預金を担保として、不足金額を自動的に貸し付けます。以下では、定期預金との組み合わせを代表例として記述します。

第2項　総合口座貸越とは

　貸越は総合口座に預入されている定期預金を担保にして行われ、貸越の限度は担保の定期預金の90％、または200万円（上限金額は銀行により違いがあります）のいずれか小さいほうが適用されます。貸越利率は一律、担保の定期預金利率＋0.5％です。担保の定期預金を預入し続ければ、定期預金の利息は貸越がない場合と同額が銀行から支払われるので、預金者の実質的な金利負担は0.5％だけです。

　複数の定期預金があり、その定期預金の間で利率が異なる場合、貸越は利率の低いほうから行われ、返済は利率の高いほうから行われます。貸越は普

通預金口座への入金により、返済されます。なお、貸越がある場合でも、定期預金の利息はそのまま計算されます。貸越利息は別途、普通預金で預金利息を求める預金利息積数と同じ考え方で、貸越利息積数として管理され、預金の利息決算と同じタイミング（2月、8月）で計算、徴求されます。

国債が担保の場合、貸付の限度は利付債＝額面の80％、割引債＝額面の60％、または200万円（上限金額は銀行によります）のいずれか小さいほうです。貸越利率は変動金利で、短期プライムレートに一定のスプレッド（利鞘）を加えたものが適用されます。

第3項　貸越利息の計算例

貸越があった場合の貸越利息について、説明します。

普通預金利率＝0.1％、担保の定期預金は、（A）10万円（定期預金利率＝2％）、（B）10万円（定期預金利率＝3％）の例です（図表1－7－1参照）。

図表1－7－1に示された入出金時の預金利息積数、ならびに貸越利息積数の計算過程は以下のとおりです。なお、貸越利息の計算は付利単位＝1円で行っていますが、銀行によっては100円単位というところもあります。

図表1－7－1　貸越利息の計算例

日付	2010/8/23	2010/8/26	2010/9/1	2010/9/15	2010/10/15	2011/2/18：利息決算日
取引	①ATM	②ATM	③ATM	④給与	⑤給与	次回の預金利息積数は省略
入出金	入金	出金	出金	入金	入金	
入出金額	5,000円	80,000円	70,000円	100,000円	110,000円	
残高	5,000円	▲75,000円	▲145,000円	▲45,000円	65,000円	
残高不変の日数	3日（片端）	7日（両端）	14日*1	30日*1	126日（片端）	
普通預金利息積数	5,000×3	－	－	－	65,000円×126	
貸越利息（A）	－	▲75,000×7	▲90,000×14	▲45,000×30	－	
貸越利息（B）	－	－	▲55,000×14	－	－	

＊1　両端、始期不算入

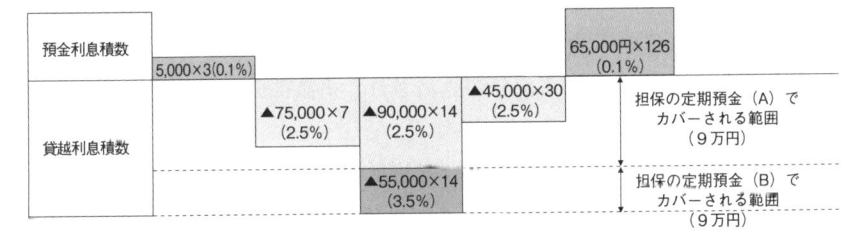

預金利息積数
- 5,000×3（0.1％）
- 65,000円×126（0.1％）

貸越利息積数
- ▲75,000×7（2.5％）
- ▲90,000×14（2.5％）
- ▲45,000×30（2.5％）
- ▲55,000×14（3.5％）

担保の定期預金（A）でカバーされる範囲（9万円）
担保の定期預金（B）でカバーされる範囲（9万円）

① ATM：残高≧ゼロのため、以下の預金利息積数が計算されます。

　　5,000円×3日（8/23～8/26までの日数（片端））……①の預金利息積数

② ATM：出金があり、残高＜ゼロと貸越が発生し、以下の貸越利息積数が計算されます。

　　75,000円×7日（8/26～9/1までの日数（両端））……②の貸越利息積数

　　貸越利率は、利率の低い定期（A）の利率2.5％（＝2％＋0.5％）が適用されます。

　　なお預金の日数計算は片端ですが、貸越（貸付）の場合、日数は両端で行うのが普通です。

③ ATM：さらに出金され、残高＜ゼロであるため、以下の貸越利息積数が計算されます。

　　90,000円×14日（9/1～9/15までの日数（両端、ただし始期は算入せず））
　　＝③(A)の貸越利息積数
　　55,000円×14日（9/1～9/15までの日数（両端、ただし始期は算入せず））
　　＝③(B)の貸越利息積数

　　利率の低い定期（A）の貸越利率（2.5％）が、元本10万円の90％＝90,000円まで適用され、残りの55,000円は、利率の高い定期（B）の利率3.5％（＝3％＋0.5％）が適用されます。

　　なお、この期間の日数計算は、両端で行いますが、始期（9/1）は数えません。これはもし数えてしまうと、②の両端でも、9/1を数えており、二重に計算してしまうからです。

④ ATM：10万円の入金があったものの、残高＜ゼロのままであり、以下の貸越利息積数が計算されます。

　　45,000円×30日（9/15～10/15までの日数（両端、ただし始期は算入せず））
　　＝④の貸越利息積数

　　なお、10万円の入金があったため、利率の高い定期（B）の貸越利率（3.5％）が適用されている部分が返済され、当該部分の貸越利息積数の計算対象外とされます。

⑤ ATM：入金があり、残高≧ゼロと貸越が終了し、貸越利息積数の計算対象外とされ、代わりに以下の預金利息積数が計算されます。

65,000円×126日(10/15～2/18までの日数(片端))＝⑤の預金利息積数

　図の貸越利息（②～④）の合計を計算すると（円未満切捨）、以下のとおりです。
　　②(75,000× 7 ×0.025÷365)＋③(A)(90,000×14×0.025÷365)
　　＋③(B)(55,000×14×0.035÷365)＋(④45,000×30×0.025÷365)
　　＝②35円＋③(A)86円＋③(B)73円＋④92円＝286円

第8節　その他の固定性預金

第1項　通知預金

　通知預金は1週間以上、1カ月未満の短期の資金運用のための預金です。貯蓄預金と同様、昨今の低金利により、普通預金や定期預金との金利の差別化が図れず、新規の取扱を停止している銀行もあります。おもな特徴は、図表1-8-1のとおりです。

1　流動性（入出金）

　解約の2日前までに銀行に解約する旨、通知する必要があるとされていますが、実際には通知を行わなくても解約できるのが一般的です。7日間の据

図表1-8-1　通知預金のおもな特徴

項　目	内　容
流動性（入出金）	7日間の据置期間経過後、解約の2日前までに銀行に解約「通知」が必要
取引単位	5万円以上、1万円単位
預入期間	定めはない（通常、解約しない限り、預入される）
利息	年利建、1年を365日とする日割り計算
利率	変動金利。ただし、据置期間内に解約する場合は普通預金利率が適用される
付利単位	1万円
利息にかかる税金	個人は国税15％、地方税5％の源泉分離課税。法人は総合課税
対象者	個人、または法人（本人確認が前提）
預金保険	対象。その他の預金と合計して、元本1,000万円とその利息までが保護される

置期間があり、2日前の解約予告が必要であることから、固定性預金に分類される場合があり、本書でも固定性預金に分類しています。しかし、実際にはすぐに解約が可能で、預入期間に定めがないことから、流動性預金に分類されることも多いようです。

新規預入は新規申込書兼入金票＋印鑑（窓口）により行うことができます。また解約は払戻請求書＋通帳または証書＋印鑑（窓口）により行うことができます。

2　預入期間

定期預金は1カ月からの預入が可能なので、1カ月未満のごく短期の資金運用に使われるのが一般的です。

3　利　　率

普通預金よりも高く、定期預金よりも低く設定されます。

4　対 象 者

個人、法人とも預入可能です。実際には法人が1週間超、1カ月未満の期間で余裕資金を預入する、あるいは最終的な使途が決まるまで一時的に預入することが多い商品です。

第2項　積立定期預金

定期預金に定時に定額を都度預入（積立）することで、中長期的な資産形成を行うための商品です。

複数の定期預金から成り立つ一種の複合商品で、一つひとつの定期預金は、通常の定期預金とほぼ同じ扱いです。また、銀行により細かい差異の多い商品でもあります。おもな特徴は、図表1－8－2のとおりです。

積立定期預金は、小額を長期にわたり積み立てることで、旅行、結婚、進学、マイカー、マイホームなどのための資金を無理なく貯めることができる預金です。銀行によって、対象の定期預金、預入（積立）方法、積立金額、積立期間、

図表1-8-2　積立定期預金のおもな特徴

項　目	内　容
対象の定期預金	スーパー定期、スーパー定期300、期日指定定期など
預入（積立）方法	①定時定額積立、②超過額積立など
取引単位	1回の預入（積立）につき、100円以上、300万円以下、1円単位など
預入期間	①　一般型：定めはない（通常、解約しない限り、預入されている） ②　満期指定型：指定した満期日まで
対象者	個人、または法人（本人確認が前提）。 預入（積立）方法や預入期間などによっては個人のみの場合あり。
流動性（入出金）	対象の定期預金に同じ
利息	
利率	
付利単位	
利息にかかる税金	
預金保険	

対象者などが異なることがあります。ここでは、一例として説明します。

1　預入（積立）方法

① 定時定額積立は、毎月一定日に一定金額を普通預金などの引落口座から自動的に積み立てる方式（例：毎月25日に1万円を積立）です。銀行によっては、年2回、指定した月に積立金額の増額が可能な場合もあります。

② 超過額積立は、毎月一定日に引落口座の残高が一定金額を超えているとき、一定の範囲の金額を引落口座から自動的に積み立てる方式です（例：毎月25日に引落口座の残高が10万円超のとき、超過分から1万円～3万円の範囲で100円単位の積立[*1]）。

　＊1　以下に具体例をあげます。

・25日に残高＝115,678円のとき、15,600円が自動的に積み立てられます。
・25日に残高＝109,555円のとき、その月は積み立てられません。
・25日に残高＝150,123円のとき、30,000円が自動的に積み立てられます。

いずれの場合も、随時の積立（任意のときに任意の金額をATMや窓口で積立）が可能です。

2　預入期間

① 一般型は期間を定めずに積み立てる方式で、積立定期預金を解約するまで預入されます。当面、特定の使用目的がないものの、何かのために資金を積み立てておくような場合に適しています。
② 満期指定型はある未来の日付を設定し、その満期に向けて積み立て、満期が来たときに解約されます。進学など、特定日を目標にした資金を積み立てるような場合に適しています。

　銀行によっては、一定タイミングで複数の定期を1本にまとめる、あるいは満期日に自動的に解約し、普通預金口座などに元利金合計を入金する特約を付けることができる場合もあります。

　預入期間を定めず、なおかつ一定タイミングで複数の定期預金を1本にまとめて再預入する積立定期預金の例を図表1－8－3に例示します。

3　積立定期預金の特約（まとめ再預入）

　図表1－8－3では、毎年9月に直近1年間に預入された12本の定期預金

図表1－8－3　積立定期預金・まとめ再預入の例

積立開始	2010/9/1	2010/10/1	2010/11/1	……	2011/7/1	2011/8/1	2011/9/1	……	2012/8/1	2012/9/3
1カ月目	1年もの						元利金を1年もので自動継続			元利金を1年もので自動継続
2カ月目		11カ月もの								
3カ月目			10カ月もの							
:					:					
11カ月目					2カ月もの					
12カ月目						1カ月もの				
13カ月目							1年もの			元利金を1年もので自動継続
:								:		
24カ月目									1カ月もの	
25カ月目										1年もの

▲①

（1年の定期預金〜1カ月の定期預金）の各元利合計を1本にまとめて、1年の定期預金で再預入し（以降、1年ごとの自動継続）、これを繰り返しています。

　積立定期預金は毎月積み立てる商品のため、長年預入を続けていると定期預金の明細が増加します。預金者にとっては、通帳に記帳される明細が増えると管理が煩雑です。銀行にとっても、解約時に1本1本の定期預金を解約する必要があります。また定期預金の明細が多いと、ディスクなどのシステムリソースを消費するなどの不都合があることから、前記のような特約（まとめ再預入）が提供されることがあります。

　1本にまとめるサイクルは、6カ月、1年、2年、3年のように複数用意され、1本にまとめた定期預金の預入期間も6カ月、1年、2年、3年、5年など、複数の期間が用意されています。

　また、ほかのバリエーションとしては、以下のようなものがあげられます。

・1本にまとめる特約がなく、個々の定期預金の各満期日に自動的に継続され、解約されるまで預入され続けるもの。
・1本にまとめる特約がなく、個々の定期預金の各満期日に自動的に解約され、元利金が普通預金口座などへ入金されるもの。
・あらかじめ決めた満期日（たとえば、図表1−8−3の▲①）で積立定期預金口座自体が満期とされ、自動的にすべての定期預金が解約され、元利金が普通預金口座などへ入金されるもの。

第3項　財形預金

　勤労者の財産の形成や住宅取得を促進するために設けられた、勤労者財産形成貯蓄制度*1に基づく預金です。

　　*1　勤労者財産形成促進法に基づきます。この制度は普通銀行のほか、信託銀行、証券会社、生命保険会社、損害保険会社などの各種金融機関で利用が可能です。

　定期預金（期日指定定期預金、スーパー定期など）が財形預金の対象ですが、銀行により定期預金の種類は異なることがあります。財形預金には、一般財産形成預金、財産形成住宅預金、財産形成年金預金の三つがあります（図表1−8−4参照）。このうち、財産形成住宅預金、財産形成年金預金には以下

の制限があります。
・満55歳未満の勤労者であること。
・財産形成住宅預金と財産形成年金預金はそれぞれ一つの金融機関としか契約できません（一人一契約）。ただし、財産形成住宅預金と財産形成年金預金を別々の金融機関と契約することはできます（たとえば、住宅財形はA銀行、年金財形はB銀行）。
・預入する資金は給与天引であるため、企業（事業主）と金融機関との間で財形預金についての契約が必要であり、勤労者が金融機関を自由に選ぶことはできません。

1　一般財産形成預金

一般財産形成預金は複数の金融機関と契約することができます。かつては一般財産形成預金も非課税枠550万円の対象でしたが、現在は対象外とされ

図表1-8-4　各種財形預金のおもな特徴

種類	内容
一般財産形成預金 （一般財形）	資金の使用目的は限定されない。 通常の定期預金などと同様に、利息に課税される。 一部分のみの払戻もできる。
財産形成住宅預金 （住宅財形）	住宅取得、リフォームに資金の使用目的が限定されている。 財産形成年金預金と合わせて、元本550万円まで、利息部分が非課税とされる[*1]。 住宅取得以外の払戻の場合、全額払戻のみ可能であり、過去5年分の利息に課税される。財形持家融資制度の利用が可能。
財産形成年金預金 （年金財形）	退職後の資金として積み立て、年金として分割して、預金を受け取る。 財産形成住宅預金と合わせて、元本550万円まで、利息部分が非課税とされる[*1]。年金以外の払戻の場合、全額払戻のみ可能であり、過去5年分の利息に課税される。

＊1　財産形成住宅預金と財産形成年金預金の両方を保有する場合、非課税枠（最高550万円）を割り振る必要があります（財産形成住宅預金の非課税枠＋財産形成年金預金の非課税枠≦550万円）。

ており、給与天引であることを除けば、実質的に積立定期預金と変わりがありません。

2　財産形成住宅預金

　財産形成住宅預金は住宅の取得・増改築のための預金ですが、550万円の非課税枠を利用するための要件（住宅取得の場合、預金者本人が居住する住居で床面積が50平米以上）があり、それを満たさない払戻の場合、通常の預金利息と同様に課税されます（過去5年まで遡及して課税されます）。また、非課税枠の適用を受けるには住民票、土地建物の登記簿謄本が必要です。金利動向によってはこれらの取得にかかる手数料が利息の非課税分を上回ることもあります。

3　財産形成年金預金

　財産形成年金預金は、退職後の資金を満60歳の誕生日以降、5年以上20年以内に分割して受け取ることができるもので、公的年金を補完する一種の個人年金商品といえます。年金目的以外での払戻は課税されます（財産形成住宅預金と同様に、過去5年まで遡及して課税されます）。

第4項　譲渡性預金（NCD：Negotiable Certificate of Deposit）

　銀行の預金は預金約款に譲渡・質入禁止と明記されており、譲渡はできませんが、譲渡性預金は譲渡を前提とした例外的な預金です。単にCD（Certificate of Deposit）ともいわれます。おもな特徴は、図表1－8－5のとおりです。
　譲渡性預金は個人向けの一般的な商品ではなく、企業などの大口預金者向けの商品です。このため、利率は市場実勢金利をもとに個別に決定され、満期日以前には市場で売買することができます。ただし定期預金と異なり、自動継続の取扱はなく、満期日以降の利息も付きません。また複利計算もされません。

1　利　息

譲渡に際して、保有者は保有期間に応じた利息（経過利息）を受け取ることができます。これは譲渡可能な譲渡性預金だけの特色であり、考え方は利付債券の売買と同じです。

たとえば、預入額＝1億円、利率＝1.5％、期間＝1年の譲渡性預金を、A社が3カ月間保有し、その後、B社に譲渡した場合、A社はB社から預入額1億円のほかに37万5,000円の利息（経過利息）を受け取ることができます。

① 3カ月分の利息＝1億円×1.5％×3カ月÷1年＝375,000円（税金は考慮せず、以下同じ）

図表1－8－5　譲渡性預金のおもな特徴

項　目	内　容
流動性（入出金）	中途解約不可。満期日以降に払戻が可能。 ただし、満期日前に譲渡（市場で売買）が可能。
預入金額	1,000万円以上
預入単位	1円単位
利率	預入時の市場実勢金利を考慮し、決定される
預入期間	2週間以上、5年以内で、預入時に満期日を指定
利息	年利建、1年を365日とする日割り計算。 預入期間が2年未満のとき、満期時に、元本と利息を一括して支払う。 預入期間が2年以上のとき、預入日の1年ごとの応答日に中間利払により、利息を支払い、満期日に利息を支払う。
付利単位	1円以上
利息にかかる税金	個人は国税15％、地方税5％の源泉分離課税。法人は総合課税
対象者	個人、または法人（本人確認が前提）
預金保険	対象外
その他	金融商品取引法では、有価証券とみなされる

なお、B社が譲渡を受けた後、満期まで保有した場合、150万円の利息を受け取ることができます。
② 1年分の利息＝1億円×1.5％＝150万円
結果、B社は実質、②150万円－①375,000円＝1,125,000円の利息を受け取ります。

2　対象者

譲渡は、指名債権譲渡方式[*1]により行われます。

> ＊1　指名債権譲渡方式とは、譲渡人と譲受人との契約のみで効力が生じ、確定日付を付した譲渡通知書により、譲渡人から譲渡性預金の発行銀行への通知で第三者への対抗要件を備えるとされるものです（民法第467条）。
> なお、譲渡通知書は公証役場で作成される公正証書によります。

第5項　仕組預金

デリバティブ取引を内包している中長期の定期預金です。仕組預金にはいくつものバリエーションがありますが、ここでは一例をあげておきます（図表1－8－6参照）。

1　預入期間

預入期間を銀行が決める（銀行に選択権があります）預金であり、預入期間は5年か10年です。預入期間が最長10年で預入日の3年後の応答日以降、1年ごとの応答日に満期日が繰り上げられる商品もあります。預入期間の長さに応じて、利率も上がっていきます。

満期日を繰り上げる時期が金利の上昇局面で、当商品の預金利率が割安になった場合には、銀行は満期日を繰り上げません。逆に金利の低下局面で、当商品の預金利率が割高になった場合には、銀行は満期日を繰り上げます。

2　中途解約

デリバティブ取引を内包した商品であるため、中途解約は原則できません。やむをえない理由により中途解約する場合、利息は支払われず、かつ内

図表１－８－６　仕組預金のおもな特徴

項　目	内　容
流動性（入出金）	中途解約不可。満期日以降に払戻が可能。 中途解約の場合、元本割れする可能性が高い。
預入金額	10万円以上
預入単位	10万円単位
預入期間	最長10年。ただし、満期日が５年に繰り上げられる場合がある
利息	年利建、１年を365日とする日割り計算。 預入日の５年後の応答日に中間利払により、利息を支払い、満期日に利息を支払う。
付利単位	１円以上
利息にかかる税金	国税15％、地方税５％の源泉分離課税
対象者	個人のみ（本人確認が前提）
預金保険	対象。その他の預金と合計して、元本1,000万円とその利息までが保護される

包されるデリバティブ取引の再構築コスト、事務手数料などの損害金が元本から差し引かれるため、元本割れする可能性が高い商品です。このため、金融商品取引法による規制の対象とされ、契約締結時の書面交付などの手続が必須とされています。

第2章

貸付業務

第1節 貸付業務とは

　銀行の資金はおもに貸付により運用されています。この貸付を行うのが貸付業務であり、預金業務、為替業務と並び、銀行のなかで最も基本的な業務の一つです。まず個別の貸付に言及する前に、貸付の種類、原則、事務の流れ、貸付・返済方法などについて解説します。その後に最も基本的な貸付の一つである「手形貸付」を詳述します。手形貸付以外の貸付（債務保証を含みます）については、簡単に触れるにとどめます。なお外貨貸付は、本章を前提に「第4章　外国為替業務」で説明します。

第1項　貸付の種類

　貸付は、大きく図表2－1－1のように分類されます。

1　手形割引

　顧客が商品代金などの対価として受領した手形は、通常は手形期日までは現金化することができません。しかし、顧客の資金繰りなどの理由により、手形を手形期日の前に現金化するのが手形割引です。銀行は、手形の振出人や手形保有者の信用状況などを審査したうえで、手形期日までの利息を割引

図表2－1－1　貸付の種類

貸付の種類	貸付の名称		
資金移動を伴う貸付	手形割引		
	貸付金	手形貸付
		証書貸付
		当座貸越
資金移動を伴わない貸付	債務保証		
	貸付有価証券		

料として差し引き、顧客に資金を貸し付けます。手形が期日に決済された場合は問題ありませんが、不渡りの場合には、手形割引を受けた顧客に買戻（資金の返還）の義務が生じます。

2　手形貸付

顧客から約束手形の差入を受けることにより、貸付を行います。手形割引と同様、運転資金などの短期資金（1年以内）の貸付に用いられています。

3　証書貸付

顧客から証書（金銭消費貸借契約証書）の差入を受けることにより、貸付を行います。企業向設備資金などの長期資金（1年超）の貸付に使われます。なお、個人向けの住宅ローン、自動車ローンなどは、基本的に1年を超える貸付契約のため、証書貸付によります。

4　当座貸越

当座預金残高が不足しても、あらかじめ定められた限度額以内であれば、当座預金からの出金（貸越）を可能とする貸付です。個人向けの総合口座の貸越、カードローンも当座貸越の一種です。

5　債務保証

第三者に対して、顧客に債務履行能力があることを銀行が保証するものです。実際に資金を貸し付けることはなく、銀行は顧客から保証料を徴求するだけです。ただし、万が一顧客が債務不履行に陥った場合には、代わりに銀行が債務を履行する義務が生じます。債務保証は支払承諾ともいいます。

6　貸付有価証券

資金を貸し付けるのではなく、銀行が所有する有価証券（株式や債券など）を、貸出料を徴求して顧客に貸し出します。顧客は借りた有価証券を担保や保証金などに使用します。貸付有価証券は資金の貸付や債務の保証ではなく、証券業務（証券システム）に含まれることが多いことから、本書では説

明しません。

貸付業務は、個人向けと法人*1向けに大別されます。以降、両者に共通する概念や基本的な考え方、取引の流れなどについて説明します。

> ＊1　一口に法人と表現していますが、一般企業だけではなく、個人事業主、地方公共団体、特殊法人、組合など（つまり一般個人以外）を含みます。

第2項　貸付の5原則

貸付を行うにあたっては、基本とされる5原則があります。

1　安全性

5原則のなかで、一番重要です。銀行は、顧客から預かった預金をおもに企業などに貸し付けることで運用します。貸し付けた資金が回収できないようなことが多発するようでは、銀行業は成り立ちません。貸付に問題のない安全な顧客か否か、財務状況、資金の使途、返済計画などを十分に吟味する必要があります。

2　公共性

銀行法第1条にもあるとおり、銀行には高い公共性が求められています。健全な経済の発展のため、中堅中小企業の育成に役立つような貸付を行い、投機目的や公序良俗に反するような貸付は行うべきではありません。

3　成長性

衰退しつつあるような企業に貸付をしても、資金を回収できないリスクが高く、公共性の観点からも好ましくありません。成長力のある企業に貸付することで、経済の活力ある発展につなげることができます。

4　収益性

公共性が高いとはいえ、銀行は営利企業です。収益性（リターン）と安全

性（リスク）は相反するのが一般的ですが、安全性を第一に公共性や成長性も考慮しながら、適正な利益の追求を行うことが求められます。

5　流 動 性

貸付のおもな原資である預金は、入出金自由な流動性預金や預入期間3年以内の固定性預金が中心です。

したがって、貸付も1年を超えるような長期の貸付に偏ることなく、1年以内の短期の貸付を中心に効率的に運用することが重要です。

第3項　貸付の流れ

預金業務は、預金者の本人確認、約款の交付など、比較的簡単な手続で取引が開始されます。これに対して貸付業務は顧客に資金を貸し付けるため、貸倒リスクが常に存在します。このため顧客の信用状態、使途、期間、金額など、さまざまな要素を勘案し、銀行内部の各種審査手続を行い、最終的に貸付可否の判断を経たうえで貸付が実行されます。申込から回収に至るまでの流れを、大まかに示すと、図表2－1－2のとおりです。

1　貸付申込

貸付を希望する顧客から銀行取引約定書を徴求します。この約定書は、貸付取引を始めるにあたり共通的な事項を規定する基本的な約定書です。個別の貸付取引を行う際には、別途、個別の契約書を徴求します。

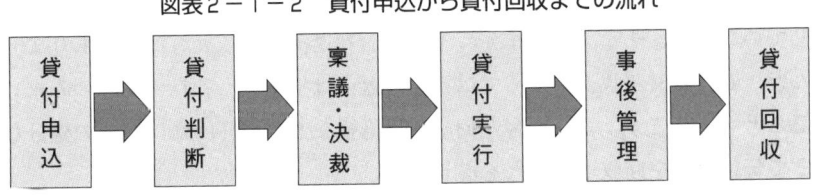

図表2－1－2　貸付申込から貸付回収までの流れ

貸付申込 → 貸付判断 → 稟議・決裁 → 貸付実行 → 事後管理 → 貸付回収

2　貸付判断

貸付の可否を判断するために、顧客の信用状態（現在の業績、財務状況、過去の貸付状況など）をチェックし、申込内容（申込金額、貸付期間、資金の使途、担保有無など）の妥当性を検討します。これらの行為を、一般に稟議と呼びます。貸付の内容（案件）によっては、支店長決裁のみで貸付が可能な場合と、支店長の承認を経たうえで本部（審査部などの専門部署）に申請し、決裁が必要な場合があります。

3　稟議・決裁

申請された稟議について、支店長または本部が決裁を行います。

4　貸付実行

決裁された貸付条件を確認し、顧客から契約書類（銀行取引約定書、商業登記簿謄本、印鑑登録証明書、約束手形、金銭消費貸借契約証書など）を徴求し、内容に相違ないか確認します。担保を徴求する場合は、あわせて抵当権の設定などを行います。その後、貸付事務（起票、検印、記帳、印字照合、印字再鑑、取引報告）を行います。

5　事後管理

貸付の実行状況をチェックし、徴求書類などの整理保管を行います。顧客の業績や信用状況を随時チェックし、担保価値の下落など、リスクが増大した場合には、担保の追加差入などを顧客に求めます。

6　貸付回収

当初の計画（約定）どおり返済されているか、延滞（返済の遅延）が発生していないか、チェックします。予定どおり返済されていれば問題ありませんが、顧客の財務状況によっては元金の返済は猶予し、利息の支払のみ求めることもあります。また顧客が倒産した場合など、最終的には担保の処分などで貸付資金を回収することもあります。

第4項　貸付方法

貸付をどのように行う（実行する）か、その方法は、図表2－1－3のように分類されます。

1　限度貸付と極度貸付の違い

限度貸付と極度貸付の一番の違いは、返済された金額を再度、貸付に使うことができるか否かです（図表2－1－4参照）。

2　貸付方法と稟議

貸付申込の頻度が低い（顧客の資金需要が少ない）、過去の貸付実績が少ない、あるいは信用力が一定以下などの場合、貸付契約（案件）についての稟議は契約ごとに行うのが一般的です。このような稟議を通常「個別稟議」と呼びます。

前述のように貸付を実行するには、各種手続が必要です。しかし恒常的に貸付の需要がある顧客の場合、貸付一契約ごとに都度実施するのは事務負担が大きく、また資金提供が機動的に行えないといった難点があります。そこで過去に貸付実績が一定以上あり、信用力のある顧客の場合は、一定期間内

図表2－1－3　貸付方法の分類

貸付方法		概　要
一括貸付		貸付金額を一括して、貸し付けるもの
随時貸付		貸付金額を顧客の資金ニーズにより、随時貸し付けるもの
分割貸付		貸付金額（総額）を分割して、貸し付けるもの
	限度貸付	一定の契約期間内に一定金額（限度額・限度枠）を、任意の金額、任意のタイミングで貸し付けるもの。返済していても、貸付金額が限度額に達すれば、それ以上の貸付は行われない
	極度貸付	一定の契約期間内に一定金額（極度額・極度枠）を上限とし、任意の金額、任意のタイミングで貸し付けるもの。返済すると、その分の金額は再び貸し付けられる

図表2-1-4　限度貸付と極度貸付

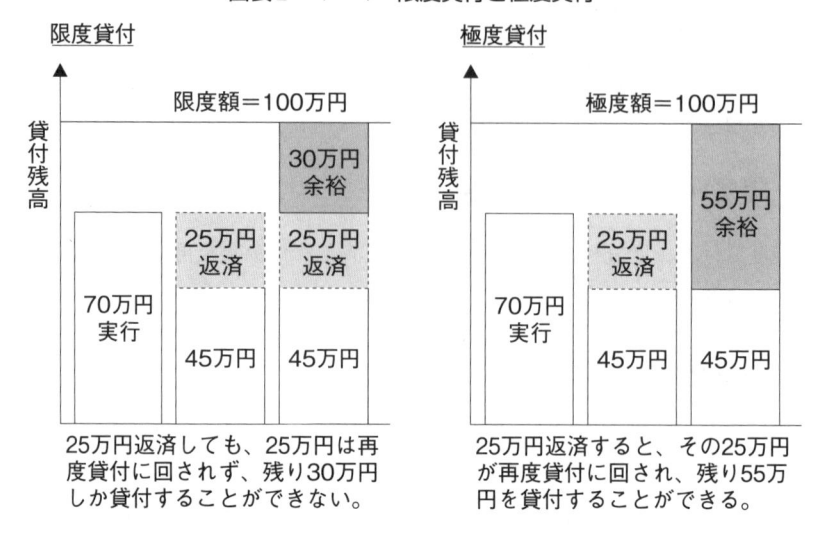

限度貸付

貸付残高

限度額＝100万円

| 70万円実行 | 25万円返済 / 45万円 | 30万円余裕 / 25万円返済 / 45万円 |

25万円返済しても、25万円は再度貸付に回されず、残り30万円しか貸付することができない。

極度貸付

貸付残高

極度額＝100万円

| 70万円実行 | 25万円返済 / 45万円 | 55万円余裕 / 45万円 |

25万円返済すると、その25万円が再度貸付に回され、残り55万円を貸付することができる。

に一定金額を任意の金額、任意のタイミングで貸し付けることが可能な限度貸付や極度貸付を行います。

そのための稟議を、それぞれ、「限度稟議」「極度稟議」と呼びます。

第5項　返済方法

貸付を受けた顧客の返済方法には、図表2-1-5のようなものがあります。

1　一括返済

法人向け貸付に多い返済方法です。個人向けでは一般的ではありません。

2　元利均等返済

個人向け貸付（住宅ローン、自動車ローンなど）は、返済金額が一定でわかりやすく、返済計画を立てやすいことから、大半がこの返済方法です。

3　元金均等返済

　法人向け貸付に多い返済方法です。個人向けでは一般的ではありません。

4　随時返済

　カードローンや当座貸越、総合口座の貸越などで余裕資金ができたときに随時返済する方法です。

5　繰上返済（期日前返済）

　個人向け貸付で一般的です。ただし、事務手数料などがかかる場合があります。法人向け貸付では一般的ではありません。事務手数料のほか、違約金（損害金）などを徴求されることもあります。

第6項　元利均等返済とは

　元利均等返済は、分割返済での返済方法の一つとして一般的です。住宅ローンをはじめ、各種の個人向けローンで利用されています。図表2－1－6で

図表2－1－5　返済方法の分類

返済方法		概　要
一括返済		資金を一括して、返済するもの。利息は元本と期日に一括して支払う場合と、利息のみ毎月支払う場合がある
分割返済	元利均等返済	元金と利息の合計額を一定金額（均等）にして、毎回返済するもの
	元金均等返済	元金の返済を一定金額（均等）とし、返済額に応じた利息を加えて、毎回返済するもの
随時返済		返済の時期の指定がなく、余裕資金ができたときに自由に返済するもの
繰上返済（期日前返済）		返済期日前に返済するもの。貸付金額の一部を返済する場合と、貸付金額の全額を返済する場合がある

は、貸付元金＝100万円、返済期間（回数）＝5カ月（5回）、年利率＝3％（月利率＝0.25％）として、例示します。

元利均等返済は毎回の返済金額（元金＋利息）が一定（固定）であることが最大の特徴です。

図表2－1－6のように、元金返済部分と利息部分の金額は各回それぞれ変動していますが、その合計である①の元利合計額は各回とも変わりません。

毎月の返済額を計算する式は以下のとおりです。

　　毎月の元利返済額＝元金×（年利÷12）
　　　　　　　　　　÷［1－｛1＋（年利÷12）｝＾（－返済回数）］……(A)
　　　　（「＾」は、べき乗の意）
　　毎月の利息額　　＝元金×（年利÷12）　　……(B)
　　毎月の元金返済額＝(A)－(B)

なお、後述する元金均等返済と比べて、元利均等返済には以下のようなメリットとデメリットがあります。

・メリット……毎回の返済金額が一定であるため、わかりやすく、返済計画が立てやすくなります。

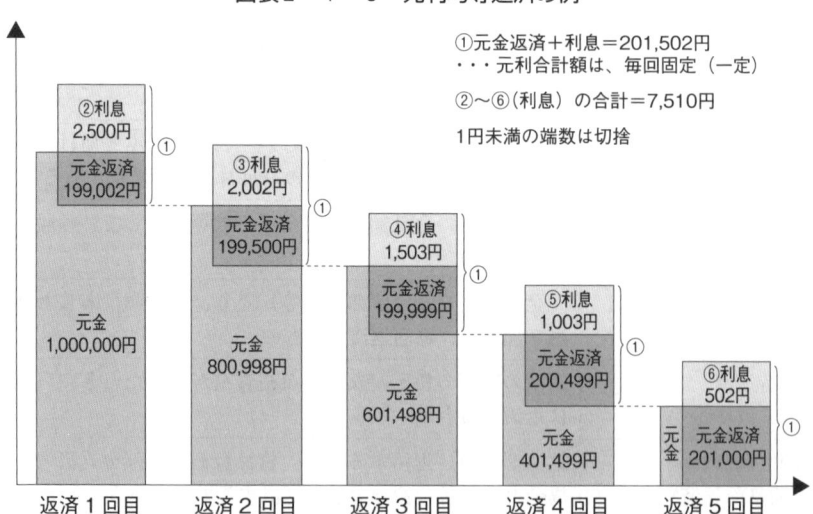

図表2－1－6　元利均等返済の例

①元金返済＋利息＝201,502円
・・・元利合計額は、毎回固定（一定）

②～⑥（利息）の合計＝7,510円

1円未満の端数は切捨

返済1回目
　②利息　2,500円
　元金返済　199,002円
　元金　1,000,000円

返済2回目
　③利息　2,002円
　元金返済　199,500円
　元金　800,998円

返済3回目
　④利息　1,503円
　元金返済　199,999円
　元金　601,498円

返済4回目
　⑤利息　1,003円
　元金返済　200,499円
　元金　401,499円

返済5回目
　⑥利息　502円
　元金返済　201,000円
　元金

・デメリット……返済当初は利息部分が大きい（元金返済部分は小さい）が、返済が進むにつれて、元金返済部分が大きくなります。したがって元金均等返済に比べて、支払う利息が多くなり、その結果、返済総額が多くなります。

第7項　元金均等返済とは

　元金均等返済は分割返済での返済方法の一つとして、おもに法人向けの貸付で利用されています。元利均等返済と条件は同一にして、図表2－1－7のとおり例示します。

　（貸付元金＝100万円、返済期間（回数）＝5カ月（5回）、年利率＝3％（月利率＝0.25％））

　元金均等返済は毎回の返済金額のうち、元金返済額が一定（固定）であることが最大の特徴です。

　図表2－1－7のように、元金返済額は一定ですが、利息が徐々に減っているため、その合計である①の元利合計額も減っています。

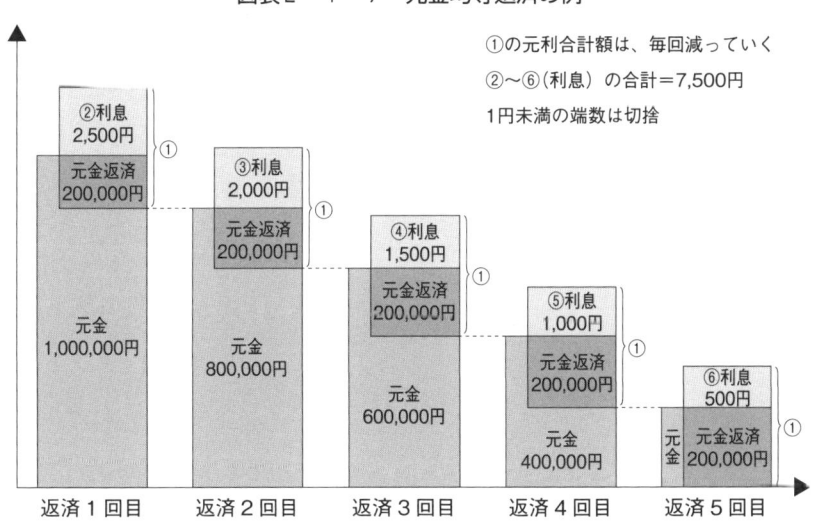

図表2－1－7　元金均等返済の例

①の元利合計額は、毎回減っていく
②～⑥（利息）の合計＝7,500円
1円未満の端数は切捨

返済1回目
②利息 2,500円
元金返済 200,000円
元金 1,000,000円

返済2回目
③利息 2,000円
元金返済 200,000円
元金 800,000円

返済3回目
④利息 1,500円
元金返済 200,000円
元金 600,000円

返済4回目
⑤利息 1,000円
元金返済 200,000円
元金 400,000円

返済5回目
⑥利息 500円
元金返済 200,000円

毎月の返済額の計算式は以下のとおりです。

  毎月の元本返済額　　＝元本÷返済回数　　……（A）
  毎月の利息額　　　　＝元本×（年利÷12）　……（B）
  毎月の元利返済額　　＝（A）＋（B）

なお、前述の元利均等返済と比べて、元金均等返済には以下のようなメリットとデメリットがあります。

・メリット……毎回の元金が固定されており、元金部分の減少が元利均等返済に比べて早くなります。このため、支払利息も少なくなり、返済総額も少なくなります。
・デメリット……返済当初は元金返済部分も利息部分も大きいため、当初の負担が重い。

　前述の例で元利均等返済と元金均等返済の利息額を比べると、元利均等返済＝7,510円に対して、元金均等返済＝7,500円と差異があります。この例では金額が小さく、期間も短いため、大きな差は出ていませんが、かりに3,000万円を30年、年利3％で比較した場合、元金均等返済では、約200万円の利息を節約できます。

第2節　法人向け貸付・手形貸付

　法人向け貸付の対象には、一般法人のほか、個人事業主（法人を設立するほどではない事業を行っている個人、商店街にあるような個人商店など）、地方公共団体、特殊法人、組合などが含まれます。手形貸付（手貸と略されます）は、商品名というよりも、一種の貸付の形態（あるいは総称）を表しています。銀行を受取人、貸付金額を手形金額とした約束手形（銀行の制定用紙）を銀行が顧客から借用証として差入を受けることで貸付を行うものです。手形法により、手形要件（手形を法的に有効にするための記載事項）が決まっています。後述の証書貸付と同様、金銭消費貸借契約[*1]です。

> [*1] 借りたものを消費することを前提に、借りたものと同じものを同じ数量返すことを約束して、金銭を借りる契約（民法第587条）。

第1項　商品概要

　貸付は手形貸付に限らず、契約次第の部分が多く、預金商品ほど定型化・規格化されていないので、一般的と思われる内容を図表2－2－1に記述します。

図表2－2－1　手形貸付の一般的な特徴

項　目	内　容
資金使途	短期の資金。契約以外の使途には使えない
貸付金額	下限は数百万円程度、上限は顧客の信用状況による
貸付期間	通常、1年以内
貸付利率	通常、短期プライムレート＋スプレッド
貸付利息	通常、前取
貸付方法	貸付条件による
返済方法	貸付条件による
担保・保証	通常、担保や保証が必要

1　資金使途

　手形貸付の貸付期間は、通常1年以内とされるため、使途も短期の資金需要に限定されます。具体的な使途としては、商品の仕入資金や決算時の納税資金、給与や賞与資金などがあげられます。なお、使途以外の目的に使用することはできません。

2　貸付金額

　上下限とも明確な線引きはありませんが、法人向け貸付であることから、下限は数百万円程度、上限は貸付条件、過去の貸出実績、顧客の信用状態などによります。なお、システム的には上下限ともチェックしないのが一般的です。通常、貸付実行時に返済期日までの貸付利息を貸付金額（手形額面）から差し引いて、顧客の預金口座に入金します。

3　貸付期間

　通常、1年以内です。1年を超える貸付は証書貸付によります。システムでは期間のチェックも行わないのが一般的です。3カ月を超える貸付では、3カ月ごとに手形を書き換えることが多いようです。

4　貸付利率

　銀行の定める短期プライムレート（最優遇貸出金利）を基準とし、これにスプレッド（鞘）を加えたものを適用します。貸付条件、顧客の信用状態、市場動向などによって、スプレッドは変わります。手形の書換（通常、3カ月ごと）のタイミングで貸付利率を見直すこともあります。なお、利息制限法により利率の上限（たとえば元本100万円以上の場合、15％）が決められています。

5　貸付利息

　通常、前取です。具体的な計算例は後述します。貸付利息は、以下の式で算出されます。

貸付利息＝貸付金額×年利率×日数（両端）÷365

6　貸付方法

一括貸付のほか、限度貸付や極度貸付もあります。

7　返済方法

一括返済、分割返済（元利均等返済、元金均等返済）があります。返済期日前に繰上返済をする場合、銀行の承諾が必要です。繰上返済により、銀行は繰上返済時から当初の返済期日までの資金運用益を失うので、市場の金利動向（例：貸付利率＞繰上返済時の貸付利率）などによっては、違約金（損害金）などペナルティの支払を求めることもあります。

8　担保・保証

貸付条件、顧客の信用状態などにより、預金、債券、土地などの担保や代表者、連帯保証人、保証会社の保証を求めることがあります。一般に担保や保証の裏付けがある貸付のほうが、無担保・無保証の貸付より貸付条件は顧客にとって有利とされます。これは万が一の場合、担保や保証があるほうが貸付金の回収が容易なためです。

なお、商品代金などの決済方法として、顧客が取引先から受領した商業手形（商手）を担保として、別途、顧客が銀行に約束手形を差し入れることで貸付を受ける場合を商業手形担保貸付といいます。商業手形は振出日から支払期日までの期間が一般に数カ月以内であることから、一種の手形貸付ともいえます。

第2項　取引の流れ

手形貸付の取引の流れは、図表2－2－2のとおりです（ただし、貸付申込から稟議・決裁までは省略します）。

貸付金額＝100万円、貸付利率＝年利率5％、貸付実行日＝2010/8/17、手

形書換日＝2010/11/17、返済期日＝2011/2/17、返済方法は一括返済とします。

第3項　手形貸付の利息計算

手形貸付の貸付利息は、以下の式で算出されます。

貸付利息＝貸付金額[1]×年利率×日数（両端[2]）÷365[3]

* 1　100円未満の端数は切り捨てて、貸付利息の計算をする銀行もあります。
* 2　両端（りょうは）とは日数を数えるときに、その期間の初日も数える方法（初日を数えないのは、片端（かたは））。たとえば、2010/8/17〜2010/11/17の日数は、両端では、93日（片端では、92日）。貸付利息の計算は両端が一般的です。
* 3　1年を365日とする日割り計算。1年の日数は閏年であっても、365日とします。

②貸付金額＝100万円、貸付利率＝年利率5％、貸付実行日＝2010/8/17、返済期日＝2010/11/17の貸付利息は、以下のように算出されます。

1,000,000円×0.05×93日（2010/8/17〜2010/11/17までの日数（両端））

÷365日

＝12,739円（円未満切捨）

④貸付金額＝100万円、貸付利率＝年利率5％、貸付実行日＝2010/11/17、返済期日＝2011/2/17の貸付利息は、以下のとおりです。

図表2－2－2　手形貸付の取引の流れ

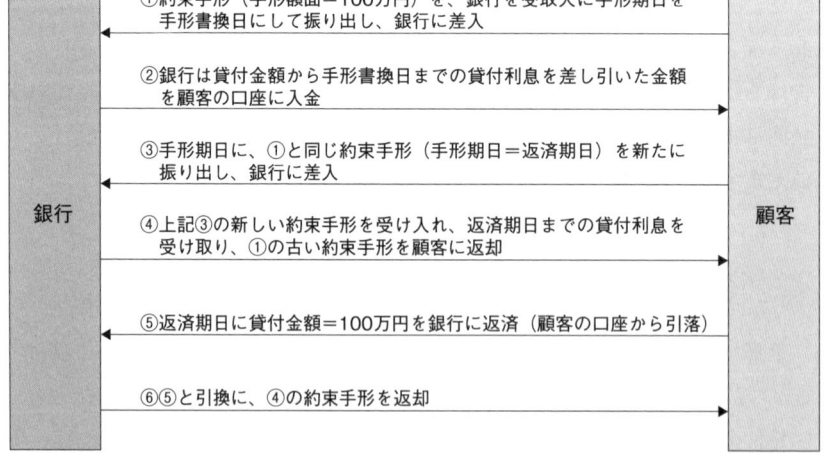

銀行		顧客
	①約束手形（手形額面＝100万円）を、銀行を受取人に手形期日を手形書換日にして振り出し、銀行に差入 ←	
	②銀行は貸付金額から手形書換日までの貸付利息を差し引いた金額を顧客の口座に入金 →	
	③手形期日に、①と同じ約束手形（手形期日＝返済期日）を新たに振り出し、銀行に差入 ←	
	④上記③の新しい約束手形を受け入れ、返済期日までの貸付利息を受け取り、①の古い約束手形を顧客に返却 →	
	⑤返済期日に貸付金額＝100万円を銀行に返済（顧客の口座から引落） ←	
	⑥⑤と引換に、④の約束手形を返却 →	

1,000,000円×0.05×92日（2011/11/17～2011/2/17までの日数（両端初日不算入））÷365日＝12,602円（円未満切捨）

　なお、④の日数計算は両端で行いますが、初日（11/17）は数えません。これは、②でも11/17を数えており、もし④でも11/17を数えてしまうと、日数を二重に数えてしまうからです。

　こうした利息日数の二重計算は、一般に「おどり利息」といわれるもので、昭和48年9月に全国銀行協会（全銀協）により廃止されました。

第3節　貸付システムについて

第1項　手形貸付の取引と起票

　貸付システムには、預金システムほどの大量・集中処理はなく、システム障害が起こすインパクトも預金システムほどではありません。しかし、システムの安定性・信頼性・迅速性・正確性などが求められるのは、まったく同じです。

　手形貸付を例にファイル構成、おもな取引と起票処理、処理例について述べていきます。なお預金システムと同様、仮想のシステムについての説明です。

1　ファイル構成と項目

　手形貸付を中心としたファイル構成と、各ファイルの項目を図表2－3－1に示します。

(1) CIFファイル

　顧客に貸付を行う場合、最初に貸付業務登録を行うことで、CIFファイルの基本レコードの下に貸付業務マスタレコード[*1]が作成されます。このレコードは貸付業務に関する基本的な属性項目など（たとえば貸付業務取引開始日、取引先種類[*2]、債務者区分[*3]）を管理します。なお、当該顧客に貸付業務マスタレコードがないとき、貸付業務の取引はすべてエラーとします。

　　　*1　貸付業務を開始する際に、前述の銀行取引約定書などの必要書類の徴求に基づき、登録します。
　　　*2　具体的には個人事業主、中小企業、中堅企業、大企業、地方公共団体などです。
　　　*3　具体的には正常先、要注意先、破綻懸念先などです。

(2) 貸付ファイル

　基本レコードは、貸付取引入力時に作成されます。キーは、店番号＋科目（手形貸付、証書貸付など）＋取引番号（システムが自動採番）です。貸付契約（案件）ごとの基本的な項目（貸付日、貸付金額、返済期日、貸付利率など）を管理します。

明細レコードは貸付一契約についての実行、返済といった取引の単位で、基本レコードの下に複数作成されます。キーは、一連番号（システムが各取引ごとに自動採番）です。このレコードは、各取引での管理項目（取引日、取引金額、利息金額、利息計算開始日、利息計算終了日など）を保有します。

(3) 稟議ファイル

基本レコードは当該顧客に対し、初めて貸付が行われる際に稟議システムに登録されることで作成され、取引開始日や各種貸付の残高合計などの各種項目を管理します。明細レコードは、貸付契約ごとの貸付条件（実行予定日、実行予定金額、上限利率など）を管理します。一般的には、貸付を行う際に稟議番号を入力することで、稟議システムに登録されている貸付条件と実際の貸付の整合性がとれているかチェックします（ここでの説明ではチェックすることを想定しています）。

(4) 貸付利率テーブル

最新の各種利率と、過去の利率の履歴を金利種類ごとに管理します。貸付取引や稟議の登録時に参照されます。

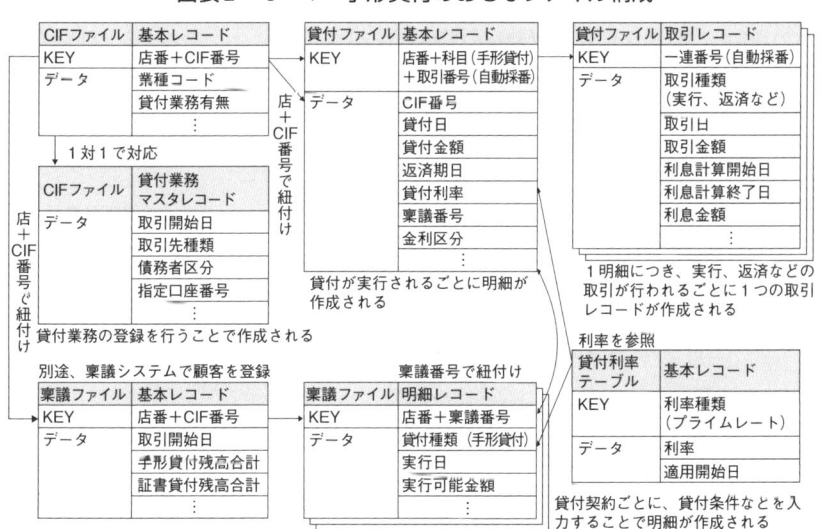

図表2-3-1 手形貸付のおもなファイル構成

CIFファイル	基本レコード
KEY	店番+CIF番号
データ	業種コード
	貸付業務有無

1対1で対応

CIFファイル	貸付業務マスタレコード
データ	取引開始日
	取引先種類
	債務者区分
	指定口座番号

貸付業務の登録を行うことで作成される

別途、稟議システムで顧客を登録

稟議ファイル	基本レコード
KEY	店番+CIF番号
データ	取引開始日
	手形貸付残高合計
	証書貸付残高合計

店+CIF番号で紐付

貸付ファイル	基本レコード
KEY	店番+科目（手形貸付）+取引番号（自動採番）
データ	CIF番号
	貸付日
	貸付金額
	返済期日
	貸付利率
	稟議番号
	金利区分

貸付が実行されるごとに明細が作成される

稟議番号で紐付け

稟議ファイル	明細レコード
KEY	店番+稟議番号
データ	貸付種類（手形貸付）
	実行日
	実行可能金額

貸付ファイル	取引レコード
KEY	一連番号（自動採番）
データ	取引種類（実行、返済など）
	取引日
	取引金額
	利息計算開始日
	利息計算終了日
	利息金額

1明細につき、実行、返済などの取引が行われるごとに1つの取引レコードが作成される

利率を参照

貸付利率テーブル	基本レコード
KEY	利率種類（プライムレート）
データ	利率
	適用開始日

貸付契約ごとに、貸付条件などを入力することで明細が作成される

第2章 貸付業務

2　手形貸付のおもな取引と起票

　預金取引と同様に、勘定取引と非勘定取引の二つがあります（図表2－3－2参照）。各取引（四角で囲まれた部分）とその下のT字（勘定起票を表すTバー）について、一部を簡単に説明[*1]します。

> *1　各取引をつなぐ実線は取引遷移上、通常、全額返済されるまでに必ず使用される取引を表し、破線はオプションの（必ずしも使用されない）取引を表します。手形貸付の見合い（相手科目）には、一般的な当座預金を使っています。

①　貸付実行

　CIFと貸付業務マスタレコードがそれぞれ有効であることをチェックし、当該貸付の取引番号を採番し、貸付ファイルに基本レコードを作成します。画面入力された稟議番号から稟議ファイル.明細レコードを読み、稟議に登録された貸付条件と実際の貸付実行条件との整合性をチェックします。また、貸付利率テーブルから短期プライムレートを取得し、入力されたスプレッドとから貸付利率を決定し、採番した一連番号をキーにして貸付実行の取引レコードを作成します。

　稟議ファイル.基本レコードの手形貸付残高合計に、今回の手形貸付の貸付金額を加算し、更新します。その後、手形貸付（資産の増加）、当座預金（負債の増加）、手形貸付利息（利益の発生）を起票します。

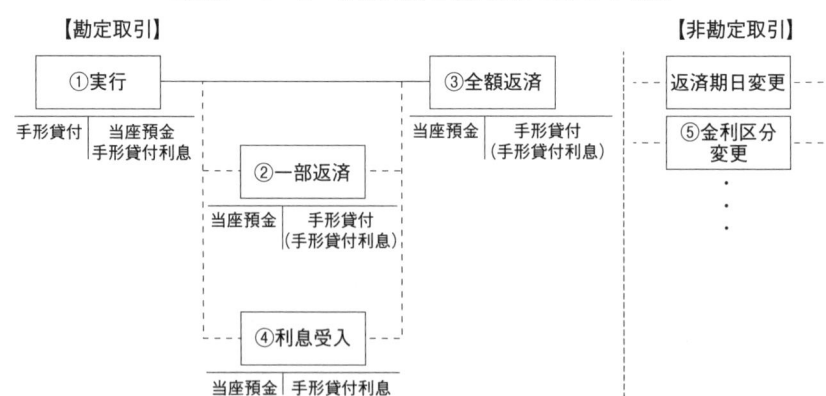

図表2－3－2　手形貸付の取引遷移とおもな取引

【勘定取引】

①実行
　手形貸付　当座預金
　　　　　　手形貸付利息

②一部返済
　当座預金　手形貸付
　　　　　　（手形貸付利息）

③全額返済
　当座預金　手形貸付
　　　　　　（手形貸付利息）

④利息受入
　当座預金　手形貸付利息

【非勘定取引】

返済期日変更

⑤金利区分変更

② 一部返済

　CIF、貸付業務マスタレコードのそれぞれが有効か、貸付ファイル.基本レコードが有効か（全額返済されていないかなど）チェックし、一部返済の取引レコードを作成します。また返済金額が貸付金額（残高）と一致していないか、チェックします（一致する場合は全額返済）。

　稟議ファイル.基本レコードの手形貸付残高合計から、一部返済金額を減算し、更新します。その後、手形貸付（資産の減少）、当座預金（負債の減少）を起票します。貸付利息が後取、あるいは返済が遅延することで延滞利息が発生するような場合は利息額を計算し、手形貸付利息（利益の発生）も起票します。

③ 全額返済

　CIF、貸付業務マスタレコードのそれぞれが有効か、貸付ファイル.基本レコードが有効か（全額返済されていないかなど）チェックし、全額返済の取引レコードを作成します。返済金額が貸付金額（残高）と一致しているかチェックします（一致しない場合は一部返済）。

　稟議ファイル.基本レコードの手形貸付残高合計から返済金額を減算し、更新します。その後、手形貸付（資産の減少）、当座預金（負債の減少）を起票します。貸付利息が後取、あるいは返済が遅延することで延滞利息が発生するような場合は、利息額を計算し、手形貸付利息（利益の発生）も起票します。

④ 利息受入

　CIF、貸付業務マスタレコードのそれぞれが有効か、貸付ファイル.基本レコードが有効か（取り消されていないかなど）チェックし、利息額を計算して利息受入の取引レコードを作成します。その後、手形貸付利息（利益の発生）を起票します。

⑤ 金利区分変更

　CIF、貸付業務マスタレコードのそれぞれが有効か、貸付ファイル.基本レコードが有効か（取り消されていないかなど）チェックし、現在の金利区分（固定、変動など）と入力値が同じでないこともチェックします。入力された金利区分に応じた金利を貸付利率テーブルから決定し、入力されたスプレッド

から新しい金利を決定します。この取引では勘定（資金）の異動がないため、勘定の起票はありませんが、金利変更の取引レコードは作成します。

3 実行取引のシステム処理概要

　カードローンの返済など一部の取引を除き、貸付取引の大半は営業店端末でしかできません。ここでは、営業店端末から手形貸付・実行取引を行う際のシステム処理について、その概要を簡単に説明します（図表2－3－3参照）。

① 営業店端末に手形貸付の実行取引入力画面から手形貸付の取引情報（店番、CIF番号、貸付金額、返済期日、稟議番号など）を入力します。入力されたデータが妥当かどうか、最も基本的なチェック（店番号、CIF番号、日付の形式チェックなど）は、営業店端末で行われます。

② 営業店端末から送られてきた電文について、必須項目のチェック、数値項目、文字項目のチェックや桁数のチェックなどが行われます。

③ マスターファイルを読み込み、入力データとマスタで管理されている項目との妥当性のチェックを行います。ファイルのステータス（返済終了か否かなど）チェック、稟議ファイルに登録されている稟議の内容と手形貸付の実行での条件が合っているかなどのチェックを行います。

④ 貸付利率テーブルから短期プライムレートの最新利率を取得し、入力されたスプレッドから貸付利率を求めます。その後、入力された情報で基本レコードを作成します。算出済みの貸付利率と貸付金額、貸付日、返済期日などから貸付利息を計算し、その他の情報とともに実行の取引レコードを作成します。

⑤ 以下の起票が行われます（利息は前取）。

借方	貸方
手形貸付	当座預金
	手形貸付利息

⑥ 今回の取引結果を営業店端末で印字できるように編集し、伝票、顧客向け計算書（貸付金額、貸付利息、貸付利率など）の印字のための電文データを作成し、営業店端末宛に送信します。

⑦ ホストから電文を受け取った営業店端末は、伝票、顧客向け計算書の印字を行います。

図表2－3－3　手形貸付・実行取引（営業店端末）のシステム処理例

No.	場所	処理	処理概要
①	営業店端末	電文作成	実行画面から入力された店番、CIF番号、科目（手形貸付）や貸付金額や返済期日などの貸付条件を電文にし、ホストに送信
②	ホスト	入力チェック	営業店端末から送られてきた電文を解析し、入力データの妥当性をチェック
③	ホスト	主要処理・マスタチェック	入力された店、CIF番号でCIFファイルと貸付業務マスタレコードがない場合、エラー。 入力された店、CIF番号、稟議番号で稟議ファイルを読み込み。 稟議番号がないとき、エラー。 画面入力された貸付条件と登録されている稟議内容の整合性がとれているかチェック。
④	ホスト	主要処理・マスタ更新	貸付利率テーブルを読み込み、利率種類から適用する貸付利率を決定し、スプレッドとから貸付利率を求め、入力された情報で基本レコードを作成。 貸付利息を計算し、一連番号を自動採番して、取引レコードを作成。 稟議ファイルの基本レコードの手形貸付残高合計に貸付金額を加算。
⑤	ホスト	主要処理・勘定処理	貸付金額で、科目＝手形貸付と科目＝当座預金、手形貸付利息を起票
⑥	ホスト	主要処理・出力処理	貸付金額、取引日、取引時刻、取引番号、貸付利率、返済期日、利息額などを営業店端末宛に送信
⑦	営業店端末	印字	ホストからの電文で、伝票、計算書を印字

第4節　その他の法人向け貸付

第1項　証書貸付

　手形貸付同様、証書貸付（証貸と略されます）は、商品名というよりも一種の貸付の形態（あるいは総称）を表しており、貸付金額や返済期日、返済方法、貸付利率などの貸付内容・条件を記入した借用証書（金銭消費貸借契約*1証書）を銀行が顧客から差入を受けることで貸付を行うものです。なお、証書は銀行所定のものが用意されています。

> *1　借りたものを消費することを前提に、借りたものと同じものを同じ数量返すことを約束して、金銭を借りる契約（民法第587条）。

　なお、証書貸付も契約次第の部分が多く、預金商品ほど定型化・規格化されていませんが、一般的と思われる内容を図表2−4−1に記述します。

1　資金使途

　証書貸付は通常1年超とされるため、長期の資金需要に限定されます。具

図表2−4−1　証書貸付のおもな特徴

項　目	内　容
資金使途	長期の資金。契約以外の使途には使えない
貸付金額	下限は数百万円程度、上限は顧客の信用状況による
貸付期間	通常、1年超
貸付利率	通常、長期プライムレート＋スプレッド
貸付利息	通常、後取
貸付方法	貸付条件による
返済方法	貸付条件による
担保・保証	通常、担保や保証が必要

体的には、設備投資資金、長期運転資金などがあり、使途以外の目的に使用することはできません。

2　貸付期間

通常、1年超10年以内です。長期であればあるほど貸倒リスクが高まるので、実際には5年程度までです。ただし、システムでは期間のチェックは行わないのが一般的です。

3　貸付利率

銀行の定める長期プライムレートを基準とし、これにスプレッドを加えたものを適用します。貸付条件、顧客の信用状態、市場動向などによってスプレッドが変わります。また利息制限法により、利率の上限（手形貸付と同様）が決められています。

4　貸付利息

通常、後取です。計算式は手形貸付と同じです。

貸付利息＝貸付金額×年利率×日数（両端）÷365

5　貸付方法

証書貸付一契約ごとに借用証書を差し入れる形態のため、一括貸付に限られる（限度貸付、極度貸付は通常ありません）のが一般的です。

6　返済方法

一括返済、分割返済（元利均等返済、元金均等返済）があります。ただし、貸付期間が1年超の長期貸付であり、返済期日に一括返済とするとリスクが高いため、分割返済（おもに元金均等返済）とし、元金の一部と利息を部分的に返済するのが一般的です。

7　担保・保証

貸付期間が1年超の長期貸付であり、貸倒リスクが高いため、預金、債券、

土地などの担保や代表者の保証、連帯保証人、保証会社の保証などを求めるのが一般的です。

8　取引の流れ

証書貸付の取引の流れは図表2－4－2のとおりです。貸付申込から稟議・決裁までは省略しています。

貸付金額＝100万円、貸付利率＝年利率7％、貸付実行日＝2010/8/17、分割返済日＝毎月17日、最終返済期日＝2013/8/17、返済方法は分割返済とします。

9　利息計算例

貸付金額＝100万円、貸付利率＝年利率7％、貸付実行日＝2010/8/17、初回の分割返済日＝2010/9/17に顧客に請求する貸付利息は、以下のとおりです。

　　1,000,000円×0.07×32日（2010/8/17〜2010/9/17までの日数（両端））
　　÷365日
　＝6,136円（円未満切捨）

なお、2回目の分割返済日以降の貸付利息は今回の分割返済日は含まず、その翌日から日数を算出します。たとえば、2回目の分割返済日の貸付利息

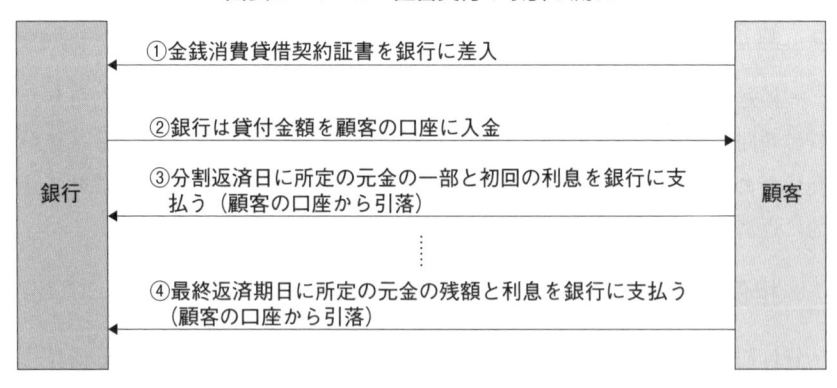

図表2－4－2　証書貸付の取引の流れ

銀行		顧客
	①金銭消費貸借契約証書を銀行に差入	
	②銀行は貸付金額を顧客の口座に入金	
	③分割返済日に所定の元金の一部と初回の利息を銀行に支払う（顧客の口座から引落）	
	︙	
	④最終返済期日に所定の元金の残額と利息を銀行に支払う（顧客の口座から引落）	

の計算日数は、2010/9/17～2010/10/17の30日です（2010/9/17は算入していません）。

第2項　手形割引

　商業手形は、たとえば顧客が商品代金などの対価として取引先から受領しますが、そのままでは手形の期日（振出日から3カ月後であることが一般的です）まで、支払われることはありません。資金繰りのうえで、手形期日まで待てない場合、顧客はその手形に裏書し、銀行へ譲渡（裏書譲渡）します。銀行は手形割引日〜手形期日までの利息（割引料）を差し引いたうえで、貸付資金を顧客に支払います。なお、手形割引のおもな特徴は、図表2－4－3のとおりです。

　商業手形には、①約束手形、②荷為替手形、③銀行引受手形がありますが、①の約束手形以外はほとんど流通しておらず、商業手形といえば一般に約束手形を指します。

1　資金使途

　約束手形の手形期日は通常3カ月後であることが一般的で、短期の運転資

図表2－4－3　手形割引のおもな特徴

項　目	内　容
資金使途	短期の資金
貸付金額	通常、手形の額面金額－割引料
貸付期間	手形期日まで
貸付（割引）利率	通常、短期プライムレート＋スプレッド
貸付利息	前取
貸付方法	一括貸付
返済方法	通常、返済不要
担保・保証	通常、担保や保証が必要

金などに使われます。

2 貸付金額

手形割引時に手形期日までの利息（割引料）を手形の額面金額から差し引き、顧客の預金口座に入金します。

3 貸付期間

銀行が手形を買い取る（割り引く）ため、手形貸付や証書貸付のような返済期日はありません。ただし、手形が期日に支払われなかった（不渡りとされた）場合、銀行は裏書をした顧客に支払を求めること（銀行取引約定書による*1）ができるため、この場合、顧客は貸付金額を銀行に支払う（手形の買戻）義務を負います。

＊1　手形法第43条の遡求を根拠とします。

4 貸付（割引）利率

銀行の定める短期プライムレートを基準とし、これにスプレッドを加えたものを適用します。顧客の信用状態だけではなく、手形の振出人の信用状態もスプレッドに影響することがあります。なお前述のとおり、利息制限法によって、利率の上限は決められています。

5 貸付利息

前取で、計算式は手形貸付と同じです。

貸付利息＝貸付金額×年利率×日数（両端）÷365

6 貸付方法

一括貸付です。

7 返済方法

手形が不渡りとされない限り、貸付金額を銀行に返済する必要はありません。銀行は手形期日に手形交換により、振出人から手形金額を受領すること

で貸付資金を回収します。

8 担保・保証

　手形が不渡りとされるか否かは手形割引を受ける顧客ではなく手形の振出人次第であり、振出人は自行の顧客でないことが多々あります。振出人の信用状態を調査するとはいえ、相対的にリスクは高いため、多くの場合は預金などの担保を求められます。

9 取引の流れ

　手形割引の取引の流れは、図表2-4-4のとおりです。

10 手形の裏書譲渡と遡求

　図表2-4-4では、②で商品販売先＝手形振出人としていますが、商品販売先がほかの取引先から受領した手形（商品販売先≠手形振出人）を使うこともあります。ただし、実務上は商品販売先＝手形振出人であることが大半です。

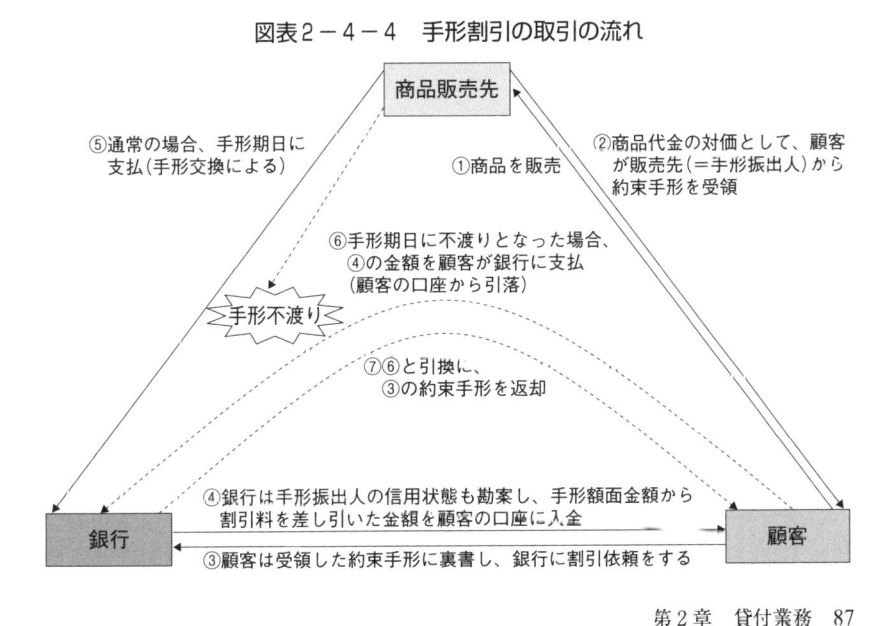

図表2-4-4　手形割引の取引の流れ

①商品を販売
②商品代金の対価として、顧客が販売先（＝手形振出人）から約束手形を受領
③顧客は受領した約束手形に裏書し、銀行に割引依頼をする
④銀行は手形振出人の信用状態も勘案し、手形額面金額から割引料を差し引いた金額を顧客の口座に入金
⑤通常の場合、手形期日に支払（手形交換による）
⑥手形期日に不渡りとなった場合、④の金額を顧客が銀行に支払（顧客の口座から引落）
⑦⑥と引換に、③の約束手形を返却

手形は有価証券の一種であり、裏書譲渡することにより、事業者間で支払手段として使うことができます。ただし、裏書譲渡した手形が不渡りとされた場合、手形法第43条に定める遡求により裏書人が支払の義務を負います。
　遡求には手形所持人の直前の裏書人から順に遡求する場合と、順序に関係なく支払能力が高い裏書人に遡求する場合があります。たとえば、以下のような裏書譲渡が行われていたとします。
　手形振出人⇒手形受取人A⇒（裏書譲渡）⇒裏書人B⇒（裏書譲渡）⇒裏書人C⇒（裏書譲渡）⇒手形所持人
　C→B→Aと順番に遡求して支払を求め、支払がされた時点で遡求が止まる場合と、Bにのみ支払を遡求する場合（裏書人Bの支払能力が高く、それ以外の裏書人は支払能力が低いと認識されているケース）があります。

第3項　当座貸越

　当座貸越とは、あらかじめ定めた金額まで、当座預金の残高不足分を立て替えるかたちで顧客に貸付するものです。顧客と銀行が当座貸越約定書を交わし、約定書に定めた一定金額までの当座預金の残高不足を銀行が立て替える契約を締結します。手形貸付などと異なり、貸付実行日を決めて貸付を行うわけではなく、顧客が振り出した手形の支払請求により、当座預金の残高が不足した場合に貸付が自動的に行われます。なお、ここでは当座預金の当座貸越について述べていますが、それ以外にも前述の総合口座貸越（44頁参照）や後述のカードローンなどを含めることもあります。なお、当座貸越のおもな特徴は、図表2－4－5のとおりです。

1　資金使途

　通常、短期の運転資金などに使われます。

2　貸付金額

　当座貸越限度額があらかじめ設定され、その範囲内であれば、当座預金の残高不足分を銀行が立て替え（貸し付け）ます。なお、当座貸越限度額を超

えて、手形小切手を振り出した状態のことを「過振」(かぶり) といいます。この場合、当座貸越限度額を超過した金額は支払われないのが普通ですが、信用力にまったく問題がない顧客の場合、銀行が一時的に(当日中のみ)立て替えることもあります。

3 貸付期間

1年～2年ですが、顧客の信用状態や業績などに変化がなければ、そのまま更新されます。顧客の財務状況などによっては更新が認められない、あるいは当座貸越限度額が減額されることもあります。

4 貸付利率

銀行の定める短期プライムレートを基準とし、これにスプレッドを加えたものを適用します。適用利率は変動金利であり、普通預金利率などのように随時見直されます。

5 貸付利息（貸越利息）

手形貸付のように期間や金額があらかじめ確定しているわけではないので、後取で、前述の総合口座当座貸越の貸越利息積数と同じ考え方で算出し

図表2－4－5　当座貸越のおもな特徴

項　目	内　容
資金使途	短期の資金
貸付金額	下限は数百万円程度、上限は顧客の信用状況による
貸付期間	1年～2年。ただし、更新可能
貸付利率	短期プライムレート＋スプレッド
貸付利息(貸越利息)	後取
貸付方法	極度貸付
返済方法	随時返済
担保・保証	通常、担保や保証が必要

ます。ただし、貸付利率は前記の利率が使用されます。貸越利息の計算と受入は、2月、8月の普通預金の利息決算日と同じタイミングで行う銀行が多いようです。

6 貸付方法

あらかじめ設定された当座預金貸越限度額まで貸付が行われるので、一種の極度貸付ともいえます。なお、当座貸越限度額は、顧客の信用状態や過去の貸出実績などにより変わります。

7 返済方法

総合口座当座貸越と同様、当座預金に入金することで返済されます。

8 担保・保証

多くの場合、預金や保証などの担保を求められます。

第4項　債務保証

債務保証とは、第三者に対する顧客の債務について、銀行が支払を保証するものです。つまり第三者（商品の仕入先など）に対し、現在または将来の顧客の債務を銀行が保証します。顧客からの依頼により、銀行と支払承諾約定書を交わすことで行われます。おもな特徴は、図表2－4－6のとおりです。

手形貸付などと異なり、顧客に対して資金の貸付を行うわけではなく、万が一顧客が債務を履行できない場合に、銀行が顧客に代わって第三者に債務を履行（代位弁済）するものです。通常は銀行に負担はありませんが、万が一の場合には支払義務が生じる（偶発債務）ものです。なお、銀行法では固有業務ではなく、付随業務とされています。ただし前述の各種貸付と同様に与信行為として扱われ、同じ貸付システムで処理されるのが一般的です。

1 保証の種類

ここでは触れませんが、外国為替業務の信用状も債務保証に該当します。

(1) 代金支払保証

顧客に商品代金の債務（買掛金など）があり、商品仕入先に担保の差入を求められた場合に、銀行が代金の支払を保証します。

(2) 税金延納保証

相続税を金銭で一括して支払うことができず、税務署に分割払を申請する際、銀行が税金の支払を保証します。

(3) 公共工事履行保証

公共工事の請負などで、公共工事の発注者に保証金を納付する代わりに、銀行が工事履行を保証します。

2 保証金額

保証の種類にもよりますが、数百万円～数十億円程度です。

3 保証期間

保証の種類にもよりますが、数カ月以上、数年程度です。

図表２－４－６　債務保証のおもな特徴

項　目	内　容
資金使途	代金支払、税金延納、公共工事履行など。ただし、資金の貸付は行われない
保証金額	下限は数百万円程度、上限は顧客の信用状況、保証内容などによる
保証期間	数カ月～数年程度
保証料率	保証内容、顧客の信用状況による
保証料	前取
貸付方法	資金の貸付は行われない
返済方法	資金の貸付は行われない
担保・保証	通常、担保などが必要

4　保証料率

保証の種類・期間や、顧客の財務・信用状況により変動します。

5　保　証　料

通常、前取です。保証期間が長い場合には、たとえば3カ月、6カ月ごとにその期間の保証料を前取で徴求します。

6　担保・保証

通常、預金、債券、土地などの担保、保証などを求められます。

7　勘定科目

債務保証は、定期預金や手形貸付のように資金の異動はありませんが、オフバランス（簿外）とはしません*1。保証料が発生する資産であり、同時に万が一、顧客が債務不履行に陥った際には、銀行が債務を履行する義務を負

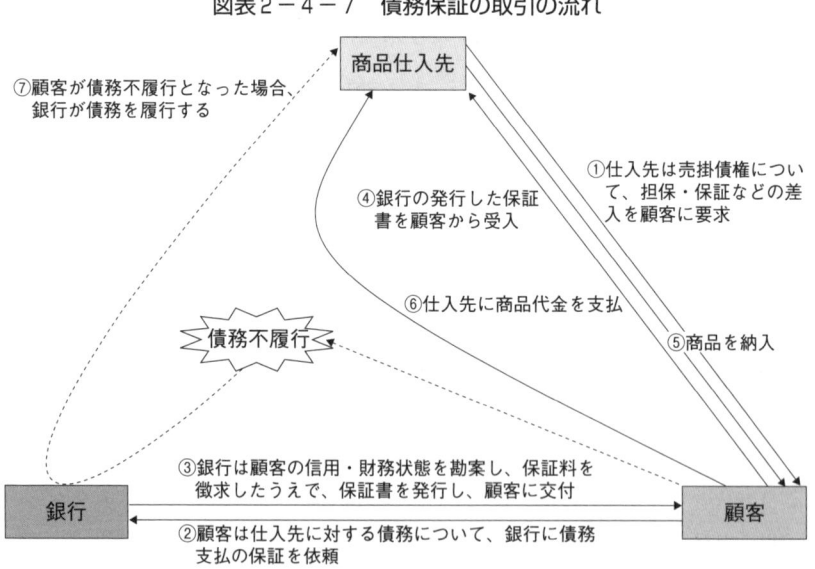

図表2－4－7　債務保証の取引の流れ

①仕入先は売掛債権について、担保・保証などの差入を顧客に要求
②顧客は仕入先に対する債務について、銀行に債務支払の保証を依頼
③銀行は顧客の信用・財務状態を勘案し、保証料を徴求したうえで、保証書を発行し、顧客に交付
④銀行の発行した保証書を顧客から受入
⑤商品を納入
⑥仕入先に商品代金を支払
⑦顧客が債務不履行となった場合、銀行が債務を履行

う負債でもあります。つまり、資産・負債の両方の性質を有するので、勘定科目は支払承諾（負債科目）と支払承諾見返（資産科目）を、資産・負債同額で起票する必要があります。

* 1　貸借対照表に記載されます。

8　取引の流れ

債務保証の取引の流れは図表 2 - 4 - 7 のとおりです。ここでは商品代金についての債務保証を想定しています。

第5項　信用保証協会保証

信用保証協会が顧客の債務の支払を銀行に対して保証するもので、信用力が弱いなどの理由により、単独では銀行から貸付を受けられない中小企業の信用力を補完し、貸付を受けやすくする保証制度です。おもな特徴は、図表 2 - 4 - 8 のとおりです。

銀行の貸付にあたっては、顧客が信用保証協会の保証を受けることを前提とした商品が数多くあります。

なお、2007年10月から責任共有制度が導入され、一部を除き、保証割合が

図表 2 - 4 - 8　信用保証協会保証のおもな特徴

項　目	内　容
資金使途	短期・長期の運転資金、設備資金など
保証金額	保証種類などによるが、100万円程度〜10億円程度
保証期間	1年〜20年程度。保証種類によっては、更新が可能
保証料率	保証種類などによる
保証料	前取
貸付方法	保証される貸付種類による
返済方法	保証される貸付種類による
担保・保証	無担保・有担保ともあり

100%から80%に引き下げられています。

1　信用保証協会とは

　信用保証協会とは、信用保証協会法に基づき、中小企業者の金融円滑化のために設立された公的機関です。事業者が金融機関から事業資金を調達するときに、信用保証協会の「信用保証制度」を利用することで、資金のスムーズな調達が可能です。現在、信用保証協会は、各都道府県を単位として47法人、市を単位として5法人（横浜、川崎、名古屋、岐阜、大阪）、全国で52の法人があります。信用保証協会には、都道府県、市町村などの地方公共団体、民間金融機関、政府系金融機関などが出資（出捐）しています。

2　保証対象

　保証の対象は、資本金や従業員数が一定基準以下の企業などに限られます。保証料率は、保証の種類にもよりますが、0.1％（通常、0.45％）～2.2％です。この保証料率が銀行の所定の貸付利率に加算され、銀行から貸し付けられます。貸付利率の計算式は以下のとおりです。

　貸付利率＝銀行所定の貸付利率＋信用保証協会の保証料率

3　保証内容

　個別の保証については、信用保証協会と銀行がその内容、条件について、その都度、信用保証書を取り交わします。信用保証書どおりの貸付を行わずに顧客の債務不履行が発生した場合、信用保証協会は免責とされ、代位弁済は行われません。

4　顧客のメリット

　信用力が弱く、単独では銀行から貸付を受けられない場合でも、信用保証協会の保証が得られれば、銀行からの貸付が受けやすくなります。

5　銀行のメリット

　顧客が債務不履行の場合、信用保証協会が銀行に債務を支払う（代位弁済）

図表2－4－9　信用保証協会保証付貸付の取引の流れ

```
                    信用保証協会
    ②事業内容や事業計画な           ①必要書類を添え、
    どを書類審査し、保証    ⑤信用保証料    信用保証を申し込む
    可否を判断し、保証可    を支払う
    の場合は、銀行に信用
    保証書を交付
                    債務不履行
                    ⑥債務不履行の場合、
                    信用保証協会が銀行
                    に債務を支払
    銀行 ──③②を受け、銀行は信用保証書どおりに貸付を実行する── 顧客
         ──④貸付の元金と利息を支払う──
```

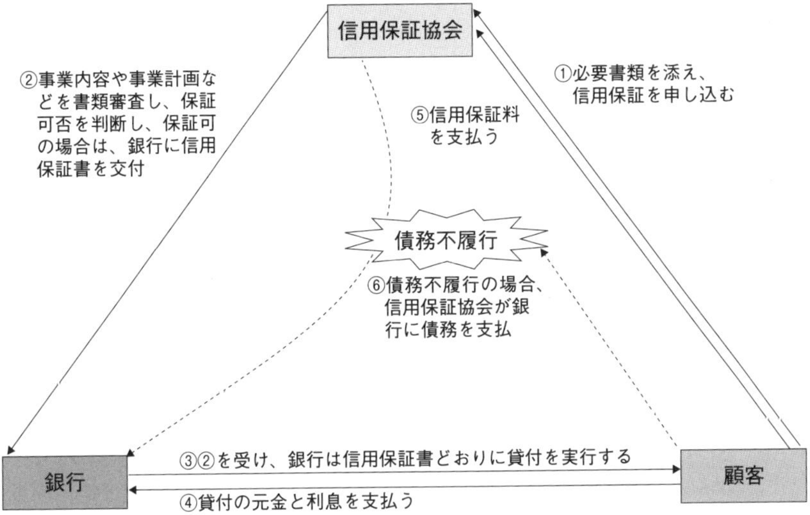

ので、銀行には貸倒リスクがありません。ただし、信用保証協会の保証があるから貸し付ける、といった安易な貸付態度ではなく、銀行自身の貸付と同等の取扱を行うべきものとされています。

6　取引の流れ

信用保証協会の保証付貸付の取引の流れは図表2－4－9のとおりです。

第6項　代理貸付

政府系金融機関などによる貸付で、代理店である銀行を通して貸付を行います。日本政策金融公庫の中小企業事業向け代理貸付を例に、その詳細を説明します（おもな特徴については、図表2－4－10参照）。

1　政府系金融機関とは

おもな政府系金融機関として、日本政策金融公庫、福祉医療機構、中小企業基盤整備機構があります。また日本政策金融公庫の貸付には、中小企業事

図表2－4－10　代理貸付のおもな特徴

項　目	内　容
資金使途	おもに長期の運転資金、設備資金など
貸付金額	～1億2千万円（ただし、代理貸付分）
貸付期間	使途によるが、5年～20年
貸付利率	固定金利。長期プライムレートを基準にした低利率
貸付利息	後取
貸付方法	一括貸付（政府系金融機関からの資金受領後）
返済方法	元金均等返済、元利均等返済など
担保・保証	担保・保証人が必要な場合あり

業、農林水産事業、国民生活事業の三つの種類があります。ここでは中小企業事業を例示します。

2　代理貸付と直接貸付

　政府系金融機関からの貸付は、代理店である銀行に申し込む代理貸付と、政府系金融機関に直接申し込む直接貸付があります。政府系金融機関は全国に支店がありますが、各県に1店舗程度であるため、銀行を代理店としてそれらの支店網を活用しています。貸付の種類によっては代理貸付できないものもあり、また貸付の種類ごとに代理貸付できる限度額も決まっています（なお、以降の説明では代理貸付について述べ、銀行を経由しない直接貸付には言及しません）。

3　顧客のメリット

　銀行などの民間金融機関より低利率（長期プライムレート以下）で長期資金の貸付を受けることができます。また近年では、低利率の成功払い型も用意されています。
　さらに銀行の貸付の大半が利息前取であるのに対し、政府系金融機関の貸付は利息後取のため、資金繰りに余裕ができます。また長期資金の貸付です

が固定金利であるため、顧客にとっては資金計画を立てやすいというメリットもあります。顧客自身が政府系金融機関に直接申し込むよりも、銀行窓口で代理貸付を利用することにより、貸付手続などの借入のための事務負担を軽減することもできます。

4 銀行のメリット

銀行自体の貸付ではないため、貸倒リスクがありません。貸付限度を超えているなどの理由で銀行自体が貸付できない場合でも、顧客の資金ニーズに応えることができます。さらに政府系金融機関から取扱事務手数料を得ることもできます。ただし、信用保証協会の保証と同様、代理貸付だからといった安易な態度ではなく、銀行自身の貸付と同等に扱うべきものとされています。

5 取引の流れ

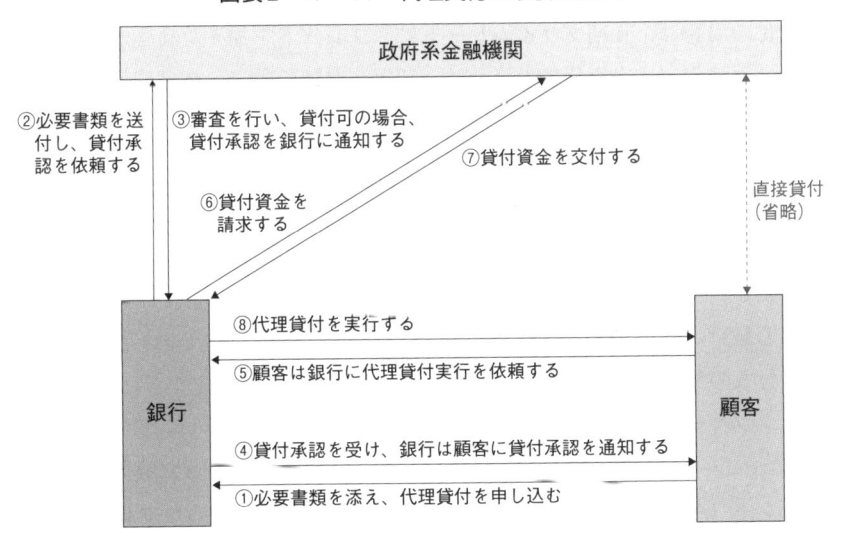

図表2－4－11参照。

図表2－4－11　代理貸付の取引の流れ

```
                    政府系金融機関
     ②必要書類を送   ③審査を行い、貸付可の場合、
       付し、貸付承     貸付承認を銀行に通知する      ⑦貸付資金を交付する
       認を依頼する                                                    直接貸付
                    ⑥貸付資金を                                        （省略）
                      請求する
                    
                    ⑧代理貸付を実行する
       銀行         ⑤顧客は銀行に代理貸付実行を依頼する         顧客
                    ④貸付承認を受け、銀行は顧客に貸付承認を通知する
                    ①必要書類を添え、代理貸付を申し込む
```

第7項　シンジケートローン（Syndicated Loan）

　社債発行などと並んで、多額の資金を調達する手段の一つです。近年、日本でも急速に広まっており、市場規模は、1997年度には2,300億円程度でしたが、2013年12月末には31兆円超（組成実績、全銀協HPより）まで増加しています。

1　商品概要

　幹事行の取りまとめにより、顧客に対して複数の金融機関がシンジケート団を組成・協調して実行する貸付をシンジケートローンといいます。複数の金融機関が参加しますが、一つの契約書に基づいて、同一の条件での貸付が個別に実行されます。

　貸付（組成）金額は資金使途、規模にもよりますが、一般に数億円程度〜数百億円程度です。貸付種類は後述するコミットメントラインの場合は当座貸越、それ以外の場合は証書貸付（タームローン）であることが多いようです。貸付期間は当座貸越の場合は通常１年で、証書貸付の場合は１年超〜５年程度、貸付利率は変動金利、固定金利のいずれかです。また金利は、当座貸越の場合、短期プライムレートにスプレッドを加えた利率が適用されます。証書貸付の場合は、長期プライムレートにスプレッドを加えた利率が適用されます。返済方法は当座貸越の場合は一括返済か随時返済、証書貸付の場合は一括返済か分割返済です。

2　取引の流れ

　シンジケートローンは協調融資ともいい、複数の金融機関が一つの契約書にしたがって、貸付を行うものです。貸付を受ける顧客を「借入人」、貸付をする銀行などの金融機関を「貸付人（パーティシパント：Participant）」、その貸付人の集団を「シンジケート団」と呼びます。

　シンジケートローンの契約を取りまとめる金融機関をアレンジャー（幹事行：Arranger）、契約後の貸付・管理事務などを取りまとめる金融機関をエージェント（Agent）といい、多くの場合、契約を取りまとめたアレンジャー

が契約後にエージェントを務めます。

また、アレンジャーは顧客のメインバンクであることが多いため、貸付人としてもシンジケート団に参加するのが一般的です。

シンジケートローンの取引の流れは、図表2－4－12のとおりです。

① 顧客（借入人）は、アレンジャー（幹事行）を決め、シンジケート団の組成を依頼（Mandate）します。
② アレンジャーは、貸付条件・内容などを検討・設定します。
③ アレンジャーは、貸付条件・内容などを呈示して、参加する金融機関を募集（招聘）します。
④ 各金融機関は、アレンジャーの呈示する貸付条件などを検討します。
⑤ アレンジャーは各金融機関と借入人の間に立ち、貸付条件などを調整します。
⑥ 契約書（標準化された契約書があります）を作成し、各金融機関に呈示します。
⑦ 各金融機関は呈示された契約書に調印します。

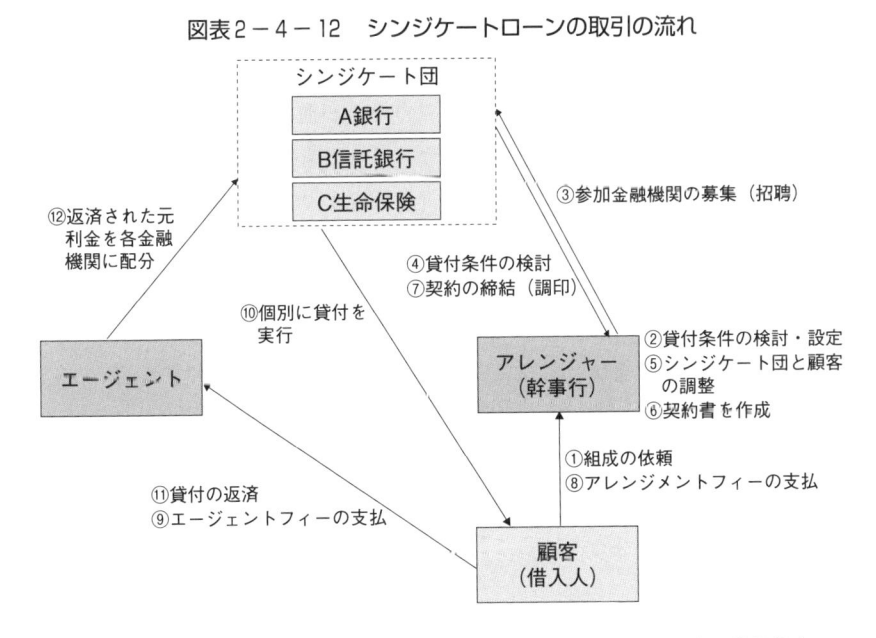

図表2－4－12　シンジケートローンの取引の流れ

⑧　顧客は、アレンジャーにアレンジメントフィーを支払います。
⑨　顧客は、エージェントにエージェントフィーを支払います。
⑩　各金融機関は、個別に貸付を実行し、シンジケートローン専用に開設された口座に貸付資金を振り込みます。
⑪　顧客は、シンジケートローンの契約にしたがって、シンジケートローン専用に開設された口座に元利金を総額で返済します（通常の貸付の返済と異なり、金融機関ごとに元利金を返済する必要はありません）。
⑫　エージェントは、顧客から返済された元利金を各金融機関に配分します。なお、エージェントは契約に定められた業務を担当します。通常、返済された元利金を各金融機関に配分・通知すると同時に担保がある場合は、その管理も行います。

3　顧客のメリット

　個別の銀行からの貸付や社債の発行と並ぶ資金調達手段で、顧客にとって資金調達手段の多様化が図れます。また利率などの貸付条件や返済方法も、社債の発行より自由な条件設定が可能で、同一の条件で複数の金融機関から多額の資金を円滑に調達することができます。

　貸付条件などの交渉相手は、契約締結前はアレンジャー（幹事行）のみで、契約締結後はエージェントのみです。このため個別の金融機関と交渉するよりも借入のための事務負担が軽いというメリットもあります。また、金融機関同士の競争の結果、個別銀行からの資金調達よりも、低金利で資金調達できる可能性が高いとされます。

4　銀行のメリット

　顧客に多額の貸付を実行しないため、銀行にとってはリスクの分散ができます。またエージェントに担保管理や返済元利金の配分が集約されるため、ほかの金融機関は事務負担が軽減されることにより収益率が向上します。一方、アレンジャーは、リスク資産である貸付そのものは増加させずに、より少額の貸付残高で収益をあげることができます。

第8項　コミットメントライン（Commitment Line）

　通常の貸付は、申込から実行までに一定の時間がかかります。これに対して、コミットメントライン（特定融資枠契約ともいいます）は、通常の貸付では対応できない緊急の資金需要などに備える商品です。

　欧米では古くからある貸付方法ですが、日本では1998年に初めてコミットメントライン契約が締結され、以降、急速に広まっています。2013年12月末現在の契約額末残は、25兆円弱（日銀HPより）です。

1　商品概要

　銀行と顧客の間で一定の期間、貸付限度額までの極度枠を設定する契約を結び、顧客は契約の範囲内で貸付を受ける権利を得て、銀行は契約の範囲内で貸付を実行する義務を負うものです。銀行と顧客が個別に契約するバイラテラル（Bilateral：相対）方式と前述のシンジケーション方式があります。

　コメットメントラインの契約期間は通常1年ですが、顧客の財務状況などに問題がなければそのまま更新されます。基本的には当座貸越[*1]と同等ですが、以下の点が大きく異なります。

　　　*1　コメットメントライン付の証書貸付を用意している銀行もあります。

・貸付をコミット（約束）するものであり、資金市場の閉鎖や天災などの異常事態を除き、銀行は貸付をする義務を負います（通常の当座貸越では銀行は貸付（貸越）をする義務は負いません）。
・設定に際して、コミットメントフィーを銀行に支払う必要があります（貸付の利用有無に関係なく発生します）。
・顧客が「特定融資枠契約に関する法律」の適用対象条件を満たす企業[*2]であることが条件です。

　　　*2　たとえば、会社法上の大会社、資本金3億円超の株式会社などが該当します。

・多くの場合、顧客の財務状態が一定の水準であることを条件とする特約（財務制限条項、財務状態維持条項など）の付帯を求められます。

2　出資法、利息制限法との兼ね合い

　出資法、利息制限法では利率の上限を定めていますが、実際に貸付を受けなくてもコミットメントフィーは発生します。このため、コミットメントフィーを貸付利息と考えると出資法、利息制限法に違反するとの見方がかつては一般的であり、コミットメントライン普及の障害でした。しかし、1999年の「特定融資枠契約に関する法律」の施行により、コミットメントフィーについては出資法、利息制限法の「みなし利息」とはしないこととされ、それ以降、コミットメントライン契約が広まってきています。

3　取引の流れ

　図表2－4－13参照。

第9項　動産担保貸付（ABL：Asset Based Lending）

　動産・債権を担保とした貸付で、担保の評価や保全方法に特徴があり、貸付の形態としては当座貸越や証書貸付のかたちをとります。ここでは動産担保貸付として紹介していますが、動産担保融資、あるいは流動資産一体担保型融資などとも呼ばれます。

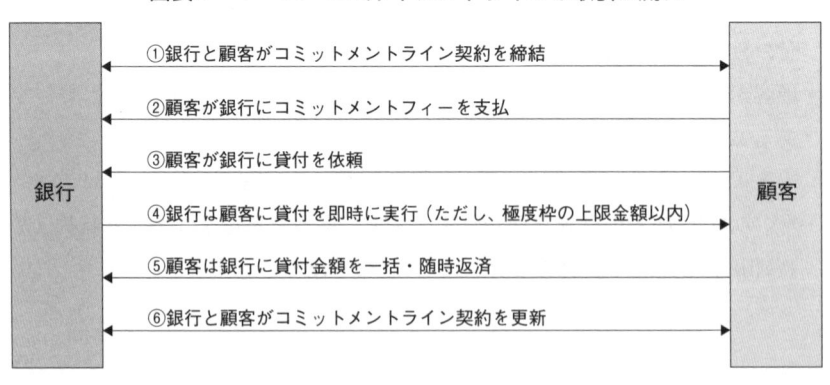

図表2－4－13　コミットメントラインの取引の流れ

銀行　⇔　顧客
① 銀行と顧客がコミットメントライン契約を締結
② 顧客が銀行にコミットメントフィーを支払
③ 顧客が銀行に貸付を依頼
④ 銀行は顧客に貸付を即時に実行（ただし、極度枠の上限金額以内）
⑤ 顧客は銀行に貸付金額を一括・随時返済
⑥ 銀行と顧客がコミットメントライン契約を更新

1　商品概要

　債権譲渡登記制度（1998年10月施行）、動産譲渡登記制度（2005年10月施行）といった制度の整備により、伝統的な担保である預金、不動産などの担保および保証などによらない貸付手法として、広まりつつあります。在庫や設備などの動産の所有権は担保として銀行に移転するものの、動産自体は顧客が占有したままなので、従来どおり、生産活動などの事業を継続することができます。不動産を保有していない新興企業や中小企業でも、資金調達が可能です。

　銀行にとっても、不動産や保証への過度の依存を是正し、従来、これらの担保がとれないため貸付できなかった企業を新規顧客にすることにより、新興企業や中小企業向けの貸付を強化することもできます。

2　取引の流れ

　製造業を営む企業に、在庫などを担保とした動産担保貸付を行う例をあげます。事業のフロー（仕入→製造→販売）に着目して、各段階の動産について、一体で担保権や質権を設定することで貸付に対する担保とし、万が一、債務不履行の場合、担保を処分することで貸付資金の回収を図るものです（取引の流れについては、図表2－4－14参照）。

・原材料：動産譲渡登記により譲渡担保権*1を設定する
・在庫：動産譲渡登記により譲渡担保権*1を設定する
・売掛金：債権譲渡登記により、債権譲渡担保権*1を設定する
・預金口座：債権譲渡登記により、質権*2を設定する

　　*1　動産・債権の所有権を債権者に譲渡して貸付を受け、貸付を返済したときには、動産・債権の所有権が債務者に戻りますが、期日までに返済できないときには、動産・債権の所有権は債権者に帰属することが確定します。
　　*2　債権者が目的物である質物を占有し、債務者が期日までに貸付を返済しなければ、債務者は質物の所有権を失います。

　動産には、さまざまなものがあります。動産譲渡登記第一号（2005年9月）とされる動産担保貸付では昆布と煮干などの在庫が担保とされました。その他の案件でも豚、肉牛、醤油、焼酎、日本酒、古本、DVDなど、さまざま

図表2-4-14 動産担保貸付の取引の流れ

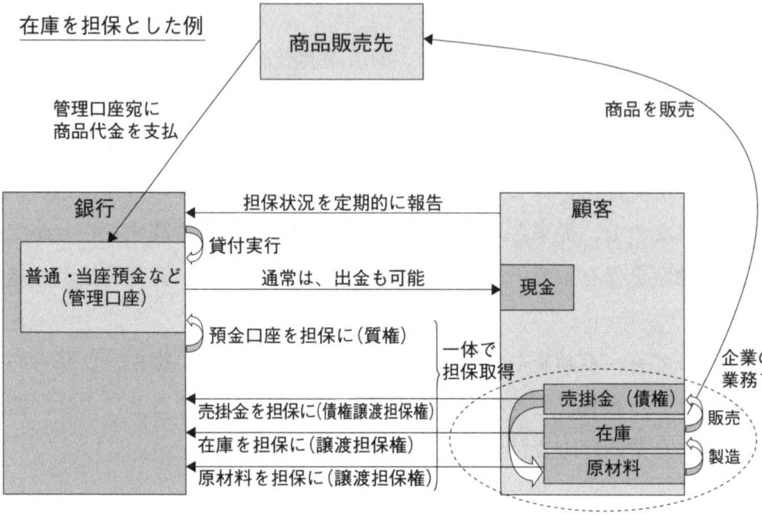

在庫を担保とした例

なものが担保とされています。

　銀行は不動産の評価は得意としているものの、動産の担保評価の経験がなく、対象である動産も多岐にわたるという問題があります。このため、動産鑑定を行うNPO法人やリース会社、問屋などの時価評価に長けた法人などと銀行が提携することも多いようです。

　また、在庫などの担保の管理を顧客任せにしてしまうのは、担保の保全上、不安が残るため、担保管理を第三者である物流会社などが請け負うスキームも登場しています。

第10項　ノンリコースローン（Non-Recourse Loan）

　特定の事業を対象に貸付を行い、返済は対象事業からの収益に限定されるものです。債務不履行時に担保価値が下落しているなどの理由により、貸付金額が全額回収できなくても、顧客は不足分の返済義務を負いません。

1　商品概要

　債務不履行時に担保を処分しても貸付元利金の全額を回収できない場合、不足分は顧客の債務として残り、返済する義務を負うのが旧来からあるリコースローン（Recourse Loan：遡及型貸付）です。

　これに対して、ノンリコースローン（Non-Recourse Loan：非遡及型貸付、責任財産限定型貸付）は、担保の処分などで貸付元利金の全額を回収できなくても、不足分について顧客は返済する必要がない貸付です。銀行にとってはリスクが高いため、リコースローンよりも割高な貸付利率が適用されます。多くは不動産向けの貸付に活用されていますが、航空機、船舶などの動産についても活用されている事例があります。商業用不動産のノンリコースローンは、貸付元利金を原資とした商業不動産担保証券[*1]として、貸付債権が流動化されていることが大半です。

　　＊1　CMBS：Commercial Mortgage Backed Security。資産担保証券（ABS：Asset Backed Security）の一種です。

2　取引の流れ

　図表2-4-15参照。

図表2－4－15　ノンリコースローン取引の流れ

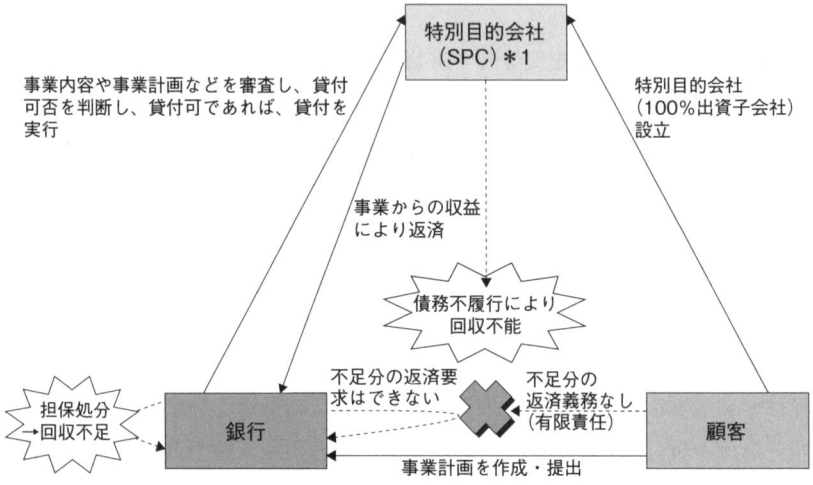

事業内容や事業計画などを審査し、貸付可否を判断し、貸付可であれば、貸付を実行

特別目的会社（SPC）＊1

特別目的会社（100％出資子会社）設立

事業からの収益により返済

債務不履行により回収不能

不足分の返済要求はできない

不足分の返済義務なし（有限責任）

担保処分→回収不足

銀行

顧客

事業計画を作成・提出

＊1　Special Purpose Company

コラム　アメリカのノンリコースローン

「ノンリコース」の貸付は、日本では一部の銀行が行っているものの、まだ一般的であるとはいえず、「ノンリコース」と付かない限り、すべてリコースローンです。

一方、サブプライムローン問題を起こしたアメリカでは、サブプライムに限らずノンリコースローンの比率が高いのが現状です＊1。

ノンリコースローンでは、債務不履行により担保を処分した結果、貸付元利金の全額を回収できなくても、回収不足分は借り手である顧客にいっさい請求できず、銀行の損失とされます。

　　＊1　アメリカのローンは、すべてノンリコースローンであるといわれることもありますが、債務不履行時に担保を処分し回収不足が生じても、借り手に不足金を請求することを禁止する法律（Anti-deficiency Law）が定められている州では、ノンリコースローンしかありません。しかし、そうした法律がない州では、ノンリコースローンか否かは契約によるため、すべてということはいえないようです。

第5節　個人向け貸付

第1項　住宅ローン

　個人向けの主力商品の一つであり、個人の細かなニーズに応えるため、さまざまなバリエーションが用意されています。貸付の種類でいえば、証書貸付の一種です（おもな特徴については、図表2－5－1参照）。

　法人などの事業者向け貸付に比べて、個人向けの貸付は1件ごとの金額は小さいものの、貸倒や延滞のリスクが少ない優良な貸付とされます。このため各銀行とも貸付を増やそうと、いろいろな商品や特約を開発しています。

　なお、金融機関と住宅金融支援機構の提携により提供されている「フラット35」については、金融機関と顧客の間においては、①最長35年の超長期であること、②利率が全期間固定金利であること以外は銀行の住宅ローンとさほど変わらないため、本書では言及しません。

図表2－5－1　住宅ローンのおもな特徴

項　目	内　　容
対象者	個人。ただし、年齢などの制限あり
資金使途	住宅（土地建物など）の取得資金
貸付金額	100万円以上、1億円以内、100万円単位
貸付期間	1年以上、35年以内
貸付利率	長期プライムレート＋スプレッド
貸付利息	後取
貸付方法	一括貸付
返済方法	おもに元利均等返済
担保・保証	取得する土地建物に抵当権設定と保証会社の保証が必要
保証料	保証会社に支払

1 対象者

以下のような条件をすべて満たす個人であることが貸付の条件です。
① 貸付時の年齢が満20歳以上、満71歳未満で、完済時に満81歳未満
② 安定した収入（勤続年数や年収が一定以上）があること
③ 団体信用生命保険に加入できること
④ 保証会社の保証が受けられること

一定の条件を満たせば、親子や夫婦でも共同で貸付を受けることができます。

2 資金使途

貸付を受ける本人が居住する土地建物の取得、住宅建築用の土地の取得、住宅の新築・改築・増築、住宅取得に関連する費用が対象です。住宅の新規取得が主力ですが、他行の住宅ローンの借換用のローンや住宅の買替用のローンもあります。

3 貸付金額

通常システムでは、金額の上下限はチェックしません。

4 貸付利率

銀行の定める長期プライムレートを基準とし、これにスプレッドを加えたものを適用します。銀行間の顧客獲得競争のため、キャンペーンなどの優遇利率が適用されることがあります。利率の種類は大別して、変動金利型[*1]、固定金利型[*2]の二つがあり、適用期間終了などのタイミングで、ほかの種類に切り換えることが可能です。また、一部を変動金利型、残りを固定金利型に指定できる銀行もあります。

　　＊1　通常、年2回利率の見直しがありますが、急激な利率の上昇に備え、変動幅の上限があらかじめ定められている変動金利型もあります。
　　＊2　利率が固定される期間は、1年、2年、3年、5年、7年、10年、15年、20年、貸付完済までの全期間など、さまざまなバリエーションがあります。

5　返済方法

　返済金額が一定である元利均等返済が大半を占めますが、元金均等返済も用意されていることがあります。ボーナス支給月に合わせて年2回、返済金額を増額することも一般的です。返済途中で事前予告なしで、一部繰上返済や残額を全額繰上返済することも可能です。ただし、この場合、事務手数料などがかかる場合もあります。

6　担保・保証

　通常、取得した土地建物に銀行が第一順位の抵当権を設定し、さらに保証会社（銀行の子会社など、以下同じ）の保証が必要です。ほかに貸付を受けた個人が死亡した場合などに備え、団体信用生命保険（通常、保険料は銀行負担）に加入することも必要です。建物によっては長期火災保険を付けて、保険金請求権に質権を設定することもあります。
　また、三大疾病などの場合に返済不要とされる疾病保障特約、自然災害の被害を受けた場合に返済が免除される特約、無所得時に返済を保障する特約などが付帯するものもあります。なお、団体信用生命保険以外の保険料は顧客負担が一般的です。

7　保証料

　銀行の指定する保証会社に保証料を支払います。保証料は住宅ローン貸付時に一括前払するものと、貸付利率に保証料を上乗せするものが一般的です。なお、保証料前払で繰上返済をしたときは、その分の保証料が返還されます。

第2項　リフォームローン

　使途が住宅のリフォームに限定されたローンです。貸付の種類でいえば、証書貸付の一種です（おもな特徴については、図表2－5－2参照）。

1　対象者

以下のような条件をすべて満たす個人であることが貸付の条件です。
① 　貸付時の年齢が満20歳以上、満66歳未満で、完済時に満71歳未満
② 　安定した収入（勤続年数や年収が一定以上）があること
③ 　保証会社の保証が受けられること

2　資金使途

貸付を受ける本人、または家族が居住する住宅の増改築、改装、補修が対象です。借換用のローンもあります。

3　貸付利率

銀行の定める長期プライムレートを基準とし、これにスプレッドを加えたものを適用します。利率のタイプは、変動金利型、固定金利型の二つがありますが、住宅ローンと違い、当初選んだ利率のタイプを事後には変更できない銀行が多いようです。

図表2-5-2　リフォームローンのおもな特徴

項　目	内　容
対象者	個人。ただし、年齢などの制限あり
資金使途	増改築、改装、補修
貸付金額	10万円〜500万円、1万円単位
貸付期間	1年〜15年
貸付利率	長期プライムレート＋スプレッド
貸付利息	後取
貸付方法	一括貸付
返済方法	元利均等返済
担保・保証	担保は不要であるが、通常、保証会社の保証が必要
保証料	保証会社に支払

4　返済方法

住宅ローンに準じますが、多くの銀行は元利均等返済のみです。

5　保証料

銀行の指定する保証会社に保証料を支払います。貸付利率に上乗せされるのが一般的です。

第3項　カードローン

原則、使途が限定されないローンです。貸付の種類でいえば、当座貸越の一種です（おもな特徴については、図表2－5－3参照）。

1　対象者

以下のような条件を満たす個人であることが貸付の条件です。
① 契約時の年齢が満20歳以上、満66歳未満

図表2－5－3　カードローンのおもな特徴

項　目	内　容
対象者	個人。ただし、年齢などの制限あり
資金使途	自由。ただし、事業性資金には使用不可
貸越極度金額	10万円～500万円
貸付期間	1年～5年
貸付利率	短期プライムレート＋スプレッド
貸付利息	後取
貸付方法	随時貸付
返済方法	残高スライド方式（貸付残高に応じた元利均等返済）
担保・保証	担保は不要であるが、通常、保証会社の保証が必要
保証料	保証会社に支払

② 安定した収入（勤続年数や年収が一定以上）があること
③ 保証会社の保証が受けられること

2　貸越極度金額

10万円、20万円、30万円、50万円、100万円、200万円、300万円、400万円、500万円など。

3　貸付期間

原則1年～5年ごとに自動更新されます。ただし、顧客の信用状況によっては、更新が認められなかったり、貸付極度金額が減額されたりすることもあります。

4　貸付利率

銀行の定める短期プライムレートを基準とし、これにスプレッドを加えたものが適用されます。変動金利であり、随時、適用利率は見直されます。また、貸越極度金額が少ないほど、適用される利率は高く設定されます。

5　貸付利息

法人向け貸付の当座貸越に同じです。

6　返済方法

以下の二つの方式があります。
① 残高スライド方式（毎月一定日の貸付残高に応じた金額を返済する元利均等返済方式*1)

> *1　たとえば、毎月月末日の貸付残高が50万円以下＝1万円、50万円超100万円以下＝2万円と決められています。随時返済・随時貸付により、貸付残高が常に変動する商品であり、返済額を覚えやすくするなどの理由により金額を一定とする方式を採っています。

残高スライド方式には、毎月一定日にあらかじめ指定しておいた預金口座から自動引落する方式と、毎月一定日までにカードローン専用口座に返済金額を入金する方式があります。

② ATMなどで随時返済する方式

余裕資金ができたときにATMなどで随時返済するものです。

7　担保・保証

有担保のカードローンを用意している場合もあります。

8　保　証　料

銀行の指定する保証会社に保証料を支払います。貸付金額が随時増減するため、保証料を一括して前払する方式ではなく、利率に上乗せされるのが一般的です。

第4項　教育ローン

教育関連資金に限定されるローンです。貸付の種類でいえば、証書貸付、当座貸越の一種です。図表2-5-4に、一般的な教育ローンの例を示します。

図表2-5-4　教育ローンのおもな特徴

項　目	内　容
対象者	個人。ただし、年齢などの制限あり
資金使途	授業料・入学金・受験料などの教育関連資金
貸付金額	10万円～300万円、1万円単位
貸付期間	1年～10年。1カ月単位
貸付利率	長期プライムレート＋スプレッド
貸付利息	後取
貸付方法	証書貸付型は一括貸付。当座貸越型は随時貸付
返済方法	元利均等返済。ただし、当座貸越型は随時返済も可能
担保・保証	担保は不要であるが、通常、保証会社の保証が必要
保証料	保証会社に支払

1　対象者

以下のような条件をすべて満たす個人であることが貸付の条件です。
① 教育を受ける人の両親または本人で、貸付時の年齢が満20歳以上、満66歳未満。完済時に満71歳未満
② 安定した収入（勤続年数や年収が一定以上）があること
③ 保証会社の保証が受けられること

銀行によっては団体信用生命保険に加入できることを条件にするところもあります。

2　資金使途

高校、予備校、大学、専門学校などの授業料、入学金、受験料、受験に伴う宿泊費などの教育関連資金が対象です。

3　貸付利率

銀行の定める長期プライムレートを基準とし、これにスプレッドを加えたものを適用します。利率のタイプは、変動金利型^{*1}、固定金利型^{*2}の二つを用意している銀行もありますが、住宅ローンと異なり、多くの銀行では当初選んだ利率のタイプを事後には変更できません。また変動金利型のみという銀行もあります。

　＊1　通常、年2回利率の見直しがあります。
　＊2　利率が固定される期間は、貸付完済までの全期間のみなど、バリエーションが少なくなります。

4　貸付方法

証書貸付型は一括貸付です。当座貸越型は就学期間中に適用され、その期間中は随時貸付です。

5　返済方法

証書貸付は元利均等返済^{*3}で、ボーナス支給月に合わせて年2回、返済金額の増額を併用することができます。当座貸越型は就学期間中の随時返済が

可能で、卒業後は証書貸付に切り換えられ、元利均等返済が適用されます。

＊3　就学期間中は元金据置が可能な場合もあります。

6　保証料

銀行の指定する保証会社に保証料を支払います。利率に上乗せされるのが一般的です。

第5項　その他のローン

個人向けローンの商品には、そのほかにもいろいろな種類があり、商品内容も名称も銀行により、細かな違いがあります。ただし、住宅ローンやリフォームローンなどと大きな違いはないので、図表2－5－5に代表的なものをあげます。

図表2－5－5　そのほかのおもな個人向けローン

商　品	内　容
自動車ローン	乗用車などの購入資金と付帯する費用の資金を貸し付けるもの
エコカーローン	ハイブリッドカー、電気自動車などを購入するための資金を貸し付けるもの
アパートローン	アパート、マンションなど賃貸住宅の建築、購入、増改築の資金を貸し付けるもの
多目的ローン	結婚、旅行、引越、レジャー、育児、医療、冠婚葬祭の資金を貸し付けるもの
ショッピングローン	家具、家電製品などの耐久消費財を購入するための資金を貸し付けるもの
墓苑ローン	墓石・墓地・仏壇の購入、葬儀費用などの資金を貸し付けるもの
介護ローン	福祉車両、介護ベッドなどの介護関連機器を購入する資金を貸し付けるもの

第3章

内国為替業務

第1節 内国為替業務とは

第1項 概　　要

　為替業務とは、現金を輸送することなく、遠隔地間で債権債務を決済する業務であり、預金業務、貸付業務と並び、銀行のなかで最も基本的な業務の一つです。為替業務は、内国為替業務と外国為替業務に大別されます（図表3－1－1参照）。

(1) 内国為替業務
　遠隔地の両方が日本国内で、かつ日本円の資金を決済する為替業務です。送金為替（並為替、順為替）、代金取立（逆為替、取立為替）に大別されます。内為（ないため）業務とも略称されます。

(2) 外国為替業務
　「外国」という言葉が示すとおり、遠隔地の一方が日本、もう一方が外国というのが一般的ですが、より正確にいえば、次の①と②の二つを指します*1。外為（がいため）業務とも略称されます。

図表3－1－1　為替業務の概要

為替業務	内　　容	
内国為替業務	遠隔地がともに日本国内にある	
		送金為替
		代金取立
外国為替業務	遠隔地が国内と国外にまたがる	
		輸出
		輸入
		：

① 遠隔地の一方が日本、もう一方が外国で、資金を決済するもの（通貨は問いません）。
② 遠隔地の両方が日本国内で、かつ日本円以外[*2]の資金を決済するもの。

 ＊1 「遠隔地の両方が日本国内で、かつ日本円の資金を決済する為替業務」（内国為替業務）以外を指すといえます。
 ＊2 ドルやユーロなどの外貨に加え、非居住者円[*3]、ユーロ円[*4]も含みます。なお、日本国内の外貨資金の送金はおもに商社などの企業内での外貨資金の移動や企業間の外貨資金決済で利用されますが、内国為替ではなく、外国為替業務の取引を使い、送金します。
 ＊3 外国為替及び外国貿易管理法（通称、外為法）に定める非居住者が取引する円を指します。非居住者とは、たとえば、日本を出国し、外国に２年以上滞在している人などです。
 ＊4 日本国内以外の市場や東京オフショア市場（国内にありながら、国内のほかの市場から制度上、分離されており、非居住者間の取引が行われています）で取引される円を指します。

　本章では内国為替業務について説明します。預金業務、貸付業務と異なり、内国為替業務では、その銀行と取引がまったくない（CIFへの登録がない）顧客でも振込や公共料金納付などの各種取引を行うことができます。ただし現金で10万円を超える振込は、預金口座開設時と同様に本人確認が必要[*5]です。
　従来、為替取引は銀行などの金融機関にのみ認められていましたが、資金決済に関する法律が施行されたことにより、一定金額[*6]以下の取引に限って、一般事業者にも認められています。

 ＊5 預金口座をもっていれば、振込時の本人確認は不要です。
 ＊6 資金決済に関する法律施行令第２条によります。2014年４月現在、100万円以下の取引です。

第２項　送金為替

　送金為替（並為替、順為替）とは、債務者が債権者に資金を送金することをいいます（図表３−１−２参照）。
① 商取引などにより、A社はB社に債務を負います（B社はA社に債権をもちます）。
② A社は、X銀行東京支店にあるA社の口座から出金し、それをY銀行大

阪支店にあるB社の口座に送金するように、X銀行東京支店に依頼します。
③　A社からの依頼を受けたX銀行東京支店は、Y銀行大阪支店宛に同銀行同支店にあるB社の口座に入金するように依頼します。
④　X銀行東京支店から依頼を受けたY銀行大阪支店は、B社の口座に入金します。
⑤〜⑦　X銀行は日銀にある当座預金により、Y銀行に資金を支払います。

A社は振込依頼人、B社は受取人、X銀行は仕向（しむけ）銀行・支払銀行、Y銀行は被仕向（ひしむけ）銀行・受取銀行などといわれます。なお、送金為替は後述する全銀システム、手形交換制度、日銀ネットといった決済システムによって処理されています。

第3項　代金取立

代金取立（逆為替、取立為替）とは、債権者が債務者から受け取った手形・小切手などを銀行に委託し、債権を回収することをいいます（図表3－1－3参照）。

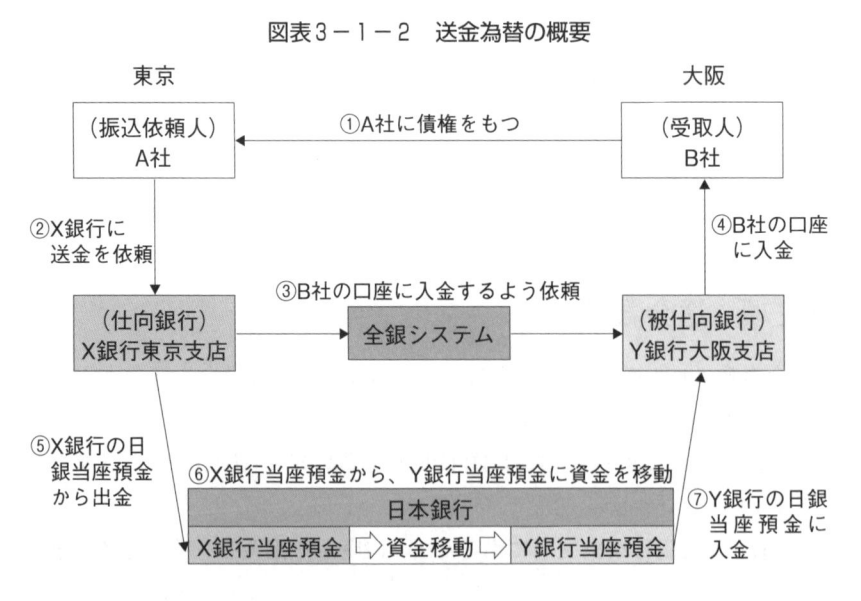

図表3－1－2　送金為替の概要

電信振込などの一般的な送金為替では、債権の対価は有価証券というかたちをとっていませんが、代金取立では債権の対価が手形・小切手という有価証券として存在する点が異なります。また送金為替では、資金がA社からB社に向かうだけであるのに対して、代金取立では手形・小切手がA社からB社に向かい（③～⑤）、反面、資金はB社からA社に向かう（⑥～⑪）という点も異なります。

① 商取引などにより、A社はB社に債権をもちます（B社はA社に債務を負います）。
② A社は債権の対価として、手形・小切手をB社から受領します。
③ B社が振り出した、A社が受取人の手形・小切手を、X銀行東京支店に呈示し、取立を依頼します。
④ A社からの依頼を受けたX銀行東京支店は、Y銀行大阪支店に手形・小切手を送付します。なお、X銀行とY銀行がともに東京、大阪のいずれか一方のみにある場合、手形交換所を経由します。
⑤ X銀行東京支店から手形・小切手の取立を依頼されたY銀行大阪支店は、B社に手形・小切手を呈示します。

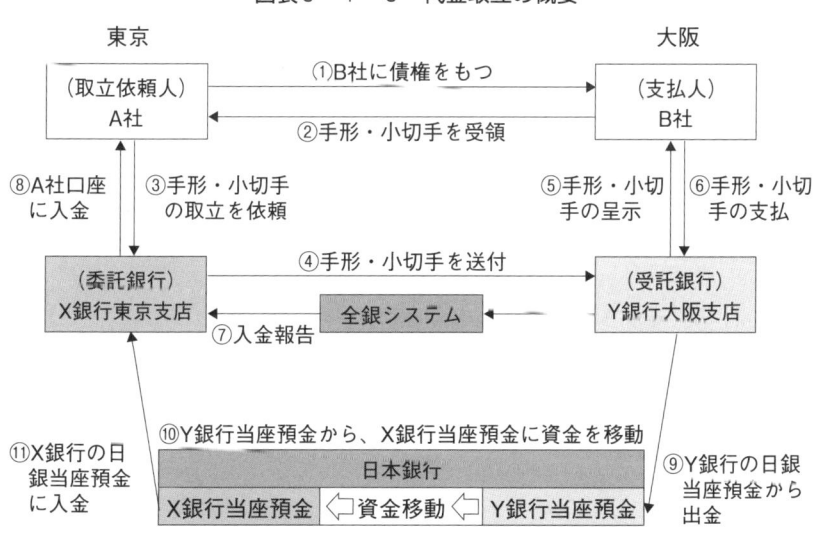

図表３－１－３　代金取立の概要

⑥　手形・小切手の呈示を受けたB社は、Y銀行大阪支店にあるB社の口座から資金を支払います。

⑦　Y銀行大阪支店は、取立資金が支払われた旨のB社からの入金報告を全銀システムを通じて、X銀行東京支店に通知します。

⑧　Y銀行大阪支店からの入金報告を受けたX銀行東京支店は、A社の口座に入金します。

⑨〜⑪　B社からの資金を受け取ったY銀行は、日銀にある当座預金により、X銀行に資金を支払います。

　A社は取立依頼人、B社は支払人、X銀行は委託銀行・取立銀行、Y銀行は受託銀行・支払銀行などといわれます。代金取立も後述する全銀システム、手形交換制度、日銀ネットといった決済システムによって処理されています。

第2節　資金決済制度

第1項　概　　要

　銀行などの金融機関が、ほかの金融機関と資金の受取・支払を行うため設けられているのが、資金決済制度です。図表3－2－1のとおり、四つの制度があります。

　内国為替制度は、おもに振込などの送金為替で使用されます。手形交換制度は、おもに手形・小切手の代金取立で使用されます。送金為替の一つである交換振込などでも手形交換が使用されます。また外国為替円決済制度は、外国為替業務で日銀当座預金を使って日本円で決済する際に使用されます。電子記録債権制度は、電子記録債権法（2008年12月施行）により創設された新しい決済制度です。

第2項　全銀システムと日銀ネット

　顧客が銀行に振込を依頼した際に、顧客間の決済と金融機関同士の決済を行うためのシステムです（図表3－2－2参照）。

図表3－2－1　資金決済制度の概要

制　　度	為替業務	金融機関同士の処理	金融機関同士の資金決済
内国為替	内国為替・送金為替	全銀システム	日銀ネット
手形交換	内国為替・代金取立	手形交換所	日銀ネット
外国為替円決済	外国為替	SWIFT	日銀ネット
電子記録債権制度	内国為替・送金為替	全銀システム	日銀ネット

1　全銀システム

　全銀システムは、正式には「全国銀行データ通信システム」といいます。2010年10月から一般社団法人全国銀行資金決済ネットワークが運営しています。銀行（ゆうちょ銀行、外国銀行を含む）、信用金庫、信用組合、系統金融機関（農業協同組合、漁業協同組合など）といった、ほぼすべての民間金融機関と日本銀行が参加しています（2013年12月末時点で、1,352金融機関、3万2,070店舗）。処理能力は1日当たり2,000万件とされています（参加金融機関・店舗数、処理能力はいずれも全銀協HPより）。

　全銀システムは全国の金融機関をオンラインで結び、顧客からの振込を振込先の口座に即日*1入金し、かつ金融機関同士の決済も即日行うシステムです。全国規模で即日、銀行間決済まで完了する決済システムは世界的にも少ないといわれています（金融庁HPより）。

　　*1　9時〜15時までに振込の場合。15時以降は翌営業日の扱いとされます。なお、銀行により多少の差異があります。

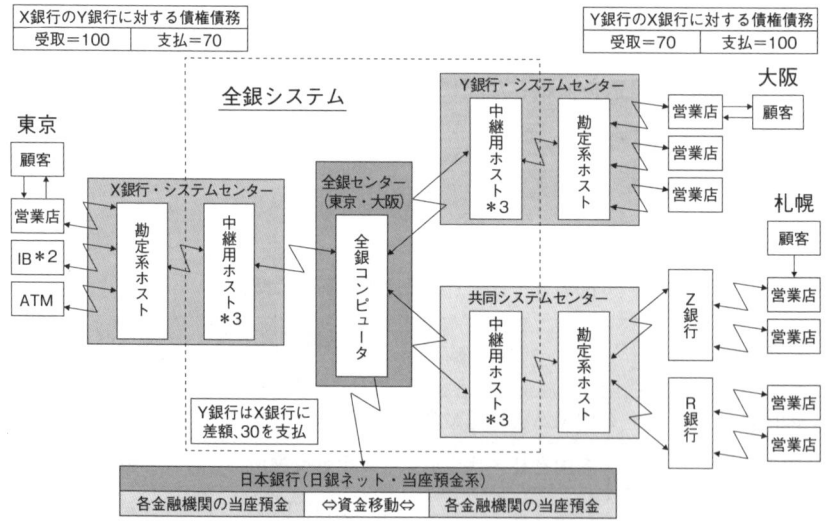

図表3－2－2　全銀システムと日銀ネット

*2　IB＝インターネットバンキング
*3　中継用ホストは、リレーコンピュータ（RC）といわれます。

1973年に登場したシステムで、参加している金融機関のなかには古い端末やプログラムを使い続けているところもあるため、古くからの制約（半角カナ、半角英数、一部半角記号のみ*1）も残存しています。

　　*1　半角カナのうち、「ッ」「ャ」「ュ」「ョ」「ヲ」「・」は使えません。半角記号のうち、「￥」「,」「.」「(」「)」「-」「/」のみ使えます。

　2011年11月より、第六次システムが稼働しています。第六次システムでは、SOA（Service-Oriented Architecture）、XML（ISO20022）、TCP/IP・IP-VPNが採用され、1億円以上の大口取引の即時グロス決済（127頁参照）化なども実現されています。

　全銀システムの処理内容と稼働時間帯は以下のとおりです。

・他行宛の振込依頼を受付し、即日処理し、振込先口座に入金します。
　処理可能時間帯は、月末営業日＝7：30～16：30、月末営業日以外の営業日＝8：30～15：30。
　窓口での受付分（15時まで）は、人が手で処理する時間が必要であるため、長めに設定されています。
・相手の金融機関に対する債権債務の金額を累計し、日銀に通知します。
　通知時間は、月末営業日＝16：50頃、月末営業日以外の営業日＝15：50頃。
・各金融機関同士の債権債務累計の差額を日銀の当座預金で決済します。
　決済時間は、月末営業日＝17：15頃、月末営業日以外の営業日＝16：15頃。
　顧客の口座間の決済は即時に行われますが、金融機関同士の決済は債権債務の差額で決済しています。決済リスク回避のため、仕向超過額（債務－債権）は仕向超過限度額（各金融機関が全銀ネットに差し入れた担保と保証の合計額）を超えることはできません。

2　日銀ネット

　日銀ネットは正式には「日本銀行金融ネットワークシステム」といい、民間の金融機関と日銀の間をつなぎ、民間の金融機関が日銀に預けている当座預金を使って、おもに全銀システム、手形交換、および外国為替取引に起因する債権債務*2についての資金決済をオンラインで処理するネットワークシステムです。

*2 外国為替取引の債権債務を国内の金融機関同士が日本円で決済（外為円決済）する場合に使用します。

当座預金を使うところから、当座預金系に分類されます。なお、日銀ネットには当座預金系のほか、国債にかかわる国債系もあります。

2014年4月現在、ISO20022への対応、XML電文の採用、稼働時間の拡大などを目指した「新日銀ネット」が開発されています。2014年1月に第1段階開発分（金融調節オペと国債の入札関連業務など）が稼動を開始しており、2015年秋～16年初めに全面稼働する予定です。

第3項　手形交換制度

手形交換制度とは、銀行などの金融機関が手形・小切手を交換し、資金を決済する制度をいいます（図表3－2－3参照）。

手形・小切手は通常、振出人（約束手形、小切手の場合）が支払をすることによって、はじめて資金化（現金化）されます。資金化のためには、手形・小切手を振出人に呈示する必要がありますが、債権者と債務者がごく狭い地域に都合よく存在することはほとんどなく、全国規模で資金決済が行われて

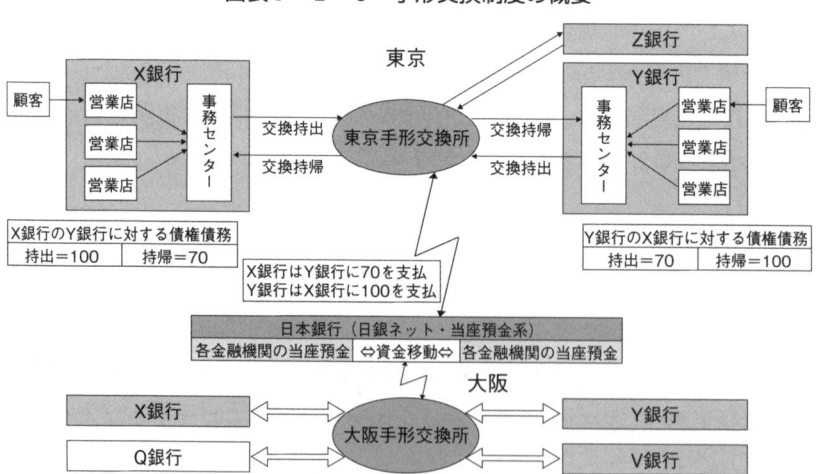

図表3－2－3　手形交換制度の概要

いる現代においては企業や個人が個別に手形・小切手を呈示し、決済するのは不可能です。

　これは銀行などの金融機関にとっても同じです。手形・小切手の呈示と決済を個別に行うのではなく、決まった場所・時刻に金融機関が集まり、自身以外が支払場所である手形・小切手を当該金融機関に渡し[1]、かつ自身が支払場所である手形・小切手を受け取る[2]のが、手形交換所です。

　　[1]　手形持出、あるいは交換持出といいます。
　　[2]　手形持帰、あるいは交換持帰といいます。

　なお、資金の決済は、かつては銀行間の債権債務の差額（手形交換尻、交換尻）で決済（時点ネット決済）していました。しかし現在では、システミックリスク[3]を回避するために、毎営業日12：30から1件ごとに即時グロス決済[4]（RTGS：Real-Time Gross Settlement）を行っています。

　　[3]　債務を負う銀行が支払不能に陥ると、債権を受け取り、それを別の債務の支払に充当しようとしていた銀行も連鎖的に支払不能に陥るというリスクをいいます。一時点で受取と支払の差額のみ決済する、時点ネット決済により発生する可能性があります。
　　[4]　取引の都度、1件ずつ個別に決済を行う方法で、2001年から日銀での決済方法に採用されています。

　手形交換所は全国に198箇所あり（2013年12月末現在、全銀協HPより）、一つの都道府県に一つ（東京、横浜など）の場合もあれば、複数（北海道、鹿児島など）ある場合もあります。通常は各都道府県の銀行協会の所在地と同じ場所にありますが、小規模な交換所の場合、その地域で有力な金融機関の支店内にあることもあります。参加している金融機関は、普通銀行のほか、信託銀行、信用金庫、信用組合、外国銀行などです。

　手形・小切手にはどこの手形交換所で交換されるかを示す支払場所（手形・小切手券面上に記載されている銀行・支店により決まります）が印刷されており、東京の手形交換所で交換される手形・小切手は「東京交換」、横浜の手形交換所で交換される手形・小切手は「横浜交換」、あるいは「浜手」（はまて）などと呼ばれます。手形交換所で交換されるのは、手形・小切手が大半ですが、株式の配当金領収書や利付国債の利札なども交換されます。

　なお、手形には印紙税がかかるほか、保管や輸送の手間がかかるため、近

年は無手形による支払が主流になり、利用が減っています。手形の全国の一日の平均交換高は、ピークの1990年には、19兆4,000億円でしたが、2013年12月には、1兆5,600億円強と、12分の1以下に減少しています（数値はいずれも全銀協HPより）。

> **コラム　手形・小切手の資金化（現金化）**
>
> 　手形交換制度に関連して、手形・小切手の資金化について解説します。手形・小切手は現金に準じるものですが、資金化には図表3－2－4のように応分の時間が必要です。なお、手形交換により手形を資金化するには後述する手形の呈示期間が到来していなければなりません。
> 　手形・小切手の支払場所（銀行支店）に行って、手形・小切手を呈示し、支払を求める場合は、通常、即時*1に資金化されます（この手形・小切手を当店券といいます）。しかし、それ以外の場合（この手形・小切手を他店券といいます）、手形・小切手が資金化されるまでに一定の期間がかかります。その要因は以下のとおりです。
> ・手形・小切手の支払場所が同一の手形交換所か、相互乗入している近隣の手形交換所か、遠隔地の手形交換所かのいずれか。
> ・小切手の場合、線引なし（横線なし）か、一般線引（一般横線）か、特定線引（特定横線）のいずれか*2。
> 　　*1　ただし、手形の場合、手形期日のとき。
> 　　*2　線引について
> 　　　　手形の場合、受取人欄、または被裏書人欄（受取人から手形を譲渡された人が被裏書人として記載されます）に受取人が記載されていますが、小切手の場合、多くは持参人払式（受取人が記載されず、小切手を持参した人に支払うもの）です。このため、盗難・紛失時に不正に支払われないように線引します。
> 　　　　一般線引（2本線のみ、または2本線の間に銀行、銀行渡り、Bankなどの記載あり）がある場合、支払場所の銀行支店は自身の取引先かほかの銀行（小切手の取立依頼人が取立を依頼した銀行）以外には支払うことができません。また、特定線引（特定の銀行支店名が記載されます）がある場合、支払場所の銀行支店は、特定線引に記載された銀行支店以外には支払うことができません。
> 　　　　ただし、支払場所の銀行支店＝特定線引に記載された銀行支店のときは、銀行自身にしか支払えないことになりますので、例外的に小切手の受取人に支払われます。
> 　同一の手形交換所（東京都内など）の手形・小切手の場合、この例のように取立依頼をした日も含めて、3営業日（土・日・祝日除く）かかります。

相互乗入している近隣の手形交換所（東京の場合、横浜など）もほぼ同じ期間ですが、遠隔地（東京の場合、沖縄など）の場合、4日〜1週間程度かかるとされています。遠隔地の手形・小切手は、隔地手形などと呼ぶこともあり、取立手数料も同一・近隣の交換所などに比べ、高く設定されています。

　図表3－2－4に示した手形・小切手の資金化の流れは以下のとおりです。なお、銀行間の資金決済部分については、省略しています。
① 取立依頼人は、手形・小切手を自身の取引銀行に取立を依頼します。このとき手形・小切手は、取立依頼人の預金口座に入金される形式をとります。手形・小切手の入金により、預金残高は増加しますが、まだ資金化されていないため、預金口座が普通預金などの利息が付く預金の場合、手形・小切手の入金額は利息計算の対象外とされます（利息計算の対象は、この例では30万円のみです）。
② 取立銀行は、取立依頼をされた手形・小切手を各支店から特定の場所（事務センターなど）に集約し、支払銀行別に仕分けなどを行います。
③ 取立銀行は、集約した手形・小切手を手形交換所に持ち出します。
④ 支払銀行は、手形交換所から持ち帰った手形・小切手を特定の場所（事務センター、各支店など）に振り分けます。
⑤ 支払場所である支払銀行の支店（事務センターで事務を代行することも多くあります）で、支払人の当座預金から手形・小切手の額面金額を引き落とします。
⑥ 支払銀行は、取立銀行に手形・小切手の額面金額分を日銀などを通して支払います。
⑦ 手形・小切手が不渡りか否かが確定する時刻は、交換日の翌営業日の11時です。これを過ぎれば、70万円は資金化されるので、出金することもできます（片端計算のため、翌日から普通預金の利息計算の対象とされます）。
⑧ 支払人の当座預金の残高が手形・小切手の額面金額未満の場合、顧客に連絡しますが、最終的に残高不足で引落できない場合、不渡りとされます。
⑨ 支払銀行は、当該手形・小切手が資金不足による不渡りであることを取立銀行に11時までに連絡します。なお、不渡りには資金不足のほか、口座がない、口座が解約されている、署名が不正確、取引印鑑が違うなどの事由があります。
⑩ 不渡りの連絡を受けた取立銀行は、取立依頼人の口座について、手形・小切手の入金を取り消します。なお、不渡りとされた手形・小切手は、通常、翌営業日の手形交換で取立銀行に返却され、最終的に取立依頼人に戻されます。

図表3−2−4 手形・小切手の資金化の流れ

	1日目	2日目（交換日）	3日目（通常時）	3日目（不渡時）
取立依頼人	①額面70万円の手形・小切手を取立依頼（預金口座に入金）	−	⑦取立依頼した手形・小切手の70万円が資金化される	⑩取立依頼した手形・小切手は資金化されない
取立銀行	②預かった手形・小切手を集約	③手形交換所に持出	⑥手形・小切手の額面金額70万円を受取	⑨取立銀行に不渡りの旨、連絡
支払銀行	−	④手形交換所から持帰	⑤支払人の当座預金から手形・小切手の額面金額70万円を引落	⑧支払人の当座預金が残高不足のため、引落不可（不渡り）
支払人	−	−		
取立依頼人の預金口座	名目残高*1＝100万円 実質残高*1＝30万円	名目残高＝100万円 実質残高＝30万円	名目残高＝100万円 実質残高＝30万円→100万円⑦	名目残高＝100万円→30万円⑩ 実質残高＝30万円
普通預金の利息計算	30万円分のみ利息計算（出金も30万円まで）	30万円分のみ利息計算（出金も30万円まで）	30万円分のみ利息計算 ただし、翌日より100万円分の利息計算（片端計算のため） ⑦で出金可能金額も30万円から100万円になる	30万円分のみ利息計算（出金も30万円まで）

*1 名目残高と実質残高について
　名目残高は資金化（現金化）されていない手形・小切手の額面残高も含んだ見せかけの預金残高をいいます。利息が付く普通預金などの場合、資金化されていない金額は利息計算の対象外とされます。実質残高は資金化されている実際の残高です。全額出金することが可能で、利息が付く普通預金などの場合、利息計算の対象です。実質残高を超えての出金は通常はできませんが、信用力のある顧客などについては、一時的に実質残高を超えても出金が認められること*2もあります（ただし、当日中のみ）。

*2 一時的に実質残高を超えて出金されることを「他店券過振」（たてんけん・かぶり）ともいいます。

第4項　電子記録債権制度

　金銭債権（民法402条、金銭の支払を目的とする債権）には、指名債権（売掛債権など）や手形などがあり、これらは譲渡や割引により、企業などの資金調達手段として使われています。しかし、指名債権には、債権の存在や帰属を確認する手間・コストや二重譲渡のリスクがあり、手形にも作成・保管のコストや紛失・盗難のリスクがあります。

　企業のIT化が進展するなか、これらの問題点を克服し、取引の安全性・流動性を確保することで、事業者の資金調達の円滑化などを図るべく、金銭債権の電子化が構想されました。これを受け、電子記録債権法（2008年12月施行）に基づいて創設されたのが電子記録債権制度です。

1　電子記録債権とは

　電子記録債権は、単に手形や指名債権（売掛債権など）を電子化したものではなく、前述の問題点を克服した新しい金銭債権です。ここでは、従来の手形との対比において、電子記録債権の特徴を記述します（図表3－2－5参照）。

図表3－2－5　手形と電子記録債権の比較

コスト・リスクなど	手　形	電子記録債権
作成・送付	紙媒体を作成・送付	電子データの送受信などにより発生
保管・管理	紙媒体で保管・管理	電子データで保管
紛失・盗難リスク	あり。紛失・盗難時の手続負担大	なし。電子債権記録機関の記録原簿による管理
譲渡	裏書譲渡による譲渡	電子データの送受信などにより発生
分割	不可	可。電子データの送受信などにより発生
印紙税	課税	非課税
期日管理・取立手続	要。呈示期間内に呈示要	不要。支払期日に自動的に入金

(1) **手形のデメリット**

　手形は紙媒体であるため、さまざまな制約があります。手形の振出側は手形用紙を保管・管理、手形を振出（作成）して、手形の受取人（債権者）に送付し、手形期日（支払期日）までに手形の額面金額を決済口座に用意するといった行為が必要です。一方、手形の受取側は（手形を割引・裏書譲渡しない場合）、受け取った手形を保管・管理し、手形期日を含めた3日間の呈示期間内に呈示する必要があります。また実際に手形の取立を行う銀行にとっても、各支店から手形を集め、手形を保管・管理し、手形交換所で手形を交換して、決済口座から資金を引き落とす必要があります。引落ができない場合には不渡りである旨、取立銀行に連絡しなければなりません。

(2) **電子記録債権のメリット**

　これに対して、電子記録債権は電子データであるため、手形のような問題はないか、あってもごく小さいものです。たとえば、作成・送付は電子データの送受信などにより発生し、保管・管理も電子データで行われ、さらに印紙税は非課税のため、手間もコストも軽微です。後述する電子債権記録機関の記録原簿によって管理されますので、紛失・盗難のリスクもありません。受取側からしても、支払期日に自動的に資金が入金されるため、期日管理や取立手続も必要ありません。もちろん、電子記録債権は手形のもつ利点も併せもっているため、譲渡や割引も可能であり、従来の手形では不可能な分割（必要な金額分のみ分割して、譲渡・割引すること）もできます。また銀行にとっても、ほぼすべてが電子データで管理できるため、事務コストが大幅に軽減されます。

　このように電子記録債権は手形や指名債権にはないメリットを多くもっていますが、従来の手形や指名債権の利用を妨げるものではなく、どちらを利用するかは当事者の選択に委ねられます。

2　電子債権記録機関と提供するシステム

　電子債権記録機関は、電子記録債権についての電子的な記録原簿を備え、発生や譲渡といった電子記録を行い、利用者の請求に基づいて、電子記録や債権内容の開示を行う、いわば電子記録債権の登記所ともいうべき存在です。

したがって、公的な性格を強くもち、電子記録債権制度の中核的な役割を果たすことから、公正性・中立性が求められます。このため、主務大臣（法務大臣および内閣総理大臣（実際は金融庁長官に委任））の指定が必要です。指定を受けた電子債権記録機関は現在 4 社（2013年 7 月末現在、金融庁HPより）ありますが、このなかでも全銀協が設立した全銀電子債権ネットワークが代表的です。

ここでは、電子記録債権の利用のために全銀電子債権ネットワークが提供している電子記録債権システムである「でんさいネット」（2013年 2 月18日よりサービス開始）について説明します。

(1) でんさいネットの特徴

でんさいネットの特徴は、図表 3 − 2 − 6 のとおり、 3 点あります。

① 手形的利用

従来から幅広く利用されてきた振出、裏書譲渡、割引といった手形の利用方法を採用しています。また支払期日に電子記録債権が支払われないこと（支払不能[*1]）が、 6 カ月以内に 2 回以上あった場合には、取引停止処分[*2]が科されます。

    ＊ 1　手形交換所の不渡りに相当します。なお、不渡りと支払不能は別々の制度ですので、両者は別々にカウントされます。
    ＊ 2　 2 年間、債務者としてのでんさいネットの利用、ならびに参加金融機関との間の貸付取引を禁止するものです。手形交換所の銀行取引停止処分に相当するものですが、両者は独立しており、支払不能と不渡り各 1 回だけでは何の処分も受けませんし、一方で取引停止処分を受けたからといって、もう一方でも自動的に取引停止処分を受けることはありません。

図表 3 − 2 − 6　でんさいネットの特徴

特　徴	内　容
①手形的利用	・手形の振出、裏書譲渡、割引などに相当する利用が可能
②全銀行参加型	・全国約1,300の金融機関が参加 ・既存の銀行間決済システムによる確実な資金決済を提供
③間接アクセス方式	・取引金融機関を経由して、アクセス ・書面、インターネットバンキングなどでの利用が可能 ・金融機関の創意工夫により、利用者のニーズに合った金融サービスを提供することが可能

② 全銀行参加型

　手形交換制度と同様に、普通銀行のほか、信託銀行、信用金庫、信用組合、外国銀行など、全国約1,300の金融機関が参加しているので[*1]、現在利用している金融機関で利用することが可能です。また既存の銀行間決済システム（全銀システム、日銀ネット）を使用しているため、確実な資金決済が保証されています。

　　　*1　各金融機関は、でんさいネットとの業務委託契約に基づいて、業務を受託し、各種サービスを提供します。

③ 間接アクセス方式

　各金融機関が提供しているインターネットバンキング、ファームバンキングなどを経由して[*2]、でんさいネットに間接的にアクセスする方式を採用しています。このため、現在利用している金融機関をそのまま利用できます。また、金融機関の創意工夫により、各金融機関利用者のニーズに合った金融サービスを提供することも可能です。

　　　*2　店頭で書面を提出することにより、利用することも可能です。ただし、書面での場合、利用手数料などがインターネットバンキングなどに比べて、割高に設定されています。

(2) でんさいネットの利用要件と申込

　このでんさいネットを利用するには、まず一定の要件を満たすことが必要です。各要件は、図表3－2－7のとおりです。

　これらの要件を満たしている場合、現在利用している金融機関に利用申込書[*3]を提出し、一定の審査（利用要件の審査）、利用契約締結などを経て、利用が可能になります（図表3－2－8参照）。なお、利用者番号は、1利用者につき、一つの利用者番号が付番（採番）されます。複数の金融機関で、でんさいネットを使用する場合でも利用者が同じであれば、同じ利用者番号を使用します。

　　　*3　ほかに商業登記簿謄本、印鑑登録証明書、決済口座の届印などが必要な場合があります。

(3) でんさいネットオンライン提供時間

　でんさいネットのオンライン提供時間には、コアタイムが設けられてお

図表3-2-7 でんさいネットの利用要件

利用要件	内　容
属性要件	・法人、個人事業主、国・地方公共団体のいずれかであること ・本邦居住者であること ・反社会的勢力に属さないなど、利用者としての適合性に問題ないこと
経済的要件	・金融機関に決済口座（当座預金、決済性普通預金など）を開設していること ・（債務者として利用する場合、）金融機関による審査を経ていること
利用資格要件	・（債務者として利用する場合、）でんさいネットによる「債務者利用停止措置」中でないこと ・破産、廃業などしていないこと

り、金融機関営業日の9時～15時であれば、どの金融機関でも利用が可能です。でんさいネットのオンライン提供時間そのものは、7時～24時ですが、金融機関により、この範囲内で利用可能時間帯が設定されています。

(4) でんさいネットの**各種取引**

でんさいネットでは、電子記録債権についての各種取引が可能ですが、ここでは、①でんさいの発生（債務者請求方式）、②でんさいの発生（債権者請

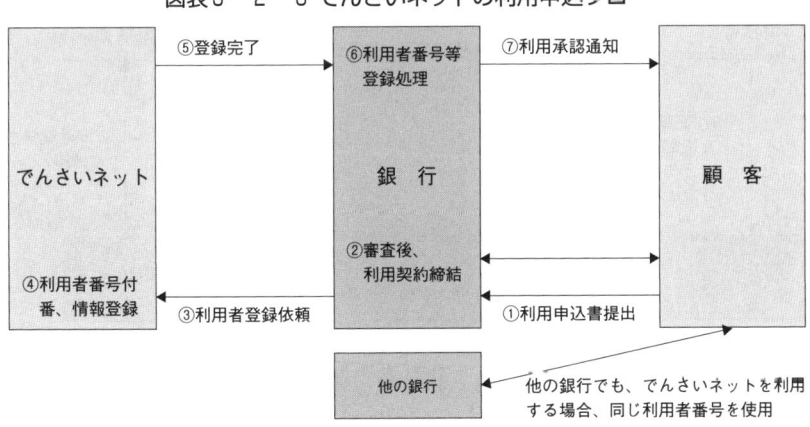

図表3-2-8 でんさいネットの利用申込フロー

求方式）、③でんさいの譲渡、④でんさいの割引の四つを取り上げて説明します。

① でんさいの発生（債務者請求方式）

でんさいを発生させる（手形の振出に相当します）場合、債務者が決済口座情報などにより、債権者を特定し、取引金融機関を経由して、発生記録請求を行います。この結果、でんさいネットの記録原簿に「発生記録」が記録されることで、でんさいが発生します（図表3－2－9参照）。でんさいの発生は、この方法（債務者請求方式）によるのが基本です。

万が一、発生記録に間違い（支払金額や支払期日の相違）がある場合、通知日を含めて、5営業日以内であれば、債務者単独で取消を行うことができます。5営業日を超えた場合、すべての利害関係者（ここでは債権者）の承諾が必要です。

② でんさいの発生（債権者請求方式）

でんさいを発生させる方法は、前述の債務者請求方式が基本ですが、利用者のニーズに応えるため、債権者請求方式も用意しています*1。でんさいを発生させる（手形の振出に相当します）場合、債権者が決済口座情報などによ

図表3－2－9　でんさいの発生（債務者請求方式）

①でんさいによる支払について、債務者債権者間で合意
②商品を販売
A社（債務者）　　　　　　　　　　B社（債権者）
③支払債務（A社は、B社に債務を負う）
④発生記録を請求
　（支払金額、支払期日などを入力）
　・・・手形の振出に相当
⑥´発生記録を通知
X銀行　　④´発生記録を請求　　でんさいネット　　⑥発生記録を通知　　Y銀行
⑤発生記録を記録
⑦支払期日にA社の口座から支払金額を引き落し、
　B社の口座に振込

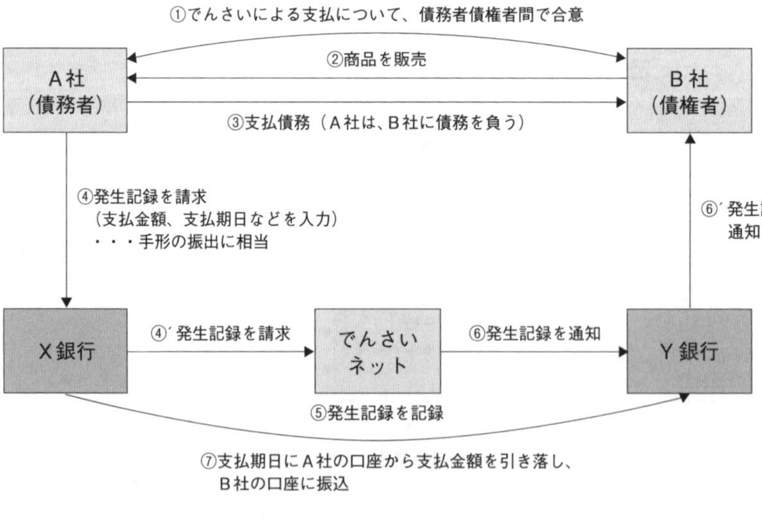

り、債務者を特定し、取引金融機関を経由して、発生記録請求を行います。でんさいネットは、この請求に基づき、債権者の請求内容を債務者に通知します。この通知を受け取った債務者は請求内容に間違いなどがないか確認し、問題なければ、通知日を含めて、5営業日以内に承諾をします[*2]。この承諾により発生記録が成立することで、でんさいが発生します（図表3－2－10参照）。

  [*1] この方式は金融機関によっては、取扱していない場合もあります。
  [*2] 問題がある場合は、5営業日以内に否認[*3]します。
  [*3] 5営業日以内に否認した場合、または回答しなかった場合、でんさいは発生しません。

③　でんさいの譲渡

　でんさいを保有している債権者は、そのでんさいを譲渡することで自身の債権者に対する支払に充当することができます。でんさいを譲渡する（手形の裏書譲渡に相当します）場合、譲渡人（債務者）は決済口座情報などにより、譲受人（譲渡人に対する債権者、譲渡先）を特定し、取引金融機関を経由して、譲渡記録請求を行います。この結果、でんさいネットの記録原簿に「譲渡記録」が記録されることで、でんさいが譲渡されます（図表3－2－11参照。ここ

図表3－2－10　でんさいの発生（債権者請求方式）

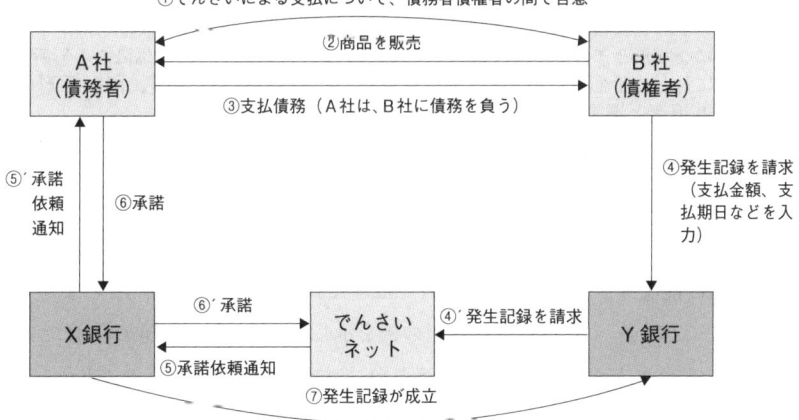

①でんさいによる支払について、債務者債権者の間で合意
②商品を販売
③支払債務（A社は、B社に債務を負う）
A社（債務者）／B社（債権者）
④発生記録を請求（支払金額、支払期日などを入力）
⑤承諾依頼通知
⑥承諾
X銀行／でんさいネット／Y銀行
⑥′承諾
④′発生記録を請求
⑤′承諾依頼通知
⑦発生記録が成立
⑧支払期日にA社の口座から支払金額を引き落し、B社の口座に振込

図表３－２－11　でんさいの譲渡

でんさいによる支払について、各社間で合意

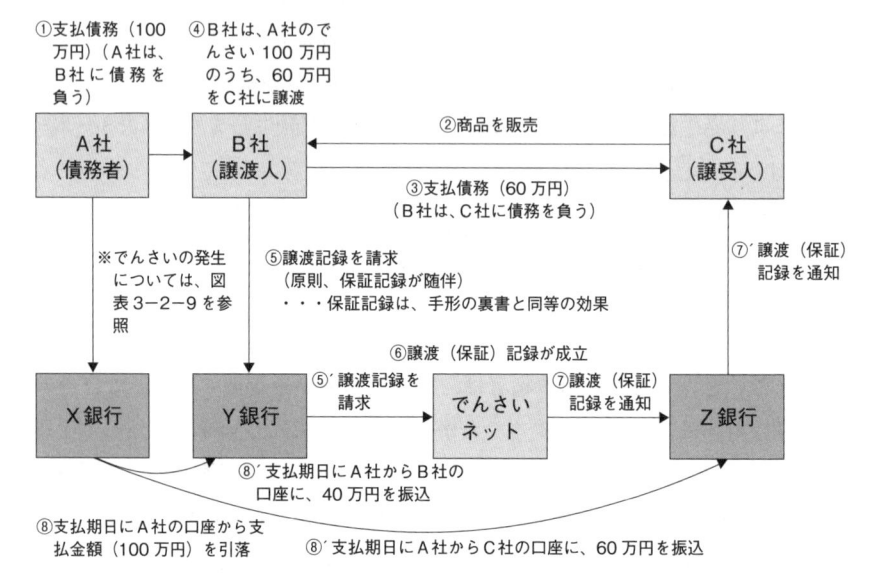

①支払債務（100万円）（A社は、B社に債務を負う）
④B社は、A社のでんさい 100 万円のうち、60 万円をC社に譲渡
②商品を販売
③支払債務（60 万円）（B社は、C社に債務を負う）

A社（債務者） → B社（譲渡人） ← C社（譲受人）

※でんさいの発生については、図表３－２－９を参照

⑤譲渡記録を請求
（原則、保証記録が随伴）
・・・保証記録は、手形の裏書と同等の効果

⑦′譲渡（保証）記録を通知

⑥譲渡（保証）記録が成立

⑤′譲渡記録を請求　　⑦譲渡（保証）記録を通知

X銀行　　Y銀行　　でんさいネット　　Z銀行

⑧′支払期日にA社からB社の口座に、40 万円を振込

⑧支払期日にA社の口座から支払金額（100 万円）を引落

⑧″支払期日にA社からC社の口座に、60 万円を振込

では分割譲渡の例を示しています）。なお、でんさいの譲渡に際しては、原則、保証記録も合わせて記録されます。これは手形の担保裏書[1]と同等の効果を確保するためです。

>[1] 手形を裏書譲渡した者は、万が一、振出人の倒産などにより、手形が不渡りになったときは、譲渡した相手方（被裏書人）および、それ以降の手形所持人に対して手形金額を支払う義務を負うことをいいます（87頁、「10 手形の裏書譲渡と遡求」を参照）。

③　でんさいの割引

　でんさいを保有している債権者は、そのでんさいを取引銀行に割引（手形割引（85頁参照）に相当します）依頼をすることで、電子記録債権の早期の資金回収が可能です。でんさいの割引では、でんさいの譲渡を利用します（図表３－２－12参照。ここでは分割割引の例を示しています）。前述の譲渡では、でんさいは譲渡人から譲受人に譲渡されますが、割引の場合、B社からY銀行に譲渡されます。なお、でんさいの割引は、でんさいの担保利用と同様に、金融機関によっては、取扱していない場合もあります。

図表3－2－12　でんさいの割引

① でんさいによる支払について、債務者債権者間で合意
② 商品を販売
③ 支払債務（100万円）（A社は、B社に債務を負う）
④ 発生記録を請求（A社→X銀行）
④′発生記録を請求（X銀行→でんさいネット）
⑤ 発生記録を記録
⑥ 発生記録を通知（でんさいネット→Y銀行）
⑥′発生記録を通知（Y銀行→B社）
⑦ 割引申込〈60万円〉（B社→Y銀行）
⑦′譲渡(保証)記録を請求（Y銀行→でんさいネット）
⑧ 譲渡(保証)記録が成立
⑨ 譲渡(保証)記録を通知（でんさいネット→Y銀行）
⑨′譲渡(保証)記録を通知（Y銀行→B社）
⑩ 割引実行〈60万円〉
⑪ 支払期日にA社の口座から支払金額（100万円）を引き落し、B社の口座に、40万円を振込、Y銀行に60万円を振込（貸付を回収）

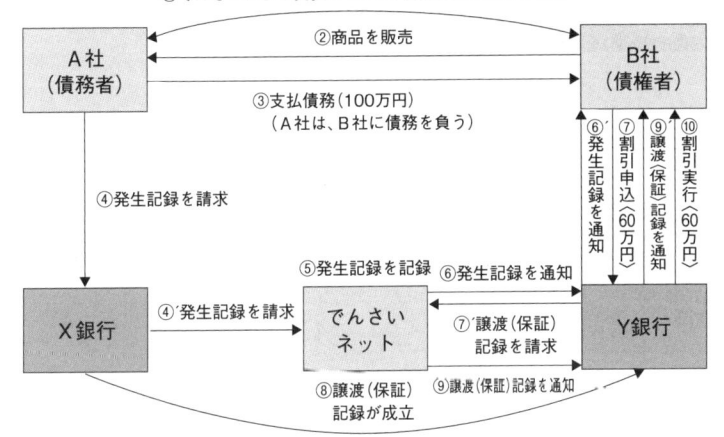

A社（債務者）／B社（債権者）／X銀行／Y銀行／でんさいネット

第3章　内国為替業務　139

第3節 商品とサービス

第1項 概　　要

内国為替の商品・サービス内容は、図表3－3－1のとおりです。

第2項 電信振込

最も一般的な振込方法であり、通常は即時、振込先口座に入金されます。最も速く、かつ、最も確実な送金方法で、窓口からのほか、ATMやインターネットバンキングなどから振込されます（図表3－3－2参照）。

電信振込（テレ為替）は銀行窓口が開いている時間帯（9時～15時）であれば、他行宛[*1]であっても、当日中に振込先口座に入金される最も速い振込方法です。

ATMやインターネットバンキング、モバイルバンキングなどからも手続が可能ですが、窓口から依頼する場合は、銀行所定の振込依頼書を使用します。

図表3－3－1　商品・サービス内容

種　類	内　　　容		
送金為替	振込	電信振込（テレ為替）	
		文書振込	メール振込
			交換振込
	MTデータ伝送		
	普通送金		
代金取立	集中取立		
	期近集中取立		
	個別取立		

図表3－3－2　電信振込の取引の流れ

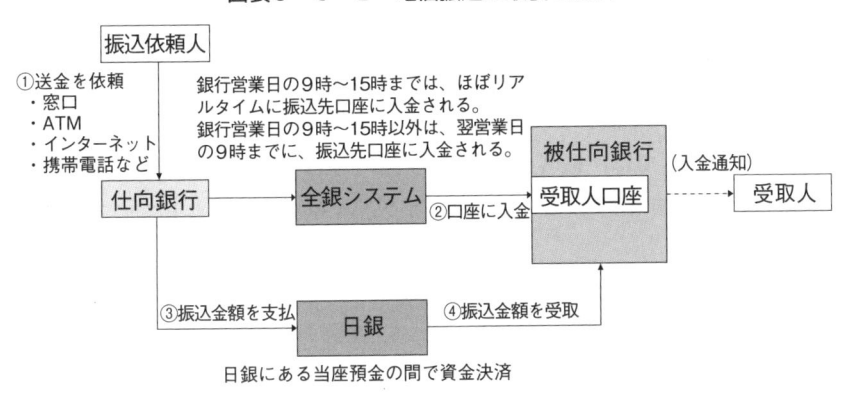

振込依頼人

① 送金を依頼
・窓口
・ATM
・インターネット
・携帯電話など

銀行営業日の9時～15時までは、ほぼリアルタイムに振込先口座に入金される。
銀行営業日の9時～15時以外は、翌営業日の9時までに、振込先口座に入金される。

仕向銀行 → 全銀システム → ②口座に入金 → 被仕向銀行 受取人口座 --(入金通知)--> 受取人

③振込金額を支払 → 日銀 ← ④振込金額を受取

日銀にある当座預金の間で資金決済

* 1　ほかの銀行宛で当日中に振込先口座に入金されるのは、9時～15時[*2]です。15時までとされるのは、銀行間の資金決済の1日の締切時限が通常、15時半であるためです。なお、同じ銀行宛（当行宛）で、当日中に振込先口座に入金されるのは、9時～16時[*2]の間です。同じ銀行宛の場合、銀行間の資金決済の締切時刻はないものの、勘定の締切時刻があります。ATMやインターネットバンキングなどからの振込もほぼ同じです。
* 2　銀行により、一定の差があります。

　電信振込の場合は口座に直接入金されますが、その時点では被仕向銀行は振込金額の資金を受領しておらず、単に受取人口座の残高が振込金額分、増加（銀行にとって、負債の増加）しているだけです。振込金額の資金は、振込日と同日中に日銀ネットを使って、仕向銀行から被仕向銀行に送られます（実際にはほかの債権債務との差額決済が行われます）。

　なお、被仕向銀行に資金は行っているものの、口座がない、解約済みなどの理由で入金すべき口座がない場合には、被仕向銀行に受領済みの資金を返却してもらう必要がかつてはありました。この被仕向銀行から仕向銀行への資金の返却を組戻（くみもどし）といい、仕向銀行からの連絡を受け、送金依頼人が組戻の依頼を仕向銀行の窓口で行います。この場合、振込時の振込手数料以外に組戻手数料が別途かかります。現在では、一部の金融機関や夜間の一定の時間帯を除いて、ほかの銀行の口座であっても口座の有無、口座名義などを事前に確認できるため、組み戻されることはほとんどありません。

振込手数料は、被仕向銀行が仕向銀行と同じか否か（当行宛、他行宛）、振込金額、振込の種類（電信か文書か）、資金の種類（現金か預金か）、チャネル（窓口、ATM、インターネットバンキング、テレフォンバンキング、モバイルバンキング）などにより、無料〜840円の間でいくつかの金額が設定されています。また多くの銀行では、顧客の取引状況（給与振込・公共料金引落の有無、定期預金・借入の有無や残高など）により、手数料を割引・無料としています。

第3項　文書振込

　仕向・被仕向銀行が同一の手形交換所に属している場合に、文書（振込票）を手形交換により交換して振込先の口座に入金するものです（図表3-3-3参照）。振込日から振込先の口座に入金されるまでに要する期間は、3日程度です。
　手形交換を通して振込票を交換するので、仕向銀行・被仕向銀行とも同一の手形交換所に属している必要があります。
　銀行所定の振込依頼書を使う通常の振込と、企業など所定の振込票を使用する振込の2種類があります。
　後者には、国民年金保険料、自動車税、固定資産税、都市計画税などの国庫金、公金、電気、ガス、水道、NHKなどの公共料金などがあります。一

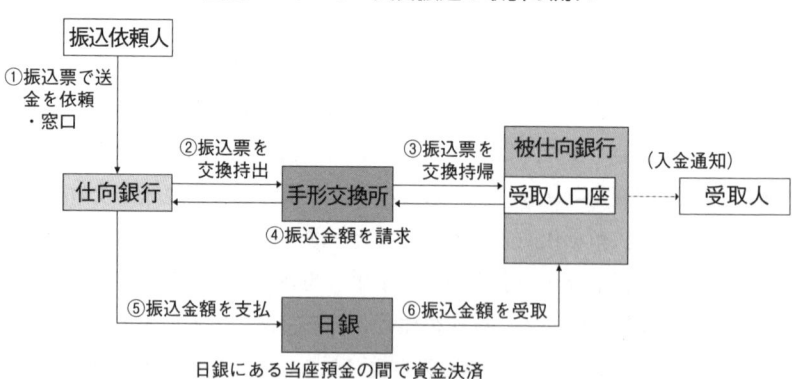

図表3-3-3　文書振込の取引の流れ

般企業でも、所定の振込票がある場合もあります。

　文書による振込のため、銀行では窓口のみの取扱で、取扱時間は基本的に9時〜15時です。最近では待ち時間が少なく24時間利用できるコンビニエンスストアでの振込が主流です。また、一部の銀行などには振込票をスキャナで読み取って振込処理するATMもあります。

　振込金額の資金は、日銀ネットを使って、仕向銀行から被仕向銀行に送られます（実際にはほかの債権債務との差額決済が行われます）。

第4項　メール振込

　仕向・被仕向銀行が同一の手形交換所に属しない、遠隔地間での文書振込です（図表3－3－4参照）。文書（振込票）を郵送し、振込先の口座に入金します。振込日から振込先の口座に入金されるまでの期間は、3日〜1週間程度とされます。

　手形交換は同一の手形交換所に属している必要がありますが、仕向銀行・被仕向銀行が離れている場合には手形交換所による手形交換は使えないため、郵送によって振込票を送付し、振込先の口座に入金します。この点を除けば、前述の文書振込と取引の流れは基本的に同じです。

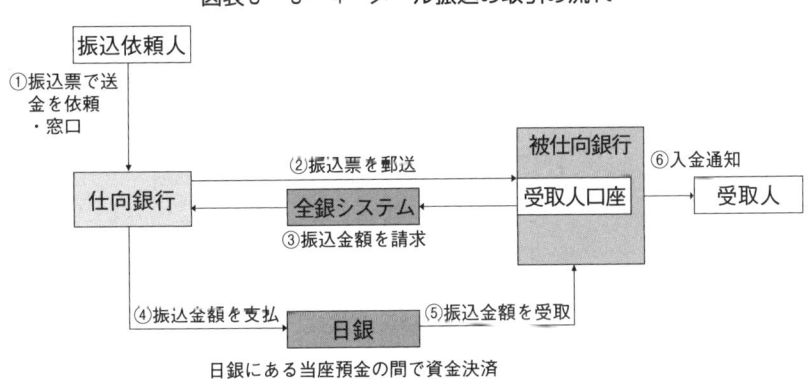

図表3－3－4　メール振込の取引の流れ

```
振込依頼人
  │ ①振込票で送
  │  金を依頼
  │  ・窓口
  ↓                ②振込票を郵送              被仕向銀行      ⑥入金通知
仕向銀行 ──────────────────────→  受取人口座 ─────────→ 受取人
         ←──── 全銀システム ────
              ③振込金額を請求

  ④振込金額を支払      日銀      ⑤振込金額を受取
          日銀にある当座預金の間で資金決済
```

第5項　MTデータ伝送

　給与・賞与などの先日付の振込に使用されます（図表3－3－5参照）。大量の振込に適しています。

　MT（磁気テープ）データ伝送には、文書振込、先日付振込、給与振込、賞与振込、株式配当金振込などがあり、身近なところでは給与、賞与、年金などの振込に利用されています。

　電信振込のように1件ごとの入力ではなく、1レコード1振込のデータ形式でファイル単位に伝送するため、大量の振込に適しています。なお、データは指定されたレイアウトとする必要があります。

　顧客から銀行へのデータ伝送は、MTのほか、FD（フロッピーディスク）、FB（ファームバンキング）、インターネットバンキング（法人向け）などでも行われます。

　仕向銀行は、受領したデータファイルについて所定の形式チェックなどを行った後、全銀システムにデータ伝送します。全銀システムは、受信したデータファイルについて所定の形式チェックなどを行い、被仕向銀行ごとに振分してデータ伝送します。被仕向銀行は、受信したデータファイルについて所定の形式チェックなどを行い、振込日に振込先口座に入金（システムによる自動処理）します。

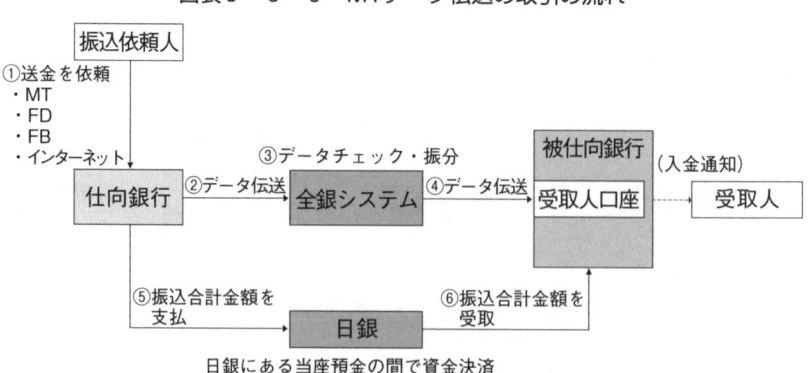

図表3－3－5　MTデータ伝送の取引の流れ

第6項　普通送金

資金の受取人が預金口座をもっていないなどの理由で振込ができない、あるいは送金手段がほかにない場合に利用される方法です（図表3－3－6）。ただし、送金小切手という紙媒体を使用するため、紛失・盗難などのリスクがあります。かつては送金依頼人に制限はありませんでしたが、現在は地方公共団体に限定されています。

第7項　集中取立

委託銀行と受託銀行の間で、同一支払期日の手形をまとめて授受・決済する方法です（図表3－3－7参照）。

一括して授受する手形[*1]は、支払期日（手形期日）の8営業日前～1カ月前の手形について、同一の支払期日のものをまとめたものです。小切手は対象外です。

> [*1] 振出日から3カ月後を支払期日とすることが多い手形の呈示期間[*2]は、支払期日の翌々日まで（支払期日を含めて3日間。この3日間のうちに銀行の休業日があった場合は、その日数だけ延長されます）です。このように呈示期間が限定されている手形取引ですが、集中取立により事前に銀行に取立を委託できれば、顧客の管理事務の省力化につながります。
>
> [*2] 集中取立の対象外である小切手の呈示期間は、振出日から10日目まで（振出

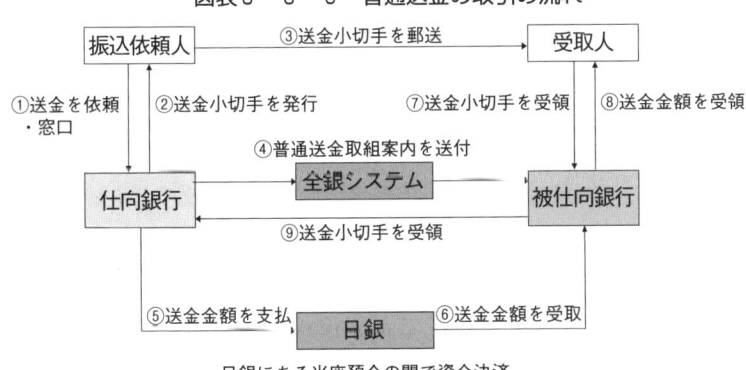

図表3－3－6　普通送金の取引の流れ

図表3－3－7　集中取立の取引の流れ

日銀にある当座預金の間で手形期日に資金決済

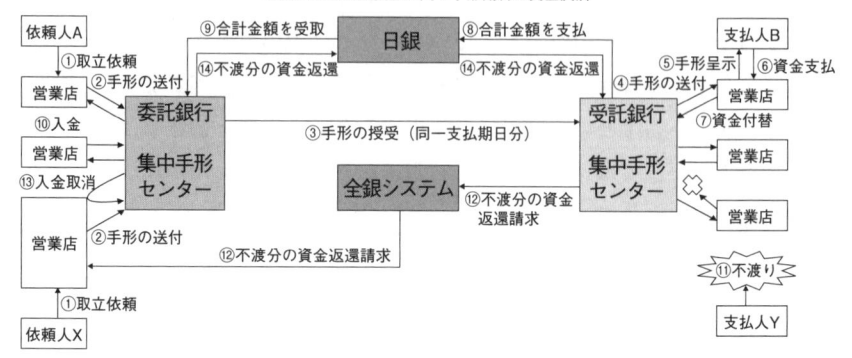

日を含めて11日間。最終日が銀行の休業日にあたった場合には翌営業日まで延長されます）です。

　なお、各支店が個別に手形を管理し、受託銀行に取立を依頼していては非効率なため、集中手形センターを置き、事務処理を集中させ、事務の省力化を図っています。手形の授受は手形交換所を介さず、委託銀行と受託銀行の間で直接行われます。

　一括して授受した手形の合計金額を、支払期日に受託銀行が委託銀行へ支払い、万が一、不渡が発生した場合には不渡分の金額のみ委託銀行に返還請求を行います。これにより後述する個別取立のように1件ごとに、取立資金が支払われた旨の入金報告を行う必要がないため、事務の省力化につながっています。

第8項　期近集中取立

　期近（きぢか）集中取立は、期近手形集中取立、期近集手ともいい、小切手や期日まで日数の余裕がない手形を集中取立と同じ方式で取立するものです。

　集中取立との違いは、委託銀行と受託銀行の間であらかじめ協定を締結しておく必要があることです。なお手形などの授受は、支払期日の前営業日に

行い、手形交換所でも行うことが可能です。

また、集中取立では対象外とされる小切手も取り扱うことができます。

第9項　個別取立

集中手形センターを介さず、委託銀行の支店と受託銀行の支店の間で、直接、手形・小切手を授受・決済するものです（図表3－3－8参照）。小切手や、期日まで日数の余裕がない手形・小切手が対象です。

個別取立は集中取立、期近集中取立と異なり、集中手形センターを介さずに委託銀行と受託銀行の双方の支店が手形・小切手1件ずつについて、直接やり取りする方法です。

支払人から資金の支払があった場合、受託店が委託店に取立資金が支払われた旨の入金報告を行います。

個別取立は、集中取立、期近集中取立に比べて支店の事務負担が大きく、事務の省力化の観点から好ましくありません。このため個別取立を使うのは、集中取立、期近集中取立では対応できないなど例外的なケースに限られます。

図表3－3－8　個別取立の取引の流れ

日銀にある当座預金の間で支払期日に資金決済

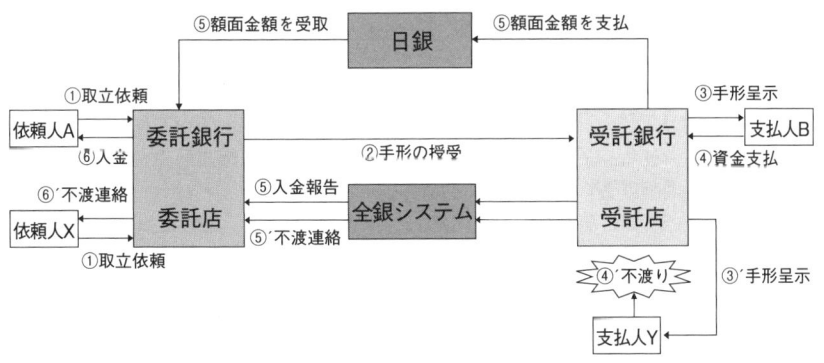

⑤額面金額を受取　日銀　⑤額面金額を支払

①取立依頼　委託銀行　②手形の授受　受託銀行　③手形呈示　支払人B
依頼人A　⑥入金　　　　　　　　　　　　　　　　　　　　④資金支払
⑥'不渡連絡　委託店　⑤入金報告　全銀システム　受託店　
依頼人X　①取立依頼　⑤'不渡連絡　　　　　　　　　　　④'不渡り　③'手形呈示
　　　　　　　　　　　　　　　　　　　　　　　　　　　　　　支払人Y

コラム　振込と振替

振込と振替の違いは、銀行ごとの違いはあるものの、おおむね以下のように整理することができます。

図表3－3－9　振込と振替の違い

振込	振替
銀行間または同一銀行内の資金移動で、通常は口座名義が異なる	同一銀行内の資金移動で、口座名義が同じ
振替に比べて、手数料が割高	振込に比べて、手数料が割安
銀行間の場合、15時までの振込は当日中に振込先の口座に入金。 同一銀行内の場合、16時までの振込は当日中に振込先の口座に入金。	16時までの振替は当日中に振替先の口座に入金

　銀行間の振込を他行宛振込、同一銀行内の振込を当行宛振込ともいいます。銀行間の振込の場合、口座名義が異なるのが普通ですが、複数の銀行口座に分散している資金をメインの口座に資金移動させるような場合など、口座名義が同一の場合もあります。

　なお、同一銀行内の振込で、口座名義が異なる場合でも、家族などであれば振替としている銀行もあります。

　手数料は入力経路（窓口、ATM、インターネットバンキング、モバイルバンキングなど）によって異なりますが、振込手数料≧振替手数料であることが一般的です。また同一支店内で窓口以外からであれば、無料とする銀行もあります。

　銀行間の振込の場合、15時（入力経路や銀行により、若干遅い場合もあります）までであれば、当日中に振込先口座に入金されます。これは伝統的に銀行の支店の営業が、15時に終了するためです。前述の全銀システムや日銀ネットなどの締切時刻も、この時間を考えて決められたものです。

　これに対して同一銀行内の振込、振替であれば、全銀システムや日銀ネットは使用されず、自行の勘定系システムのみで取引が完結するため、締切時刻[*1]は1時間程度遅いことが一般的です。

　　＊1　自行の勘定系システムの勘定締切時刻に左右されます。通常は、16時過ぎですが、繁忙日（月末営業日など）は、1時間程度延長されます。

第4章

外国為替業務

第1節 外国為替業務とは

第1項 概　要

　銀行の三大業務のうち、為替業務の一部である外国為替業務について説明します（図表4－1－1の分類は一例です）。

　外国為替は、歴史的には異国間の交易である貿易業務から始まった業務であるため、輸出・輸入・送金・両替などの伝統的なものを狭義の外為、それ以外の外貨預金・外貨貸付などを広義の外為ということがあります。また、輸出・輸入を貿易と総称するのに対して、送金・両替などを貿易外と呼びます。

　通貨オプション、通貨スワップなどのデリバティブ（金融派生商品）には複雑でさまざまな商品があるため、本書では言及しないこととします。

　最初に外国為替業務に共通する留意事項を記載します。

1　「売り」と「買い」

　「売り」「買い」という言葉が出てきますが、これは銀行からみたものです。同じ取引を指していても、顧客からみれば、売買が逆転します。つまり、銀行の「売り」は顧客にとっては「買い」、銀行の「買い」は顧客にとって「売り」です。本書では特記のない限り、「売り」「買い」は銀行からみたものとします。

2　消　費　税

　ATMの時間外手数料など、外国為替業務以外の手数料には消費税がかかりますが、外国為替業務の手数料には消費税はかかりません[1]。

　　＊1　国税庁の「消費税法基本通達」第6章第5節（非課税とされる外国為替業務に係る役務の提供の範囲）によります。

3　端　数

外貨から円貨に換算する場合に発生する1円未満の端数は、切捨とします。

図表4－1－1　外国為替業務の概要

業　務		おもな内容	おもな商品・取引
輸出	狭義	輸出代金の立替、取立、回収	輸出L/C接受、L/C付輸出手形買取、L/Cなし輸出手形買取、クリーン手形・小切手買取、手形・小切手取立など
輸入		輸入代金の決済、貸付、回収	輸入L/C発行、L/C付輸入手形決済、L/Cなし輸入手形決済、L/G、T/R、輸入ユーザンス、運賃保険料ユーザンスなど
送金		おもに国外との資金の受払、支払	仕向送金（T/T、M/T、D/D）、被仕向送金（T/T、M/T、D/D）など
両替		おもに円貨と外貨の両替	T/C（トラベラーズチェック）、Cash（外国通貨）など
相場金利	広義	各通貨の売買、金利の相場	直物相場、為替予約（直物、先物）、金利など
市場取引		銀行間の外貨資金・為替の調達運用	外貨資金（ドル、ユーロ、他通貨）の運用調達、為替予約取引、外国証券取引など
外貨貸付		外貨での資金の貸付、回収	外貨手形貸付、外貨証書貸付、シンジケートローン、コミットメントライン、外貨債務保証など
外貨預金		外貨での預金の受入、支払	外貨当座預金、外貨普通預金、外貨通知預金、外貨定期預金、外貨積立預金、為替予約付外貨定期預金など
デリバティブ	－	金融派生商品の取引	通貨オプション、通貨スワップ、金利オプション、金利スワップ、スワップションなど

第4章　外国為替業務

4　日　　数

利息計算などにおける1年の日数は通貨によって異なります。日本円＝365日、ドル＝360日、ユーロ＝360日、ポンド＝365日などとされています。

5　基本通貨単位と補助通貨単位

基本通貨単位とは、円、ドル、ユーロ、ポンドなど、通貨の基本的な単位（おおむね紙幣の単位）を指します。補助通貨単位とは、セント、ペンスなど、通貨の補助的な単位（おおむね硬貨の単位[*1]）を指します。通貨の補助通貨単位は、2桁（ドルでいえば、セントの部分）が一般的です。日本円の補助通貨単位は、0桁[*2]です。このほか、補助通貨単位が3桁のクウェート・ディナールなどもあります。

*1　ドルでは、1ドル紙幣と1ドル硬貨が並存しているなど例外もあります。
*2　株式相場や為替相場の表示で「銭」が使われることがありますが、通貨としての「銭」は1953年12月末をもって使用を禁止されています。

第2項　外国為替業務と国内業務の対比

外国為替業務は、為替業務の一部とされますが、預金業務・貸付業務などの業務と類似している部分もあります。それらとの類似点をあげると、おおむね図表4－1－2のように分類できます。

預金業務、貸付業務、内国為替業務などの国内業務[*3]では、取引はすべて日本円で行われます。海外との取引が主体[*4]の外国為替業務でも、日本円で行われている業務と類似している部分もあります。ただし、通貨、金利、決済制度、法律、商慣習などの違いから独自の事務や取引が必要であるため、類似点があるとはいえ別業務として区別され、システムも分けられています[*5]。

*3　ここでは便宜的に国内業務と呼んでいますが、日本国内で行っている業務という意味では外国為替業務も国内業務に該当するといえます。ただし外国為替業務は多くの場合、外貨[*6]が絡み、取引の相手方（相手銀行、輸入者、輸出者など）も海外にいることが普通であることから、純粋な国内業務ではないとの考えに立っています。

*4 もちろん、外貨預金や外貨貸付のように国内の銀行と国内の顧客の間で完結するものもあります。

*5 国内の預金システムや貸付システムにおいて、外貨預金や外貨貸付を取り扱えるようにシステム構築している銀行も散見されます。これは外貨預金や外貨貸付といっても、国内の預金や貸付と基本的な考え方は類似しており、また、さまざまな商品・サービスを用意している国内のシステムで外貨も取り扱えるように開発しておけば、国内のシステムと同等の商品・サービスを外貨でも提供することが比較的容易であり、別途、外貨預金や外貨貸付のシステムを開発するよりも合理的であるという考えによります。

*6 外貨が主流であるものの、日本円（預金や貸付などでは、外貨と非居住者円）も取り扱われます。

図表4－1－2　外国為替業務と国内業務の対比

	国内業務	外国為替業務	
業　務	おもな商品・取引	業　務	おもな商品・取引
預金業務	各種流動性預金 各種固定性預金	外貨預金	各種外貨流動性預金 各種外貨固定性預金
貸付業務	手形貸付、証書貸付 債務保証 手形割引	外貨貸付 外貨債務保証 輸出	外貨手形貸付、外貨証書貸付 外貨債務保証 輸出手形買取、クリーン手形・小切手買取
内国為替業務	代金取立（取立側） 代金取立（支払側） 電信振込（送金側） 文書振込（送金側） 普通送金（送金側） 電信振込（受取側） 文書振込（受取側） 普通送金（受取側）	輸出 輸入 仕向送金 仕向送金 仕向送金 被仕向送金 被仕向送金 被仕向送金	輸出手形取立 輸入手形決済 電信送金（T/T） 郵便送金（M/T） 送金小切手（D/D） 電信送金（T/T） 郵便送金（M/T） 送金小切手（D/D）
付随業務	両替 現送	両替 現送	外貨と円貨の両替 Cash・T/Cなどの現送
ディーリング業務	コール市場での円資金の運用調達	資金	ドルコール市場、東京オフショア市場での外貨資金の運用調達

第2節　相場・金利

第1項　外国為替市場

　外為市場には、個人や企業などを対象とした対顧客市場と、銀行などの金融機関の間で取引が行われる銀行間市場（Interbank Market）があり、それぞれの市場に相場があります（図表4－2－1参照）。

　銀行間市場は魚市場や青果市場のように特定の場所に取引所があるわけではなく、銀行などの金融機関の為替ディーラー、為替ブローカーである短資会社[*1]などの市場参加者[*2]が電話やコンピュータシステム（電子ブローキング）を使って、外国為替を売買するバーチャルな市場です。なお、銀行間市場では、政府による為替介入[*3]も行われます。この為替介入はおもに日本銀行[*4]が行います。

> ＊1　銀行間の仲介を専門とする業者で、日本には現在3社ありますが、外国為替売買専門というわけではなく、コール市場[*5]での円資金の仲介なども行っています。

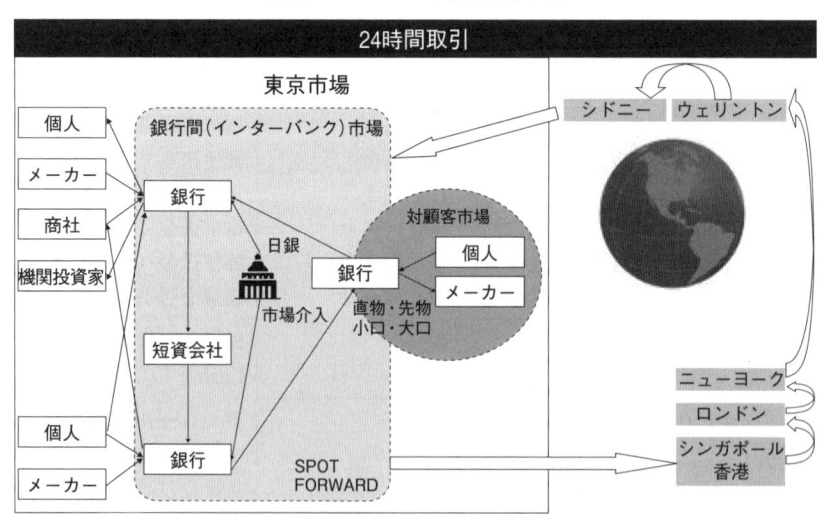

図表4－2－1　外国為替市場

* 2　1998年の外為法改正により、一般にも開放されましたが、取引の最低単位が100万通貨単位（100万ドル、100万ユーロなど）であるため、一般からの参入は実質的にありません。
* 3　2010年9月、約6年半ぶりに行われたあと、2011年11月4日を最後に行われていません。
* 4　日本銀行（日銀）ではなく、大手銀行名義で行うこともあります。これを覆面介入といいます。
* 5　円資金の短期（1カ月以内とされますが、実際には1日程度であることが多く、最短は2時間）の貸借を行う市場です。

　海外市場にはロンドン、ニューヨークをはじめ、アジアではシンガポール、香港、日付が変わって最初に開く市場のウェリントン、2番目に開くシドニーなどがあり、24時間、地球のどこかで取引が行われています。このうちウェリントン、シドニーは、当日の市場動向を占う意味で注目されることがありますが、小規模な市場です。

　システムの高度化により、東京市場単体でも24時間取引は可能ですが、市場参加者が多く活発に取引が行われるのは9時前後〜15時過ぎです。

　銀行間の取引は、為替ブローカーである短資会社が仲介（ブローカレッジという手数料を銀行から徴収）する場合と、銀行同士が直接取引する（DD取引：Direct Dealing）場合があります。かつては為替ブローカー経由の取引が中心でしたが、昨今では電子ブローキング*1が取引の多くを占めています。

* 1　ロイター（Reuter）、ブルームバーグ（Bloomberg）といった情報ベンダーが提供する電子取引システムを使った外国為替の売買取引です。

第2項　外国為替相場

　相場は対顧客・対銀行（対市場）の二つに大別され、受渡時期や金額によって、図表4－2－2のように分類されます。

1　市　　場

　外為市場は、銀行などの金融機関同士の取引が行われる銀行間市場と、銀行と個人や法人などの顧客との取引が行われる対顧客市場に分かれます。

2 受渡時期

対顧客の場合、外貨の受渡を当日すぐに行う直物相場と、翌々営業日以降に行う先物相場に分かれます。対銀行の場合、翌々営業日に受渡するSPOT

図表4－2－2　外国為替市場の種類

市場	受渡時期	金額	説　明
対顧客	直物 （当日）	小口	個人や法人などの顧客向けで（対顧客）、当日すぐに受け渡される（直物）際の一定金額以下に適用される相場。銀行の店頭やホームページで公表されている。公示相場、公表相場などと呼ばれる
		大口	個人や法人などの顧客向けで（対顧客）、当日すぐに受け渡される（直物）際の一定金額以上に適用される相場。一般に公表されていないため、個別に銀行に問い合わせる必要がある。個別相場などと呼ばれる
	先物 （翌々営業日以降）	小口	個人や法人などの顧客向けで（対顧客）、受渡が翌々営業日以降（先物）の一定金額以下に適用される相場。企業向けには、法人向けのインターネットバンキングなどで公表されていることもある
		大口	個人や法人などの顧客向けで（対顧客）、受渡が翌々営業日以降（先物）の一定金額以上に適用される相場。一般に公表されていないため、個別に銀行に問い合わせる必要がある
対銀行 （対市場）	SPOT		銀行などの金融機関同士で取引が行われ（対銀行）、受渡が翌々営業日（直物）の相場。個別に決められる
	FORWARD		銀行などの金融機関同士で取引が行われ（対銀行）、受渡が翌々営業日より後（先物）の相場。個別に決められる

と、翌々営業日より後に受渡するFORWARDに分かれます。

3　金　　額

対顧客の場合、おおむね10万ドル相当額未満を小口、それ以上を大口としています。対銀行の場合、通常100万通貨単位（100万ドル、100万ユーロなど）が最低の取引単位です。

ニュースなどで株式市況とあわせて報道されるのは、銀行間市場で取引されるSPOT相場の中心値です。各銀行の店頭やホームページ（以下、HP）で「外国為替相場」などの名称で掲載されているのは対顧客、直物、小口の相場です。この相場を公示相場、公表相場（以降、公示相場）などといい、最も一般的な相場であるので、以下に詳述します。

第3項　公示相場

1　相場の公示

毎営業日、ドルは10時過ぎ、ドル以外の他通貨（Other Currency：アザ・カレ）は11時過ぎに公示されます。相場が乱高下（銀行間のドルSPOT相場が公示相場[*1]と2円以上乖離）した場合には、公示相場（第一公示相場）をいったん使用不可とし、直近の銀行間のドルSPOT相場をもとに、再度相場を決定し公示します（第二公示相場）。ごくまれに第三公示相場以降がある場合もあります。

　　＊1　後述する仲値（TTM）。

2　相場の体系

異なる通貨間の交換比率にはさまざまな種類があり、その適用対象もそれぞれ異なります。そこで最も一般的な相場である公示相場の相場体系について、ドルを例にして以下に説明します。

なお、昨今では古くからある銀行でも輸出入取引の取扱をやめている場合があり、また外貨預金などしか取り扱わないネット専業銀行などもあるた

め、かつてはどこの銀行でもほぼ同じであった相場体系も多様化していますが、ここではすべて網羅して説明します。

相場の間の幅（日本円とドルの場合、図表4－2－3の1円、2円など）は伝統的なもので、取引チャネル（インターネットバンキングでの取引、窓口での取引など）、キャンペーンの有無、銀行などにより違うことがあります。また、通貨によっても異なります。

なお、大半の通貨では1基本通貨単位（1ドル、1ユーロなど）の相場ですが、一部の通貨（韓国ウォン、インドネシア・ルピー）では100基本通貨単位（100ウォンなど）の相場です。

① Cash Selling：③TTSに銀行の収益とコスト*1を加えた相場。

> *1 コストには、相場変動のリスク、外貨現金特有の偽札のリスク、外貨現金の調達コスト（通常、当該通貨を発行している国の銀行から調達します）などが含まれます。このコストをCash幅といい、ドルの場合、通常2円とされています。

② Acceptance：③TTSに金利幅*2を加えた相場。金利幅は、前週のTTSの平均値×（米国プライムレート*3＋上乗せ金利*4）×メール期間*5÷365、で算出します。なお、この相場に限らず、相場に金利の要素である金利幅が含まれた相場を金利込相場、金利織込相場といいます。

たとえば、前週のTTSの平均値＝91.99円、プライムレート＝3.25％のと

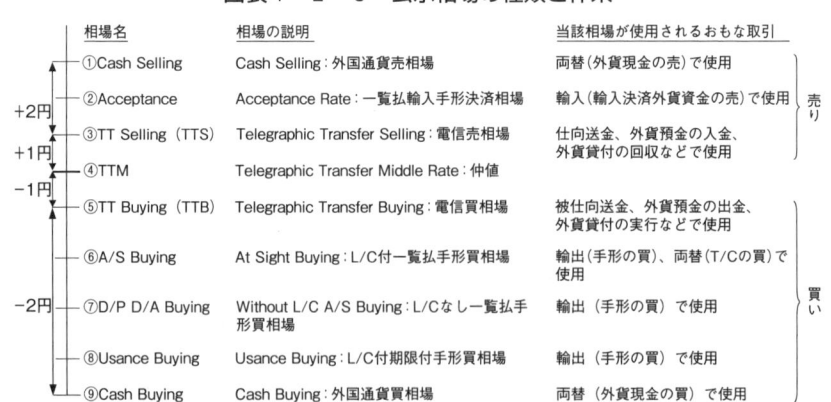

図表4－2－3　公示相場の種類と体系

	相場名	相場の説明	当該相場が使用されるおもな取引	
+2円	①Cash Selling	Cash Selling：外国通貨売相場	両替（外貨現金の売）で使用	売り
	②Acceptance	Acceptance Rate：一覧払輸入手形決済相場	輸入（輸入決済外貨資金の売）で使用	
+1円	③TT Selling（TTS）	Telegraphic Transfer Selling：電信売相場	仕向送金、外貨預金の入金、外貨貸付の回収などで使用	
-1円	④TTM	Telegraphic Transfer Middle Rate：仲値		
	⑤TT Buying（TTB）	Telegraphic Transfer Buying：電信買相場	被仕向送金、外貨預金の出金、外貨貸付の実行などで使用	買い
-2円	⑥A/S Buying	At Sight Buying：L/C付一覧払手形買相場	輸出（手形の買）、両替（T/Cの買）で使用	
	⑦D/P D/A Buying	Without L/C A/S Buying：L/Cなし一覧払手形買相場	輸出（手形の買）で使用	
	⑧Usance Buying	Usance Buying：L/C付期限付手形買相場	輸出（手形の買）で使用	
	⑨Cash Buying	Cash Buying：外国通貨買相場	両替（外貨現金の買）で使用	

き、91.99円 × (0.0325 + 0.01) × 12 ÷ 365 = 0.1285 → 金利幅 = 0.13円 [*6]です。

当日のTTSが、1ドル = 91.00円であれば、Acceptance Rateは、91.1円です。

* [*2] メール金利、立替金利などといいます（メール金利のメールとは、海外の銀行と郵便などでやり取りすることに由来します）。
* [*3] 米国最優遇貸出金利（U.S. Prime Rate）です。
* [*4] 銀行のマージン（収益）であり、通常、1％程度です。
* [*5] メール日数ともいい、ドルでは12日とされています（メールの意味は、上記メール金利と同じです）。
* [*6] 小数点第三位以下四捨五入で計算しています。

③ TTS：④TTMに銀行の収益とコスト[*7]を加えた相場。

* [*7] コストには、相場変動のリスク、ブローカレッジあるいは電子ブローキング使用料などが含まれます。このコストをTT幅といい、ドルの場合、通常、1円とされています。

④ TTM：毎営業日10時前の銀行間市場のSPOT相場の中心的な相場を参考に、TTM（仲値）が決定されます。このTTM（仲値）が、公示相場の基準です。

⑤ TTB：④TTMから銀行の収益とコスト（③TTSと同じTT幅）を引いた相場。

⑥ A/S Buying：⑤TTBから②で求めた金利幅を引いた相場。銀行によっては、DDB（Demand Draft Buying）ということもあります。

⑦ D/P D/A Buying：⑥A/S Buyingから、さらにリスク料[*8]を引いた相場。

* [*8] 後述の信用状に基づかない輸出取引であることによるリスク料です。ドルの場合、30銭とされています。

⑧ Usance Buying：ユーザンス金利幅を⑤TTBから引いた相場（②同様、金利織込相場の一つです）。ユーザンス金利幅は当日の⑤TTB×（B/Aレート[*9] + 米銀再割引料[*10] + 上乗せ金利）× 手形取立期間[*11] ÷ 365、で算出します。

たとえば、当日のTTBが、1ドル = 89.00円、B/Aレート = 0.34％、手形取立期間 = 12 + 30日のとき、

89.00円 × (0.0034 + 0.015 + 0.01) × (12 + 30) ÷ 365 = 0.2908 → 金利幅 = 0.29円 [*12]

第4章 外国為替業務 159

当日のTTBが、1ドル＝89.00円であれば、Usance Buying Rateは、88.71円です。

* 9　4カ月物（120days）の銀行引受手形割引率（B/A Rate：Banker's Acceptance Rate）です。
* 10　期限（ユーザンス）付手形は、アメリカの銀行に買取（再割引）を依頼するのが一般的で、その際に、アメリカの銀行に支払う割引料（金利）です。通常、1.5％とされています。
* 11　メール期間[*13]＋手形の振出日から手形期日までの日数（手形期間）で、通常、30日、60日、90日、120日、150日、180日の6種類があります。
* 12　小数点第三位以下四捨五入で計算しています。
* 13　メール日数ともいい、ドルでは12日とされています。

⑨　Cash Buying：⑤TTBから銀行の収益とコスト（①Cash SellingのCash幅に同じ）を引いた相場。

以上はドルの例ですが、ユーロの場合、TT幅＝1円50銭、Cash幅＝2円50銭であることが一般的です。ただし、ユーロは2002年1月に現金が登場した新しい通貨のため、銀行により異なることもあります。

第4項　金利の種類

金利には、相場に加味されるものや、顧客に対する貸付金利のもとになる金利があります（おもな種類については、図表4－2－4参照）。

図表4－2－4　おもな金利の種類

通貨	金利の種類	おもな用途
外貨	米国プライムレート（U.S. Prime Rate）	輸出手形の立替金利など
	銀行引受手形割引率（Banker's Acceptance Rate：B/Aレート）	輸出・輸入のユーザンス金利など
	ロンドン銀行間取引金利（LIBOR）	外貨預金、外貨貸付の金利など
円貨	短期プライムレート	輸出・輸入の立替金利など

1　米国プライムレート

米国プライムレート（U.S. Prime Rate）は、アメリカの一流企業向け最優遇貸出短期金利です。連邦準備制度理事会（FRB）が決定する誘導目標金利（Federal Fund Target Rate）に、3％を加えたものです。

2　銀行引受手形割引率

銀行引受手形割引率（B/A[*1]レート）は、銀行が支払を確約した為替手形の割引率です。銀行の支払保証が付いているため、信用力が高く、欧米では盛んに取引されています。日本でも円建B/A[*1]（円建の銀行引受手形）市場が創設されたことがありましたが、普及せず消滅した経緯があります。

　*1　銀行引受（Bank Acceptance）の略。

3　ロンドン銀行間取引金利

ロンドン銀行間取引金利（LIBOR：London Inter-Bank Offered Rate：ライボー）は、外貨資金についての代表的な金利の指標です。外貨預金、外貨貸付などの利率の基準とされています。従来は英国銀行協会（BBA）が指標の集計・公表などの業務を行っていましたが、大規模な不正操作が2012年に発覚したため、2014年初めから、NYSEユーロネクストの子会社が運営しています。

4　短期プライムレート

短期プライムレートは、日本の一流企業向け最優遇貸出短期金利です。各銀行が個別に決めています。

第3節　外貨預金

第1項　概　要

　概要は、日本円の預金（以下、円預金）も外貨預金もほぼ同じです（図表4－3－1）。

　ただし、預金の通貨が日本円ではなく、ドル、ユーロなどの外貨であるため、外国為替相場の変動による為替リスクがあり、元本割れする可能性がある商品です。

　このため、金融商品取引法と同等の販売・勧誘ルールが適用される特定預金（銀行法施行規則第14条の11の4）に指定されています。同時に投資性の高い預金であり、円預金のように広く一般に浸透しているわけでも、経済活動や国民生活に絶対的に必要不可欠な商品でもないことから、預金保険の対象外（万が一、外貨預金を預入している銀行が破綻した場合、元利金が一部または全額減額される可能性があります）とされています。

図表4－3－1　外貨預金の概要

	流動性預金	固定性預金
流動性（入出金）	入金、出金とも随時可能	出金は制限あり
預入期間	定めはない	通常、商品ごとに預入期間が決まっている
利率	固定性預金に比べて低いか、ゼロ	流動性預金に比べて高い
外貨の預金の種類	外貨普通預金、外貨当座預金、外貨別段預金など	外貨定期預金、外貨通知預金、為替特約付外貨定期預金など
日本円の預金の種類	普通預金、当座預金、貯蓄預金、納税準備預金、別段預金、決済用預金など	定期預金、積立定期預金、通知預金、譲渡性預金、仕組預金など

1　取扱通貨

　銀行や商品によって差異があるものの、ドル（USD*1）、ユーロ（EUR）が代表的です。

　　*1　USDなどの3文字のコードは、ISOの定める通貨コードの国際標準（ISO4217）による表記（以下同じ）です。

　このほか、メガバンクなどでは、商品にもよりますがポンド（GBP）、スイスフラン（CHF）、豪ドル（AUD）、ニュージーランドドル（NZD）などが取り扱われています。一部の銀行ではカナダドル（CAD）、香港ドル（HKD）なども取り扱っています。なお、外為法上の非居住者*2にのみ認められている非居住者円も普通預金などの一部の商品で用意されています。

　　*2　一例をあげれば、日本を出国し、外国に2年以上滞在している人。

2　商品種類

　円預金に準じますが、商品によってはニーズが少ないなどの理由で用意されていません。各銀行におおむね共通する商品について説明します。
- 当座預金、普通預金、定期預金：用意されています。
- 別段預金：鑑定のため外貨紙幣を顧客から預かることや、被仕向送金で該当口座がないなどの理由で受取人の口座に入金できない外貨資金を一時的にプールしておくことがあるため、用意されています。
- 納税準備預金：日本国内では外貨で納税することがないため、用意されていません。
- 決済用預金：外貨預金はすべて預金保険の対象外であるため、残高に関係なく全額保護される決済用預金も用意されていません。
- 貯蓄預金：一部の銀行で用意されています。
- 通知預金、積立定期預金：一部の銀行で用意されています。
- 譲渡性預金：用意されていません。
- 仕組預金：通貨オプションを内包した為替特約付外貨定期預金が用意されているのが一般的です。

第2項　外貨預金の為替変動リスク

　為替変動リスクについて、外貨普通預金を例に説明します（図表4－3－2参照）。なお説明を簡潔にするため、利息と税金については省略しています。

1　外貨の売りと買い

　円貨を外貨に換算して外貨預金に入金する場合、銀行は顧客から円貨を受け取り、外貨を支払います。円貨を買って外貨を売るので、入金は外貨の売りです。外貨預金から出金して外貨を円貨に換算する場合、銀行は顧客から外貨を受け取り、円貨を支払います。外貨を買って円貨を売るので、出金は外貨の買いです。

　外貨の利息を円貨で受け取る場合、外貨の利息を銀行が顧客から受け取り、円貨を支払うので、外貨の買いです。また外貨利息に対する税金も、いったん外貨で計算された外貨の税金を銀行が税務当局から受け取り、円貨を支払うかたちをとる（円貨で納税）ので、外貨の利息同様に外貨の買いです。

2　適用される相場

　円貨を換算し、外貨預金に入金（外貨の売り）する場合に適用される相場は、TTS（Telegraphic Transfer Selling）です。外貨預金から出金（外貨の買い）して、円貨に換算する場合に適用される相場は、TTB（Telegraphic

図表4－3－2　外貨預金の為替変動リスク

入金日：外貨の売り、円貨の買い

① 10/13
1ドル＝90.00円(TTS)で
90万円(A)を円の普通預金から
出金し、1万ドルに換算して
（円貨→外貨へ換算）
外貨普通預金に入金

円高 →

② 11/13
1ドル＝87.00円(TTB)で
1万ドルを外貨普通預金から
出金し、87万円(B)に換算して
（外貨→円貨に換算）
円の普通預金に入金

　② 11/13　87万円 (B)
－) ① 10/13　90万円 (A)
　　　　　　▲3万円
為替差損＝3万円

出金日：外貨の買い、円貨の売り

円安 →

出金日：外貨の買い、円貨の売り

③ 11/13
1ドル＝92.00円(TTB)で
1万ドルを外貨普通預金から
出金し、92万円(C)に換算して
（外貨→円貨に換算）
円の普通預金に入金

　③ 11/13　92万円 (C)
－) ① 10/13　90万円 (A)
　　　　　　　2万円
為替差益＝2万円

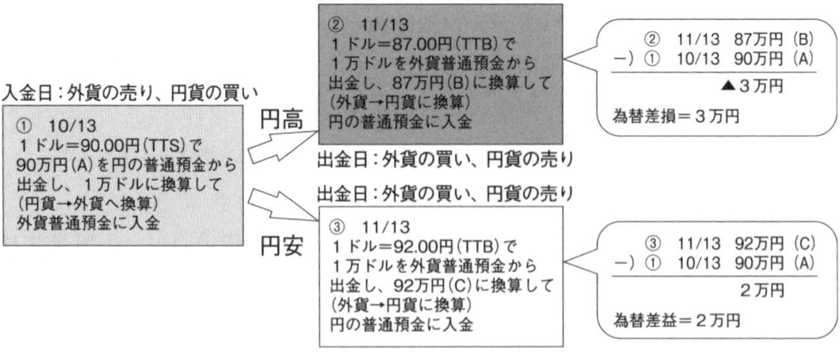

Transfer Buying) です。ドルの場合、TTSとTTBの差（幅）は2円*1なので、かりに相場に変動がまったくなかったとしても、外貨預金に入金し直後に外貨預金から出金しただけで、顧客にとっては、1ドル当たり2円の損が生じます。

> *1 通常の窓口の場合です（158頁参照）。インターネット取引やキャンペーン時、ネット専業銀行などでは、顧客に有利なレートが提供されています。

外貨の利息を換算して、円貨で支払う（外貨の買い）場合に適用される相場は、TTB（Telegraphic Transfer Buying）です。外貨の税金を換算して、円貨で支払う場合に適用される相場は外貨の利息と同じくTTB（Telegraphic Transfer Buying）です。

3　為替変動リスクの回避方法

為替の変動リスクについて、外貨普通預金を例にあげて説明しましたが、これはほかの外貨預金の商品のみならず、外国為替取引全般で生じるリスクです。この為替リスクを回避・低減するために先物為替予約や通貨オプション、通貨スワップといった商品が用意されています。

外貨預金では円安の場合には為替差益が生じ、円高の場合には為替差損が発生します。預入日と解約日を実行期日として、後述する先物為替予約（スワップ）を締結する（スワップ付外貨定期預金）、あるいは預入後に解約日を実行期日とする先物為替予約を締結することで、為替変動リスクを回避することもあります。

4　為替差益・為替差損

法人などの場合は、総合課税の対象です。個人の場合、為替差益は雑所得として確定申告が必要です。ただし、年収2,000万円以下の給与所得者は給与所得以外の所得（為替差益を含む）が年間20万円以下の場合にのみ、確定申告は不要です。なお、為替差損は、ほかの雑所得と損益通算（為替差損をほかの雑所得と相殺）が可能です。

第3項　流動性預金・外貨普通預金

　外貨定期預金などに比べ、利率は低いものの流動性に制約が少なく機動的に入出金できるため、為替差益を目的に口座開設されることもあります。また、同じ通貨の外貨定期預金などの元本や利息の受取など、ほかの外貨預金の受け皿に使われることも多い商品です。おもな特徴は、図表4－3－3のとおりです。

1　流動性（入出金）

　随時可能ですが、一定の制約があります。窓口で外貨→円貨（出金）、円貨→外貨（入金）とする場合は、当日営業日の公示相場の公示後[1]にのみ取引が可能です。

　　＊1　ドルは、10時過ぎ、ドル以外は、11時過ぎ。

図表4－3－3　外貨普通預金のおもな特徴

項　目	内　容
通貨	ドル、ユーロが代表的。ほかにポンド、スイスフラン、豪ドル、ニュージーランドドルなど
流動性（入出金）	随時可能
取引単位	1補助通貨単位以上
預入期間	定めはない（通常、解約しない限り、預入される）
利息	年利建、1年を360日または365日とする日割り計算
利率	外貨建の利率。通貨により、利率が異なる
付利単位	1基本通貨単位以上
最低付利残高	なし
利息決算	2月中旬、8月中旬の年2回
利息にかかる税金	個人は国税15％、地方税5％の源泉分離課税。法人は総合課税
対象者	個人、または法人（本人確認が前提）
預金保険	対象外

インターネット取引では、休日深夜などを除いて、リアルタイムに準じる相場を使って取引入力ができることが多いようです。なお、外貨と円貨の換算は、入金が前述のTTS、出金がTTBで行われ、TTMとの差であるTT幅が銀行の収益です。

口座の通貨と同じ通貨の外貨現金による入出金は、外貨現金があるため窓口に限定されます。ドル以外の出金の場合、あらかじめ銀行に連絡しておかないと、外貨現金の在庫がなく出金できないことがあります。これは円現金に比べ、格段に需要の少ない外貨現金を銀行は極力保有していないためです。

また、外貨現金による入出金は外貨と円貨の換算がなく、前述のTT幅が発生しない（銀行の手数料がない）ため、別途、外貨預金取扱手数料を円貨で顧客から徴求します。なお、外貨現金の入出金は、ATMでは行うことはできません。また、補助通貨単位での現金による入出金は、外貨普通預金に限らず行うことはできません（銀行では外貨の硬貨は取り扱いません）。

一部の銀行では、海外で使用したクレジットカードの外貨での請求金額を外貨普通預金などの外貨預金口座から引き落とすサービスを提供している場合もあります。

2　取引単位

1補助通貨単位の場合でも、取引理由（ほかの外貨預金の元金や利息の受け皿として、口座開設する場合など）によっては、残高ゼロで口座開設することもあります。1ドルが100円未満の状況が続くと、1セント（1補助通貨単位）の換算円貨額が1円に満たず、1セントでの入出金ができなくなります。これはドルに限らず、1基本通貨単位＝100補助通貨単位の通貨であれば、どの通貨でも同じです。

3　付利単位、最低付利残高

円の普通預金と同じ基準の銀行もあれば、円の普通預金よりも精緻に利息計算している[*1]銀行もあります。その理由として、円預金に比べ外貨預金は口座数が少なく、歴史も浅いため、細かい計算までカバーしているものと考えられます。

*1　外貨預金を含む外国為替業務のシステムは、パッケージなどを導入する銀行もあり、その場合、円預金の仕様と外貨預金の仕様が異なっていることもあります。

4　利息決算、利息にかかる税金

利息決算は、円の普通預金と同じタイミングで行われるのが一般的で、利息積数の考え方も円の普通預金と同じです。非居住者の場合は、地方税は支払う必要がなく、非居住者（「7　利息にかかる税金」（5頁）参照）の居住する国と締結している租税条約によっては国税も軽減されることがあります。

5　その他

外貨普通預金を含む外貨預金は、かつては企業などの外貨資金の決済に使用され、個人が保有することは、一般的ではありませんでした。しかし1998年の外為法改正以降、とくに近年では円高局面での将来の為替差益を目論んだ外貨預金の口座開設・入金（顧客の外貨買・円貨売）、円安局面での外貨預金の出金（顧客の外貨売・円貨買）も盛んであり、一般個人にも浸透してきています。

第4項　流動性預金・外貨当座預金

無利息である外貨当座預金よりも、有利息である外貨普通預金のほうが顧客にとり有利なため、外貨の流動性預金としては、外貨普通預金が推奨されます。ただし、業務上の都合や伝統的な理由により、法人が外貨当座預金の口座をもっていることもあります。しかし手形・小切手の振出が可能で、口座名義人の信用力と結びつく円の当座預金と比べて保有するメリットがなく、口座数も少ないのが実状です。おもな特徴は、図表4－3－4のとおりです。

1　流動性（入出金）

円の当座預金との相違点として、手形・小切手の振出ができず、小切手による口座からの出金もできないといった点があげられます。窓口では、請求

図表4－3－4　外貨当座預金のおもな特徴

項目	内容
通貨	外貨普通預金に準じる
流動性（入出金）	随時可能
取引単位	1補助通貨単位
預入期間	定めはない（通常、解約しない限り、預入される）
利息	無利息
対象者	個人、または法人（本人確認が前提）
預金保険	対象外

書（払戻請求書）により出金します。

2　利　息

円の当座預金と同様、無利息です。

3　その他

円の当座預金と同様、通帳はなく、外貨当座預金の当座預金取引照合表（ステートメント）という帳票が一定のサイクル（毎日、毎週、毎月など）で銀行から送付されます。インターネットバンキングで確認できる銀行もあります。

第5項　固定性預金・外貨通知預金

ごく短期の外貨資金の運用と為替差益を求めて預入されます。固定性の外貨預金は外貨定期預金、為替特約付外貨定期預金が主流であり、外貨通知預金を取り扱っている銀行は多くはありません。おもな特徴は、図表4－3－5のとおりです。

1　通　貨

ポンド、スイスフラン、豪ドル、ニュージーランドドルなどの取扱をして

いる銀行（おもに外国銀行の在日支店）も若干あります。

2　流動性（入出金）

銀行によっては、据置期間は1カ月、解約前の通知が不要という銀行もあります。

3　取引単位

外貨ベースでは、100基本通貨単位（ドルの場合、100ドル）が最低預入額です。円貨ベースでは、50万円相当額[*1]以上で、1補助通貨単位という銀行もあります。

> *1　50万円相当額について、ユーロを例に計算過程を以下に示します。
> TTS＝1 EUR＝133.99円、預入額＝50万円。
> 50万円÷133.99＝EUR 3,731.621　……（小数点第三位以下四捨五入）
> →EUR 3,731.62

図表4－3－5　外貨通知預金のおもな特徴

項　目	内　容
通貨	ドル、ユーロが代表的
流動性（入出金）	7日間の据置期間経過後、解約の2日前までに銀行に解約「通知」が必要
取引単位	100基本通貨単位以上、1補助通貨単位
預入期間	定めはない（通常、解約しない限り、預入される）
利息	年利建、1年を360日または365日とする日割り計算
利率	外貨建の利率。通貨により、利率が異なる。変動金利。据置期間内に解約する場合は、外貨普通預金利率が適用される
付利単位	1補助通貨単位
利息にかかる税金	個人は国税15％、地方税5％の源泉分離課税。法人は総合課税
対象者	個人、または法人（本人確認が前提）
預金保険	対象外

......①EUR 3,731.62×133.99＝499,999.763円 ……（円未満切捨）
→499,999円＝50万円未満
......②EUR 3,731.63×133.99＝500,001.103円 ……（円未満切捨）
→500,001円＝50万円以上
よって、②の外貨額、EUR 3,731.63で預入。

4　利　　率

外貨普通預金よりも高く、外貨定期預金よりも低いのが一般的です。したがって、外貨定期預金に預入するほど長い運用期間ではないものの、外貨普通預金よりも高利率で運用したいという顧客向けの商品です。

第6項　固定性預金・外貨定期預金

外貨普通預金などに比べ、高利率で運用できる反面、為替差益を求めた機動的な運用には、やや不向きな商品です。おもな特徴は、図表4－3－6の

図表4－3－6　外貨定期預金のおもな特徴

項　目	内　容
通貨	ドル、ユーロが代表的。ほかにポンド、スイスフラン、豪ドル、ニュージーランドドルなど
流動性（入出金）	預入後、満期日以降に払戻が可能
取引単位	1基本通貨単位以上、1補助通貨単位
預入期間	1カ月、2カ月、3カ月、6カ月、1年が代表的
利息	年利建、1年を360日または365日とする日割り計算
利率	1カ月以上の期間、預け入れるため、普通預金などに比べて、高い利率が適用される
付利単位	1補助通貨単位
利息にかかる税金	個人は国税15％、地方税5％の源泉分離課税。法人は総合課税
対象者	個人、または法人（本人確認が前提）
預金保険	対象外

とおりです。

1　流動性（入出金）

　預入後、満期日までは原則として払い出せませんが、預金者の突発的な資金ニーズや円安時の為替差益を確定させるための解約もあるため、実際には満期日以前であっても払い出す（中途解約、期日前解約）ことができます。

　ただし、当初の外貨定期預金利率（約定利率）ではなく、解約日当日の同一通貨の外貨普通預金利率が適用されます。これは、満期日まで預け入れるという預金者と銀行の間で交わされた契約を預金者が守らなかったことに対する一種のペナルティです。

　円安局面では、高い外貨定期預金利率を放棄し低い外貨普通預金利率の適用を受けるものの、満期日以前に解約し円転（外貨を円貨に換算）することで、顧客は為替差益を実現できます。窓口では、通帳または証書と印鑑、払戻請求書により解約することができます。

2　預入期間

　多くの銀行では、1カ月、2カ月、3カ月、6カ月、1年の期間を取り扱っていますが、なかには2年、3年、5年という中長期の外貨定期預金を取り扱っている銀行も一部にあります。2年以上の外貨定期預金の場合、円の定期預金と同様に中間利払があります。また満期日が来ても、預入継続の手続をしなくてもよい自動継続の外貨定期預金として預け入れることもできます。円の定期預金と同様、自動継続の種類には、以下の二つがあります。

① 　元本と利息の合計額を次の外貨定期預金の新元本にする元利継続型
② 　利息は預金者があらかじめ指定した外貨普通預金口座などに入金し、元本は自動継続後の外貨定期預金でも変わらない元金継続（利息受取）型

　また、満期日に元本と利息の合計額を預金者があらかじめ指定した外貨普通預金口座などに入金する自動解約型や、満期日に自動継続も自動解約も行わず満期日以降は外貨普通預金利率が適用される非継続型（顧客が満期日以降に解約手続を行う必要がある）があるのも、円の定期預金と同様です。

3　取引単位

銀行によっては、数十万円相当額以上としているところもあります。

4　利　　息

満期日が特定日に集中せず、また基本的に残高の増減がない外貨定期預金の場合、外貨普通預金のように2月と8月に一斉に利息決算を行うことはありません。取引の都度、利息積数を計算せず、円の定期預金と同様に満期日など利息支払があるときに利息を計算します。

5　利　　率

預入日から満期日まで適用される利率が変動しない固定金利です。預入単位（たとえば、3万基本通貨単位、10万基本通貨単位など）によっては、高い利率が用意されていることも多いようです。なお、非継続型で満期日が過ぎても解約や再預入の手続がとられない（期流れ）場合、満期日以降の利率は、その期間の外貨普通預金利率が適用されます。この利息を期流れ利息、期後利息といいます。

6　その他

通帳、または証書が発行されるのが一般的です。証書発行の場合、一つの外貨定期預金明細につき、1証書が発行されます。通帳発行の場合、1口座に1冊の通帳が発行され、複数の外貨定期預金明細が管理されます。なお、最近は通帳・証書不発行の外貨定期預金も登場しています（外貨定期預金明細の管理は通帳発行に同じです）。

第7項　固定性預金・為替特約付外貨定期預金

満期日に円貨換算をする特約を付け、満期日の為替差益を放棄する代わりに、円高が一定範囲内であれば、外貨ベースの高利率をそのまま円貨でも享受できるという外貨定期預金です。おもな特徴は、図表4－3－7のとおり

です。

1　通　貨

豪ドル、ニュージーランドドルなどの取扱をしている銀行もあります。

2　流動性（入出金）

満期日まで解約できません（中途解約不可）。ただし、やむをえない事情であると銀行が判断した場合には中途解約もできますが、その場合は当初の高い利率ではなく、中途解約日当日の外貨普通預金利率が適用され、さらに違約金（損害金）[*1]が請求されます。したがって外貨ベースで元本割れする可

図表4－3－7　為替特約付外貨定期預金のおもな特徴

項　目	内　容
通貨	ドル、ユーロが代表的
流動性（入出金）	満期日まで解約不可。満期日に自動的に解約される
取引単位	50万円相当額以上、または5,000基本通貨単位以上。1補助通貨単位。
預入期間	1カ月、3カ月、6カ月、1年が代表的
利息	年利建、1年を360日または365日とする日割り計算
利率	外貨建の利率。通貨・特約の条件により、利率が異なる。通常の外貨定期預金よりも、高利回り
付利単位	1補助通貨単位
利息にかかる税金	個人は国税15％、地方税5％の源泉分離課税。法人は総合課税
対象者	個人、または法人（本人確認が前提）
預金保険	対象外
その他	満期日の相場が預入時の為替相場よりも、円安または一定範囲の円高であれば、預入時の為替相場で外貨元本と外貨利息を円貨に換算して顧客に支払う。一定範囲以上の円高の場合、元本と利息は円貨ではなく、外貨で顧客に支払う

能性が高く、加えて中途解約日の相場が預入日の相場よりも円高であれば、円貨ベースで元本割れの幅がさらに拡大します。

> *1 デリバティブ（通貨オプション）を内包している預金のため、中途解約によるデリバティブ取引の再構築コスト（同一条件の取引を市場で再度行う場合のコスト）や、外貨資金の再調達コスト（中途解約により流出した外貨預金の再調達コスト）が違約金として請求されます。違約金は市場の動向により変動しますが、元本の最大数％が違約金とされます。なお、デリバティブを内包しない預金では通常、違約金が請求されることはありません。

3 利　　率

通常の外貨定期預金よりも高い利率が適用されます。この商品では、満期日の相場が預入日の相場より円安であっても、円貨に換算される相場は預入時の相場が適用されます。つまり、満期日の円安のメリットを預入時点で放棄する見返りに、通常の外貨定期預金よりも高い利率が適用されます。

4 その他

満期日に円貨・外貨のいずれで支払われるかは、商品ごとに設定されている判定相場（預入時相場−n円[*2]）が満期日の2営業日前の15時の公示相場仲値（TTM）より円安か否か（特約）で決まります。

> *2 $n \geq 0$。nの値は、市場での為替相場や金利の動向により異なります。また、同一日の預入であっても、nが小さい（円高許容の幅が狭い）ほど利率が高く、nが大きい（円高許容の幅が広い）ほど利率は低く設定されます。

・判定相場＜満期日の2営業日前の15時の公示相場仲値（TTM）のとき
　外貨元本と利息を預入時の相場で円貨換算し、顧客に支払います。
　　→預入時の相場＝解約時の相場のため、為替相場の変動リスクはまったくなく、外貨ベースの高利率を円貨でも受け取ることができます。
・判定相場≧満期日の2営業日前の15時の公示相場仲値（TTM）のとき
　外貨元本と利息を外貨のまま、顧客に支払います。
　　→外貨ベースでは高利率ですが、為替相場が預入時よりも円高傾向のため、円貨ベースで元本割れを起こしている可能性が高い状況です。

5 為替特約付外貨定期預金の具体例

為替特約付外貨定期預金について、具体例をあげて図表4－3－8に説明します。なお預入額＝1万ドル、期間＝1年、年利率＝3％、預入時相場＝95.00円、判定相場＝90.00円とします。

通常、外貨預金の預入（外貨の売り、円貨の買い）にはTTSが使われますが、この商品に関しては預入日当日のTTMを使用します。預入時に公示相場のTTMを使用し、判定日に判定相場＜15時のTTMである場合には預入時のTTMを満期日にも使用します。

計算を単純にするために図表4－3－8では税金は省略しています。税金を考慮して利息を計算すると、以下のとおりです。

・税引前外貨利息＝300ドル、税金合計＝60ドル
　（国税＝300ドル×15％＝45ドル、地方税＝300ドル×5％＝15ドル）
・税引後外貨利息＝240ドル＝300ドル－60ドル
・判定相場＜15時のTTM（B）の場合
　10,240ドル×95.00円＝972,800円→22,800円のプラス→2.4％の高利率
・判定相場≧15時のTTM（A）の場合

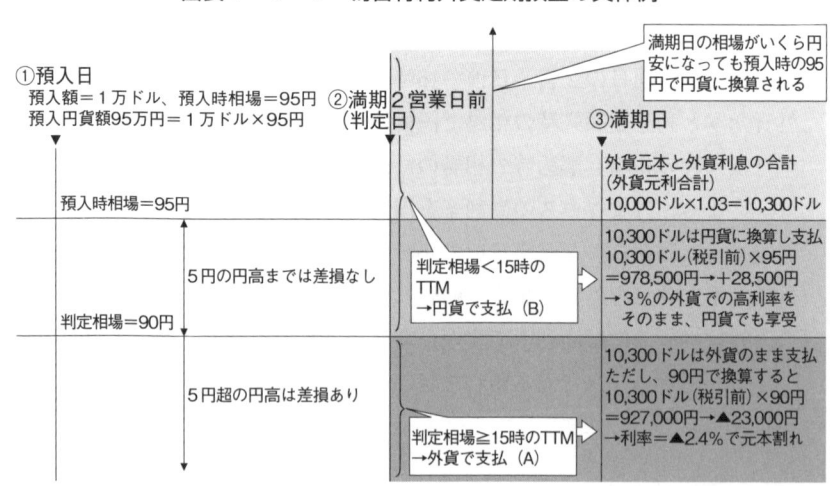

図表4－3－8　為替特約外貨定期預金の具体例

①預入日	②満期2営業日前（判定日）	③満期日
預入額＝1万ドル、預入時相場＝95円 預入円貨額95万円＝1万ドル×95円		満期日の相場がいくら円安になっても預入時の95円で円貨に換算される
預入時相場＝95円		外貨元本と外貨利息の合計（外貨元利合計） 10,000ドル×1.03＝10,300ドル
5円の円高までは差損なし	判定相場＜15時のTTM →円貨で支払（B）	10,300ドルは円貨に換算し支払 10,300ドル（税引前）×95円 ＝978,500円→＋28,500円 →3％の外貨での高利率をそのまま、円貨でも享受
判定相場＝90円		
5円超の円高は差損あり	判定相場≧15時のTTM →外貨で支払（A）	10,300ドルは外貨のまま支払 ただし、90円で換算すると 10,300ドル（税引前）×90円 ＝927,000円→▲23,000円 →利率＝▲2.4％で元本割れ

10,240ドル×90.00円＝921,600円→28,400円のマイナス→マイナス2.99％弱で元本割れ

多くの銀行で為替特約付外貨定期預金と同等の商品を取り扱っていますが、名称は銀行によって異なります。用語も銀行により表現に違いがあります（預入時相場は受渡相場など、判定相場は予約相場など）。

第8項　固定性預金・為替特約付円定期預金

この預金は円定期預金であり、外貨定期預金ではありませんが、前述の為替特約付外貨定期預金と枠組みが類似していること、条件によっては外貨で償還（支払）されることなどから、「第1章　預金業務」ではなく、本章で

図表4－3－9　為替特約付円定期預金のおもな特徴

項　目	内　容
通貨	日本円のみ。外貨償還時の通貨は、米ドル、ユーロが代表的
流動性（入出金）	満期日まで解約不可。満期日に自動的に解約される
取引単位	50万円以上
預入期間	1カ月、3カ月、6カ月、1年が代表的
利息	年利建。1年を365日とする日割計算
利率	円建の利率。通常の円定期預金よりも、高利回り
付利単位	1円
利息にかかる税金	個人は国税15％、地方税5％の源泉分離課税。法人は総合課税
対象者	個人、または法人（本人確認が前提）
預金保険	対象。ただし、外貨償還され、外貨預金に入金した場合は、対象外
その他	あらかじめ設定された判定相場≦満期2営業日前の15時のTTMであれば、元利金ともに円貨で顧客に支払う。 あらかじめ設定された判定相場＞満期2営業日前の15時のTTMであれば、利息は円貨で顧客に支払うが、元本は判定相場で換算して、外貨で顧客に支払う

記述します。

円定期預金に元本の支払に関する特約を付け、満期日に元本が外貨で支払われるリスクを負う代わりに通常の円定期預金よりも高い利率を享受できる商品です。

1 通 貨

外貨償還時の通貨が豪ドル、ニュージーランドドルなどの取扱をしている銀行もあります。

2 流動性（入出金）

前述の為替特約付外貨定期預金と同様に満期日まで解約できません（中途解約不可）。やむを得ない事情で中途解約する場合には、違約金（損害金）を請求され、元本割れする可能性が高いのも為替特約付外貨定期預金と同様です。

3 利 率

条件によっては、満期日に元本を外貨で支払われるリスクを負う代わりに、通常の円定期預金よりも高い利率が適用されます。

4 その他

満期日に元本が円貨・外貨のいずれで支払われるかは、判定相場（預入時相場[1]−n円[2]）が満期日の2営業日前の15時の公示相場仲値（TTM）より円安か否か（特約）で決まります。

> [1] 為替特約付外貨定期預金のように、預入時に元本の換算に使用されるわけではありませんが、満期の外貨償還時に元本を外貨に換算する際の根拠に使用されます。
> [2] $n \geq 0$。nの値は、市場での為替相場や金利の動向により異なります。

・判定相場 ≦ 満期日の2営業日前の15時の公示相場仲値（TTM）のとき
  元本、利息とも円貨のまま、顧客に支払います。
  →円貨で預入し、元利金とも円貨で支払われるため、為替相場の変動リスクはまったくなく、通常の円定期預金よりも高い利率で計算された

利息と元本をすべて円貨で顧客が受け取ります（円貨償還）。
・判定相場＞満期日の2営業日前の15時の公示相場仲値（TTM）のとき
元本は判定相場によって外貨に換算し、利息は円貨で顧客に支払います。
→利息部分は通常の円定期預金よりも高い利率で計算されますが、元本は判定相場により、外貨に換算されます（外貨償還）。満期日の2営業日前のTTMが判定相場より円高であることから、円高基調が続いていて、円貨ベースでは元本割れを起こしている可能性が高い状況です。

5　為替特約付円定期預金の具体例

為替特約付円定期預金について、具体例をあげて以下に説明します。なお預入額＝100万円、期間＝1年、年利率＝1％、預入時相場＝105.00円、判定相場＝100.00円とします。

計算を単純にするために図表4－3－10では利息の税金は省略しています。税金を考慮して利息を計算すると、以下のとおりです。
・税引前利息＝10,000円、税金合計＝2,000円
（国税＝10,000円×15％＝1,500円、地方税＝10,000円×5％＝500円）
・税引後利息＝8,000円＝10,000円－2,000円
・判定相場≦15時のTTM（B）の場合
元本1,000,000円＋利息8,000円→8,000円のプラス→0.8％の高利率
・判定相場＞15時のTTM（A）の場合
かりに元本を満期後に1ドル＝95.00円で換算したとすると、
元本10,000ドル×95.00円＝元本950,000円＋利息8,000円＝958,000円→42,000円のマイナス→マイナス4.2％で元本割れ

多くの銀行で為替特約付円定期預金と同等の商品を取り扱っていますが、名称は銀行によって異なります。図の説明用語も銀行により表現に違いがあります（判定相場は予約相場、預入時相場は作成時相場など）。

図表4-3-10 為替特約付円定期預金の具体例

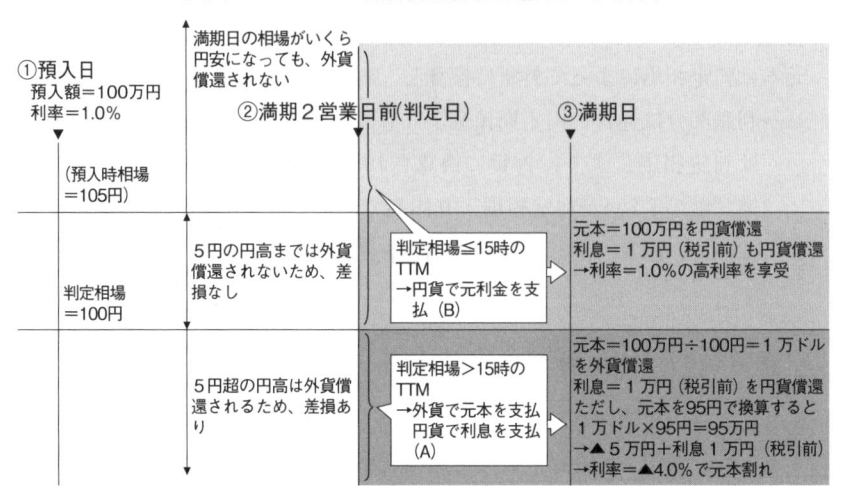

①預入日	②満期2営業日前(判定日)	③満期日
預入額=100万円 利率=1.0% (預入時相場=105円)	満期日の相場がいくら円安になっても、外貨償還されない	
判定相場=100円	5円の円高までは外貨償還されないため、差損なし	判定相場≦15時のTTM →円貨で元利金を支払(B)	元本=100万円を円貨償還 利息=1万円(税引前)も円貨償還 →利率=1.0%の高利率を享受
	5円超の円高は外貨償還されるため、差損あり	判定相場>15時のTTM →外貨で元本を支払 円貨で利息を支払(A)	元本=100万円÷100円=1万ドルを外貨償還 利息=1万円(税引前)を円貨償還 ただし、元本を95円で換算すると 1万ドル×95円=95万円 →▲5万円+利息1万円(税引前) →利率=▲4.0%で元本割れ

第4節 外貨貸付

第1項 概要

概要は、貸付業務（以下、円の貸付）における各種商品とほぼ同じです（図表4−4−1参照）。最大の相違点は、外貨預金と同様、為替変動リスクがあることです。なお、貸付の種類や貸付の5原則、貸付申込から回収までの取引の流れ、貸付方法や返済方法については、「第2章　貸付業務」を参照してください。

外貨預金が個人にとっても比較的身近になったのに比べて、個人には外貨を借りるニーズはほとんどないため、外貨貸付は実質的に法人向けの商品です。

かつては日本以外の主要国の金利が日本の金利を大きく上回っていたことや為替リスクなどから、外貨手形貸付や外貨証書貸付の利用はあまりありませんでした。しかし、今後は為替動向や金利動向などにより、利用が拡大することも考えられます。

図表4−4−1　外国為替業務の貸付

貸付の種類	外国為替業務の貸付	貸付業務の貸付	
資金移動を伴う貸付	輸出手形買取、クリーン手形・小切手買取など	手形割引	
	外貨手形貸付、輸入ユーザンス	貸付金	手形貸付
	外貨証書貸付		証書貸付
	外貨当座貸越、外貨コミットメントライン		当座貸越
資金移動を伴わない貸付	輸入信用状（L/C）、外貨債務保証など	債務保証	
	貸付外国有価証券	貸付有価証券	

1　輸出手形買取、クリーン手形・小切手買取

　顧客が輸出商品の代金などの支払を請求するために振り出した輸出手形は、手形期日まで現金化できないものがあります。これをすぐに現金化するのが、輸出手形の買取です。円の手形割引が対価である商品そのものと分離されているのに対して、輸出手形は商品と一体とされています。

　割引料（輸出手形の場合、相場に織り込まれていることが大半です）の徴求、不渡時の買戻義務などは、円の手形割引と同じです。なお、輸出に関係しない手形・小切手をクリーン手形・小切手といい、これらも買取の対象です。

2　外貨手形貸付

　顧客から借用書として約束手形の差入を受けることにより、外貨の貸付を行います。1年以内の短期資金の貸付に用いられます。なお、円の手形貸付と違い、資金の使途は限定されません。外貨証書貸付と合わせて、インパクトローンといわれることもあります。

3　輸入ユーザンス

　顧客から借用書として約束手形の差入を受けることにより、輸入した商品代金支払のための外貨資金を貸し付けます。輸入者の取引銀行（日本の銀行）や海外の主要銀行などが貸付を行います。

4　外貨証書貸付

　顧客から証書（金銭消費貸借契約証書）の差入を受けることにより、外貨資金の貸付を行います。1年超の長期資金の貸付に用いられます。外貨手形貸付と同様、資金の使途は限定されません。

5　外貨当座貸越

　外貨当座預金の残高がマイナスになっても、あらかじめ定められた限度額以内であれば、外貨当座預金からの出金を可能とするものです。外貨当座預金の当座貸越のほか、外貨のコミットメントラインを用意している銀行もあ

ります。

6　輸入信用状（L/C）、外貨債務保証

輸入信用状は、輸出者に対して商品代金の支払を銀行が保証するものです。外貨債務保証は、第三者に対して顧客に債務履行能力があることを銀行が保証するものです。資金を貸し付けることはなく、銀行は顧客から保証料を徴求するだけですが、万が一、顧客が債務不履行に陥った場合には、代わりに銀行が債務を履行する義務が生じます。

7　貸付外国有価証券

円の貸付の貸付有価証券と同様、貸付外国有価証券は資金の貸付や債務の保証ではなく、証券業務（証券システム）に含まれることが多いことから、本書では説明しません。

第2項　外貨貸付の為替変動リスク

為替変動リスクについて、外貨貸付を例に説明します（図表4-4-2参照）。なお説明を簡潔にするため、利息については省略しています。

図表4-4-2　外貨貸付の為替変動リスク

実行日：外貨の買い、円貨の売り

① 2010/10/13
外貨貸付の1万ドルを1ドル=90.00円（TTB）で90万円（A）に換算して（外貨→円貨へ換算）円の普通預金に入金

円高

② 2011/4/13
外貨貸付の1万ドルを1ドル=88.00円（TTS）で88万円（B）に換算して（円貨→外貨に換算）円の普通預金から出金し、返済

① 10/13　90万円（A）
-）② 4/13　88万円（B）
　　　　　　2万円
為替差益＝2万円
→円ベースで、2万円分返済金額が減少

返済日：外貨の売り、円貨の買い

円安

返済日：外貨の売り、円貨の買い

③ 2011/4/13
外貨貸付の1万ドルを1ドル=93.00円（TTS）で93万円（C）に換算して（円貨→外貨に換算）円の普通預金から出金し、返済

① 10/13　90万円（A）
-）③ 4/13　93万円（C）
　　　　　　▲3万円
為替差損＝3万円
→円ベースで、3万円分返済金額が増加

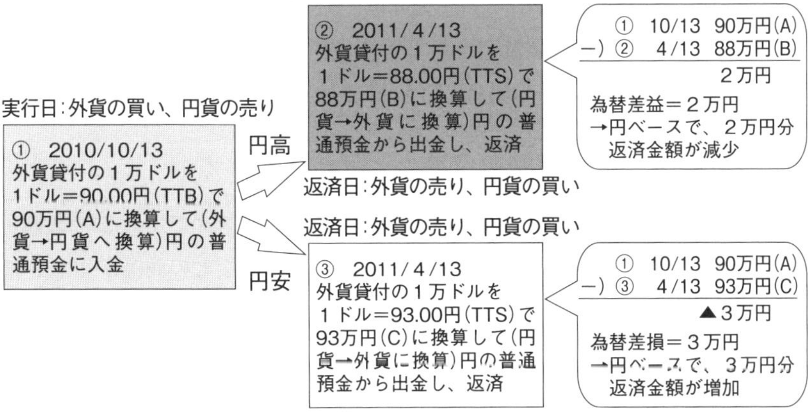

1　外貨の売りと買い

　外貨預金（負債）と外貨貸付（資産）では、売りと買いが逆であることに注意が必要です。外貨手形貸付の実行時、外貨資金を得た顧客が外貨を円貨に換算する場合、銀行は顧客から外貨を受け取り、円貨を支払います。外貨を買って、円貨を売るので、実行は外貨の買いです。

　外貨手形貸付の返済時、円貨で返済を受ける場合、円貨を外貨に換算するので、銀行は顧客から円貨を受け取り、外貨を支払い、その外貨により返済を受けます。円貨を買って、外貨を売るので、返済は外貨の売りです。

　外貨の利息を円貨で支払う場合、円貨を外貨に換算するので、返済と同じく外貨の売りです。

2　適用される相場

　外貨手形貸付の実行（外貨の買い）時、外貨を円貨に換算する際の相場はTTB（Telegraphic Transfer Buying）です。外貨手形貸付の返済（外貨の売り）時、円貨を外貨に換算する際の相場はTTS（Telegraphic Transfer Selling）です。ドルの場合、TTBとTTSの差（幅）は2円[*1]なので、かりに相場に変動がまったくなかったとしても、外貨手形貸付の実行を受けて返済した場合、顧客にとっては1ドル当たり2円の損が生じます。

　　　[*1]　通常の顧客の場合です（158頁参照）。取引実績や信用力のある法人などの場合、適用される相場が優遇されることもあります。

　外貨手形貸付などの外貨利息を換算して、円貨で顧客から受け取る（外貨の売り）場合に適用される相場は、TTS（Telegraphic Transfer Selling）です。

3　為替変動リスクの回避方法

　為替の変動リスクは、外国為替取引全般で生じるリスクです。この為替リスクを回避・低減するために、後述する先物為替予約などの商品が用意されています。

　外貨貸付では円安の場合には為替差損が生じ、円高の場合には為替差益が生じます。実行日と返済日を期日として、後述する先物為替予約（スワップ）

を締結する（スワップ付外貨貸付）、あるいは実行後に返済日を期日とする先物為替予約を締結することで、為替変動リスクを回避することもあります。

4　為替差益・為替差損

円の貸付では、返済時の元本金額が実行時の元本金額より増減していることはありえません。しかし外貨貸付の場合、円ベースでは実行時より返済時に円高であれば、元本金額は減少します。逆に円安であれば、元本金額は増加します。

第3項　円の貸付との差異

1　外国為替固有の約定書

円の貸付では、銀行取引に関する基本的な事柄を定めた銀行取引約定書を顧客から徴求します。外国為替での貸付では、さらに外国為替固有の取引約定書も追加で徴求します。追加の約定書には、外国向為替手形取引約定書（輸出）、信用状取引約定書（輸入）、外国為替先物取引約定書（先物為替予約）などがあります。

図表4－4－3　円の貸付と外貨貸付

業　務	貸付の種類	通　貨	
貸付業務	手形割引	円	円のみのため、単純な足し算で貸付金額の総額の算出ができる
	手形貸付	円	
	証書貸付	円	
	債務保証	円	
外国為替業務	輸出手形買取	米ドル	通貨が異なるため、単純な足し算では貸付金額の総額の算出はできない
	輸入信用状	ユーロ	
	外貨手形貸付	豪ドル	
	外貨債務保証	スイスフラン	

2　貸付金額の合算

　外貨貸付を受ける顧客は多くの場合、円の貸付も受けています。たとえば、輸出製品を製造している企業であれば、短期の運転資金（社員への賞与資金の借入、原材料の仕入資金など）や長期の設備資金（製造機械の購入資金、工場の建設資金など）は円で貸付を受け、輸入にかかわる貸付（輸入ユーザンスなど）や外貨貸付は外貨で受けています。

　このような場合、外貨貸付と円の貸付の金額を単純に足すことはできないので（図表4－4－3参照）、そのままでは当該顧客に全体でいくら貸付しているのか把握することができません。このため、外貨を一定の相場[*1]で円貨に換算し、円の貸付金額と合算することで全体の貸付金額（総与信金額）を求めます。この総与信金額は顧客からの新たな貸付の申込があった場合などに、貸付に応じるか否かの与信判断などに使われます。

> ＊1　貸付を実行する前であれば、公示相場ではなく一定期間固定（たとえば、1カ月単位）の相場を使用して、外貨貸付の予定ベースでの円貨額を算出します。また貸付を実行した後は、当該貸付取引で外貨を円貨に換算した実際の相場を使用する、あるいは一定期間固定（たとえば、1カ月単位）の相場を使用して、外貨貸付の円貨額を算出します。

第4項　外貨貸付・外貨手形貸付

　銀行を受取人、外貨の貸付金額を手形金額とした約束手形を、銀行が顧客から借用証として差入を受けることで貸付を行うもので、実質的に法人向けの貸付です。外貨専用の約束手形が用意されていますが、手形要件は円の手形貸付に準じ、金銭消費貸借契約であるのは円の手形貸付などと同じです。おもな特徴は、図表4－4－4のとおりです。

1　資金使途

　貸付期間は1年以内のため、短期の資金需要に限定されますが、円の貸付と異なり使途は限定されません。具体的な使途としては、商品の仕入資金や決算時の納税資金、給与や賞与資金などがあげられます。

2　貸付金額

上下限とも明確な線引きはできませんが、法人向け貸付であることから、下限は円貨ベースで数百万円相当程度、上限は貸付条件、過去の貸出実績、顧客の信用状態などによります。なお、システム的には上下限ともチェックしないのが一般的です。

3　貸付期間

通常1年以内です。1年を超える貸付は外貨証書貸付によります。システムでは期間のチェックも行わないのが一般的です。手形の書換は円の手形貸付に準じます。

4　貸付利率

前述のLIBORを基準とし、これにスプレッド（鞘）を加えたものを適用します。スプレッドは、貸付条件、顧客の信用状態、市場動向などによって変わります。また、金利動向により金利を見直すこともあります。なお、貸付

図表4－4－4　外貨手形貸付のおもな特徴

項　目	内　容
通貨	ドル、ユーロが代表的
資金使途	短期の資金。資金の使途は限定されない
貸付金額	下限は、円貨ベースで数百万円相当程度、上限は顧客の信用状況による
貸付期間	通常、1年以内
貸付利率	通常、LIBOR＋スプレッド
貸付利息	通常、後取
貸付方法	貸付条件による
返済方法	貸付条件による
担保・保証	通常、担保や保証が必要

利率の基準（ベースレート）にLIBORを使用するのは、円の貸付原資がおもに円の預金であるのに対し、外貨資金市場ではLIBORが金利の基準であり、その市場から調達した外貨をおもな貸付原資とするからです。

5　貸付利息

通常、後取です。貸付利息は、以下の式で算出されます。

貸付利息＝貸付金額×年利率×日数（両端）÷360または365*1

　＊1　通貨により異なります（152頁参照）。

6　貸付方法

一括貸付のほか、限度貸付や極度貸付もあります。

7　返済方法

通常、一括返済です。返済期日前の繰上返済（期日前返済）は、通常できません。繰上返済を行う場合、違約金（損害金）の支払などを求めるのは、円の貸付と同様です。

8　担保・保証

貸付条件、顧客の信用状態などにより、預金・債券・土地などの担保や、代表者・連帯保証人・保証会社の保証を求めることがあります。一般に担保や保証の裏付けがある貸付のほうが、無担保・無保証の貸付より貸付条件は顧客にとって有利とされます。これは万が一の場合、担保や保証があるほうが貸付金の回収が容易なためです。

第5項　外貨貸付・外貨証書貸付

外貨の貸付金額や返済期日、返済方法、貸付利率などの貸付内容・条件を記入した借用証書（金銭消費貸借契約証書）を銀行が顧客から差入を受けることで貸付を行うもので、実質的に法人向けの貸付です。おもな特徴は、図表4－4－5のとおりです。

図表4-4-5　外貨証書貸付のおもな特徴

項　目	内　容
通貨	ドル、ユーロが代表的
資金使途	長期の資金。資金の使途は限定されない
貸付金額	下限は、円貨ベースで数百万円相当程度、上限は顧客の信用状況による
貸付期間	通常、1年超
貸付利率	通常、LIBOR＋スプレッド
貸付利息	通常、後取
貸付方法	貸付条件による
返済方法	貸付条件による
担保・保証	通常、担保や保証が必要

1　資金使途

貸付期間は通常1年超のため、長期の資金需要に限定されますが、円の貸付と異なり使途は限定されません。具体的な使途としては、設備投資資金、長期運転資金などがあげられます。

2　貸付金額

外貨手形貸付に準じます。

3　貸付期間

通常、1年超です。1年以内は、外貨手形貸付で行います。システムでは期間のチェックは行わないのが一般的です。

4　貸付利率

前述のLIBORを参考に長期であることを勘案して、スプレッド（鞘）を加えたものを適用します。それ以外は、外貨手形貸付に準じます。

5　貸付利息

外貨手形貸付に準じます。

6　貸付方法

証書貸付1契約ごとに借用証書を差し入れる貸付形態であるため、一括貸付に限られます（限度貸付、極度貸付はありません）。

7　返済方法

一括返済、分割返済（元利均等返済、元金均等返済）があります。ただし、貸付期間が1年超の長期貸付であり、返済期日に一括返済とするとリスクが高いため、分割返済（おもに元金均等返済）とし、元金の一部と利息を部分的に返済するのが一般的です。繰上返済については、外貨手形貸付と同じです。

8　担保・保証

貸付期間が1年超の長期貸付であり、貸倒リスクが高いため、預金・債券・土地などの担保や代表者・連帯保証人・保証会社の保証などを求めるのが一般的です。

第6項　外貨貸付・外貨債務保証

外貨債務保証とは、第三者（外国企業、外国政府など）に対し、現在または将来に顧客が支払うべき債務を銀行が保証するものです。資金の貸付を行わないこと、顧客の債務不履行時には銀行が債務を履行（代位弁済）すること、外貨貸付システムで処理されることなどは、円の債務保証に準じます。おもな特徴は、図表4-4-6のとおりです。

1　保証の種類

以下のようなものがあげられます。信用状も債務保証の一種ですが、後述

図表4－4－6　外貨債務保証のおもな特徴

項　目	内　容
通貨	ドル、ユーロが代表的
資金使途	関税納付保証、入札保証など。ただし、資金の貸付は行われない
保証金額	下限は、円貨ベースで数百万円相当程度、上限は顧客の信用状況、保証内容などによる
保証期間	数カ月～数年程度
保証料率	顧客の信用状況、保証内容などによる
保証料	前取
貸付方法	資金の貸付は行われない
返済方法	資金の貸付は行われない
担保・保証	通常、担保が必要

します。

(1)　関税納付保証

　輸入者の取引銀行が関税納付の保証をすることで、関税納付前に輸入者の輸入貨物の引取を可能にします。

(2)　入札保証

　落札後の契約締結を輸出者の取引銀行が保証することで、輸出者が海外政府などの入札を行うことを可能にします。

(3)　現地借入保証

　海外の現地銀行に借入債務の支払保証をすることで、顧客の海外支店などが現地の銀行から借り入れることを可能にします。

(4)　前受金返還保証

　プラント輸出など長期にわたる取引では、輸出者は輸出代金の一部または全額を前受金として輸入者から受け取ります。輸出者の契約違反などで、前受金の返還を求められた場合に確実に返還されるよう、輸出者の取引銀行が保証するものです。

2　保証金額

　保証の種類により、円貨ベースで下限は数百万円相当額、上限は顧客の財務・信用状況、保証内容などによります。

3　保証期間

　保証の種類により、数カ月以上、数年程度ですが、プラント輸出などの場合、さらに長期のこともあります。

4　保証料率

　通貨、国情、保証の種類・期間や顧客の財務・信用状況によります。

5　保　証　料

　通常、前取です。保証期間が長い場合には、たとえば3カ月、6カ月ごとにその期間の保証料を前取で徴求します。

6　担保・保証

　通常、預金、債券などの担保を求められます。

7　勘定科目

　債務保証では、外貨貸付のような資金のやり取りはありませんが、オフバランス（簿外）とはしません[1]。保証料が発生する資産であり、同時に万が一、顧客が債務不履行に陥った際には、銀行が債務を履行する義務を負う負債でもあります。つまり資産負債の両方の性質を有するので、勘定科目は支払承諾（負債科目）と支払承諾見返（資産科目）を資産負債同額で起票する必要があります。

　　＊1　円の債務保証と同じく、貸借対照表に記載されます。

第5節 送　　金

第1項 概　　要

　外国為替の送金（送金為替）には、大別して仕向送金（日本から海外へ送金）と被仕向送金（海外から日本へ送金）があります（図表4－5－1参照）。なお、取立為替（代金取立）は輸出業務でおもに使用されるので、輸出業務で説明します。

1　決済システム

　日本国内の送金（内国為替）は全銀システムと日銀ネットにより行われており、通常、即日送金されます。これに対して、日本と海外の間の送金にはSWIFT[*1]というシステムがあり、世界の大半の金融機関をカバーしています。しかし、このSWIFTシステムは銀行などの金融機関同士の支払の指示や資金決済の指示などについて、通信するだけです。

　資金決済を担う日銀ネットに該当する全世界共通のシステムがないため[*2]、銀行間の資金決済は国際的な主要銀行の間を経由して、資金決済をしています。このため、日本と海外の間の送金が完了するまでには、数日かかるのが一般的です。

　また送金だけでなく、輸出・輸入といった外国為替にかかわる取引を海外や国内の銀行などと直接行うには、コルレス契約[*4]が必須です。コルレス契約がない銀行の間では直接取引できないため、コルレス契約のある銀行を経由して取引する必要があり、これも取引が完了するまでに時間がかかる要因です。なお、1973年に全銀システム（第一次）が稼動するまでは、日本国内の送金でも金融機関同士が個別にコルレス契約を締結して個別に送金していました。

　　＊1　国際銀行間通信協会（Society for Worldwide Interbank Financial Telecommunication）。1973年にベルギーで設立された共同組合形式の団体で、金融機関

同士をつなぐ専用の通信システムを管理・運営しています。SWIFTには世界の214の国・地域の10,500以上（2013年12月末、SWIFTのHPより）の金融機関が参加しています。送金だけではなく、資金決済、信用状、債務保証、証券、デリバティブなどの取引などもカバーしています。

＊2　外国為替の決済リスク、つまり異なる二つの通貨の決済時刻の差によるリスク（いわゆるヘルシュタット・リスク＊3)）を回避するために、二つの通貨を同

図表４－５－１　仕向送金と被仕向送金の分類

分　類	内　容
仕向送金：日本から海外に資金を送金する	
電信送金 (Telegraphic Transfer：T/T)	支払や資金決済の指示など、銀行間のやり取りを通信（SWIFTシステム）により行う送金方法。一番速く、確実であるが、送金手数料は一番高い
郵便送金＊1 (Mail Transfer：M/T)	支払や資金決済の指示など、銀行間のやり取りを文書の郵送により行う送金方法。郵便事情に左右されるため、急ぎでない送金に使用される。電信送金よりも送金手数料は安い。文書による事務処理の煩雑さから、昨今では取扱を中止した銀行も多い
送金小切手＊1 (Demand Draft：D/D)	送金のための小切手を銀行が作成し、顧客に渡す。送付は顧客が小切手を郵送などすることで行う。送金手数料が一番安いが、郵送中に紛失する可能性もあるため、急ぎでなく、小額の送金に使用されることが多い
被仕向送金：海外から日本に資金が送金される	
電信送金 (Telegraphic Transfer：T/T)	仕向送金に同じ
郵便送金＊1 (Mail Transfer：M/T)	仕向送金に同じ
送金小切手＊1 (Demand Draft：D/D)	仕向送金に同じ

＊1　郵便送金は、Ordinary Transfer、送金小切手は、Money Orderといわれることもあります。

時に決済（PVP：Payment Versus Payment）する決済専門銀行であるCLS銀行（CLS：Continuous Linked Settlement）が世界の主要銀行20行により、2002年に設立されました。現在、日本円、ドル、ユーロなど、主要17通貨を決済対象としていますが、世界のすべての外国為替取引を決済しているわけではありません。

*3　1974年、旧西ドイツにあったヘルシュタット銀行が、ドイツマルク（当時）を受け取り、対価のドルを支払わないまま破綻したため、決済時刻の差（欧州とアメリカの時差）による決済リスクが注目されるようになりました。このことから、時差による決済リスクをヘルシュタット・リスクともいうことがあります。

*4　コルレス契約（Correspondent Arrangement/Correspondent Agreement）は金融機関同士が個別に結ぶ為替業務（信用状、送金為替、代金取立など）に関する契約。契約の有無、内容により、以下の三つに大別されます。

① ノン・コルレス（Non-Correspondent）：コルレス契約を締結していない銀行。直接の取引はできません。

② ノン・デポ・コルレス（Non-Depository Correspondent）：コルレス契約は締結していますが、銀行同士の資金決済を第三者の銀行に委託している場合。デポは、Depositの略で、銀行が相手銀行に資金を預けた「預け金」（銀行同士で決済資金を預ける、または預かる場合、「預金」という言葉は使いません）を指しています。

③ デポ・コルレス（Depository Correspondent）：コルレス契約を締結し、お互いに相手銀行に決済資金を預け合い、その資金を増減することで資金決済を行います。相手銀行に預けた資金を「外国他店預け」、相手銀行から預かった資金を「外国他店預かり」といいます。日本の銀行であれば、相手銀行から日本円を預かり、相手銀行の本国の通貨（イギリスの銀行ならば、ポンド）を預けるのが一般的です。

コラム　外国銀行との資金決済

日本の銀行（邦銀）が外国銀行（外銀）に外貨の外国他店預けを開設し、決済する手順を一例として簡単にあげます。ここでの外銀は日本に支店（在日支店）をもっているとします。

まず、外銀とコルレス契約（デポ・コルレス契約：Depository Correspondent Agreement）を締結します。邦銀が外貨をもっていないとすると、日銀当座預金*1により円貨を支払い、外貨を受け取ります。その外貨を邦銀名義の外国他店預けに入金して、外貨での決済*2に使用します。外国他店預けを海外の支店（たとえば、ニューヨーク）などに開く場合は、在日支店に外貨の振替を依頼します。

ほかの銀行に外貨を支払う場合は、外国他店預けを開設している外銀にSWIFTなどにより、支払指図（P/O：Payment Order）を行います。ほかの銀行から外国他店預けに支払われた場合には、外銀からSWIFTなどによって、入金通知（C/A：Credit Advice）が送られてきます。

第4章　外国為替業務　195

> 　通常、外国他店預けには利息が付きません（外国他店預かりも同様です）。したがって、決済に必要な最低限の資金に若干の余裕をもたせた残高を預けているのが一般的です。時差や急な資金決済により、残高が一時的に不足する場合に備え、外銀の日中O/D枠[*3]や当座貸越の極度枠の供与を受ける場合もあります。
> 　なお、外国他店預けは、当方勘定、Due from Foreign Banks、Nostro Account、外国他店預かりは、先方勘定、Due to Foreign Banks、Vostro Accountともいわれます（いずれの場合も邦銀からみての呼称です）。
> 　　*1　日銀ネット（外為円決済制度）により決済されます。海外の主要な決済システムに、以下があります。
> 　　　　アメリカ：FEDWIRE、CHIPS、イギリス：CHAPS、ユーロ圏：TARGETなど。
> 　　*2　JPモルガン・チェース銀行東京支店が日本におけるドルの決済機能（東京・ドル・クリアリング：Tokyo Dollar Clearing）を提供しています。
> 　　*3　O/D：Over Draft、当座貸越枠。外銀の審査により供与されます。

第2項　電信送金

　電信送金（Telegraphic Transfer）は、最も速く確実な送金方法です。仕向銀行と被仕向銀行がデポ・コルレス契約を締結していれば、どちらか一方の銀行に相手銀行の米ドルの預け金があるため、決済銀行を介する必要がなく、送金が完了するまでの日数も少なくて済みます。

　仕向銀行と被仕向銀行の間に直接コルレス契約がない場合、仕向銀行は自行のコルレス銀行を通して、被仕向銀行に送金します。このような仕向銀行と被仕向銀行の間に入る銀行を経由銀行、中継銀行などといい、各銀行から手数料を別途請求されたり、送金金額から手数料を差し引かれます。この手数料をコルレスチャージ（Corres. Charge）、スルーチャージ（Through Charge）などといいます。

　日本からオーストラリアに米ドルを送金する場合を説明します。ここでは仕向銀行（資金を送る側の銀行）と被仕向銀行（資金を受け取る銀行）はノン・デポ・コルレス契約、送金方法は電信送金による口座入金（Advise and Credit）とします。なお、決済銀行を日銀に置き換えれば、日本国内の電信

振込に近い取引です。

また、日本とオーストラリアを逆にすれば、被仕向送金の取引の流れになります。

1　取引の流れ

取引の流れは図表4－5－2のとおりです。
① 送金依頼人は受取人口座の銀行、支店、口座番号や送金依頼人自身と受取人の氏名、住所、電話番号などを送金依頼書に記入し、米ドルの送金金額をTTSで日本円に換算して、換算円貨額と送金手数料を現金などで仕向銀行に支払います。
② 仕向銀行は送金依頼を受け付け、送金依頼書の控えを送金依頼人に渡します。
③ 送金依頼人は、受取人に送金をした旨、通知します。
④ 仕向銀行は被仕向銀行宛に、銀行間の資金決済完了後に受取人の口座に送金資金を入金するよう、SWIFTで依頼します。
⑤ 同時に仕向銀行は、決済銀行に宛てて仕向銀行が決済銀行に預けている米ドルの預けから被仕向銀行の米ドルの預けに送金金額を振り替えるよ

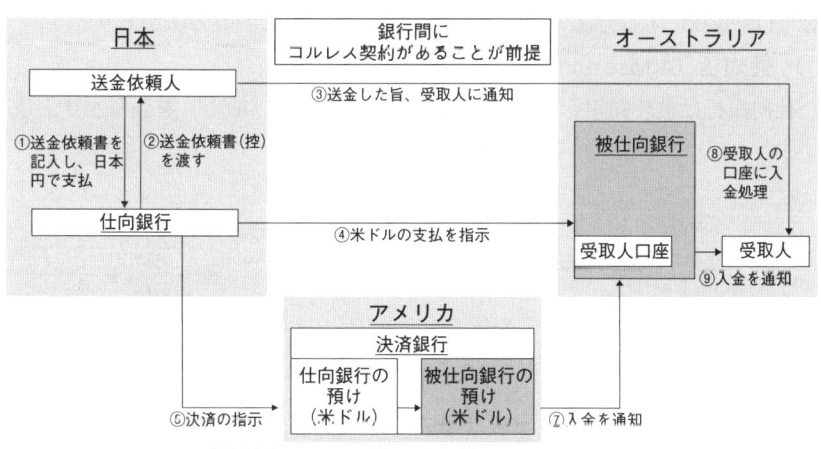

図表4－5－2　電信送金の取引の流れ

う、SWIFTで依頼します。
⑥ 仕向銀行から資金決済依頼を受けた決済銀行は、仕向銀行の預けから被仕向銀行の預けに送金金額を振り替えます。
⑦ 決済銀行は被仕向銀行の預けに送金金額を入金した旨、SWIFTで通知します。
⑧ 前記④と⑦を受けて、被仕向銀行は受取人の口座にドルを送金金額分、入金します。
⑨ 被仕向銀行は送金依頼人から入金があった旨、受取人に通知します。

　日本からの電信送金で海外の受取人が資金を受け取るまでの日数は地域、銀行間のコルレス契約の有無、国情、時差などにより、最短で1日〜2日、国・地域によっては1週間以上かかると考えるのが無難です。また、受取人の口座が解約されているなどの理由で口座に入金できない場合、送金資金を組み戻す（図表4−5−2の資金の流れを逆に行う）ことで、いったん、資金を日本に戻すこともあります。この場合は内国為替と同様に別途、組戻手数料がかかります。

2　資金の受取方法

　前述の例は、口座入金（Advise and Credit）で受取人の預金口座に直接入金（口座振込）する方法です。このほかに、以下の二つの方法があります。

① 通知払（Advise and Pay）

　仕向銀行は被仕向銀行へ支払指図（P/O：Payment Order）を送ります。支

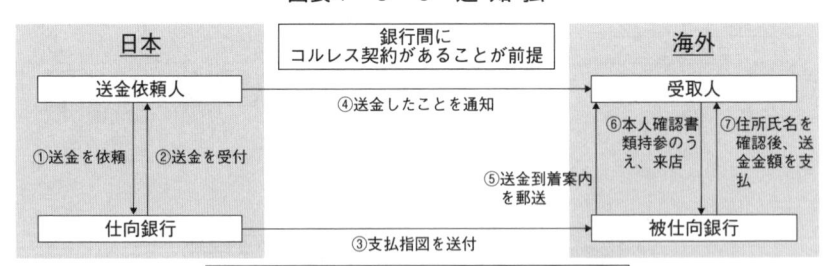

図表4−5−3　通　知　払

払指図を受け取った被仕向銀行は受取人に送金到着案内を送付します。受取人は送金到着案内と受取人本人であることを確認できる書類を被仕向銀行に呈示します。被仕向銀行は呈示された書類により受取人の住所、氏名が一致していることなどを確認し、受取人に資金を支払います。受取人は被仕向銀行に口座を持っていなくても、資金を受け取ることができます。

② **請求払（Pay on Application、Pay on Demand）**

仕向銀行は被仕向銀行へ支払指図（P/O：Payment Order）を送ります（この支払指図には、本人確認のための情報（パスポート番号など）も記載されています）。同時に送金人は受取人に送金した旨、通知します。受取人は受取人本人であることを確認できる書類（パスポートなど）を被仕向銀行に呈示します。被仕向銀行は呈示された書類により受取人本人であること（パスポート番号の一致）を確認し、受取人に資金を支払います。被仕向銀行に口座がなく、住所が定まっていない場合でも、資金を受け取ることができるので、海外旅行者などへの送金に利用されます。

3　郵便送金

昨今では、ほとんどみられなくなった郵便送金（Mail Transfer）は、SWIFTによる通信が文書により行われていた点が異なるだけで、電信送金と大差はありません。

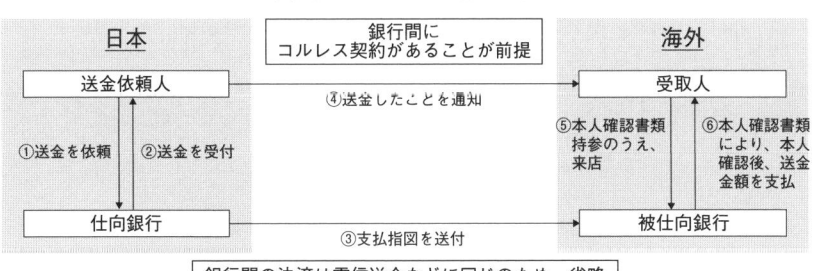

図表4－5－4　請 求 払

第3項　送金小切手

　送金小切手（Demand Draft）は、電信送金などに比べて手数料が安いことから、多くは小額の決済[*1]に使用されますが、郵送中の紛失・盗難のリスクがあります。ここでは、日本からオーストラリアに、米ドルを送金する場合を説明します。

> ＊1　昨今はクレジットカード決済が主流ですが、外国書籍の購入代金や小額の経費の支払などにおもに使用されています。

1　取引の流れ

取引の流れは図表4－5－5のとおりです。
① 　送金依頼人は、送金依頼人自身と受取人の氏名、住所、電話番号などを送金依頼書に記入し、米ドルの送金金額をTTSで日本円に換算して、換算円貨額と送金手数料を現金などで仕向銀行に支払います。
② 　仕向銀行は送金依頼を受け付け、送金依頼書の控えと送金小切手を送金依頼人に渡します。
③ 　送金依頼人は送金小切手を受取人宛に郵送します。
④ 　送金小切手の受取人から呈示があった場合、仕向銀行は被仕向銀行宛に

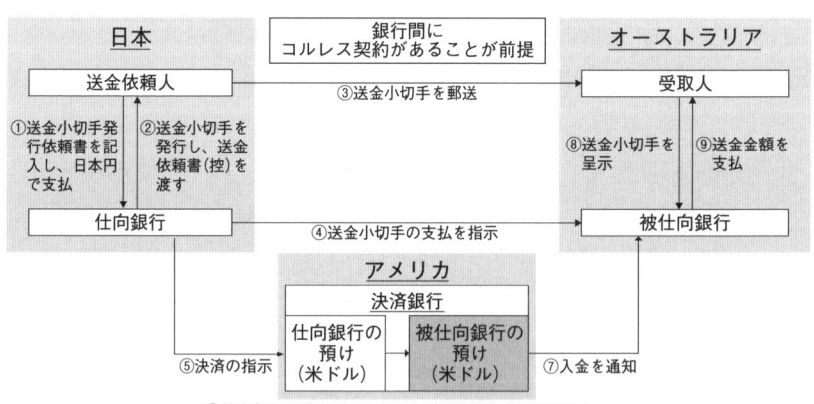

図表4－5－5　送金小切手の取引の流れ

支払に応じるようにSWIFTで依頼します。
⑤ 同時に、仕向銀行は決済銀行に宛てて、仕向銀行が決済銀行に預けている米ドルの預けから被仕向銀行の米ドルの預けに送金金額を振り替えるよう、SWIFTで依頼します。
⑥ 仕向銀行から資金決済依頼を受けた決済銀行は、仕向銀行の預けから被仕向銀行の預けに送金金額を振り替えます。
⑦ 決済銀行は被仕向銀行の預けに送金金額の入金が完了した旨、SWIFTで通知します。
⑧ 送金依頼人から送金小切手を受領した受取人は、送金小切手と受取人本人であることを確認できる書類を被仕向銀行に呈示し、支払を求めます。
⑨ 被仕向銀行は、送金小切手が真正、かつ有効期間内[1]であり、受取人が本人であることを確認してから、送金小切手の額面金額を支払います。
　　＊1　振出日（発行日）から、6カ月以上経過した送金小切手は、真正なものであっても支払を拒絶されます。

なお、ドルなどの比較的需要の高い送金小切手の場合、日本の各銀行は自行が制定した送金小切手用紙ではなく、ドルであれば、アメリカの主要銀行（Citibank、JPモルガン・チェースなど）が制定した送金小切手用紙を使用しています。

第6節 輸　　出

第1項　概　　要

　商品などの輸出代金を、海外の輸入者から銀行を経由して回収するのが輸出業務です。仕向送金が、債務者から債権者に支払（送金）をする送金為替（並為替、順為替）であるのに対して、輸出の場合は取立為替（代金取立、逆為替）であり、債権者が為替手形などを振り出して債務者に支払を請求し、代金の支払を受けます。輸出取引は取引内容や請求方法、資金支払のタイミング、決済方法などにより、図表4－6－1のように分類されます。

図表4－6－1　輸出取引の概要

信用状の有無	手形・小切手	買取/取立	取引の概要
	クリーン手形・小切手（Clean Bill）	買取	船積書類が付かない（クリーン）為替手形・小切手を輸出地の銀行が買い取ることで輸出者に輸出代金を支払う。手形・小切手を買い取った輸出地の銀行は、輸入地の銀行経由で輸入者から支払を受ける
		取立	船積書類が付かない（クリーン）為替手形・小切手を輸出地の銀行が買い取らず、手形・小切手を輸入地の銀行経由で輸入者に呈示し、輸出代金の支払を受け、その資金を輸出地の銀行が輸出者に支払う
信用状付（L/C付）	荷為替手形（Documentary Bill）	買取	信用状の条件に合致した船積書類の付いた為替手形（荷為替手形）を、輸出地の銀行が買い取ることで、輸出者に輸出代金を支払う。荷為替手形を買い取った輸出地の銀行は、輸入地の信用

信用状の有無	手形・小切手	買取/取立	取引の概要
信用状付（L/C付）	荷為替手形（Documentary Bill）	買取	状発行銀行経由で輸入者から支払を受ける
		取立	信用状の条件に合致した船積書類の付いた為替手形（荷為替手形）を輸出地の銀行が買い取らずに、荷為替手形を輸入地の信用状発行銀行経由で輸入者に呈示し、輸出代金の支払を受け、その資金を輸出地の銀行が輸出者に支払う
信用状なし（L/Cなし）		買取	船積書類の付いた為替手形（荷為替手形）を輸出地の銀行が買い取ることで、輸出者に輸出代金を支払う。荷為替手形を買い取った輸出地の銀行は、輸入地の銀行経由で輸入者から支払を受ける
		取立	船積書類の付いた為替手形（荷為替手形）を輸出地の銀行が買い取らずに、荷為替手形を輸入地の銀行経由で輸入者に呈示し、輸出代金の支払を受け、その資金を輸出地の銀行が輸出者に支払う
国内貸付業務・輸出前貸			輸出契約成立後から輸出貨物の船積までに必要な資金を輸出者に貸し付ける

1 信用状の有無

　信用状の詳細については、輸入の節（216頁）も参照してください。

(1) 信用状とは

　輸出を行う場合、海外の輸入者の信用力、支払能力について輸出者と取引銀行が自ら調査を行うのは非常に困難です。そこで輸入者の代金支払能力に問題がないことを輸出者と取引銀行に対して、保証するために、輸入者の取

引銀行が発行するのが信用状（L/C：Letter of Credit）です。

　信用状に基づく取引を信用状付（L/C付）取引といい、そうでない取引を信用状なし（L/Cなし）取引といいます。

(2) 信用状付取引

　信用状付取引は、万が一、輸入者が債務不履行の場合には、輸入者に代わって信用状を発行した銀行が輸出代金を支払う義務を負います。このため輸出者は、輸入者の支払能力を気にすることなく、輸出することができます。また、信用状発行銀行の支払保証を背景に、輸出者は取引銀行に荷為替手形の買取を求めやすくなり、輸出代金を早期に現金化できるといったメリットがあります。

(3) 信用状なし取引

　信用状なし取引は、信用状発行銀行の支払保証がないため、輸出者からみれば輸出貨物の代金回収リスクがあります。このため、貨物を引き取るために必要な船荷証券などの船積書類を輸入者に引き渡す際の条件が付きます。その条件には、以下の二つがあります。

① 　支払渡（D/P：Document against Payment）：輸入者が貨物代金の支払と引換に、輸入者の取引銀行が船積書類を引き渡します。

② 　引受渡（D/A：Document against Acceptance）：輸入者が為替手形に引受署名することと引換に、輸入者の取引銀行が船積書類を引き渡します。なお、引受署名により輸入者に支払義務が生じますが、確実に支払われる保証はありません。したがって、代金の支払が確実なD/Pのほうが輸出者にとっては安全です。

2　クリーン手形・小切手と荷為替手形

(1) クリーン手形・小切手

　クリーン手形・小切手（Clean Bill、Clean Check）とは、荷為替手形でない、船積書類が付いていないという意味で、クリーン手形・小切手と呼ばれます。輸出者が輸入者を支払人として振り出した為替手形、輸入者が輸出者を受取人とした約束手形（Promissory Note）や小切手（Check）などがあります。

(2) 荷為替手形

荷為替手形（Documentary Bill、Documentary Draft）とは、有価証券である船荷証券（B/L：Bill of Lading）などの船積書類（Shipping Documents）が付いている為替手形（Bill of Exchange）のことです。輸出荷為替手形、輸出手形と呼ばれることもあります。

3　買取と取立

(1) 買　　取

買取（Discount、Negotiation）は、顧客からみれば、買取時点で輸出代金を現金化できます。一方、銀行からみれば、輸出者に輸出代金の立替払をするものの、輸入者の支払拒絶のリスクがある与信・貸付取引です。したがって、輸出者の財務状況、信用力などを審査する必要があります。これは、輸入者が支払拒絶した場合、銀行は輸出者に立替資金の返還（荷為替手形の買戻）を求めるからです。

(2) 取　　立

取立（Collection）は顧客からみれば、輸入者の支払があってはじめて輸出代金が現金化されるので、資金化までに一定の時間がかかります。一方、銀行からみれば、輸出代金の立替払はないので、支払拒絶などのリスクもなく、与信・貸付取引ではありません。したがって、買取のように輸出者の財務状況、信用力などを審査する必要はありません。

4　その他

(1) 輸出前貸

輸出前貸とは、輸出契約成立から船積まで（たとえば、輸出商品の製造のための原材料、半製品などを仕入れるための資金）に必要な資金を貸し付けるものです。業務としては国内の貸付業務で、手形貸付などにより貸し付けられます。したがって、貸付資金は日本円のみに限定されます。

> **コラム　輸出手形保険**
>
> 　輸入者の債務不履行だけではなく、戦争、内乱、テロ、為替規制、輸入規制などのカントリーリスクにより、輸出代金が回収できなくなる危険性があります。こうした理由で銀行が買い取った荷為替手形が支払われない場合に、銀行の損失を補填する輸出手形保険制度があります。
> 　この保険制度は戦後、荷為替手形の買取を銀行に促すために、輸出振興策の一つとして旧・通産省（現・経済産業省）が運営していました。現在は独立行政法人日本貿易保険（NEXI）が保険者として運営を行っており、被保険者は銀行です（輸出者は関係しません）。また、かつては信用状なし荷為替手形に対象が限定されていましたが、現在では信用状の有無に関係なく輸出手形の買取が対象です。

第2項　輸出入取引にかかわるおもな書類

　輸出入取引にかかわるおもな書類について、説明します（図表4－6－2参照）。これらの書類は船積書類（Shipping Documents）と総称され、なかでも船荷証券、為替手形、商業送り状などが重要です。

　どのような書類を何通必要とするかは、輸出者と輸入者の間で締結される売買契約に基づき、その内容が信用状付取引の場合は信用状に、信用状なし取引の場合は売買契約書などに記載されます。船積書類は基本的に紙であるため、輸入地への輸送中に紛失するなどのリスクがあります。このため、船積書類と為替手形は通常2通作成し、輸入者の取引銀行へ分けて送付するのが一般的です。

1　信　用　状

　信用状（L/C：Letter of Credit）には、信用状条件（商品名、数量、金額、納期、支払期日、取引条件、船積条件、保険条件、決済条件、必要書類とその通数など）が記載されています。

　法律や商慣習は国により異なるため、信用状取引に関しては国際商業会議所（ICC：International Chamber of Commerce）が、信用状統一規則（UCP：

The Uniform Customs and Practice for Documentary Credits)を定めています。各国の銀行が発行する信用状は、この規則に従って発行・決済されています。信用状は輸出だけでなく輸入でも使われるので、どちらで使われるかにより

図表4－6－2　輸出入取引にかかわるおもな書類

書類	説明
信用状 (L/C：Letter of Credit)	輸入者の取引銀行が発行する。輸入者の支払能力に問題がないことを保証し、万が一、輸入者が債務不履行の場合には、信用状の発行銀行が輸出代金を弁済する
為替手形 (Bill of Exchange)	輸出者が輸入者に支払を請求するために振り出す。振出人が輸出者、名宛人が輸入者（信用状発行銀行）
船荷証券 (B/L：Bill of Lading)	輸出貨物を船で輸入地に輸送する際に船会社が発行し、貨物の引取請求権を保証する有価証券。船積書類のなかでも最も重要
商業送り状 (Commercial Invoice)	輸出者が輸入者に宛てに作成する輸出貨物の商品名、数量、単価、取引条件などを記載した一種の明細書
航空貨物運送状 (Airway Bill)	輸出貨物を航空機で輸入地などに輸送する際に、航空会社が発行する受領書。貨物の引取を保証する有価証券ではない
保険証券 (I/P：Insurance Policy)	輸出者が付保を依頼し、損害保険会社が発行する。輸送中の輸出貨物について、事故などにより生じる損害を担保する
重量証明書 (Weight Certificate)	輸出国の検量事業者が発行する、輸出貨物の重量を証明する書類
原産地証明書 (Certificate of Origin)	輸出国の商工会議所などが発行する、原産地が輸出国であることを証明する書類
梱包明細書 (Packing List)	輸出者が輸入者宛に作成する、輸出貨物の梱包についての明細書
その他の書類	輸出貨物や取引条件によっては、検査証明書、分析証明書、通関送り状、領事送り状や上記以外の特殊な証明書、送り状を求められることもある

輸出信用状、輸入信用状と区別して呼ぶこともありますが実体は同じです。

　また、荷為替信用状、商業信用状と呼ぶこともあります。これは旅行信用状と区別するための呼称です。ただし、旅行信用状は、昨今ではT/Cやクレジットカードの普及に伴い、まったく利用されていないため、単に信用状と略されるのが一般的です。

2　為替手形

　約束手形が振出人＝債務者、名宛人＝債権者であるのに対して、為替手形は振出人＝債権者である輸出者、名宛人＝債務者である輸入者（信用状なし）、または信用状発行銀行（信用状付）とされます。日本国内では代金取立に為替手形を使うことはまずありませんが、輸出取引においては為替手形（Bill of Exchange）がごく一般的です。

　為替手形には一覧払手形と期限付手形の2種類があります。詳細は輸入の節（216頁参照）で述べます。なお、為替手形と船積書類を合わせたものを荷為替手形と呼びます。

3　船荷証券

　輸出貨物を海上輸送する場合に、船会社が発行する貨物の預かり証、輸送契約の証明書です。輸入地（荷揚地）で貨物の引渡請求に必要な有価証券ですが、所持人の裏書により船荷証券（Bill of Lading）を譲渡（貨物を転売）することも可能です。

　なお荷受人は輸入者ですが、輸入者に船荷証券を直接渡してしまうと、輸出代金の回収ができなくなる恐れがあるため、船積書類とともに輸入者の取引銀行に送付されます。

4　商業送り状

　商業送り状（Commercial Invoice）は一種の明細書・請求書です。運賃、保険、リスクなどの負担に関する取引条件（建値）も記載されます。なお、この取引条件についても国際商業会議所がインコタームズ（Incoterms）という規則を定めています。取引条件を一部例示すると、以下のとおりです。

① F.O.B.（本船渡：Free on Board）：輸出者は指定の船積港で指定の船側に貨物を持ち込むまでの費用を負担します。
② C.I.F.（運賃・保険料込：Cost, Insurance, Freight）：輸出者は荷揚港までの船賃、保険料などの費用を負担し、輸入者は荷揚後以降のリスクと関税などの費用を負担します。

5　航空貨物運送状

　航空貨物運送状（Airway Bill）は船荷証券と同様、航空会社が発行する貨物の預かり証、輸送契約の証明書です。ただし有価証券ではない点が船荷証券と異なります。
　貨物の引渡請求に本状は必要なく、荷受人であることを証明できれば貨物を引き取ることができます（後述する輸入業務の荷物引取保証も不要）。なお、記名式のため譲渡はできません。
　信用状付取引では、信用状発行銀行の担保保全のため、信用状発行銀行を荷受人にして発行されます。また、信用状なし取引の場合は有価証券でないため、担保能力はありません。したがって、荷為替手形の買取によらず、荷為替手形の取立か送金によって決済されます。

6　保険証券

　保険会社が発行する輸送について、保険契約を証明する証券です。取引条件がF.O.B.の場合、輸出者は輸送中の保険を掛ける必要がないため、船積書類にも保険証券（Insurance Policy）は必要ありません。

7　重量証明書

　重量証明書（Weight Certificate）は国家資格である検量人を雇用する検量事業者が検量を行い、発行します。

　以下、輸出取引の代表例として、クリーン手形・小切手取立と信用状付荷為替手形買取の二つをあげて、説明します。

第3項　クリーン手形・小切手取立

　輸出地の銀行は輸出者からクリーン手形・小切手の取立依頼を受け、輸入地の銀行に手形・小切手を送付します。手形・小切手を呈示された輸入地の銀行は、輸入者から支払を受け、輸出地の銀行を経由して輸出者に輸出代金を支払います（図表4－6－3参照）。

　前述の信用状統一規則と同様、手形・小切手の取立に関して、国際商業会議所が、取立統一規則（URC：The Uniform Rules for Collections）を定めています。各国の銀行は、この規則に従って信用状がない手形・小切手の買取取引、取立取引を行っています。

　図表4－6－3の例では、取立銀行と支払銀行とは銀行間の資金決済が直接できない（ノン・デポ・コルレス契約）ため、取立銀行、支払銀行の双方とデポ・コルレス契約を締結しているアメリカの決済銀行にあるお互いの預け（デポ口座）により決済します。

　なお、取立銀行と支払銀行がデポ・コルレス契約を締結している場合には、支払銀行が取立銀行に日本円の預けを、取立銀行が支払銀行に豪ドルの預けを保有するのが一般的です。ここでは、小切手金額を決済金額とし、支払銀

図表4－6－3　クリーン手形・小切手取立の取引の流れ

銀行間にコルレス契約があることが前提

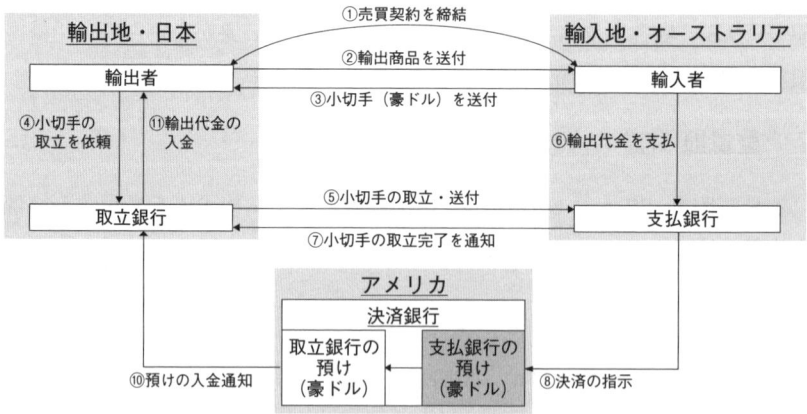

```
輸出地・日本                                        輸入地・オーストラリア
┌─────────┐   ①売買契約を締結    ┌─────────┐
│  輸出者   │←──────────────→│  輸入者   │
│          │   ②輸出商品を送付    │          │
│          │──────────────────→│          │
│          │   ③小切手（豪ドル）を送付│          │
│          │←──────────────────│          │
└─────────┘                       └─────────┘
 ④小切手の  ⑪輸出代金の              ⑥輸出代金を支払
 取立を依頼   入金
┌─────────┐   ⑤小切手の取立・送付 ┌─────────┐
│  取立銀行 │──────────────────→│  支払銀行 │
│          │   ⑦小切手の取立完了を通知│          │
│          │←──────────────────│          │
└─────────┘                       └─────────┘
                   アメリカ
                 ┌─────────┐
                 │  決済銀行  │
                 ├────┬────┤
                 │取立銀行の│支払銀行の│
                 │ 預け   │ 預け   │ ⑧決済の指示
                 │(豪ドル)│(豪ドル)│
                 └────┴────┘
   ⑩預けの入金通知
   ⑨支払銀行の預けから出金し、取立銀行の預けに入金
```

行にある取立銀行の預けにより銀行間の決済を行うものとします。

1　取引の流れ

① 輸出者と輸入者の間で、商品に関する売買契約が締結されます。この契約では取引の条件、内容などが定められていますが、クリーン小切手による取引であるため、次項の信用状付輸出荷為替手形買取と異なり、銀行が取引の詳細にかかわることはありません。

② 売買契約に従って、輸出商品を輸入者に送付します。

③ 輸出代金の対価として、輸入者が豪ドル建の小切手[*1]を振り出して、輸出者に郵送します。輸出の場合、これに先立って売買契約締結や商品の発送・受領、あるいは役務の提供があります。輸出に該当しない場合、たとえば資金の返済などで小切手による決済を行う際にも、クリーン手形・小切手の取立が利用されます。

> ＊1　個人や法人が保有する自己の当座預金口座から振り出します。日本では、カードや口座振替による決済が主流ですが、欧米では依然として小切手による決済が多く、個人でも当座預金をもっていることが一般的です。

④ 輸入者からの小切手を受領した輸出者は、取立銀行に取立依頼書を記入し、小切手の取立を委託します。このとき、取立銀行は顧客から取立手数料などの手数料を徴求します。

⑤ 取立銀行は支払銀行に小切手を送付し、資金の取立を依頼（取立指図）します。

⑥ 取立銀行から小切手の送付と取立指図を受けた支払銀行は、輸入者の当座預金から小切手の額面金額を引き落とします。

⑦ 輸入者からの支払を受けた支払銀行は、取立銀行に取立が完了した旨、通知します。

⑧ 同時に決済銀行にもつ支払銀行の預けから小切手の額面金額を出金し、同じく決済銀行にある取立銀行の預けに入金するよう、決済銀行に依頼（支払指図）します。

⑨ 支払銀行から支払指図を受けた決済銀行は、支払銀行の預けから出金し、取立銀行の預けに入金します。

⑩　決済銀行は取立銀行の預けに入金があったことを取立銀行に通知します。
⑪　決済銀行から入金の通知を受け取った取立銀行は、輸出者に取立資金を支払います。この例では支払われるのは豪ドルのため、輸出者が豪ドルの預金口座をもち、取立資金の入金先としてその口座を指定すれば、そのまま入金されます（外貨取扱手数料がかかります）。また、日本円の預金口座へ入金する場合は、支払日の公示相場（TTB）で円貨に換算して入金します。

> **コラム　輸出者と輸入者について**
>
> 　輸出者・輸入者には、同じ意味で異なる用語が用いられることがあります。
> ・輸出者：Exporter、Beneficiary、Shipper、Seller
> ・輸入者：Importer、Applicant、Consignee、Buyer
> 　信用状付取引では輸出貨物の代金回収が保証され、輸出者が一番の利益を得ることから、Beneficiary（受益者）が輸出者の意味で使われます。一方、信用状の発行を銀行に依頼する輸入者は、信用状の申込者・申請者の意味でApplicantが使われます。なお、信用状の文面以外では、輸出者はベネ（Beneficiaryの略）といわれることもあります。
> 　また、輸出者は輸出貨物の荷主であることからShipperが使われ、輸入者は輸入貨物の受取人、荷受人であることから、Consigneeが使われます（ただし、航空貨物での荷受人は信用状発行銀行）。Beneficiary、Applicantは信用状に基づく取引で使われ、信用状に基づかない取引の場合ではBeneficiary、Applicant以外の用語を使い分けることが多いようです。

第4項　信用状付輸出荷為替手形買取

　信用状条件に一致した荷為替手形を輸出地の銀行が買い取ることで、輸出者に輸出代金を支払います。荷為替手形を買い取った輸出地の銀行（買取銀行）は、輸入地の信用状発行銀行経由で輸入者から支払を受けます（図表4－6－4参照）。信用状付輸出手形買取、L/C付輸出手形買取ともいわれます。

図表4－6－4　信用状付輸出荷為替手形買取の取引の流れ

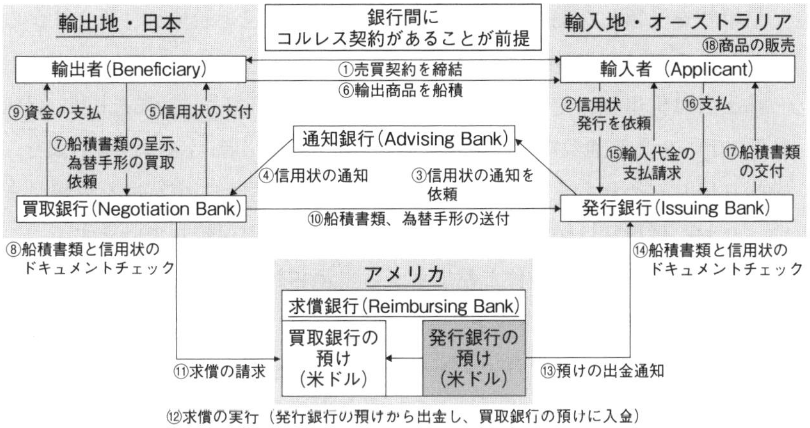

```
輸出地・日本                銀行間に              輸入地・オーストラリア
                    コルレス契約があることが前提              ⑱商品の販売
輸出者(Beneficiary) ←①売買契約を締結→ 輸入者（Applicant）
                   ⑥輸出商品を船積→
⑨資金の支払 ⑤信用状の交付                    ②信用状  ⑯支払
⑦船積書類の呈示、    通知銀行(Advising Bank)   発行を依頼  ⑰船積書類
為替手形の買取                                ⑮輸入代金の   の交付
依頼            ④信用状の通知 ③信用状の通知を  支払請求
                              依頼
買取銀行(Negotiation Bank) ⑩船積書類、為替手形の送付 発行銀行(Issuing Bank)
⑧船積書類と信用状の                          ⑭船積書類と信用状の
ドキュメントチェック                          ドキュメントチェック
                         アメリカ
                   求償銀行(Reimbursing Bank)
                   買取銀行の    発行銀行の
                   預け        預け
                   (米ドル)     (米ドル)
      ⑪求償の請求                       ⑬預けの出金通知
         ⑫求償の実行（発行銀行の預けから出金し、買取銀行の預けに入金）
```

1　取引の流れ

①　輸出者と輸入者の間で商品に関する売買契約が締結されます。この契約では取引の条件・内容が定められており、信用状による取引を行うこと、および信用状の条件（商品名、数量、金額、納期、支払期日、取引条件、船積条件、保険条件、決済条件、必要書類とその通数など）も定められています。

②　輸入者は自身の取引銀行に信用状の発行を依頼します。信用状は、輸入者が債務不履行の場合には信用状の発行銀行（Issuing Bank）が輸出代金を支払う義務を負う（輸入者に対する与信行為）ことから、発行銀行は輸入者の財務状況・信用力などを審査したうえで、信用状を発行します。

③　発行銀行と買取銀行の間にコルレス契約がある場合、信用状を直接通知（送付）します。コルレス契約がない場合、双方とコルレス契約がある銀行を経由して信用状を通知します。この銀行を通知銀行（Advising Bank）といいます。ここでは通知銀行を経由するものとしています。

④　発行銀行から依頼を受けた通知銀行は、買取銀行に信用状を通知します。信用状を輸出者に直接送付することもありますが、銀行間の通知のほうが迅速・確実です（銀行間の通知は、SWIFTシステムにより行われるのが一般的なためです）。

⑤　信用状の通知を受けた買取銀行は、信用状を輸出者に交付します。
⑥　信用状を受領した輸出者は、輸出する商品を梱包・船積し、船会社から船荷証券の交付を受けます。
⑦　輸出者は信用状に定められている必要書類（船荷証券、商業送り状、保険証券など）を必要通数揃え、為替手形（振出人＝輸出者、名宛人＝発行銀行）を振り出し、それらを信用状とともに買取銀行に呈示して買取を依頼します。なお、信用状は輸出者か買取銀行のいずれかが保管しています。
⑧　買取銀行は信用状の条件と輸出者から呈示された船積書類、為替手形との間に不一致（瑕疵、ディスクレ：Discrepancy）がないか、ドキュメントチェック（Document Check）を行います。不一致がある場合、輸入者に支払を拒絶されるリスクがあるため、以下のいずれかの対応をとります。

・書類を差し替えます。書類によっては、差替に時間がかかることもあります。
・買取取引から取立取引へ変更します。取立取引の場合、輸出代金の回収までに時間がかかるため、輸出者にとっては不利な対応です。
・信用状の条件を変更します（信用状条件変更：Amendment）。ただし、輸出者にとって不利な条件変更[*1]の場合、輸出者、買取銀行、輸入者、信用状発行銀行などの関係者の同意が必要であり、時間もかかります。
　　　[*1]　信用状金額の減額、有効期限の短縮、信用状の取消など。
・信用状発行銀行経由、ディスクレ付の買取を行う旨、輸入者の了解をとっておきます（ケーブル・ネゴ：Cable Negotiation）。
・軽微な瑕疵の場合、輸入地に照会せず、万が一、輸入者が支払を拒絶した場合には、輸出者が買戻に応じる旨のL/G（保証状、補償状：Letter of Guarantee）の差入[*2]を受けたうえで、荷為替手形を買い取ります（L/Gネゴ：L/G Negotiation）。
　　　[*2]　外国向為替手形取引約定書では不渡時の買戻が規定されているので、L/Gは本来必要ありませんが、慣習的に輸出者への確認の意味で差入を行います。

⑨　不一致がなければ買取を行い、手形金額を輸出者の預金口座に入金します。なお、手形金額が外貨で輸出者が円貨での受領を希望する場合、買取日の公示相場（一覧払手形はA/S Buying、期限付手形はUsance Buying）で

円貨に換算します。なお、支払を拒絶された場合でも、輸出者が買戻の義務を負わない買取もあります。これをフォーフェイティング（Forfaiting）といい、信用状付の期限付手形が取引の対象とされます。

⑩　買取銀行は、買い取った為替手形と船積書類を発行銀行に送付します。送付中の紛失などのリスク対策として、同じ内容の船積書類と為替手形を２通に分けて別便で送付するのが一般的です。

⑪　買取銀行は信用状に記載されている求償銀行に対して、手形金額の求償（支払）を請求します。

⑫　買取銀行から求償請求を受けた求償銀行は、発行銀行の預けから出金し、買取銀行の預けに入金することで両者の資金決済を行い、その旨、買取銀行に通知します。

⑬　求償銀行は発行銀行に対して、買取銀行からの求償請求に基づき手形金額を発行銀行の預けから出金し、決済したことを発行銀行に通知します。

⑭　買取銀行から送付された為替手形と船積書類を受領した発行銀行は、信用状条件と一致しているかチェックします。

⑮　発行銀行は、輸入者に輸入代金の支払を請求します。

⑯　輸入代金の支払請求を受けた輸入者は、自己資金（預金口座など）や銀行からの借入資金などにより輸入代金を支払います。

⑰　輸入代金の支払と引換に、発行銀行は船積書類を輸入者に引き渡します。

⑱　船積書類の引渡を受けた輸入者は、船会社に船荷証券を呈示して輸入貨物を引き取り、販売します。

第7節 輸　　入

第1項　概　　要

　輸入者が商品などを海外から購入し、取引銀行を経由して輸出者に輸入代金を支払うのが輸入業務です。輸入取引は信用状の有無、輸入代金の支払期日、支払資金の貸付・決済方法などにより、図表4－7－1のように分類されます。

図表4－7－1　輸入取引の概要

信用状	手形種類	資金貸付方法	取引の概要
信用状 (L/C)			輸出者が振り出した為替手形・船積書類（荷為替）と引換に、輸入者の輸入代金支払を保証する必要がある場合に、輸入者の依頼で発行する。輸入者が債務不履行の場合、発行銀行が支払義務を負う
スタンド・バイ・クレジット			荷為替を伴わないクリーンな信用状。海外の子会社などが現地の銀行から貸付を受ける場合などに、親会社の依頼で発行する。債務不履行の場合、発行銀行が支払義務を負う
信用状付 (L/C付)	一覧払手形	なし	輸出者の取引銀行から、信用状に基づいた為替手形・船積書類の呈示を受けて、輸入者は信用状発行銀行を経由し、輸入者自身の資金で輸出者に輸入代金を支払う
		本邦ユーザンス	輸出者の取引銀行から、信用状に基づいた為替手形・船積書類の呈示を受けて、輸入者は信用状発行銀行から貸付を受けることで輸出者に輸入

信用状	手形種類	資金貸付方法	取引の概要
信用状付（L/C付）	一覧払手形	本邦ユーザンス	代金を支払い、後日、信用状発行銀行に返済する
	期限付手形	外銀ユーザンス	信用状に基づいた為替手形を買い取った輸出者の取引銀行が、海外の銀行（引受銀行）に為替手形の引受・買取（割引）を依頼する。引受銀行は手形の支払期日まで資金を立替し、支払期日に信用状発行銀行経由で輸入者から支払を受ける
信用状なし（L/Cなし）	一覧払手形	なし	輸出者の取引銀行から、信用状に基づかない為替手形・船積書類の呈示を受けて、輸入者の取引銀行を経由して、輸入者自身の資金で輸出者に輸入代金を支払う
		本邦ユーザンス	輸出者の取引銀行から、信用状に基づかない為替手形・船積書類の呈示を受けて、輸入者の取引銀行から貸付を受けることで輸出者に輸入代金を支払い、後日、取引銀行に返済する
	期限付手形	B/Cディスカウント	輸出者の取引銀行が買い取った信用状に基づかない為替手形・船積書類の呈示を受けて、輸入者の手形引受後、輸入者の取引銀行は輸入者に船積書類を引き渡し、手形の支払期日に輸入者の取引銀行を経由して、輸入者自身の資金で輸出者に輸入代金を支払う
		シッパーズ・ユーザンス	輸出者の取引銀行から取立により、信用状に基づかない為替手形・船積書類の呈示を受けて、輸入者の手形引受後、輸入者の取引銀行は輸入者に船積書類を引き渡す。手形の支払期日に輸入者の取引銀行を経由して、

信用状	手形種類	資金貸付方法	取引の概要
信用状なし (L/Cなし)	期限付手形	シッパーズ・ユーザンス	輸入者自身の資金で輸出者に輸入代金を支払う
		L/G	船荷証券（B/L）未着のため、船荷証券なしで輸入貨物を引き取る場合に、輸入者と輸入者の取引銀行が連帯保証で船会社に補償状（L/G）を差し入れる
		T/R	輸入者の取引銀行の担保である輸入貨物を売却のため、輸入者に貸し渡す場合に、輸入者が輸入者の取引銀行に保管証（T/R）を差し入れる
		運賃保険料ユーザンス（フレート・ユーザンス）	輸入商品の輸送費、保険料について、輸入者の取引銀行から輸入者が貸付を受けることで支払い、後日、取引銀行に返済する
国内貸付業務・輸入ハネ			輸入商品の代金回収が、為替手形の支払期日に間に合わない場合に、輸入者の取引銀行から円の手形貸付を受けることで輸出者に輸入代金を支払い、後日、取引銀行に返済する

1 信用状

(1) 信用状とは

　信用状（L/C：Letter of Credit）は、輸出者に対して輸入者の輸入代金支払を保証する必要がある場合に、輸入者の依頼により発行します。信用状には、信用状条件（商品名、数量、金額、納期、支払期日、取引条件、船積条件、保険条件、決済条件、必要書類とその通数など）が記載されています。送付されてきた船積書類と信用状条件との間に違い（瑕疵、ディスクレ：Discrepancy）がないか、信用状発行銀行がチェックを行います（輸出地の買取銀行も当然チェックしています）。

　顧客にとって、信用状の金額や有効期限を超えて取引することはできない

ため、信用状の条件のなかでも金額と有効期限は最も重要です。銀行にとっても、顧客の債務不履行時には信用状発行銀行が輸入代金を支払う義務を負うという（偶発債務）与信行為であるため、信用状の金額と有効期限だけでなく、信用状のその他の条件、輸入者の財務状況や支払能力も審査したうえで信用状を発行します。

(2) **手　数　料**

　信用状を発行（開設）する場合、信用状発行銀行は信用状開設手数料（Opening Charge）を顧客から徴求します。この手数料は一種の保証料であり、信用状の金額と発行日から有効期限までの長さによって決まります。また、信用状を輸出者に通知するためにSWIFTのネットワークを使用する場合の電信料（Cable Charge）、信用状を郵送する場合の郵送料（Postage）、通知銀行（Advising Bank）を介する場合[*1]の通知手数料（Advising Charge）などの手数料もかかります。

　　[*1]　信用状発行銀行と輸出者の取引銀行にコルレス契約がなく、信用状を直接通知できない場合です。

(3) **条件変更**

　信用状の金額、有効期限、その他の信用状条件を変更することを条件変更（Amendment、Amend）といいます。受益者である輸出者に不利[*2]になるような条件変更は、輸出者、買取銀行、輸入者、信用状発行銀行などの関係者の同意が必要です。なお、条件変更についても、銀行は信用状の条件変更手数料（Amend Charge）を顧客から徴求します。それ以外の手数料は信用状の発行時に準じます。

　　[*2]　信用状金額の減額、有効期限の短縮、信用状の取消など。

(4) **信用状と荷為替手形**

　信用状の金額は通常、分割して使用することが可能なため、1通の信用状を複数の荷為替手形に使用することが可能です（分割して使用する場合も有効期限以内に使用しなければなりません）。また、一つの荷為替手形に複数の信用状を使用することも可能[*3]で、これをL/C Combine、Combined L/Cなどといいます。

　　[*3]　有効期限内でかつ信用状条件が船積書類の内容と合致しているなどの制約が

あります。

(5) 信用状の種類
信用状には、以下のような種類があります。

① 確認信用状と無確認信用状
信用状発行銀行の信用力や知名度が国際的でない、あるいはカントリーリスクなどがある場合、国際的な一流銀行に確認手数料を払い、確認指図（Confirmation Instruction）によって信用状の確認（Confirmation）を依頼し、信用補完を行うことがあります（オープン・コンファーム：Open Confirm）。これを確認信用状（Confirmed L/C）といい、確認を行った銀行を確認銀行（Confirming Bank）といいます。

万が一、信用状発行銀行が支払不能の場合、確認銀行は支払義務を負います。したがって、確認という行為は確認銀行の信用状発行銀行に対する保証であり、銀行間の与信行為に当たります。これに対し、確認がない信用状を無確認信用状（Unconfirmed L/C）といいます。

また、信用状発行銀行から確認指図はないものの、信用状発行銀行の信用力になんらかの不安（たとえば、国際的に無名の銀行など）が輸出者にある場合、輸出者が確認銀行に信用状の確認を依頼することがあります。これをサイレント・コンファーム（Silent Confirm[*1]）といい、信用状発行銀行あるいは通知銀行とは関係なく、輸出者と確認銀行との間で契約されます。万が一、信用状発行銀行が支払不能の場合には、確認信用状と同様に支払義務を負うため、確認銀行は信用状発行銀行の信用力などを勘案したうえで確認を行います。

> ＊1　サイレントの意味は、信用状発行銀行に知らせることなく、輸出者と確認銀行との間でのみ確認が行われることに由来します。

② 取消可能信用状と取消不能信用状
取消不能信用状（Irrevocable L/C）は輸出者（受益者）、買取銀行、信用状発行銀行、輸入者など、関係者全員の同意がなければ取り消すことのできない信用状です。これに対し、取消可能信用状（Revocable L/C）は、信用状発行銀行、輸出者（受益者）など、関係者全員の同意がなくても取り消すことができる信用状です。

取消可能信用状に基づく荷為替手形は、当該信用状の取消により輸出代金の支払を拒絶されかねないため、顧客から買取を求められても銀行の立替払のない取立で対応します。

なお、信用状に取消不能である旨の記載がない場合、取消不能とみなされます。

③ オープン信用状とリストリクト信用状

オープン信用状（Open L/C）は、当該信用状に基づく荷為替手形を買い取る銀行を限定しない信用状です。これに対してリストリクト信用状（Restricted L/C）は、当該信用状に基づく荷為替手形を買い取る銀行を特定の銀行（通常は通知銀行）に限定している信用状です。リストリクト信用状に基づく荷為替手形は、当該信用状で限定されている銀行以外は買い取ることができません。

④ 荷為替信用状とクリーン信用状

荷為替信用状（Documentary L/C）は、荷為替手形の添付を条件とする信用状です。これに対してクリーン信用状（Clean L/C）は、荷為替手形の添付を条件としない信用状で、後述する借入保証や商品代金以外の支払を保証します。

⑤ 譲渡可能信用状

譲渡可能信用状（Transferable L/C）は、第三者（海外支店、海外子会社、代理店など）に譲渡することができます。譲渡は信用状に記載されている金額の全額、または一部について行うことができます。

⑥ 回転信用状

通常の信用状は有効期限と金額が決まっており、条件変更により金額を増額しない限り、金額を使ってしまえば、それ以上は当該信用状での輸入取引を行うことはできません。これに対して回転信用状（Revolving L/C）は一定期間内に一定のサイクル、同じ条件で同じ輸入者と取引する場合に使用されます[*1]。顧客にとっては取引の都度、信用状の発行依頼をする、あるいは金額の不足を条件変更で増額するといった事務負担や銀行に支払う手数料を軽減することができます。

＊1　たとえば、期間2年で1サイクル＝1カ月、1サイクルの上限金額＝1万ド

ルの回転信用状では、総額＝1万ドル×24サイクル＝24万ドルを使用できます。

銀行にとっても顧客との当該輸入取引を自行に固定でき、手数料や売買益などの収益が期待できます。なお、一定のサイクルの間に使用できる上限金額は決まっており、サイクル内に使用しなかった金額が次のサイクルに自動的に繰り越される累積型（Cumulative Type）と、繰り越されない非累積型（Non-cumulative Type）があります。

2　一覧払手形と期限付手形

為替手形には一覧払手形と期限付手形の2種類があります。

(1)　一覧払手形

一覧払（At Sight）手形は、手形が輸入者に呈示された場合、速やかに支払わなければなりません。一覧払手形以外の手形は、期限付手形と総称されます。

(2)　期限付手形

期限付（Usance）手形は、手形が輸入者に呈示された後、手形の支払期日（満期）までの期間、支払が猶予されます。この手形の支払猶予期間を手形期間（Tenor）といい、以下の種類があります。

(3)　手形期間

手形期間には、以下の五つの種類があります。

① 　一覧払（At sight）：手形の呈示（一覧）後、遅滞なく[*1]支払うべき手形期間。一覧払手形。

　　[*1]　国により、1日～5日の支払猶予期間があります。前述のUCPでは、5日を猶予の限度としています。

② 　一覧後定期払（XX days sight）：手形の呈示と手形の引受後、XX日後を支払期日とする手形期間。輸入者の手形引受後に支払期日が確定します。

　　たとえば、120 days sightで、輸入者の手形引受が2010/11/10の場合、その翌日から起算して、2011/03/10が手形の支払期日です。

③ 　日付後定期払（XX days after YYMMDD）：特定の日付YYMMDDからXX日後を支払期日とする手形期間。特定の日付から起算する場合と、特定の日付の翌日から起算する場合があります。

④ 確定日払（YYMMDD）：特定の日付YYMMDDを支払期日とする手形期間。
⑤ その他（Other tenor）：支払期日を決める際に基準とする日付が一覧（At sight）でも、特定の日付（YYMMDD）でもなく、特定の条件・日付で支払期日を求める手形期間。たとえば、商品到着後XX日後（XX days after arrival of goods）、船積後XX日後（XX days after B/L date）などの手形期間があります。

3　スタンド・バイ・クレジット

スタンド・バイ・クレジット（Stand-by Credit）は、顧客の海外現地法人などが現地の銀行から貸付を受ける場合などに、親会社の依頼により発行します。信用状と同様に、顧客の債務不履行時には発行銀行が支払義務を負う（偶発債務）与信行為に当たります。輸出のクリーン手形・小切手と同様に、船積書類（Shipping Documents）が付いていないという意味で、クリーン（Clean）信用状ともいわれます。

現地の銀行から貸付を受けるための保証という点では単なる債務保証であり、輸入と無関係にみえますが、現地で貸付を受け、輸出のための原材料を仕入れることなどに使うことから、日本側からみて輸入業務に分類されています。

4　信用状付

前述の信用状に基づいて行われる荷為替手形の取引を、信用状付取引（With L/C）、L/C付取引、L/Cベースの取引などといいます。後述するユーザンスを伴う場合と、伴わない場合があります。

5　本邦ユーザンス

本邦とは日本国内という意味で、ユーザンス（猶予：Usance）は輸入者に対して輸入代金の支払を猶予することを意味します。つまり本邦ユーザンスとは、輸入代金の決済資金を日本国内で貸し付ける取引であり、輸入者に対する貸付取引です。

本邦ユーザンスは本邦ローン、自行ユーザンス、邦銀ユーザンスなどともいわれます。輸入者が一覧払手形の呈示を受け、すぐに自己資金で輸入代金を支払えない場合に、信用状発行銀行が支払資金を輸入者に貸し付け、輸出者に輸入代金を支払うものです。

　信用状の発行依頼と同時に輸入者は輸入代金の貸付（本邦ユーザンス）を受けたい旨、銀行に申し込みます。信用状発行後に、貸付の申込をすることもあります。輸入者は貸付を受ける際、信用状発行銀行に借用証として、約束手形（Promissory Note）を差し入れます。

　貸付の通貨は通常、輸入代金の外貨と同じですが、支払うべき輸入代金の外貨と異なる外貨で本邦ユーザンスを供与することもあります（たとえば、輸入代金の通貨＝ドル建、ユーザンスの通貨＝ユーロ建）。これを異種通貨ユーザンスといいます。

　なお、資金繰りに余裕のある輸入者は本邦ユーザンスを受けず、自己資金で輸入代金を支払うこともあります。

6　外銀ユーザンス

　外銀ユーザンスには、アクセプタンス（引受：Acceptance）方式と、リファイナンス（再調達：Refinance）方式があります。アクセプタンス方式については後述します。リファイナンス方式は、ドルで本邦ユーザンスを行った銀行がユーザンス資金に見合ったリファイナンス手形を振り出し、在日または在ニューヨークの米銀などの割引を受けることでドル資金を調達するものです（後述する市場取引でも若干言及します（254頁参照））。

7　信用状なし

　信用状に基づかない荷為替手形の取引を、信用状なし取引（Without L/C）、L/Cなし取引、B/C（Bill for Collection）ベースの取引などといいます。この信用状なし取引は信用状発行銀行の支払保証がないため、輸出者からみれば輸出貨物の代金回収の保証がありません。このため、貨物を引き取るために必要な船荷証券などの船積書類を、輸入者に引き渡す条件があります。具体的には、支払渡（D/P：Document against Payment）条件、②引受渡（D/A：

Document against Acceptance）条件の二つがあります。

　信用状なし取引は、輸入者が債務不履行の場合に支払保証がないため、輸出者には不利である反面、信用状の発行手数料を銀行に支払う必要がなく、経費を節約できます。輸入者の信用力が高い、あるいは輸出者と輸入者の関係が非常に親密であるなどの場合に（具体的には、親会社と海外子会社、本社と海外支店などの間で）使われることが多いようです。

　信用状なし取引では通常、一覧払手形＝D/P条件付、または期限付手形＝D/A条件付であることが一般的です。なお、一覧払手形にD/A条件が付くことはありえませんが、期限付手形でD/P条件が付くことはまれにあるようです。

8　B/Cディスカウントとシッパーズ・ユーザンス

　輸入者からみれば、いずれも期限付手形の呈示を受け、手形の引受により、船積書類を銀行から受領して、期限付手形の支払期日に輸入代金を支払うことは両者とも同じです。ただし、B/Cディスカウント（割引：Discount）が輸出者の取引銀行が為替手形を買い取っているのに対して、シッパーズ・ユーザンス（Shippers Usance）は輸出者の取引銀行が為替手形を取り立てているという違いがあります。

　つまり、B/Cディスカウントでは輸出者の取引銀行がユーザンスを供与するのに対し、シッパーズ・ユーザンスでは輸出者自身がユーザンスを供与します。なお、シッパーズ・ユーザンスを行う輸出者は、銀行からの借入によらず輸入者による代金の支払を猶予するため、手元の資金に十分な余裕があるといえます。

9　L/G（荷物引取保証）

　アジアなどからの輸入の場合、輸送船の高速化により輸入貨物が船荷証券よりも早く到着することがあります。貨物の中味によっては、早く貨物を引き取りたいこともあります。こうした場合、船荷証券の代わりに輸入者と取引銀行が船会社に補償状（Letter of Guarantee）[1]を差し入れることにより（連帯保証）、貨物を引き取ることができます。なお、船荷証券の到着後、船会

社に船荷証券を提出することで保証は解除されます。

> ＊1　前述の輸出のL/G Negotiationの補償状とは異なり、輸入者に対する与信行為です。

　L/Gは信用状付（L/Cベース）の場合に限られ、信用状なし（B/Cベース）のL/Gは通常、取り扱われません。これは船荷証券、為替手形などの船積書類が未着であり、輸入者の取引銀行に送られてくる保証がないことや、船積書類がないと輸入代金の金額も不明であるからです。

10　T/R（担保荷物貸渡）

　輸入貨物は輸入者が代金支払または手形引受を行わない限り、銀行の担保とされます。しかし、担保のままでは輸入者は輸入貨物の販売ができず、債務の履行に支障をきたすことがあります。輸入者に輸入貨物を貸し渡し、通関・入庫・販売により輸入代金の回収を行わせたほうが、銀行にも輸入者にも有益です。そこで輸入貨物を銀行が輸入者に貸し渡す際に、輸入者から輸入担保貨物保管証（T/R：Trust Receipt）という約定書の差入を受けることで、荷物貸渡（T/R：Trust Receipt）[2]を行います。

> ＊2　約定書の名称が荷物貸渡という行為そのものも意味しています。
> 　　つまりT/Rにより、輸入者は銀行の代理人として輸入貨物を販売するといえます。
> 　　T/Rには、輸入貨物の売却まで認める甲号T/Rと、入庫まで認める乙号T/R、そして航空貨物についてのT/Rである丙号T/Rがあります。また、信用状なし（B/Cベース）のT/Rは、L/Gと同様の理由で通常は取り扱われません。

11　運賃保険料ユーザンス

　運賃保険料ユーザンス（Freight Usance）は、輸入貨物の輸送費・保険料の支払資金を輸入者に貸し付けるものです。輸入者から約束手形の差入を受けると同時に、支払の根拠として船会社からの運賃請求書、保険会社からの保険料請求書を徴求し、船会社・保険会社の口座に振り込む（国内）か、仕向送金（国外）を行います。

12　輸入ハネ

　輸入ハネとは、本邦ユーザンスなどの期日までに輸入製品の販売による代

金回収が行えないような場合(たとえば、輸入した原材料を使って製品を製造・販売し、代金を回収するまでに長期間を要するなど)、ユーザンスの期日から製品代金の回収日までの資金を貸し付けるもので、国内の貸付業務において手形貸付などにより行われます。したがって、貸付は日本円のみに限定されます。原材料の輸入に輸入ハネが行われることが多いようです。

輸入取引の代表例として、信用状付一覧払手形・本邦ユーザンス、信用状付期限付手形・外銀ユーザンス、信用状なし期限付手形・B/Cディスカウントの三つをあげて、説明します。

第2項　信用状付一覧払手形・本邦ユーザンス

1　取引の流れ

信用状発行銀行が輸入者に資金を貸し付けることで、輸入代金(信用状に基づいた為替手形)を支払う取引です(図表4－7－2参照)。

信用状に基づく取引で同じ商品を一定間隔で反復して輸入するような場合、1取引ごとに信用状を開設すると信用状開設手数料がかかり、信用状発行依頼時の輸入者の事務負担も重くなります。このような場合、信用状の有効期間を長くしておけば、何回も輸入することができます。反復して輸入する場合、図では①～④は初回のみ行われ、⑤～⑰は輸入の都度、繰り返されます。

また、図表4－7－2では、発行銀行が買取銀行に信用状を直接通知していますが、これは両者の間に信用状についてのコルレス契約がある場合で、買取銀行が通知銀行も兼ねている例です。

① 輸入者と輸出者の間で、商品に関する売買契約が締結されます。この契約では取引の条件・内容などが定められており、信用状による取引を行うこと、信用状の条件(商品名、数量、金額、納期、支払期日、取引条件、船積条件、保険条件、決済条件、必要書類とその通数など)も定められています。
② 輸入者は自身の取引銀行に信用状の発行を依頼します。輸入者は自身の

図表4－7－2　信用状付一覧払手形・本邦ユーザンスの取引の流れ

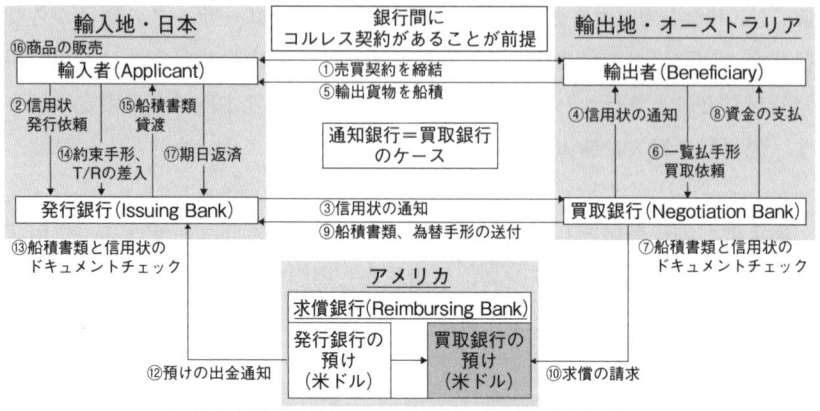

```
輸入地・日本                銀行間に              輸出地・オーストラリア
⑯商品の販売           コルレス契約があることが前提
輸入者(Applicant)      ①売買契約を締結        輸出者(Beneficiary)
②信用状  ⑮船積書類    ⑤輸出貨物を船積        ④信用状の通知  ⑧資金の支払
 発行依頼  貸渡
  ⑭約束手形、⑰期日返済    通知銀行＝買取銀行         ⑥一覧払手形
    T/Rの差入                のケース                 買取依頼
発行銀行(Issuing Bank)  ③信用状の通知         買取銀行(Negotiation Bank)
                       ⑨船積書類、為替手形の送付
⑬船積書類と信用状の                              ⑦船積書類と信用状の
 ドキュメントチェック                              ドキュメントチェック
                         アメリカ
                   求償銀行(Reimbursing Bank)
                   発行銀行の    買取銀行の
                     預け        預け
⑫預けの出金通知    (米ドル)     (米ドル)    ⑩求償の請求
           ⑪求償の実行（発行銀行の預けから出金し、買取銀行の預けに入金）
```

　資金繰りを勘案し、輸入代金の支払を自己資金で行うか、信用状発行銀行の本邦ユーザンスを受けるかを検討し、必要な場合は本邦ユーザンスの供与依頼を行います。

　なお、信用状は輸入者が債務不履行の場合には、信用状発行銀行が輸出代金を支払う義務を負います。これは輸入者に対する与信行為であるので、発行銀行は輸入者の信用力や財務状況を審査したうえで信用状を発行します。

③　発行銀行は、輸出者の取引銀行である買取銀行に信用状を直接通知します（発行銀行と買取銀行の間にコルレス契約があることが前提です）。

④　信用状の通知を受けた買取銀行は、信用状を輸出者に通知・交付します。

⑤　信用状を受け取った輸出者は、輸出する商品を梱包・船積し、船会社から船荷証券を、保険会社から保険証券を受領し、ほかの必要な書類も用意します。

⑥　輸出者は一覧払の為替手形（支払人＝発行銀行）を振り出し、船積書類とともに買取銀行に呈示し、買取を依頼します。

⑦　買取銀行は、船積書類、為替手形と信用状の間に不一致がないか、ドキュメントチェックを行います。

⑧　買取銀行は、買取により輸出代金を輸出者の預金口座に入金します。
⑨　買取銀行は、買い取った為替手形と船積書類を発行銀行に送付します。
⑩　買取銀行は、信用状に記載されている決済方法に従い、求償銀行に対して手形金額の求償（支払）を請求します。
⑪　買取銀行から求償の請求を受けた求償銀行は、発行銀行の預けから出金し、買取銀行の預けに入金することで両者の資金決済を行います。なお、この時点から輸入者が本邦ユーザンスの供与を受けるまで、発行銀行が輸入代金の立替をしているので、その間の利息は後日、輸入者から徴求します。
⑫　求償銀行は、発行銀行に対して買取銀行からの求償請求に基づき、手形金額を発行銀行の預けから出金し、決済したことを発行銀行に通知します。
⑬　買取銀行から送付された為替手形と船積書類を受領した発行銀行は、船積書類が信用状条件と一致しているか否かチェックします。
⑭　輸入者は発行銀行に輸入担保貨物保管証（T/R）を差し入れ、船積書類を受け取ります。同時に、輸入代金の支払資金の貸与（本邦ユーザンスの供与）を受けるため、発行銀行に約束手形を差し入れます。なお、輸入者が輸入代金に相当する金額を自己資金で支払う場合は、支払（輸入者の預金口座から出金）と引換に船積書類を受け取り、以降は⑯のみ行われます。
⑮　輸入者からT/Rの差入を受けた発行銀行は、輸入者に船積書類を貸し渡します。
⑯　輸入者は船荷証券を船会社に呈示して商品を引き取り、通関手続、関税の納付などの必要な手続を済ませ、事前に手配しておいた倉庫に商品を入庫します。その後、商品を販売し、輸入代金を回収します。
⑰　輸入者は（本邦ユーザンスの供与を受けた際に差し入れた）約束手形の期日に預金口座から出金することで、発行銀行に輸入代金を支払います。なお、本邦ユーザンスが外貨で供与されていて、輸入者が円貨での返済を希望する場合、返済日の公示相場（TTS）で円貨を算出します。

第3項　信用状付期限付手形・外銀ユーザンス

1　取引の流れ

　海外の引受銀行が輸入代金を支払期日まで立替払し、輸入者が輸入代金を支払期日に海外の引受銀行に支払う取引です（図表4－7－3参照）。
　外銀ユーザンスには、アクセプタンス（引受：Acceptance）方式とリファイナンス方式[*1]（再調達：Refinance）の二つがありますが、ここではアクセプタンス方式について説明します。

　　＊1　アクセプタンス方式の引受・支払銀行が、リファイナンス方式では自行の海外支店に置き換わる点がおもな違いです。

　アクセプタンス方式を利用するには、信用状発行銀行が海外の引受・支払銀行に預け金（デポ口座）をもっており、同時に引受・支払銀行からアクセプタンスについての与信枠（信用供与枠：Credit Facility）が与えられている必要があります。
① 　輸入者と輸出者の間で、商品に関する売買契約が締結されます。

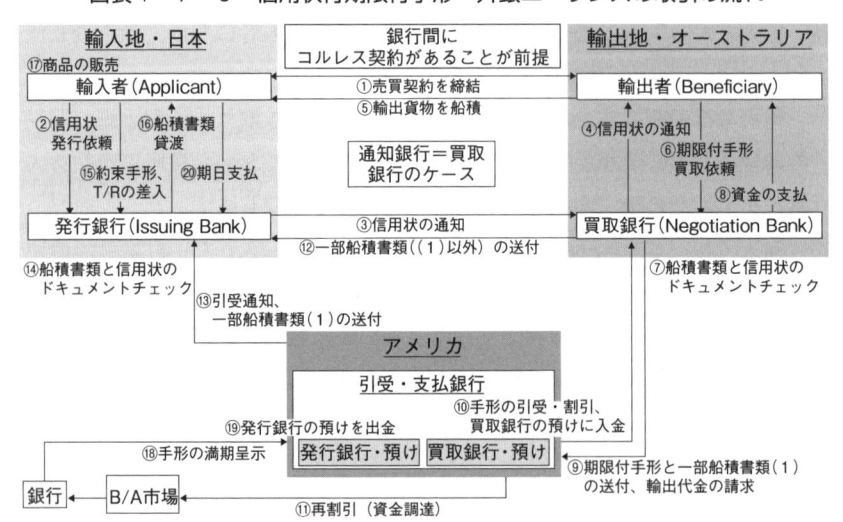

図表4－7－3　信用状付期限付手形・外銀ユーザンスの取引の流れ

② 輸入者は自身の取引銀行に信用状の発行を依頼し、発行銀行は審査のうえ、信用状を発行して引受・支払銀行に事前に引受・支払指図を送付します。
③ 発行銀行は、買取銀行に信用状を通知します。
④ 信用状の通知を受けた買取銀行は、信用状を輸出者に通知・交付します。
⑤ 信用状を受け取った輸出者は、輸出する商品を梱包・船積します。
⑥ 輸出者は、期限付の為替手形（支払人＝引受・支払銀行）を振り出し、船積書類とともに買取銀行に呈示して買取を依頼します。
⑦ 買取銀行は、船積書類、為替手形と信用状の間に不一致がないか、ドキュメントチェックを行います。
⑧ 買取銀行は、買取により輸出代金を輸出者の預金口座に入金します。
⑨ 買取銀行は、買い取った為替手形と一部の船積書類を引受・支払銀行に送付し、輸出代金の請求を行います。
⑩ 引受・支払銀行は、受け取った為替手形に引受署名し（引受・支払銀行に支払義務が発生）、割り引いたうえで代わり金を買取銀行の預けに入金します。
⑪ 引受・支払銀行は、引受・割引した為替手形[*1]をB/A市場[*2]で再割引（ほかの金融機関が買取）し、資金化します。ただし、手形の期日まで保有することもあります。

 ＊1　引受銀行により引受署名がされた手形は銀行引受手形（Banker's Acceptance Bill）といわれ、輸入者の引受のみの手形よりも有利な金利で割引されます。
 ＊2　この市場の金利が、相場金利の節（160頁）で言及したB/Aレートです。

⑫ 買取銀行は、一部の船積書類（⑨の書類を除きます）を発行銀行に送付します。
⑬ 引受・支払銀行は、発行銀行に対して為替手形の引受を行った旨の引受通知（Acceptance Advice）と⑨の一部の書類を送付し、同時に引受日から為替手形の期日までの利息、その他手数料を発行銀行に請求します。
⑭ 買取銀行と引受・支払銀行から送付された船積書類を受領した発行銀行は、信用状条件と一致しているか、ドキュメントチェックを行います。
⑮ 輸入者は、発行銀行に輸入担保貨物保管証（T/R）を差し入れ、船積書類を受け取ります。同時に、⑥の期限付手形と同じ金額・支払期日の約束

手形を発行銀行に差し入れます。発行銀行は⑬の利息・手数料を輸入者から徴求します。
⑯　輸入者からT/Rの差入を受けた発行銀行は、輸入者に船積書類を貸し渡します。
⑰　輸入者は船荷証券を船会社に呈示し、商品を引き取った後、通関手続、関税の納付などの必要な手続を済ませ、事前に手配しておいた倉庫に商品を入庫します。その後、商品を販売し、輸入代金を回収します。
⑱　引受・支払銀行は、⑪の銀行引受手形（期限付手形）を買い取った金融機関から手形の支払期日に支払呈示を受けるので、資金を支払います。
⑲　引受・支払銀行は発行銀行の預けから出金します。
⑳　輸入者は、⑮の約束手形の期日に預金口座から出金することで、発行銀行に輸入代金を支払います。なお、手形金額が外貨で輸入者が円貨での輸入代金の支払を希望する場合、返済日の公示相場（TTS）で円貨を算出します。

第4項　信用状なし期限付手形・B/Cディスカウント

1　取引の流れ

　信用状に基づかない為替手形が取立に出され、期限付手形の期日に輸入者が輸入代金を支払います（図表4－7－4参照）。
①　輸入者と輸出者の間で、商品に関する売買契約が締結されます。この契約では取引の条件・内容などが定められていますが、信用状がないため信用状と船積書類との不一致はありません。
②　契約成立後、輸出者は輸出する商品を梱包・船積し、船会社から船荷証券を保険会社から保険証券を受領し、ほかの必要な書類を用意します。
③　輸出者は期限付為替手形（支払人＝輸入者）を振り出し、船積書類とともに買取銀行に呈示して買取を依頼します。買取銀行は、船積書類、為替手形の形式的なチェックのみを行います。この例では手形期日まで輸出代金の支払を猶予するので、D/A条件付です（一覧払手形でD/P条件とすると、

支払が船積書類の引渡条件になり、手形呈示後、速やかに支払う必要があるので、支払を猶予することにはなりません)。
④　買取銀行は、買取により輸出代金を輸出者の預金口座に入金します。
⑤　買取銀行は、買い取った為替手形と船積書類を送付し、支払銀行に取立を依頼します。
⑥　支払銀行は、買取銀行から送付された為替手形を輸入者に呈示し、輸入者の引受署名を受けます。この引受により、輸入者に支払義務が生じます。
⑦　手形の引受後、支払銀行は船積書類を輸入者に引き渡します。
⑧　支払銀行は、輸入者が手形を引き受けた旨の引受通知（Acceptance Advice）を買取銀行に送付します。
⑨　輸入者は船荷証券を船会社に呈示して商品を引き取り、通関手続、関税の納付などの必要な手続を済ませ、事前に手配しておいた倉庫に商品を入庫します。その後、商品を販売し、輸入代金を回収します。
⑩　輸入代金を回収した輸入者は、手形期日に預金口座から出金することで支払銀行に輸入代金を支払います。なお、手形金額が外貨で輸入者が円貨での輸入代金の支払を希望する場合は、返済日の公示相場（TTS）で円貨を算出します。
⑪　輸入者から支払を受けた支払銀行は、支払銀行の預けから手形金額を出

図表4－7－4　信用状なし期限付手形・B/Cディスカウントの取引の流れ

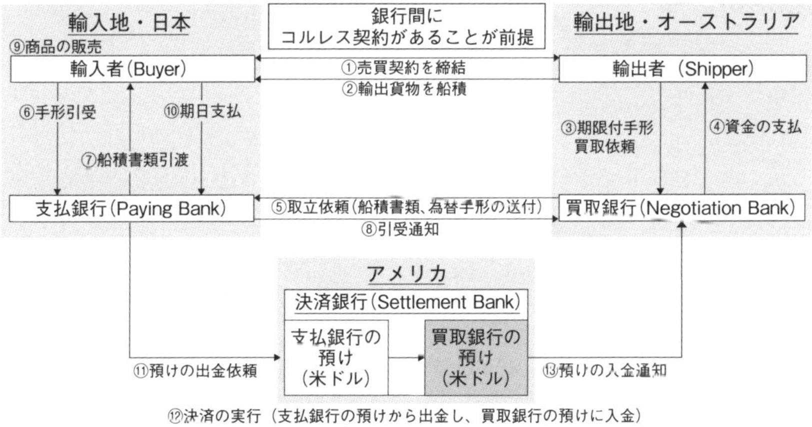

金し、買取銀行の預けに入金するよう決済銀行に依頼します。
⑫　支払銀行から決済の依頼を受けた決済銀行は、支払銀行の預けから手形金額を出金し、買取銀行の預けに入金します。
⑬　決済を終えた決済銀行は、買取銀行に入金があった旨、入金通知（Credit Advice）を送付します。

第8節 両替

第1項 概要

　外貨現金（Cash）や旅行小切手（トラベラーズチェック：Traveler's Check。以下、T/C）を両替する業務です。これらを売買する場合の相場や手数料は、図表4−8−1のとおりです。
　T/CとCashの売買で、どの通貨を扱っているかは銀行・支店によります。
　ドルの買取は多くの銀行・支店で行っていますが、ドルの売却は金額や支店の在庫状況によっては本店などから取り寄せるため、1日〜3日程度かかります。
　ドル以外の通貨の買取は、その銀行が取り扱っている通貨であれば、本店をはじめ支店でも行われます。また、売却は支店に在庫を置かないことが多く、本店などから取り寄せるため、1日〜3日程度かかります。ただし、銀行の本店、空港や繁華街の外貨両替専門の店舗[1]では随時、売買が可能です。また銀行によっては、外貨の宅配を行っているところもあります。

> ＊1　夜間や休日など、通常の窓口営業時間以外も営業しています。なお、1998年の外為自由化により、銀行以外の一般事業者にも開放されたため、一部のFX業者や金券ショップなどでも外貨の両替を行っています。

　具体的な取扱通貨は、T／Cであれば、ドル、ユーロ、カナダドル、豪ドル、ポンド、スイスフランなどの通貨が取り扱われています。また外貨現金では、T／Cの取扱通貨に加えて、ノルウェー、スウェーデン、ニュージーランド、中国、香港、韓国、タイ、シンガポール、インドネシアなどの通貨が売買されています。なお、銀行や通貨によっては、買取は行いますが、売却はしないこともあります。また銀行の両替では、外貨現金の硬貨は売買ともに取り扱っていません。

図表4-8-1 両替の種類と相場

種類	売買	適用相場*1	円貨・外貨の売買など	銀行の収益（コスト含む）
外貨現金 (Cash)	売り	①Cash Selling	円貨→外貨（外貨売、円貨買）	Cash幅（①〜③）＋TT幅（③〜④）
外貨現金 (Cash)	売り	—	外貨→外貨（同一外貨）	外貨取扱手数料（Lifting Charge）
外貨現金 (Cash)	買い	⑨Cash Buying	外貨→円貨（外貨買、円貨売）	TT幅（④〜⑤）＋Cash幅（⑤〜⑨）
外貨現金 (Cash)	買い	—	外貨→外貨（同一外貨）	外貨取扱手数料（Lifting Charge）
外貨建旅行小切手 (T/C)	売り	③TT Selling	円貨→外貨（外貨売、円貨買）	TT幅（③〜④）＋T/C発行手数料
外貨建旅行小切手 (T/C)	売り	—	外貨→外貨（同一外貨）	外貨取扱手数料（Lifting Charge）
外貨建旅行小切手 (T/C)	買い	⑥A/S Buying	外貨→円貨（外貨買、円貨売）	TT幅（④〜⑤）＋金利幅（⑤〜⑥）
外貨建旅行小切手 (T/C)	買い	—	外貨→外貨（同一外貨）	外貨取扱手数料（Lifting Charge）
円建旅行小切手 (T/C)	売り	—	円預金、円現金→円建旅行小切手	T/C発行手数料
円建旅行小切手 (T/C)	買い	—	円建旅行小切手→円預金、円現金	なし

*1 丸数字は、「図表4-2-3 公示相場の種類と体系」（158頁参照）の「相場名」の丸数字と一致させています。

第2項 手数料

両替にかかわる手数料について、以下に説明します。なお、外貨取扱手数料は両替に限らず、換算が発生しない（TT幅など相場に含まれる銀行の収益が発生しない）場合に、顧客との外国為替取引全般で発生します。

1　外貨取扱手数料

外貨預金を外貨現金やT/Cで出金する、あるいは外貨現金やT/Cを外貨預金に入金する場合、銀行の収益であるCash幅、TT幅がまったく発生しないため、別途、外貨取扱手数料[*1]（Lifting Charge）を徴求します。

> ＊1　円建の取引を日本円で決済する場合も、銀行の収益が発生しないため、円為替手数料を徴求します。

個人の場合は、売買する外貨額も大きくないので、多くの銀行では定額（一律1,000円など）です。法人の場合は、たとえば外貨額の1/20％（0.05％）にTTSを乗じて計算するのが一般的です（ただし、最低手数料（Minimum Charge）＝1,000円～3,000円程度を徴求）。法人の場合を以下に例示します。

- 外貨額＝20万ドルでTTS＝90.00円のとき、
  20万ドル×1/20％×90.00円＝9,000円
  →外貨取扱手数料は、9,000円
- 外貨額＝1万ドルで、TTS＝90.00円のとき、
  1万ドル×1/20％×90.00円＝450円
  →外貨取扱手数料は、450円ではなく、最低手数料（Minimum Charge）を徴求

手数料を金額に一定の割合（料率）を乗じて計算する場合は、計算対象の金額が小さいと小額になってしまいます。しかし、銀行の事務コストなどの固定費は金額に関係なく不変なので、これをカバーするために最低手数料があります。この最低手数料は両替だけでなく、輸出入などでも一般的な考え方です。手数料の上限や最高手数料という考えは一般的ではありません。大手企業などに対しては、手数料（相場や利率も同様）を優遇したり、徴求しないこともあります。

2　T/C発行時の手数料

顧客に売却する際の手数料です。外貨建の場合、発行（売却）金額の換算円貨額の2％で計算します（ただし最低手数料（Minimum Charge）＝1,000円～3,000円程度）。また円建T/Cの場合、外貨から円貨への換算がないだけで、

外貨建と同じ計算式で行います。以下に具体例を示します。
・発行金額＝1万ドルで、TTS＝90.00円のとき、
　換算円貨額＝1万ドル×90.00円＝90万円
　90万円の2％＝18,000円→発行手数料は、18,000円
・発行金額＝100ドルで、TTS＝90.00円のとき、
　換算円貨額＝100ドル×90.00円＝9,000円
　9,000円の2％＝180円
　　→T/C発行手数料は、180円ではなく最低手数料（Minimum Charge）を徴求

3　T/C買取時の手数料

　買取時には、売却時の発行手数料に該当する手数料はありませんが、金利幅がかかるのが一般的です。海外の有力金融機関（ドルの場合はCitibank、AMEXなど）が発行したT/Cを、日本の銀行で販売している場合には、銀行が顧客から買い取ったT/Cを発行元の金融機関に送付し、T/Cの代わり金である外貨資金を受領します。

　このように顧客から買い取って海外の銀行から外貨資金を受け取るまでの間（これをメール期間といい、ドルの場合は12日）、T/Cの買取銀行が立替払をしていることになり、この間の金利を相場に引き直したものを金利幅（メール金利幅）といいます。

　なお、円建のT/Cもありますが、手形交換により3日程度で資金が決済されるため金利幅はなく、額面どおり円現金に換金されます。また自行が発行した外貨建T/Cの買取の場合は、ほかの銀行への送付や資金決済がないので金利幅はなく、TTBにより円貨に換算されます。

コラム　T/C利用者の減少

　かつて海外ではクレジットカードを使える場所が限られており、カード利用時から1カ月以上後の相場により、日本円での支払額を請求され、支払額がなかなか確定しませんでした。このため、まとまった金額では、購入時に日本円での支払額が確定すること、かつ使用時に本人のサインが必要で、紛失盗難時には再発行も可能なT/Cが主流でした。

　しかし最近では、クレジットカードの利用が可能な店舗も一般的になり、カード会社は銀行にとって外貨の大口の顧客でもあるため、一般より有利な相場が適用されています。また、日本円での支払額が利用後すぐに確定することから、T/Cの利用者は減少してきています。このため、最近、T/Cの発行手数料が値上げされています。

第9節 先物為替予約

第1項 概　　要

　先物為替予約とは、将来の一時点において、一定の相場で外貨と円貨、または外貨と外貨を売買（以下、外貨の売買）する契約を取引の相手と締結する取引です。

　先物為替予約は図表4－9－1のように、対顧客向けと対市場向けに大別されます。ここでは、対顧客の先物為替予約について説明します。なお、対市場の先物為替予約については、後述する市場取引のなかで述べることとします。

1　対顧客取引

　先物為替予約（以下、先物予約）は、為替予約、あるいは単に予約といわ

図表4－9－1　先物為替の種類

市場	受渡時期	金額	説　明
対顧客	先物 （翌々営業日以降）	小口	個人や法人などの顧客向けで（対顧客）、受渡が翌々営業日以降（先物）の、一定金額以下のもの
		大口	個人や法人などの顧客向けで（対顧客）、受渡が翌々営業日以降（先物）の、一定金額以上のもの
対市場 （対銀行）	SPOT		銀行などの金融機関同士で取引が行われ（対銀行）、受渡が翌々営業日（直物）のもの
	FORWARD		銀行などの金融機関同士で取引が行われ（対銀行）、受渡が翌々営業日より後（先物）のもの

れることもあります。先物予約は輸出手形買取、輸入手形決済、仕向送金、両替などといった取引で取り扱われる外貨を、小口の場合は小口取引用の先物相場で、大口[*1]の場合は市場の実勢相場に銀行の鞘を加えた相場（締結相場）で売買する契約です。通常、売買は契約締結日の翌々営業日以降に行います。

　　[*1] 取引金額がおおむね、10万ドル相当額以上を指します。

　なお、直物為替予約（以下、直物予約）もあり、外貨の売買契約の締結、ならびに売買そのものを当日中に行います。小口の場合は前述の公示相場が、大口の場合は市場の実勢相場に銀行の鞘を加味した個別の相場が適用されます。

　先物予約は、一時点（または一定範囲の期間）での外貨の売買契約であり、かりに顧客の都合などにより売買契約が履行されないと銀行が損害を被る恐れがあります。このため、通常の先物予約は顧客に対する与信取引とされます。ただし、外貨定期預金の預入・解約、外貨手形貸付の実行・返済など、特定日に売買することが確実な先物予約は、与信取引とはされません。

2　直物と先物

　対顧客では直物は当日の売買を指し、先物は通常、翌々営業日以降の売買を指します。対市場では当日から2営業日目の売買をSPOT（直物）、2営業日よりも後の売買をFORWARD（先物）といいます。

3　「売り」と「買い」

　直物・先物を問わず、外貨の売買の別は外国為替の業務内容によって決まります。たとえば輸出であれば、輸出代金を外貨で得た顧客が円貨を必要とする場合、外貨を売って円貨を買うことから（銀行：外貨の買い・円貨の売り）、銀行の買いの先物予約（買予約）とされます。

　逆に輸入であれば、輸入代金を外貨で支払う顧客に外貨の手持ちがない場合、円貨を売って外貨を買う（銀行：外貨の売り・円貨の買い）ことから銀行の売りの先物予約（売予約）とされます（なお、輸出で売予約、輸入で買予約

が締結されることはありません）。

　外貨預金の預入（外貨の売り・円貨の買い）、外貨預金の解約（外貨の買い・円貨の売り）、外貨貸付の実行（外貨の買い・円貨の売り）、外貨貸付の返済（外貨の売り・円貨の買い）などでも同様で、取引によって売買の別が決まっています。このため、貿易取引では買予約を輸出予約、売予約を輸入予約という場合もあります。

4　売買金額

　対顧客の先物予約は金額を一括して使用することも、分割して使用することも可能です。ただし、後述する売買（受渡）タイミングが一定期間にわたる場合、その期間内に売買されなくてはなりません。

5　コントラクト・スリップ

　銀行と顧客の間で先物予約の契約が締結された場合、その契約内容を記載した文書を銀行が2通作成し、銀行と顧客が署名したうえで1通ずつを両者が保管します。この文書をコントラクト・スリップ（Contract Slip）、あるいは単にスリップといいます。売買の別を間違えないように、青色のスリップが売予約、赤色のスリップが買予約とされています。なお、ほかの商品や取引（外貨定期預金など）に伴い締結される先物予約の場合、スリップの作成・署名が省略されることもあります。

第2項　売買（受渡）タイミング

1　概　　要

　一定の外貨額を一定の相場で売買しますが、売買を行う時点（期間）により、図表4－9－2の三つの種類があります。

　売買（受渡）タイミングについての取引例は以下のとおりです。なお、順月渡し、一定期間渡しのように売買日が2日以上の場合は、その期間中で銀行に最も有利（顧客には最も不利）な相場が適用されます。

図表4-9-2　売買（受渡）タイミングの種類

種　類	内　容
順月渡し（暦月渡し）	特定の月の月初営業日～同一月の月末営業日の間に売買する
一定期間渡し（特定期間渡し）	特定の営業日～特定の営業日の間に売買する
確定日渡し	特定の営業日1日のみで売買する

(1) 順月渡し（暦月渡し）

　2010/02/01（月）～2010/02/26（金）の期間内に、5万ドルを1ドル＝88.50円で銀行が売る（顧客が買う）契約を、2010/01/05（火）に締結します。当月中に当月分の順月渡しを締結する場合、締結日の2営業日後～月末営業日が受渡の期間です。つまり、2010/01/05（火）に2010年1月の順月渡しの契約を締結する場合、受渡の期間は2010/01/07（木）～2010/01/29（金）です。

(2) 一定期間渡し（特定期間渡し）

　2010/02/08（月）～2010/03/12（金）の期間内に、10万ドルを1ドル＝88.75円で銀行が売る（顧客が買う）契約を、2010/01/13（水）に締結します。

(3) 確定日渡し

　2010/03/01（月）に、10,526.50ドルを1ドル＝88.00円で銀行が買う（顧客が売る）契約を、2010/02/01（月）に締結します。

　銀行と顧客が先物予約の契約を締結した日付を締結日・約定日などといい、実際に売買する日（または期間）を受渡日（受渡期間）などといいます。また、受渡期間の初日を受渡始期、最終日を受渡終期などともいいます。なお、日付はいずれも銀行営業日です。

　銀行と顧客の間で、先物予約の契約が締結された後に売買する日（または期間）を変更したり、契約そのものを取消する場合、銀行は当初の先物予約締結時に行った為替変動リスクの回避策（248頁参照）を再度行う必要があります。その際に発生する費用は、変更手数料・取消手数料として顧客から徴求します。

第3項　売買形態

1　概　　要

銀行（顧客）が売買の一方のみ行うか、売買の両方を行うかにより、図表4－9－3の二つの種類があります。

アウトライトは、売り、または買いの一方のみ行う取引です。前述の売買のタイミングについての取引例はすべてアウトライトで、おもに輸出・輸入・送金・外貨預金などで使用されます。

スワップは売りと買いをセットにしたもので、特定の営業日に売買する場合に使用されます。以下のような例が代表的です。

① 外貨定期預金

預入日（銀行：外貨の売り・円貨の買い、顧客：外貨の買い・円貨の売り）と満期日（銀行：外貨の買い・円貨の売り、顧客：外貨の売り・円貨の買い）のスワップ契約。預入日の先物予約を直側、満期日のものを先側といいます。

② 外貨貸付

実行日（銀行：外貨の買い・円貨の売り、顧客：外貨の売り・円貨の買い）と返済日（銀行：外貨の売り・円貨の買い、顧客：外貨の買い・円貨の売り）のスワップ契約。実行日の先物予約を直側、返済日のものを先側といいます。

2　先物予約のスワップ取引例

外貨定期預金と先物予約のスワップ契約の取引例を、以下に示します。

2010/02/04（木）に、1年物の外貨定期預金（預入額＝1万ドル、年利率＝

図表4－9－3　売買形態の種類

種　類	内　容
アウトライト	売り、または買いのみ行う。順月渡し、一定期間渡し、確定日渡しのいずれも可能
スワップ	①ある特定の営業日に売り、または買いのみ行い、②その翌営業日以降に、①と逆の売買を行う。確定日渡しのみ

1％、預入日＝2010/02/08（月）、満期日＝2011/02/08（火））を預入する契約を締結する際に、2010/02/04（木）に以下の先物予約のスワップ契約も締結し、外貨定期預金の預入・解約時に使用します。

この場合の先物予約は預入日＝2010/02/08（月）に1万ドルを1ドル＝89.18円で銀行が売り（顧客が買い）、満期日＝2011/02/08（火）に、10,080ドル[*1]を1ドル＝88.68円で銀行が買う（顧客が売る）スワップ契約です。

> [*1] 税引前利息は、10,000ドル×0.01＝100ドル、税引後利息は、100ドル－100ドル×0.15－100ドル×0.05＝80ドルであり、預金利息まで先物予約でカバーする場合、税引後利息のみカバーするのが一般的です（預金者が、税引前利息まで先物予約でカバーする必要は通常ありません）。この場合、預金利息から発生した税金は、満期解約時のTTBで円貨に換算され、最終的に税務当局に納税されます。

なお、直側・先側（直先）ともに先物予約が付いたものを、「スワップ付」といいます（円貨額が直先ともに確定するので、「円貨縛り」ともいわれます）。これに対して、先物予約が付いていないものを「オープン」（たとえば、オープン外貨定期預金など）といいます。

第4項　売買通貨

1　概　要

銀行と顧客が売買する通貨の組み合わせにより、図表4－9－4の二つの種類があります。

対円では、日本円・ドルの組み合わせが代表的で、ほかには日本円・ユーロ、日本円・ポンドなどさまざまな組み合わせがあります。またクロス[*1]には、

図表4－9－4　売買通貨の種類

種　類	内　容
対円	売りまたは買いの一方の通貨が日本円で、もう一方が外貨
クロス	売りまたは買いの一方の通貨が外貨で、もう一方も外貨。ただし、売通貨≠買通貨

ユーロ・ドル、ドル・スイスフランなど、対円と同様にさまざまな組み合わせがありますが、対円取引に比べれば取引量は多くありません。とくに、売買される通貨の一方が日本円でもドルでもない先物予約（たとえばスイスフラン・ポンドの組み合わせなど）はさらに少ないのが実状です。

> ＊1　ドル以外の外貨はクロスといえますが、そう定義すると日本円とドルの組み合わせ以外はすべてクロスとされてしまい、日本円とドル以外の外貨、ドルとドル以外の外貨、ドル以外の外貨とドル以外の外貨の組み合わせが区別しにくくなります。このため、ここではドル以外の外貨と日本円の組み合わせを対円（日本円を対価した外貨の売買）とし、それ以外の組み合わせをクロスとしています。

2　裁定相場

　東京外国為替市場には、日本円とドルの相場、およびドルと他通貨（ドル以外の通貨）の相場があるだけで、日本円と他通貨の相場はありません。このため、①他通貨とドルの相場と②ドルと日本円の相場の二つの相場を使い、他通貨と日本円の相場を計算して求めます。この相場を裁定相場といいます。

　ドルを経由して（クロス）算出されることから、他通貨と円の相場をクロス相場ともいいます。なお、この算出方法は、直物相場においても同様です。裁定相場（クロス相場）の算出例は、以下のとおりです。

(1)　日本円とユーロ：① 1 ユーロ＝1.48744 ドル
　　　　　　　　　　② 1 ドル＝90.72 円

　→ 1 ユーロ＝1.48744 ドル×90.72 円＝134.94055 円

(2)　日本円とデンマーク・クローネ：① 1 ドル＝5.0024 クローネ、
　　　　　　　　　　　　　　　　② 1 ドル＝90.72 円

　→ 1 クローネ＝90.72 円÷5.0024＝18.13529 円

3　建　　値

　裁定相場の算出では、(1)掛け算と(2)割り算が出てきますが、その違いは相場の表示方法（相場の建て方・表示方法、相場の建値）によります。この建値の考え方は、直物相場においても同様です。

・New York Term：外貨 1 基本通貨単位＝ドルの量（例：1 ユーロ＝1.48744

ドル）

　裁定時は掛け算によります。ユーロ、ポンド、豪ドルなどが該当します。
・Continental Term：ドル1基本通貨単位＝外貨の量（例：1ドル＝5.0024クローネ）

　裁定時は割り算によります。日本円、スイスフランなど、多くの通貨が該当します。

なお、相場の建て方には、以下のようなものもあります。
・邦貨建（自国通貨建）：外貨1基本通貨単位＝邦貨の量（例：1ユーロ＝134.94円）

　ニュースや銀行での表示形式です。
・外貨建（外国通貨建）：邦貨1基本通貨単位＝外貨の量（例：1円＝0.01102ドル）

　通常、使いませんが、円高・円安を実感できる形式です。

> **コラム　円高と円安**
>
> 　1ドル＝100.00円→90.00円の場合、円高ドル安になったといいます。しかし物価では、高くなったというのは100円→110円のような場合で、また安くなったというのは100円→90円のような場合です。
> 　ドルを商品、その価格を日本円と考えれば、「高い」「安い」が物価と逆の使い方をされています。この円高ドル安、円安ドル高とは、外貨建（New York Term）の場合に当てはまる表現です。
> 　たとえば、1ドル＝100.00円→90.00円を外貨建に直せば、1円＝0.01ドル→0.011111ドル＝円高（ドル安）であり、物価と同じ表現です。同様に、1ドル＝100.00円→120.00円を外貨建に直せば、1円＝0.01ドル→0.008333ドル＝円安（ドル高）であり、言葉と数字が一致します。

第5項　為替変動リスクの回避策

1　概　　要

　顧客は銀行と先物予約契約を締結することで、未来の為替損益を確定させますが、逆に銀行は為替変動リスクに晒されます。そこで銀行は、図表4－9－5のような手法を使って為替変動リスクを回避します。
① 　輸出企業などの顧客が、将来の円高ドル安に備えて、10万ドルの3カ月後の買予約（銀行のドル買い・円売り、顧客のドル売り・円買い）を銀行と締結します。
② 　同日に銀行は、直物（SPOT）で、10万ドルをほかの銀行などに売ります（①と反対の売取引を行います）。
③ 　(i)さらに同日に銀行は、直物（SPOT）で10万ドルをほかの銀行から買います。
③ 　(ii)同時に、3カ月後に10万ドルを売るスワップ契約をほかの銀行と締結します。

2　為替変動リスクの回避策の具体例

① 　銀行は、顧客から3カ月後に1ドル＝88.55円で、10万ドルを買う先物

図表4－9－5　為替変動リスクの回避策

	直物（SPOT）	先物（FORWARD）
対顧客	－	①　3カ月後に10万ドルの買予約を締結
対市場	②　10万ドルを売り ③　(i)10万ドルを買い	－ ③　(ii)3カ月後に10万ドルの売予約を締結
(持高)	売り＝10万ドル、買い＝10万ドル →売りの外貨額と買いの外貨額は一致 ……スクエア	買い＝10万ドル、売り＝10万ドル →売りの外貨額と買いの外貨額は一致 ……スクエア

予約契約を締結します。

　　10万ドル×88.55円＝8,855,000円　　……①

② 銀行は、直物（SPOT）で2営業日後に1ドル＝89.25円で、10万ドルを売る契約をほかの銀行と締結します。

　　10万ドル×89.25円＝8,925,000円　　……②

③ （i）銀行は、直物（SPOT）で2営業日後に1ドル＝89.20円で10万ドルを買います。

　　10万ドル×89.20円＝8,920,000円　　……③

③ （ii）同時に銀行は、3カ月後に1ドル＝88.90円で、10万ドルを売る契約をほかの銀行と締結します。

　　10万ドル×88.90円＝8,890,000円　　……③′

図表4－9－5の例では、直物（SPOT）で、②8,925,000円－③8,920,000円＝5,000円、3カ月後の先物では、③′8,890,000円－①8,855,000円＝35,000円の損益が確定し、その後に為替相場がどう変動しようと、この取引について銀行の収益は影響を受けません。

かりに為替変動リスクの回避（②、③(i)、③(ii)）を行わずに、①のみであった場合、顧客から、1ドル＝88.55円で10万ドルを買い、直物（SPOT）の相場が1ドル＝87.55円であるとすると（1ドル当たり、1円の円高）、10万円の評価上の為替差損が発生し、実際に売れば為替差損が確定します。

もちろん円安になれば、為替差損ではなく為替差益が発生しますが、これをねらわず、図表4－9－5のような為替変動リスクの回避策をとることで、円貨での損益を確定します。

これは、①で銀行と先物予約契約を締結した顧客にもいえることで、先物為替を締結するということは、将来の外貨について先物予約の契約時点で円貨での損益を確定させる行為であるといえます。

なお、為替リスクを把握する手段として、持高（Position）という考え方があります。これについては、持高（260頁参照）で後述しますが、外貨の売りと買いを同じ金額にしておく（スクエア：Square）ことで、為替相場の変動リスクを回避するよう管理します。前記の③(i)、③(ii)は、この持高を調整することからポジション・スワップともいわれます。

第4章　外国為替業務　249

第6項　先物予約相場の決定理論

1　概　要

　日本と外国（たとえばアメリカ）との間に金利差がある場合、日本円で運用したものと、ドルで運用したものが等しくなるように、円とドルの先物予約相場が調整されます。

2　計算例と計算式

　直物相場：1ドル＝90.00円、ドル年利率＝4％、円年利率＝1％（ディスカウント（後述））とします。

　・90.00円×(1＋0.01)＝90.90円　　……日本円の1年後の運用結果
　・1ドル×(1＋0.04)＝1.04ドル　　……ドルの1年後の運用結果

　ここで、日本円の1年後の運用結果＝ドルでの1年後の運用結果になる1年後の先物予約相場は以下のとおりです。

　・1ドル×1.04＝90.00円×1.01

　この式から1ドルを求めると、1年後の先物予約相場は以下のとおりです。

　・1ドル＝90.00円×1.01÷1.04ドル＝87.4038　　……→87.40円
　・1年後の先物予約相場：1ドル＝87.40円

　1年後の先物予約相場が求まったことにより、直物と1年後の先物の差（直先スプレッド）は、以下のとおり求められます。

　・90.00円（直物相場）－87.40円（1年後の先物予約相場）＝2.60円

　このように、2カ国間の金利差と直物相場によって先物予約相場が決まるとする理論を「金利平価理論」といいます。

　これを計算式にすると以下のとおりです。日本円で運用したものと、ドルで運用したものが等しくなるように円とドルの先物予約相場が調整されることから、以下の計算式が導出されます。

　・ドル×(1＋(ドル金利％÷100)×(日数÷360))
　　　＝日本円×(1＋(円金利％÷100)×(日数÷365))

　これを変形し、将来の先物予約相場を計算すると、以下のとおりです。

・ドル＝日本円×（１＋（円金利％÷100）×（日数÷365））
　　　　÷（１＋（ドル金利％÷100）×（日数÷360））

この例のように、日本円の金利＜ドルの金利の場合、円・プレミアム／ドル・ディスカウント（あるいは単にディスカウント）といいます。この場合、直物相場＞先物相場、つまり円高ドル安傾向になります。逆に日本円の金利＞ドルの金利の場合、円・ディスカウント／ドル・プレミアム（あるいは単に、プレミアム）といい、直物相場＜先物相場、つまり円安ドル高傾向になります。

3　実際の計算例

前記の例は、単純化しているので、より実際的な例を以下に示します。なお、金融危機の影響などで日米の金利差がほとんどなく、直物相場と先物相場の差（直先スプレッド）もかなり縮小しているため、金利差が十分ある頃のデータ[*1]を使用しています。

> ＊１　①・④・⑤：日銀、②・③：英国銀行協会（BBA：British Bankers Association）の各HPより。

① 　円／ドル SPOT RATE：１ドル＝114.67円
　　……2007/11/06 東京外為市場終値（JST　６日17時、GMT　６日８時[*2]）

② 　ドルLIBOR　３カ月＝4.87500％
　　……2007/11/05 GMT 11時（JST　５日20時）

③ 　日本円LIBOR　３カ月＝0.87375％
　　……2007/11/05 GMT 11時（JST　５日20時）

④ 　直先スプレッド　３カ月＝d 1.180（d：Discount、p：Premium）

⑤ 　直先スプレッド　３カ月＝4.02％

> ＊２　日本とイギリスの時差は、通常９時間。サマータイム（３月〜10月）実施期間は、８時間。なお、JSTは日本標準時、GMTはグリニッジ標準時を示します。

３カ月後の先物予約相場：
　　１ドル＝114.67×（１＋（0.87375÷100）×（92÷365））
　　　　　÷（１＋（4.875÷100）×（92÷360））
　　　　＝113.508415……≒113.51円（小数点第三位以下四捨五入）

ドルの場合、１年＝360日として利息計算を行います。

なお、計算上の直先スプレッドは、114.67円 − 113.51円 = 1.16円で、④の直先スプレッドと異なります。これは、①がJSTの6日17時の値で、この時点では6日のLIBOR（②、③の発表は毎日GMTの11時）が発表されていないため、GMTの5日11時（JSTの5日20時）に発表されたLIBORを使用しているためです。また市場においては、取引時点の需給関係、取引の金額、取引主体の思惑などにより*1、直先スプレッドの理論値と実際の値は若干乖離することがあります。ただし、この乖離は収益機会であるため、裁定*2が働き、維持・拡大することはありません。

*1 たとえば、取引量が少ないため若干不利なスプレッドも許容する、あるいは金額が大きいためスプレッドを加減するといった要因や直近の相場見通し、金利動向などが影響します。

*2 実際の先物相場が理論上の相場から乖離すると、いずれか一方の通貨で運用したほうが有利であり、先物相場（すなわち金利）の差を利用して、利鞘を稼ごうとする取引（いわゆる鞘取（さやとり）取引）が行われます。これを裁定取引（アービトラージ：Arbitrage）といい、その結果、先物相場は理論値に収束（収斂）、均衡していきます。このことを「裁定が働いている」と表現します。

第10節　市場取引

第1項　概　　要

　外国為替にかかわるおもな市場には、前述の東京外国為替市場のほかに、東京ドルコール市場、ユーロ市場、東京オフショア市場などがあります。これらの市場において、銀行などの金融機関同士が行うのが市場取引です。

1　ユーロ市場

　第二次大戦後、欧州復興資金として大量のドルが欧州に流入し、おもにロンドンで米本国の規制が及ばない独自のドル市場が形成されました。この市場のドルを米本国のドルと区別して、ユーロダラー（欧州にあるドルの意）と呼ぶようになりました。これから転じて、当該通貨発行国以外の市場にある通貨に「ユーロ」を冠するのが一般化しました。たとえば、海外の市場にある日本円は「ユーロ円」と呼ばれ、その市場は「ユーロ円市場」と呼ばれます。

2　東京ドルコール市場

　日本国内でドルを運用調達する市場です。外国為替市場と同様、特定の場所に取引所があるわけではなく、銀行（ディーラー）や資金・為替ブローカーである短資会社といった市場参加者が、電話やコンピュータシステムを使ってドル資金を貸借するバーチャルな市場です。なお、東京ドルコール市場に参加できるのは居住者のみのため、現在では非居住者も参加できる東京オフショア市場に取引の中心が移っています。

3　東京オフショア市場

　海外の金融機関などの非居住者も参加できる市場で、国内市場からは分離されています。ドル資金・円資金の運用調達が中心で、ドルコール市場と同

様にバーチャルな市場です。この東京オフショア市場（JOM：Japan Offshore Market）には、以下のような特徴があります。
- 金利規制がなく、税制面で優遇（運用利息に対する源泉税が免除）され、日銀準備預金制度の適用がありません。
- 国内の金融機関が参加する場合、財務大臣の承認を得て特別国際金融取引勘定を設け、国内の資金取引とは、分離・区分経理することが求められます（内外分離型）。
- 海外から資金を調達し、海外で資金を運用する「外－外取引」が原則。国内で適用される規制などがないことから、東京オフショア市場もユーロ市場の一種であり、取引される日本円はユーロ円として扱われます。東京オフショア市場の金利は、ユーロ円TIBOR（Tokyo Interbank Offered Rate：タイボー）といわれます。なお、国内市場[1]の金利は日本円TIBORといわれます。

  [1] オフショアとの対比で、オンショア（Onshore）ともいわれます。

第2項　資金取引と先物予約取引

ここでは、外貨資金の運用調達を行う資金取引と、外貨と円貨（または外貨と外貨）の売買を行う先物予約取引について説明します。

1　資金取引

(1)　概　　要

外貨資金の運用調達を行う資金取引には、図表4－10－1のようなものがあります。

資金取引の取引相手は、銀行などの金融機関です。通常ごく短期の資金の貸借を行います。

リファイナンス借入・貸付とは、第7節の輸入で若干言及したように輸出入手形を引当にしたリファイナンス手形を振り出し、資金を市場から調達する取引です。

クリーンローン借入はリファイナンス借入と異なり、輸出入手形を引当と

図表4－10－1　外貨資金の運用調達取引

運用/調達	取引	内容
調達	ユーロ取入	ユーロ市場から、ドルなどの外貨資金やユーロ円を調達
	コールマネー	東京ドルコール市場から、ドルを調達
	リファイナンス借入	リファイナンス手形を振り出し、在日他行に差し入れることで、外貨資金を調達
	クリーンローン借入	約束手形を差し入れ、在日他行から外貨資金を調達
運用	ユーロ放出	ユーロ市場で、ドルなどの外貨資金やユーロ円を運用
	コールローン	東京ドルコール市場で、ドルを運用
	リファイナンス貸付	在日他行が振り出した、リファイナンス手形の差入と引換に、外貨資金を貸付

せず、約束手形を振り出して資金を市場から調達する取引です。なお、輸出入手形を引当にしないことから、クリーンローンといいます。

(2) **取引期間**

銀行間の資金取引のおもな期間は、図表4－10－2のとおりです。

ここでいう約定とは、銀行間で取引の契約を締結することをいい、約定をDeal (ing)、約定日をDeal (ing) Dateと呼びます。当日物以外の取引では約定当日は約定のみで、資金のやり取りは翌営業日以降に行われます。

約定後、実際に資金のやり取りを始めることを取組といい、取組をValue、取組日をValue Dateといいます。その後、期日に貸借していた資金を決済（返済、回収）することで、資金取引が完了します。

資金取引は調達であれば取組取引でほかの金融機関から資金を借入し、決済取引で資金を返済します。運用であれば、取組取引でほかの金融機関へ資金を貸付し、決済取引で資金を回収します。

取引期間の分類は、後述する先物予約の売買（受渡）のタイミングと、ほぼ一致します。

図表4－10－2　外貨資金のおもな取引期間

期　間		内　容
当日物	当日営業日に資金取引を約定（契約）	取組、決済
オーバーナイト：Over Night（O/N）		取組し、翌営業日に決済
トムネ：Tomorrow Next（T/N）		翌営業日に取組、翌々営業日に決済
スポネ：Spot Next（S/N）		翌々営業日に取組、3営業日目に決済
ターム物		取組と決済の時期は自由に設定できる
	1 week	当日営業日に資金取引を約定（契約）	取組は当日営業日以降で取組から1週間で決済
	1 month －11month		取組は当日営業日以降で、取組から1カ月〜11カ月で決済
	1 year		取組は当日営業日以降で、取組から1年で決済

2　先物予約取引

(1)　概　要

　先物予約とは、将来の一時点において一定の相場で外貨と円貨（または外貨と外貨）を売買する契約を締結するものです。図表4－10－3のとおり、対顧客向けと対市場向けの二つに大別されます。ここでは対市場の先物予約について説明します。

　対市場の場合、当日から2営業日目の売買をSPOT（直物）、2営業日よりも後の売買をFORWARD（先物）といいます。対顧客とは直物・先物の定義が異なります。売買する通貨の交換レートは、対顧客の先物予約と同様に、締結相場といいます。売買金額は、通常100万通貨単位（ドルならば100万ドル）です。対顧客の先物予約と異なり、売買金額の一部のみを分割することはせず、一括して売買します。

図表4－10－3　先物為替の種類

市場	受渡時期	金額	説　　明
対顧客	先物	小口	個人や法人などの顧客向けで（対顧客）、受渡が翌々営業日以降（先物）の、一定金額以下のもの
		大口	個人や法人などの顧客向けで（対顧客）、受渡が翌々営業日以降（先物）の、一定金額以上のもの
対市場（対銀行）	SPOT		銀行などの金融機関同士で取引が行われ（対銀行）、受渡が翌々営業日（直物）のもの
	FORWARD		銀行などの金融機関同士で取引が行われ（対銀行）、受渡が翌々営業日より後（先物）のもの

(2) 売買（受渡）タイミング

売買のタイミングは、対顧客の先物予約と異なり、特定の営業日1日のみに売買（受渡）する確定日渡しのみです。売買は翌々営業日以降、数カ月から1年以内が一般的ですが、10年超の取引も想定されています。一般に現在に近いほど取引相手が多く、売買契約が成立しやすくなります。未来になるほど取引相手は少なくなり、金額やタイミングが折り合わずに売買契約が成立しにくくなります。

(3) 売買形態

銀行が売買の一方のみ行うか、売買の両方を行うかにより、図表4－10－4の二つの種類があります。基本的な形態は対顧客取引と変わりません。

スワップ取引の期近物を例示すると、以下のとおりです。なお、売買する順序や通貨は問いません。

・オーバーナイト：当日営業日にスワップ取引を約定（契約）し、同時にドルを売り（買い）、翌営業日にドルを買い（売り）します。
・スポネ：当日営業日にスワップ取引を約定（契約）し、翌々営業日にドルを買い（売り）、3営業日目にドルを売り（買い）します。

(4) 売買通貨

対顧客取引と同様、銀行が売買する通貨の組み合わせにより、図表4－10－

図表4-10-4　売買形態の種類

種類	内容
アウトライト	売り、または買いのみ行う。確定日渡しのみ ① 約定日の翌々営業日に受渡を行う、SPOT（直物）、 ② 約定日の翌々営業日以降に受渡を行う、FORWARD（先物）がある。
スワップ	① ある特定の営業日に売り、または買いのみ行い、 ② その翌営業日以降に、①と逆の売買を行う。確定日渡しのみ 　(i) 受渡が①、②ともに1カ月以内の期近物、 　(ii) ①の受渡がSPOT（約定日の翌々営業日）で、②が1カ月以上先の、ターム物、 　(iii) ①、②の受渡がともに1カ月以上先の先々スワップ物、がある

図表4-10-5　売買通貨の種類

種類	内容
対円	売りまたは買いの一方の通貨が日本円で、もう一方が外貨
クロス	売りまたは買いの一方の通貨が外貨で、もう一方も外貨。ただし、売通貨≠買通貨

5の二つの種類があります。

　資金取引では取組と決済のときに、先物予約では売買（受渡）のときに、銀行間で外貨または円貨資金を決済しなくてはなりません。決済の方法は銀行間であらかじめ取り決めておくか、取引ごとに決めておきます。具体的には以下のとおりです。

① 　ドルで決済する場合、在日米銀の支店（JPモルガン・チェース銀行の東京支店など）の相手デポ口座、日本の大手銀行に開設されている相手デポ口座、米本国の銀行（在ニューヨークなど）に開設されている相手デポ口座などで決済します。

② 　日本円で決済する場合、外国為替円決済制度[*1]による日銀ネット[*2]での決済、または日銀小切手[*3]の受渡による決済があります。

③ 　ドル、日本円以外の他通貨で決済する場合、当該通貨の発行国の銀行に

開設されている相手デポ口座などで決済します。

なお、最近では前述のCLS銀行による決済も行われています。

＊1　外国為替取引により生じる円資金を決済するための仕組みです。運営は全国銀行協会が行っています。支払指図と入金通知、当座預金間の振替が、日銀ネット上で行われることで決済されます。

＊2　正式名称は「日本銀行金融ネットワークシステム」。民間の金融機関と日銀の間をつなぎ、民間の金融機関が日銀に預けている当座預金を使って、おもに全銀システム、手形交換、外為取引の債権債務についての資金決済をオンラインで処理しています。当座預金を使うところから、当座預金系に分類されます。

＊3　民間の金融機関が日銀に預けている当座預金から振り出した小切手です。

第11節 持　高

第1項　概　　要

　GDP成長率、経常収支、財政金融政策といったマクロ面、金利差、思惑などのさまざまな要因で為替相場は変動します。この為替変動リスクを回避するため、銀行は外貨建の資産負債をいくら保有しているかを通貨別に「外国為替持高」で管理しています。外国為替持高の詳細例は、図表4－11－1のとおりです。

　外国為替持高は、単に持高、ポジション（Position）ともいわれ（以下、持高）、通貨別に管理されます。持高は直物持高（Actual Position）と先物持高（Forward Position）から成り、二つの合計を総合持高（Overall Position）といいます。

　直物持高は、①直物資産合計と④直物負債合計から成り、①と④の差額をNet Actual Balanceといいます。先物持高は、②先物買予約合計と⑤先物売予約合計から成り、②と⑤の差額をNet Forward Balanceといいます。

　また、直物・先物（直先）の累計である総合持高は、①直物資産の合計と②先物買予約の合計である③直先総合持高資産合計と、④直物負債の合計と⑤先物売予約の合計である⑥直先総合持高負債合計から成り、③と⑥の差額をNet Balanceといいます。

第2項　持高と為替リスク

　持高の状態は、以下の三つに分類されます。

1　持高の状態

(1) 買　　持

　外貨資産（先物買予約）＞外貨負債（先物売予約）のとき、買持（Over-bought

図表4－11－1　外国為替持高の詳細

通貨別	外貨資産（外貨債権）		外貨負債（外貨債務）	
総合持高	直物持高	外貨現金	残高	－	－
		預け金	残高	外貨預金	残高
		外国他店預け	残高	外国他店預かり	残高
		外国他店貸	残高	外国他店借	残高
		コールローン	残高	コールマネー	残高
		有価証券	残高	－	－
		手形貸付	残高	－	－
		証書貸付	残高	－	－
		買入外国為替	残高	売渡外国為替	残高
		取立外国為替	残高	未払外国為替	残高
		海外本支店貸	残高	海外本支店借	残高
		仮払金	残高	仮受金	残高
		その他資産	残高	その他負債	残高
		① 直物資産合計	① 直物資産合計残高	④ 直物負債合計	④ 直物負債合計残高
	先物持高	先物買予約・対顧客	残高	先物売予約・対顧客	残高
		先物買予約・対銀行	残高	先物売予約・対銀行	残高
		先物買予約・対海外支店	残高	先物売予約・対海外支店	残高
		② 先物買予約・合計	② 先物買予約残高	⑤ 先物売予約・合計	⑤ 先物売予約残高
		③ 直先総合持高資産合計	①＋② 直先資産残高	⑥ 直先総合持高負債合計	④＋⑤ 直先負債残高

Position、またはLong）といい、円高で為替差損、円安で為替差益が発生します。

(2) 売　　持

外貨資産（先物買予約）＜外貨負債（先物売予約）のとき、売持（Over-sold Position、またはShort）といい、円高で為替差益、円安で為替差損が発生します。

(3) スクエア

外貨資産（先物買予約）＝外貨負債（先物売予約）のとき、スクエア（Square Position、またはSquare）といい、円高円安のいずれでも為替損益は発生せず、為替の変動リスクはありません。

2　為替リスクの回避策

銀行と顧客が取引により外貨の売買を行い、銀行自身も外貨の売買を行った結果、何もすることなしに、持高がスクエアであることはなく、買持か売持のいずれかに傾いているのが常態です。

そこで相場の変動リスクを回避するために、買持であれば外貨資産を減らすか外貨負債を増やし、売持であれば外貨資産を増やすか外貨負債を減らすことで、持高をスクエアの状態にすることができます。

ただし、相場動向や金利動向によっては、持高をスクエアにするための外貨の調達・運用がむずかしい場合もあり、スクエアかそれに近い状態にできないこともあります。

そこで持高の限度（Over-night Position）を設け、一定金額以内であれば、持高が買持、または売持に傾いていてもこれを許容しています。この限度は、銀行や通貨によって異なります。

第3項　持高と取引

取引の結果、持高がどう変動するか、以下に代表的な例をあげます。なお日本円は持高に含まれませんが、参考までに日本円についても記述しています。

1　輸出取引

　輸出手形を銀行が買い取り、顧客の円預金口座に入金すると円負債の預金と外貨資産の買入外国為替が増加します。その後、輸出代金が輸入者から支払われ、海外の銀行から資金を受領すると、外貨資産の買入外国為替が減少し、外貨資産の外国他店預けが増加します。

2　輸入取引

　海外から輸入代金の支払請求を受け、顧客に外貨資金を貸し付けることで海外の銀行に資金を支払うと、外貨資産である取立外国為替が増加し、外貨資産の外国他店預けが減少します。その後、顧客の外貨預金口座から外貨の貸付金の返済を受けると、外貨資産である取立外国為替が減少し、同時に外貨負債の外貨預金も減少します。

3　仕向送金

　顧客から海外向け送金を受け付け、顧客の外貨預金口座から出金すると外貨負債の外貨預金が減少し、外貨負債である売渡外国為替が増加します。その後、海外の銀行に送金依頼をし、送金金額を相手（決済）銀行に支払うと、外貨負債の売渡外国為替が減少し、同時に外貨資産の外国他店預けも減少します。

4　被仕向送金

　海外の銀行から顧客に支払うべき資金を受け取ると、外貨資産の外国他店預けが増加し、同時に顧客に支払うべき外貨負債の未払外国為替も増加します。その後、顧客に海外からの送金を顧客の円預金口座に入金することで支払うと、円負債の預金が増加し、外貨負債の未払外国為替が減少します。

第12節　外国為替システム

第1項　概　　要

　外国為替システムの構成は、ほかの業務に比べて複雑です。したがって、ここではまず一般的な外国為替システムでのファイル構成について簡単に述べ（図表4－12－1参照）、次に外貨普通預金（166頁参照）を例にあげて、説明します。

1　外国為替システム以外のファイル

　図に示したファイルのほかにも、日付テーブル、システム管理テーブルなど、基本的なファイルがありますが、ここでは業務に直接関係するファイルについてのみ言及します。

(1)　CIFファイル

　業務共通の顧客マスターです。キーは、店番＋CIF番号（CIF番号は、システムが自動採番）です。当該顧客について、英字名称、英字住所など、外国為替業務固有の情報を入力し、外国為替取引を行う登録を行います。入力された情報は、CIFファイルの外国為替マスタレコードに格納されます。この登録により、当該CIFについて外国為替取引を行うことができます。なお、両替などの一部取引は、CIFへの登録がなくても取引可能です。

(2)　流動性預金口座ファイル

　預金業務のファイルですが、外国為替業務の取引から円預金口座へ連動し、円の資金を入出金することが多いため、記述しています。キーは、店番＋科目＋口座番号です。なお科目は、当座預金、普通預金、別段預金、貯蓄預金などですが、ほかの業務から入出金取引の連動を受けるのは当座預金、普通預金であることが一般的です。

(3)　稟議ファイル

　貸付業務のファイルですが、外国為替業務の与信取引（輸出手形買取、輸

図表4－12－1　勘定系システムと外国為替システムのおもなファイル構成

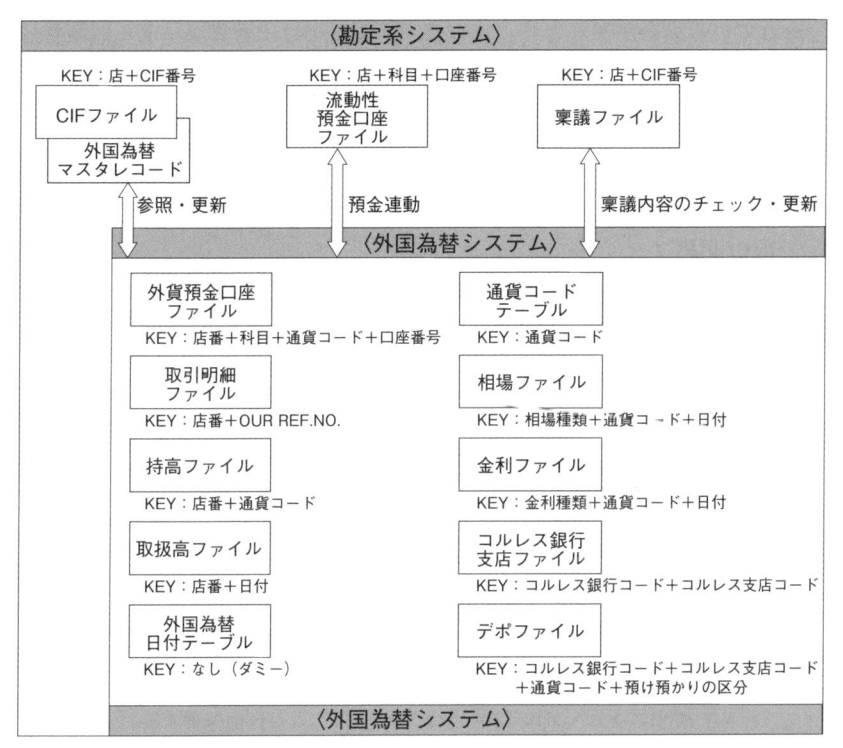

〈勘定系システム〉

- CIFファイル（KEY：店＋CIF番号）
  - 外国為替マスタレコード
  - ←参照・更新→
- 流動性預金口座ファイル（KEY：店＋科目＋口座番号）
  - ←預金連動→
- 稟議ファイル（KEY：店＋CIF番号）
  - ←稟議内容のチェック・更新→

〈外国為替システム〉

- 外貨預金口座ファイル　KEY：店番＋科目＋通貨コード＋口座番号
- 通貨コードテーブル　KEY：通貨コード
- 取引明細ファイル　KEY：店番＋OUR REF.NO.
- 相場ファイル　KEY：相場種類＋通貨コード＋日付
- 持高ファイル　KEY：店番＋通貨コード
- 金利ファイル　KEY：金利種類＋通貨コード＋日付
- 取扱高ファイル　KEY：店番＋日付
- コルレス銀行支店ファイル　KEY：コルレス銀行コード＋コルレス支店コード
- 外国為替日付テーブル　KEY：なし（ダミー）
- デポファイル　KEY：コルレス銀行コード＋コルレス支店コード＋通貨コード＋預け預かりの区分

〈外国為替システム〉

入信用状、輸入本邦ユーザンス、外貨貸付など）で稟議ファイルに登録されている貸付条件を参照・チェックし、貸付残高を更新するため、記述しています。キーは、店番＋CIF番号です。各稟議の詳細は、CIF番号の配下で、科目＋稟議番号で管理されます。科目には手形割引、手形貸付、輸出手形買取、外貨貸付などがあります。

2　外国為替業務のファイル

外国為替業務で一般的と思われるファイルについて、以下にあげます。

(1) 外貨預金口座ファイル

外貨預金の口座情報を管理するファイルです。外国為替業務の取引から外貨預金口座へ連動し、外貨の資金を入出金します。外貨預金口座ファイルは、

流動性と固定性を一つのファイルで管理している場合と、流動性と固定性に分かれている場合があります。キーは、店番＋科目＋通貨コード＋口座番号（口座番号は、システムが自動採番）です。なお科目は、外貨当座預金、外貨普通預金、外貨別段預金、外貨定期預金などですが、ほかの外国為替業務から入出金取引の連動を受けるのは外貨当座預金、外貨普通預金であることが一般的です。

(2) 取引明細ファイル

外貨預金以外の外国為替取引（輸出、輸入、送金、両替、外貨貸付、先物予約、外貨資金などの各取引）を管理するファイルです。取引共通の情報（取引開始日、取引終了日、通貨コード、取引残高など）と取引固有の情報[*1]を管理します。キーは、店番＋OUR REF. NO. (OUR REF. NO.[*2]は、システムが自動採番）です。銀行によっては、輸出、輸入、送金などの別に取引明細ファイルを分割・管理していることもあります。

* 1 　輸出であれば、輸出の手形種類・手形期間など。仕向送金であれば、受取人名・受取人口座・銀行支店など。
* 2 　OUR REF. NO.は、"Our Reference Number"の略で、おもに他行が当該取引に関して、通知、問い合わせ、確認などを行う際に使用する番号です。ここでは、OUR REF. NO. は、店別に採番していますので、店別に同じ番号が存在しえます。よって、正確には、店番＋OUR REF. NO. が対外的なOUR REF. NO. です。なお、OUR REF. NO. は、システムが自動採番するのが主流ですが、顧客（保険会社など）によっては、取引の数日以上前に海外の取引先などに通知するため、OUR REF. NO. の番号だけを事前に求められることもあります。このため、システムが自動採番だけ行う取引をつくる場合も散見されます。また、自行のOUR. REF. NO. に対して、他行のOUR. REF. NO. を、Their Reference No. などといいます。

(3) 持高ファイル

外国為替取引を行う際に、店・通貨別に直物の買為替・売為替、先物の買為替・売為替の外貨額を集計し、管理するファイルです。また、全店・通貨別に直物の買為替・売為替、先物の買為替・売為替の外貨額も集計、管理します。キーは、店番＋通貨コードです。

(4) 取扱高ファイル

外国為替取引を行う際に、店・取引分類別に買為替・売為替の金額を集計し、管理するファイルです。取引分類には、輸出入、送金、両替、外貨預金、外貨貸付などがあります。外貨額は通貨別ではなく、一定のレートによりド

ルに換算して集計・管理されます。キーは、店番＋日付です。

(5) 外国為替日付テーブル

アメリカやEUなど、主要国の銀行休業日（市場休場日）を管理するファイルです。

外貨の運用調達は、当該通貨の母国の市場（ドルであればニューヨーク市場）で行うのが一番容易なため、母国の市場が休場している場合には運用調達に支障をきたすこともあるため管理しています。

この外国為替日付テーブルは、当該通貨の銀行休業日をチェックして取引をエラーとする、あるいはユーザーに警告するために使用されます。キーはありません（ダミー・キー）。

(6) 通貨コードテーブル

通貨別に、当該通貨の属性情報（通貨名称、補助通貨の桁数、相場の建値の別など）を管理します。キーは、通貨コードです。

(7) 相場ファイル

通貨・相場種類・日付別に、顧客向けの相場情報を管理します。相場種類には、顧客向け・直物・小口[*1]の相場である公示相場と、顧客向け・先物・小口の先物相場があります。なお、過去の一定期間の相場も管理しています。キーは、相場種類＋通貨コード＋日付です。

　　＊1　小口とは、おおむね、金額が10万ドル相当額未満を指します。

(8) 金利ファイル

通貨・金利種類・日付別に金利情報を管理します。金利種類には、ドルのプライムレート、LIBORなどのほか、外貨普通預金金利、外貨定期預金金利、本支店金利などがあります。キーは、金利種類＋通貨コード＋日付です。

(9) コルレス銀行支店ファイル

自行がコルレス契約を締結しているコルレス銀行についての情報（銀行名、支店名、所在地、コルレス契約の内容、決済方法など）を管理します。コルレス契約を締結していない銀行については、ノン・コルレス銀行を登録し、ノン・コルレス銀行向けの取引で使用します。キーは、コルレス銀行コード＋コルレス支店コードです。

⑽　デポファイル

　自行がデポ・コルレス契約を締結しているコルレス銀行の外国他店預け、外国他店預かりの情報を管理します。銀行間の資金決済に使われる外国他店預け・外国他店預かりを管理するため、機能的には外貨預金口座ファイルに近いといえます。

　外国他店預けの場合、実際の正当な取引情報は外国他店預けを預けている銀行が管理しており、一定のサイクルでステートメント（一種の入出金履歴）が送られてきます。これを自行の外国為替システムが管理している同じ外国他店預けの入出金履歴と残高と照合して、入出金履歴と残高に差異がないか確認[*1]します。

> ＊1　この確認作業をリコンサイル（Reconcile）といい、パッケージなどを導入して対応している銀行も多くあります。

　また外国他店預かりの場合、実際の正当な取引情報は自行が管理しており、外国他店預かりを預けている銀行に一定のサイクルでステートメントを送る必要があります。このステートメント用のデータはデポファイルで管理されます。キーは、コルレス銀行コード＋コルレス支店コード＋通貨コード＋預け預かりの区分（外国他店預け・外国他店預かり）です。

第2項　外貨普通預金の取引と起票

　外国為替システム固有の通貨ごとの相場や金利、換算処理などがありますが、普通預金（13頁参照）と基本的な枠組みは変わりません。このため、外貨預金全般を預金システムで取り扱うことができるようにシステムを開発している銀行も一部にあります。

1　ファイル構成と項目

　外貨普通預金を中心としたファイル構成と、各ファイルのおもな項目を図表4－12－2に示します。
　ほかに日付テーブル、店番テーブル、システムテーブルなども存在しますが、ここでは割愛します。

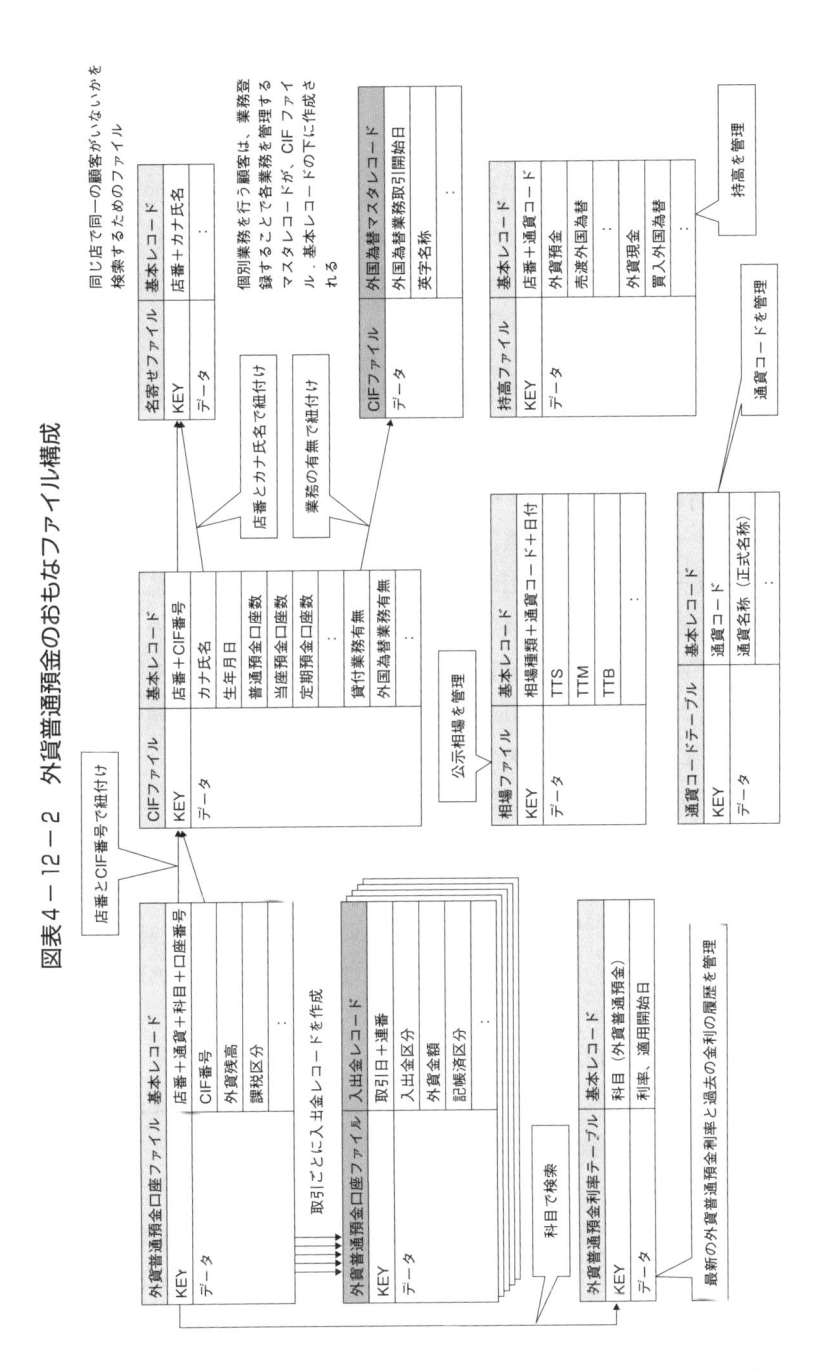

図表4-12-2 外貨普通預金のおもなファイル構成

CIFファイル
- KEY 基本レコード: 店番+CIF番号
- データ: カナ氏名 / 生年月日 / 普通預金口座数 / 当座預金口座数 / 定期預金口座数 / … / 貸付業務有無 / 外国為替業務有無 / …

店番とCIF番号で紐付け

名寄せファイル
- KEY 基本レコード: 店番+カナ氏名
- データ: …

同じ店で同一の顧客がいないかを検索するためのファイル

店番とカナ氏名で紐付け
業務の有無で紐付け

外国為替マスタファイル
- KEY 基本レコード: 外国為替業務取引開始日
- データ: 英字名称 / …

個別業務を行う顧客は、業務登録することで各業務を管理するマスタレコードが、CIFファイル、基本レコードの下に作成される

持高ファイル
- KEY 基本レコード: 店番+通貨コード
- データ: 外貨預金 / 売渡外国為替 / 買入外国為替 / …

持高を管理

通貨コードを管理

外貨普通預金口座ファイル
- KEY 基本レコード: 店番+通貨+科目+口座番号
- データ: CIF番号 / 外貨残高 / 課税区分 / …

入出金ファイル
- KEY 基本レコード: 取引日+連番
- データ: 入出金区分 / 外貨金額 / 記帳済区分 / …

取引ごとに入出金レコードを作成

相場ファイル
- KEY 基本レコード: 相場種類+通貨コード+日付
- データ: TTS / TTM / TTB / …

公示相場を管理

科目で検索

外貨普通預金利率テーブル
- KEY 基本レコード: 科目(外貨普通預金)
- データ: 利率、適用開始日

最新の外貨普通預金利率と過去の金利の履歴を管理

通貨コードテーブル
- KEY 基本レコード: 通貨コード
- データ: 通貨名称(正式名称) / …

第4章 外国為替業務 269

⑴ CIFファイル

　顧客と外国為替取引を行う場合、最初に外国為替業務登録を行うことで、CIFファイルの基本レコードの下に外国為替業務マスタレコード[*1]が作成されます。このレコードは外国為替業務に関する基本的な属性項目など（たとえば外国為替業務取引開始日、英字名称、英字住所など）を管理します。なお、当該顧客に外国為替業務マスタレコードがないとき、外国為替業務の取引は、両替などの一部取引を除き、すべてエラーとします。

　　*1　外国為替業務を開始する際に、外国為替取引約定書などの必要書類の徴求に基づき、登録します（外貨預金のみの取引の場合は外貨預金約款（規定）の交付のみ）。

⑵　**外貨普通預金口座ファイル**

　基本レコードは、外貨普通預金の口座開設の際に作成されます。キーは店番号＋通貨＋科目（外貨普通預金、外貨当座預金など）＋口座番号です。外貨普通預金口座の基本的な項目（外貨残高、課税区分、通帳種類など）を管理します。1顧客で1外貨普通預金口座の場合にはCIF番号と口座番号を一致させることもあります。ただし、1顧客で二つ以上の外貨普通預金口座をもつ場合には、口座番号はシステムが別途自動採番します。CIFファイルとは、店番＋CIF番号で紐付けされます。

　入出金レコードは、勘定の起票がある（残高の異動がある）場合に作成されます。キーは、取引日＋連番（システムが自動採番）です。入出金レコードは入出金時の明細情報（入出金区分、外貨金額、適用相場、通帳記帳済区分など）を管理します。この入出金レコードは、基本レコードの配下に作成されます。

⑶　**外貨普通預金利率テーブル**

　最新の外貨普通預金利率と過去の利率の変更履歴を管理します。このテーブルは外貨預金の積数計算、利息計算で参照されます。

⑷　**相場ファイル**

　最新の公示相場と過去の公示相場の履歴を管理します。外貨額から円貨額を求める場合に使用する公示相場（157頁参照）を取得するために参照されます。

(5) 通貨コードテーブル

入力された通貨コードの存在チェック、補助通貨の桁数チェック、通貨名称の取得などのために参照されます。

(6) 持高ファイル

入力された通貨コードについて、持高を更新します。

2　外貨普通預金のおもな取引と起票

普通預金と同様に勘定取引と非勘定取引の二つがあります（図表4－12－3参照）。

図表4－12－3の各取引（丸数字のある四角）とその下のT字（Tバー）について、簡単に説明します[*1]。

> ＊1　各取引をつなぐ線で実線は取引遷移上、通常、口座が解約されるまでに使用されるはずの取引を表し（入金、出金も使用されないことが考えられますが、使用されないほうが異例です）、破線はオプションの（必ずしも使用されない）取引を表します。外貨普通預金の見合い（相手科目）には、円現金を使っています（円現金の円貨額は外貨額と公示相場などの換算相場から算出します）。

① 口座開設

図表4－12－3　外貨普通預金の取引遷移とおもな取引

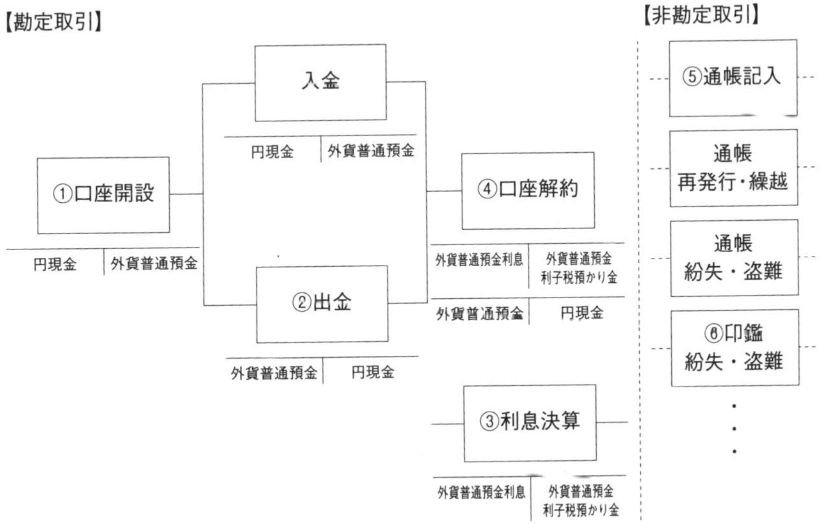

【勘定取引】

①口座開設 ─ 円現金／外貨普通預金

入金 ─ 円現金／外貨普通預金

②出金 ─ 外貨普通預金／円現金

③利息決算 ─ 外貨普通預金利息／外貨普通預金利子税預かり金

④口座解約 ─ 外貨普通預金利息／外貨普通預金利子税預かり金、外貨普通預金／円現金

【非勘定取引】

⑤通帳記入

通帳再発行・繰越

通帳紛失・盗難

⑥印鑑紛失・盗難

…

CIFが有効であることをチェックし、外貨普通預金の口座番号を採番して、基本レコードと入金の入出金レコードを作成します。円現金（資産の増加）と外貨普通預金（負債の増加）を起票します。取引完了後に伝票を出力し、通帳発行の口座の場合、通帳も記帳（印字）します。なお、入金額はゼロでも取引が可能です。その場合、勘定の起票はありません。

② 出　　金

CIFと外貨普通預金口座が有効であること、通帳・印鑑の紛失・盗難の登録がないかをチェックします。外貨出金額≦外貨残高であれば、外貨出金額を換算し、円現金を出金し、出金の入出金レコードを作成して、外貨出金額を外貨残高からマイナスします。円現金（資産の減少）と外貨普通預金（負債の減少）を起票します。取引完了後、伝票を出力し、通帳入力がある場合は通帳も記帳します。

③ 利息決算

2月と8月に外貨利息積数から外貨利息を計算し、その外貨利息を入金し、利息入金の入出金レコードを作成し、外貨利息を外貨残高にプラスします。外貨利息がゼロでない場合、外貨預金利息（損失の発生）、外貨普通預金（負債の増加）、利子税預かり金（負債の増加）を起票します。普通預金と同様に、人の手は介さず、システムが夜間に自動的に利息決算処理を行います。夜間の自動処理のため、通帳の入力はなく、したがって通帳の記帳はありません（後日、営業店端末、ATMなどで記帳されます）。

④ 口座解約

CIFと外貨普通預金口座が有効であること、通帳・印鑑の紛失・盗難の登録がないかをチェックし、外貨利息をリアルタイムで計算します。外貨残高と外貨利息を合わせた外貨金額を換算し、円現金で支払い、利息入金の入出金レコードと解約出金の入出金レコードを作成し、基本レコードを解約済みにします。利息分として外貨預金利息（損失の発生）、外貨普通預金（負債の増加）、利子税預かり金（負債の増加）、元本分として、円現金（資産の減少）と外貨普通預金（負債の減少）を起票します。

取引完了後、伝票、顧客向け計算書を出力し、通帳発行口座であれば通帳にも未記帳の入出金レコードをすべて記帳し、解約済みの文言を印字して当

該口座を解約済みのステータスにします。なお、解約時には解約前の外貨残高も外貨利息もゼロという場合もありますが、このような場合は勘定の起票は必要ありません。

⑤ 通帳記帳

　CIFと外貨普通預金口座が有効であること、通帳の紛失・盗難の登録がないかをチェックします。通帳にまだ記帳されていない入出金レコードを通帳に記帳し、記帳した入出金レコードに記帳済みのフラグを立てます。この取引では勘定（残高）の異動がないため、勘定の起票はなく、入出金レコードも作成しません。

⑥ 印鑑紛失・盗難

　CIFと外貨普通預金口座が有効であること、印鑑の紛失・盗難がすでに登録されていないかをチェックし（登録済みはエラーとします）、基本レコードに印鑑紛失・盗難ありのフラグを立てます。このフラグが立っている場合、出金はエラーとします。この取引では勘定（残高）の異動がないため、勘定の起票はなく、入出金レコードも作成しません。

3　出金取引のシステム処理概要

　営業店端末から通帳を使った出金取引を行う際のシステム処理について、その概要を簡単に説明します。

① 通帳の磁気ストライプ（MS）には店番、通貨、科目、口座番号などの情報が書き込まれています。営業店端末に通帳の磁気ストライプ（MS）を入力することで、営業店端末がその情報を読み取り、ホストに送るデータの一部とします。入力されたデータが妥当かどうか、最も基本的なチェック（桁数や項目属性（日付、数値、文字など）の妥当性）は営業店端末で行われます。

② 最も基本的なチェックは営業店端末で行われますが、ホスト側でも二重にデータそのものの妥当性をチェックします。一般的なチェック項目としては、必須項目、数値、文字、桁数・金額のオーバーフローなどがあげられます。

③ 各ファイルを読み込み、入力データと各ファイルに管理されている項目

との妥当性のチェックを行います。口座のステータス（解約済か否か）チェック、盗難紛失のチェック、外貨出金額が外貨現在残高以内かのチェック、公示相場の使用が指定されている場合の公示相場の使用可能チェック（相場未登録、相場閉鎖などでないか）などが行われます。さらに円貨への換算のため、相場ファイル．TTBを取得します。

④ 当該出金取引の結果、出金取引が済んだ状態にマスタファイルを更新します。今回の出金の履歴として入出金レコードを新規作成し、過去の未記帳の入出金レコードを記帳済みに更新します。また、外貨利息積数の再計算・更新、残高の更新、外貨出金額と取得済みのTTBから円貨額の算出、円貨額での起票なども行われます。また、持高ファイル．外貨預金残高から外貨出金額を差し引き、持高ファイルを更新します。

⑤ 以下の起票が行われます。

借方	貸方
外貨普通預金	円現金

⑥ 今回の取引結果と、今回の出金取引を含む過去の未記帳分のデータを営業店端末で印字できるように編集し、送信します。

⑦ ホストから電文を受け取った営業店端末は伝票の印字と通帳の記帳を行い、外貨出金額と公示相場から求めた円貨額分の円現金を排出します。

図表4－12－4　外貨普通預金・出金取引（営業店）のシステム処理例

No.	場　所	処　理	処理概要
①	営業店端末	電文作成	営業店端末に入力された通帳の磁気ストライプ（MS）から店番、通貨、科目、口座番号を読み取り、画面から入力された外貨出金額、換算の有無、換算相場の種類（換算がある場合のみ、ここでは公示相場を使用）などから電文を作成し、ホストに送信
②	ホスト	入力チェック	営業店端末から送られてきた電文を解析し、入力データの妥当性をチェック

No.	場所	処理	処理概要
③	ホスト	主要処理・マスタチェック	入力された店、通貨、科目、口座番号で外貨普通預金口座ファイルを読み込み。 読み込めない、当該口座が解約済み、通帳・印鑑盗難紛失ありの場合はエラー。 入力された外貨出金額＞外貨普通預金口座ファイル.基本レコード.外貨現在残高であれば、エラー。 相場ファイルの取引時点の公示相場が未登録、閉鎖などされている場合は、エラー。
④	ホスト	主要処理・マスタ更新	入出金レコードを新規に作成。 前回の取引〜今回の取引の間に外貨普通預金の利率変更がないかを外貨普通預金利率テーブルで確認し、外貨利息積数を再計算。 外貨普通預金口座ファイル.基本レコード.外貨現在残高から今回の外貨出金額を引き、換算の有無、換算相場の種類、換算相場（ここでは公示相場）などとともに同レコードを更新。 外貨普通預金口座ファイル.入出金レコードで通帳記帳が済んでいない入出金レコードを特定、未記帳分データを編集し、入出金レコードは記帳済みに更新。 持高ファイル.外貨預金残高から外貨出金額を差し引き、持高ファイルを更新。
⑤	ホスト	主要処理・勘定処理	外貨出金額に公示相場（TTB）を掛け、円貨額を算出。 算出した円貨額で、科目＝円現金と科目＝外貨普通預金を起票。
⑥	ホスト	主要処理・出力処理	外貨出金額、取引日、取引時刻、更新後外貨残高、公示相場、円貨額、未記帳分データなどを営業店端末宛に送信
⑦	営業店端末	印字・記帳	ホストからの電文で、伝票を印字（外貨出金額、取引日、取引時刻、更新後外貨残高、公示相場、円貨額など）し、未記帳用データを通帳に記帳

第 5 章

銀行業務の会計

> 本章の見出番号は、以下の体系としています。
> 1章→1節→1項→1→ (1) →① → (i) → (a) →1) → i) →a）

第1節　会計処理の概要

　本章では、預金・貸付・為替（内国為替、外国為替）の三大業務の財務会計処理について説明します。銀行での内部的な財務会計処理に特化しているため、一般的な簿記とは表現方法などが異なる部分があります。貸借対照表・損益計算書の表記方法は有価証券報告書などでみられる報告式ではなく、簿記検定などで一般的な勘定式（左右書き）により記述しています。

　為替業務のうち、外国為替業務については通貨の会計処理の考え方が複数あるため（単一通貨会計と多通貨会計など）、「第4節　外国為替業務の会計」（321頁参照）で詳しく述べます。

　なお、内部的な財務会計処理に準拠して述べているため、各種用語、勘定科目の名称・分類方法などの属性情報、処理内容など、銀行によっては当てはまらないことがあります。

　一般的な複式簿記の詳細については、市販の書籍などを参照してください。参考までに簡単な簿記の概要を記します。

第1項　単式簿記と複式簿記の基礎

1　単式簿記

　単式簿記の代表的な例として、家計簿、預金通帳、大福帳などがあります（図表5－1－1参照）。
　単式簿記は、図表5－1－1のように収入と支出から残高を計算していくのみです。簿記の専門知識がなくても、使用できます。反面、複雑な企業会計には適さないので、後述する複式簿記が使用されます。

2　複式簿記

　複式簿記は「資産」「負債」「純資産」「利益」「損失」に分類された勘定科目を借方・貸方に記入し、取引を表す方法です。企業の決算で作成される財

図表 5 - 1 - 1　単式簿記の例

日付	内容	収入	支出	残高
4/25	給与	¥220,000		¥220,000
4/27	書籍代		¥5,000	¥215,000
5/1	旅行・交通費		¥15,000	¥200,000
5/1	旅行・宿泊費		¥12,000	¥188,000
5/2	土産代		¥6,000	¥182,000
5/2	旅行・交通費		¥15,000	¥167,000

務諸表は、複式簿記をもとに作成されます。以下に、複式簿記の概略を述べます（図表 5 - 1 - 2 参照）。

① 各業務での取引に伴い、勘定科目と取引金額が伝票に記入・作成（起票）されます。なお、起票された1日分の伝票をすべて書き写した（転記）ものを「日計表」（日計）と呼びます。

② 日計表に転記された各伝票の日付、勘定科目、金額を勘定科目ごとの「元帳」に転記します。

③ 各勘定科目の元帳を総称して、「総勘定元帳」（総勘）といいます（補助元帳は省略します）。なお、総勘定元帳における各勘定科目の金額(残高)は、貸借対照表、損益計算書の金額と大枠では一致します[1]。

　＊1　財務諸表の勘定科目は各勘定科目を総括・合算するため、一致しないこともあります。たとえば、伝票上の手形貸付利息は証書貸付利息などの貸付利息と合算されるため、損益計算書上での貸出金利息とは一致しません。なお、図表 5 - 1 - 2 では各勘定科目を一致させて表記しています。

図表5－1－2　複式簿記のイメージ

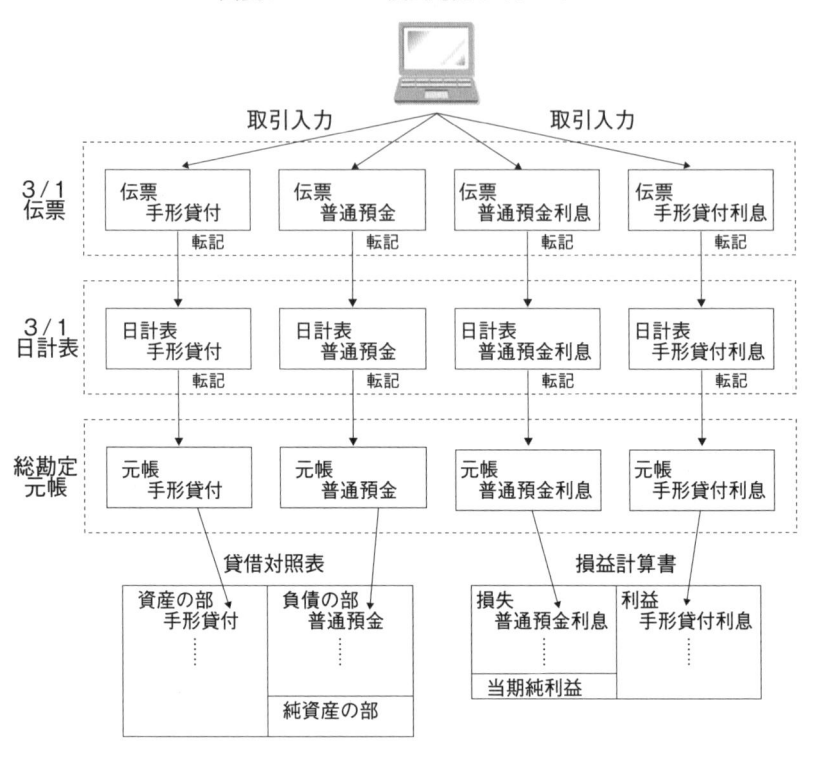

	取引入力		取引入力	

3/1 伝票
- 伝票 手形貸付
- 伝票 普通預金
- 伝票 普通預金利息
- 伝票 手形貸付利息

↓転記

3/1 日計表
- 日計表 手形貸付
- 日計表 普通預金
- 日計表 普通預金利息
- 日計表 手形貸付利息

↓転記

総勘定元帳
- 元帳 手形貸付
- 元帳 普通預金
- 元帳 普通預金利息
- 元帳 手形貸付利息

貸借対照表
- 資産の部　手形貸付
- 負債の部　普通預金
- 純資産の部

損益計算書
- 損失　普通預金利息
- 利益　手形貸付利息
- 当期純利益

第2節 基本的なルール、考え方

第1項 勘定科目

　勘定科目とは取引により生じる金銭の異動を分類するための区分（名称）です。通常「勘定」あるいは「科目」と省略して使われます。勘定科目の名称や分類は、銀行によって一定の差異があります。

1　分　類

　勘定科目は「資産」「負債」「純資産」「利益（収益）」「損失（費用）」の五つに大別されます。

(1)　資　産

　資産は、貸借対照表（B/S：Balance Sheet）の「資産の部」に記載されます。資産は、流動資産、固定資産[*1]、繰延資産[*2]の三つに大別されます。

　　*1　通常、1年以内に現金化・費用化できる資産を流動資産といい、1年超の資産を固定資産といいます。この流動・固定の定義は負債についても同様です。
　　*2　繰延資産は本書の対象業務では発生しないため、言及しません。

　代表的な資産科目には、現金、預け金、手形貸付、証書貸付、割引手形、未収金、仮払金、日銀預け金などがあります。なお、預金は一般企業では資産ですが、銀行にとって預金は顧客から払戻の請求があれば支払に応じなければならない債務であるため、負債に分類されます。

(2)　負　債

　負債は、貸借対照表（B/S：Balance Sheet）の「負債の部」に記載されます。負債は、流動負債と固定負債に大別されます。代表的な負債科目には当座預金、普通預金、通知預金、定期預金、利子税預かり金、未払金、仮受金などがあります。資産の項でも述べましたが、銀行では預金は負債に分類されます。

(3) **純資産（資本）**

　純資産は、貸借対照表（B/S：Balance Sheet）の「純資産の部」に記載されます。代表的な純資産科目には、資本金、資本剰余金、利益剰余金などがあります。

(4) **利益（収益）**

　利益は、損益計算書（P/L：Profit and Loss Statement）に記載されます。代表的な利益科目には、時間外手数料、カード発行手数料、振込手数料、手形貸付利息、証書貸付利息、受取手数料、為替差益などがあります。

(5) **損失（費用）**

　損失は、損益計算書（P/L：Profit and Loss Statement）に記載されます。代表的な損失科目には、普通預金利息、通知預金利息、定期預金利息、支払利息、為替差損などがあります。

2　属　　性

　勘定科目には、その特性を表す属性があります。代表的な属性には、貸借区分、計上先区分、長期・短期区分、邦貨・外貨区分、居住・非居住区分、利息・手数料区分などがあります。

(1) **貸借区分**

　取引により当該勘定科目が増加するとき、借方（かりかた）、貸方（かしかた）のいずれに計上するかを表す区分です。「貸」「借」と表現されていますが、「貸し」「借り」とは関係がなく、借方＝左側、貸方＝右側を表しています。なお、外国為替業務、国際業務などでは借方（Debtor）をDR、D/R、貸方（Creditor）をCR、C/Rと英語表記することもあります。

(2) **計上先区分**

　勘定科目を本部・支店のいずれに計上するかを表す区分で、計上先は通常、本部、または支店（営業店）です。自身が計上先でない勘定科目を増減させる場合、たとえば取引は本部で計上先は支店、あるいは取引は支店で計上先は本部である場合には、計上先の部門で当該勘定科目を計上・仕訳し、取引を行う部門では、当該勘定科目に対応する本支店勘定を計上します。

　預金業務や貸付業務についての科目は通常、支店で管理・計上されます。

普通預金、手形貸付などが該当します。銀行として一括して管理すべき科目、たとえば対外的な日銀預け金、外国他店預け、外国他店預かりなどは、本部で管理・計上されます。

(3) **長期・短期区分**

勘定科目を使用する取引の開始から終了までの期間が、1年以内・1年超のいずれかを表す区分です。短期には、1年以内の定期預金や、手形貸付（通常、1年以内）などがあります。長期には、1年超の定期預金や証書貸付（通常、1年超）などがあります。また、短期・長期のいずれにも該当しないものに「期間の定めがない勘定科目」があります。当座預金、普通預金などが該当します。

(4) **邦貨・外貨区分**

勘定科目を使用する取引の通貨が邦貨（日本円）、外貨のいずれかを表す区分です。邦貨には普通預金、定期預金、手形貸付などがあります。外国為替業務以外の勘定科目は、すべて邦貨です。なお、外国為替業務で扱われるユーロ円、非居住者円も円の一種であるため、邦貨に分類されます。外貨には外貨普通預金、外貨定期預金、外貨手形貸付などがあります。外貨の勘定科目は、三大業務のなかでは、為替業務の一部である外国為替業務でしか扱われません。

(5) **居住・非居住区分**

勘定科目を使用する取引相手が居住者・非居住者[*1]のいずれかを表す区分です。なお、多くの銀行では、非居住者は外国為替システムで扱われます。ただし、預金システム・貸付システムで非居住者との取引を扱う銀行もあります。

*1 外為法上の非居住者を指します。

(6) **利息・手数料区分**

利益・損失の勘定科目が利息・手数料のいずれかを表す区分です。勘定科目が利息である場合、後述する損益補正の対象です。

3 特殊な勘定科目

異なる勘定科目の間や銀行の本部・支店の間をつなぐために使用される、あるいは資金異動がない偶発債務を会計上認識するために使用される特殊な

勘定があります。

(1) 本支店勘定

　取引によっては、勘定科目が本部と支店、または異なる支店の間にまたがることがあります。この場合に両者をつなぐのが本支店勘定です。

　本支店勘定は銀行により、資産または負債勘定の一方としているところもあれば、資産・負債の両方の本支店勘定を用意しているところもあります。後述の海外本支店勘定、特別本支店勘定も本支店勘定の一種です。借方・貸方の両方に仕訳られるため、両性勘定と呼ばれることもあります。

(2) 海外本支店勘定

　取引によっては、勘定科目が本部と海外支店の間にまたがることがあります。この場合に両者をつなぐのが海外本支店勘定です。

(3) 特別本支店勘定

　東京オフショア市場での取引は国内取引とは分離・区分経理することが求められます。このため東京オフショア市場を、一つの支店（オフショア店）として取り扱います。このオフショア店と本部をつなぐのが特別本支店勘定です。

(4) 支払承諾・支払承諾見返*1

　保証取引（債務保証、輸入信用状など）においては、資金の異動は発生しません。ただし、銀行は偶発債務を負うため、負債である支払承諾と資産である支払承諾見返を必ずペアで起票します。

　　*1　顧客の債務不履行により、将来、顧客に代わって、銀行が顧客の債務を負担する可能性がある債務の存在を認識するための勘定科目です。偶発債務を負債である支払承諾で表現するのに対して、資産である支払承諾見返をペアで起票する理由は、取引において借方と貸方の金額は必ず一致させるという後述のルールを満たすためです。

(5) 振替勘定

振替勘定は以下のような場合に使用します。

① 取引において借方と貸方の勘定科目が、m：m、またはm：nであるときに、各勘定科目をつなぐ場合。

② 借方と貸方の勘定科目が、1対1であっても、取引を分けざるをえない場合（システムが、1取引で二つの勘定科目の同時起票をサポートしていない

など）。

第2項 仕　訳

1　基本ルール

取引で使用する勘定科目を借方・貸方に分類、表示することを「仕訳（しわけ）」といいます。「仕分」ともいいますが、本書では「仕訳」に統一します。以下に、仕訳の基本的なルールについて述べます。

(1) 表記方法

仕訳は以下のように、左に「借方」、右に「貸方」を置き、両者を下線でつなぎます。中央から縦線を下ろし、個々の勘定科目と金額を記述します。この形式はその形が「T」に似ていることから、Tバー、T字などと呼ばれます。仕訳はTバーで記述します。

借方	貸方
現金　10,000円	普通預金　10,000円

⇒ 現金1万円を普通預金に入金する場合のTバー

(2) 貸借の増減

資産と負債などの分類により、借方・貸方（貸借）の増減が決まります。

① 資産
　借方：資産の増加
　貸方：資産の減少

借方	貸方
資産の増加（＋）	資産の減少（－）

② 負債
　借方：負債の減少
　貸方：負債の増加

借方	貸方
負債の減少（－）	負債の増加（＋）

③ 純資産（資本）
　借方：純資産の減少
　貸方：純資産の増加

借方	貸方
純資産の減少（－）	純資産の増加（＋）

④ 利益（収益）
　借方：利益の減少
　貸方：利益の増加

借方	貸方
利益の減少（−）	利益の増加（＋）

⑤ 損失（費用）
　借方：損失の増加
　貸方：損失の減少

借方	貸方
損失の増加（＋）	損失の減少（−）

(3) 貸借の合計金額

借方の合計金額と貸方の合計金額は必ず一致します。

借方	貸方
普通預金　10,000円	定期預金　100,000円
現金　　　90,000円	

➡ 普通預金1万円を出金し、現金9万円と合わせて10万円の定期預金を新規に入金する場合のTバー

(4) 取消の仕訳

取引を取消する場合の仕訳は借方・貸方はそのままで金額をマイナスするか、金額はそのままで借方・貸方を逆転させます。取引を取消する場合の仕訳は以下のとおりです。なお、当日取消と後日取消の仕訳は、銀行により違いがあります（たとえば、当日取消と後日取消が同じ仕訳であるなど）。

① **正常取引の仕訳**

取消をする前の、現金1万円を普通預金に入金する正常取引（元取引、原取引）の仕訳です。

借方	貸方
現金　10,000円	普通預金　10,000円

② **当日取消の仕訳**

正常取引を、なんらかの理由（入金する口座を間違えたなど）により、正常取引を行った日と同じ日に取消する場合（当日取消）の仕訳は金額をマイナスします。借方、貸方にある勘定科目は変わりませんが、各金額がマイナス

であるため、正常取引の仕訳と合算・相殺され、当該取引の勘定科目の起票が取消されます。

借方	貸方
現金　−10,000円	普通預金　−10,000円

③　後日取消の仕訳

正常取引を行った翌営業日以降に当該正常取引の取消を行う場合（後日取消）、仕訳は以下のとおりです。

借方・貸方が左右逆転しています。このため正常取引の仕訳と合算・相殺され、当該取引の勘定科目の起票が取消されます。なお、こうした起票の仕方を反対起票、逆起票ともいいます。

借方	貸方
普通預金　10,000円	現金　10,000円

2　日計・総勘、B/S・P/Lとの関係

いままで述べてきた基本的な考え方をふまえたうえで、複式簿記に関してやや詳しく例示します（図表5−2−1参照）。なお、日計は日別に作成されるフローベースですが、総勘定元帳はフローを累積したストックベースです。

図表5-2-1　日計・総勘、B/S・P/Lとの関係

- 3/1、手形貸付を実行し、現金で顧客に支払

借方	貸方
①手形貸付 100万円	②現金 100万円

- 3/1、顧客から現金を受領し、普通預金口座に入金

借方	貸方
③現金 20万円	④普通預金 20万円

- 3/1の日計

	借方	貸方
手形貸付	①100万円	
現金		②100万円
現金	③20万円	
普通預金		④20万円

- 総勘定元帳

手形貸付	借方	貸方	残高
前期繰越			500万円
3/1	①100万円		600万円

現金	借方	貸方	残高
前期繰越			800万円
3/1		②100万円	700万円
3/1	③20万円		720万円

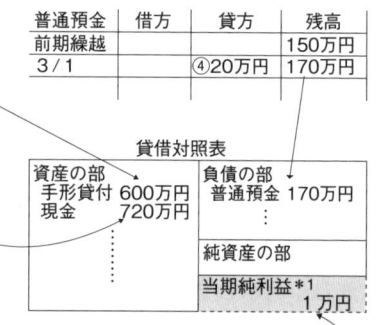

普通預金	借方	貸方	残高
前期繰越			150万円
3/1		④20万円	170万円

貸借対照表

資産の部	負債の部
手形貸付 600万円 現金 720万円	普通預金 170万円 … 純資産の部 当期純利益*1 　　　　1万円

- 3/1、普通預金利息を現金で、顧客に支払

借方	貸方
⑤普通預金利息 1万円	現金 1万円

- 3/1、手形貸付の利息を現金で、顧客から受取

借方	貸方
現金 3万円	⑥手形貸付利息 3万円

- 3/1の日計（現金は省略）

	借方	貸方
普通預金利息	⑤1万円	
手形貸付利息		⑥3万円

- 総勘定元帳（現金は省略）

普通預金利息	借方	貸方	残高
2/1			6万円
3/1	⑤1万円		7万円

手形貸付利息	借方	貸方	残高
2/1			5万円
3/1		⑥3万円	8万円

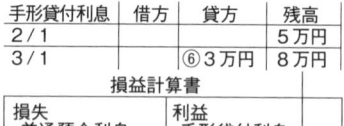

損益計算書

損失	利益
普通預金利息 　　　　7万円 当期純利益*1 　　　　1万円	手形貸付利息 　　　　8万円 …

*1　実際には、利益剰余金

第3節　国内業務の会計

これまで、会計の基本的な考え方やルールについて述べてきました。本節以降は、銀行の三大業務である預金・貸付・内国為替[*1]の各業務の取引で発生する勘定処理について、実例をあげて説明していきます。

　*1　為替業務のうち、外貨建取引が主体である外国為替業務は会計処理が複雑なため、別途「第4節　外国為替業務の会計」（321頁参照）で説明します。

第1項　取引と会計処理

1　預金業務

以下に、預金業務の基本的な取引における会計処理（勘定起票）の例をあげます。

(1)　当座預金

①　口座開設

当座預金口座を新規開設。

ただし、現金などの入金なし。

借方	貸方
（起票なし）	

②　入　　金

当座預金に小切手[*2] 10万円を入金。

手形・小切手＝資産、当座預金＝負債。

借方	貸方
手形・小切手　100,000円	当座預金　100,000円

　*2　顧客が取引先などから受領した小切手を指します（以下同じです）。

③　出　　金

当座預金から現金を7万円出金。

現金＝資産、当座預金＝負債。

第5章　銀行業務の会計　289

借方		貸方	
当座預金	70,000円	現金	70,000円

④ 解　　約

当座預金を解約し、代わり金3万円を普通預金に入金。

当座預金＝負債、普通預金＝負債。

借方		貸方	
当座預金	30,000円	普通預金	30,000円

(2) 普通預金

① 口座開設

現金を10万円入金し、普通預金口座を新規開設。

現金＝資産、普通預金＝負債。

借方		貸方	
現金	100,000円	普通預金	100,000円

② 入　　金

普通預金に現金5万円と小切手15万円を入金。

手形・小切手＝資産、現金＝資産、普通預金＝負債。

借方		貸方	
手形・小切手	150,000円	普通預金	200,000円
現金	50,000円		

③ 出　　金

普通預金からATMで時間外に現金2万円を出金。

現金＝資産、普通預金＝負債、時間外手数料＝利益、消費税預かり金[*1]＝負債。

借方		貸方	
普通預金	20,000円	現金	20,000円
普通預金	105円	時間外手数料	100円
		消費税預かり金[*1]	5円

＊1　消費税預かり金は、税務当局に納付するために、銀行が消費税を一時的に預かる場合に使用する勘定科目（以下同じ）です。

④ 利息決算（付利）

普通預金の利息決算を行い、付利。

普通預金＝負債、普通預金利息＝損失、利子税預かり金*1＝負債。

借方		貸方	
普通預金利息	100円	普通預金	80円
		利子税預かり金*1	20円

* 1　利子税預かり金は、税務当局に納付するために、銀行が利息にかかる預金利子税*2を一時的に預かる場合に使用する勘定科目（以下同じ）です。
* 2　預金利子税の税率は20％のため、普通預金利息100円×20％で、利子税預かり金は20円（正確には、国税15％、地方税5％ですが、ここでは簡便に計算しています。以下同じ）です。

⑤ 解　　約

普通預金を解約し、現金で顧客に支払。

現金＝資産、普通預金＝負債、普通預金利息＝損失、利子税預かり金＝負債。

借方		貸方	
普通預金利息	100円	普通預金	80円
		利子税預かり金	20円
普通預金	100,080円	現金	100,080円

(3) 定期預金

① 新規入金

普通預金から50万円を出金し、定期預金を新規入金。

普通預金＝負債、定期預金＝負債。

借方		貸方	
普通預金	500,000円	定期預金	500,000円

② 中間利払

定期預金の中間利払で中間利息1万円を普通預金に入金。

普通預金＝負債、定期預金利息＝損失、利子税預かり金*3＝負債。

借方		貸方	
定期預金利息	10,000円	普通預金	8,000円
		利子税預かり金*3	2,000円

第5章　銀行業務の会計

＊3　預金利子税の税率は、20％のため、定期預金利息10,000万円×20％で、利子税預かり金は2,000円（以下同じ）です。

③ **解　　約**

50万円の定期預金を解約し、元利金を普通預金に入金。

定期預金＝負債、普通預金＝負債、定期預金利息＝損失、利子税預かり金＝負債。

借方		貸方	
定期預金	500,000円	普通預金	508,000円
定期預金利息	10,000円	利子税預かり金	2,000円

④ **新規入金（元利継続）**

満期を迎えた50万円の定期預金の元利金で定期預金を継続。

定期預金＝負債、定期預金利息＝損失、利子税預かり金＝負債。

借方		貸方	
定期預金	500,000円	定期預金	508,000円
定期預金利息	10,000円	利子税預かり金	2,000円

⑤ **新規入金（元金継続）**

満期を迎えた50万円の定期預金の元金で定期預金を継続。ただし利息は普通預金に入金。

定期預金＝負債、普通預金＝負債、定期預金利息＝損失、利子税預かり金＝負債。

借方		貸方	
定期預金	500,000円	定期預金	500,000円
定期預金利息	10,000円	普通預金	8,000円
		利子税預かり金	2,000円

(4) **複合取引**

① **複合取引（その1）**

普通預金と当座預金から出金し、定期預金と通知預金を新規入金。

当座預金＝負債、普通預金＝負債、通知預金＝負債、定期預金＝負債。

借方		貸方	
当座預金	1,000,000円	通知預金	1,000,000円

借方		貸方	
普通預金	2,000,000円	定期預金	2,000,000円

この例では、資産・負債科目が借方・貸方の双方に一つずつだけであり、かつ金額も一致しています。こうした場合、通常は預金間の直接の振替が可能であり、後述する振替勘定は発生しません。

この例の仕訳を取引の面からみると、以下のとおりです。

(i) 通知預金の新規入金取引で、当座預金を振替相手[*1]、出金額を100万円として、通知預金を新規入金（通知預金の新規入金と当座預金の出金が同時に行われる）。

(ii) 定期預金の新規入金取引で、普通預金を振替相手[*1]、出金額を200万円として、定期預金を新規入金（定期預金の新規入金と普通預金の出金が同時に行われる）。

> [*1] 振替相手にできる勘定科目には、当座預金、普通預金、現金、振替勘定などがあります。振替相手を当座預金、普通預金、現金以外の勘定科目に振り替える場合には、振替勘定を使用するのが一般的です。

② 複合取引（その2）

普通預金と当座預金から出金し、定期預金と通知預金を新規入金。

当座預金＝負債、普通預金＝負債、通知預金＝負債、定期預金＝負債。

借方		貸方	
当座預金	1,000,000円	振替勘定	3,000,000円
普通預金	2,000,000円		

借方		貸方	
振替勘定	3,000,000円	通知預金	500,000円
		定期預金	2,500,000円

この例のように資産・負債科目が借方・貸方の双方に複数仕訳され、かつ金額も一致しないような場合には預金間の直接の振替ができないため、振替勘定を経由して取引を行います。なお、利息、手数料、消費税預かり金、利子税預かり金といった、取引から自動的に発生する場合には、振替勘定は使

用されません。この例の仕訳を取引からみると、以下のとおりです。
（ⅰ）当座預金の出金取引で振替相手を振替勘定、出金額を100万円として取引
（ⅱ）普通預金の出金取引で振替相手を振替勘定、出金額を200万円として取引
（ⅲ）通知預金の新規入金取引で振替相手を振替勘定、入金額を50万円として取引
（ⅳ）定期預金の新規入金取引で振替相手を振替勘定、入金額を250万円として取引

2　貸付業務

以下に、貸付業務の基本的な取引における会計処理（勘定起票）の例をあげます。

(1)　手形貸付
①　実　　行

100万円の手形貸付を実行し、貸付金を当座預金に入金。手形貸付利息は、貸付金から差引。

手形貸付＝資産、当座預金＝負債、手形貸付利息＝利益。

借方		貸方	
手形貸付	1,000,000円	当座預金	990,000円
		手形貸付利息	10,000円

②　回収（返済）

回収期日に100万円の手形貸付を当座預金から回収。手形貸付利息は、実行時に徴求済み。

手形貸付＝資産、当座預金＝負債。

借方		貸方	
当座預金	1,000,000円	手形貸付	1,000,000円

(2) 証書貸付
① 実　　行

500万円の証書貸付を実行し、貸付金を当座預金に入金。証書貸付利息は、回収時に徴求。

証書貸付＝資産、当座預金＝負債。

借方		貸方	
証書貸付	5,000,000円	当座預金	5,000,000円

② 一部回収（一部返済）

一部回収期日に200万円の証書貸付を当座預金から一部回収。証書貸付利息は、別途徴求。

証書貸付＝資産、当座預金＝負債。

借方		貸方	
当座預金	2,000,000円	証書貸付	2,000,000円

③ 利息受入

一部回収時の証書貸付利息10万円を当座預金から徴求。

証書貸付利息＝利益、当座預金＝負債。

借方		貸方	
当座預金	100,000円	証書貸付利息	100,000円

④ 全額回収（全額返済）

回収期日に300万円の証書貸付を当座預金から残金を全額回収。15万円の証書貸付利息も同時に徴求。

証書貸付＝資産、当座預金＝負債、証書貸付利息＝利益。

借方		貸方	
当座預金	3,000,000円	証書貸付	3,000,000円
当座預金	150,000円	証書貸付利息	150,000円

(3) 手形割引
① 割　　引

80万円の手形割引を行い、当座預金に入金。貸付利息に当たる割引料は、別途徴求。

割引手形＝資産、当座預金＝負債。

借方		貸方	
割引手形	800,000円	当座預金	800,000円

② **割引料受入**

手形割引時に別途徴求とした３万円の割引料を当座預金から徴求。

割引料＝利益、当座預金＝負債。

借方		貸方	
当座預金	30,000円	割引料	30,000円

③ **回　　収**

割引した80万円の手形の支払が行われ、資金を受領（本部勘定と支店勘定）。

日銀預け金＝資産、割引手形＝資産。

借方	本部	貸方	
日銀預け金	800,000円	本支店勘定	800,000円

借方	支店	貸方	
本支店勘定	800,000円	割引手形	800,000円

(4) 当座貸越

① **貸　　越**

当座預金50万円の残高を超えて、現金150万円を出金（100万円の当座貸越）。

当座預金＝負債、当座貸越＝資産、現金＝資産。

借方		貸方	
当座預金	500,000円	現金	1,500,000円
当座貸越	1,000,000円		

② **利息決算**

当座貸越の貸越利息１万円を当座預金から徴求。

当座貸越＝資産、当座貸越利息＝利益。

借方		貸方	
当座貸越	10,000円	当座貸越利息	10,000円

③ **貸越回収（貸越返済）**

当座預金に普通預金から振替入金し、当座貸越を回収。

普通預金＝負債、当座預金＝負債、当座貸越＝資産。

借方		貸方	
普通預金	1,800,000円	当座貸越	1,010,000円
		当座預金	790,000円

(5) 債務保証

① 実　行

700万円の債務保証を実行。保証料は、別途徴求。

支払承諾＝負債、支払承諾見返＝資産。

借方		貸方	
支払承諾見返	7,000,000円	支払承諾	7,000,000円

② 増　額

債務保証を300万円増額。保証料は、別途徴求。

支払承諾＝負債、支払承諾見返＝資産。

借方		貸方	
支払承諾見返	3,000,000円	支払承諾	3,000,000円

③ 減　額

債務保証を200万円減額。

支払承諾＝負債、支払承諾見返＝資産。

借方		貸方	
支払承諾	2,000,000円	支払承諾見返	2,000,000円

④ 解除（回収）

800万円の債務保証を解除（回収）。

支払承諾＝負債、支払承諾見返＝資産。

借方		貸方	
支払承諾	8,000,000円	支払承諾見返	8,000,000円

⑤ 保証料受入

債務保証の保証料55万円を当座預金から徴求。

当座預金＝負債、保証料＝利益。

借方		貸方	
当座預金	550,000円	保証料	550,000円

3　内国為替業務

　以下に、内国為替業務の基本的な取引における会計処理（勘定起票）の例をあげます。

(1)　仕向側・電信振込（同一店内）

　普通預金10万円を出金し、指定の当座預金口座（同一支店内）に窓口から振込。振込手数料も普通預金から徴求。

　当座預金＝負債、普通預金＝負債、振込手数料＝利益、消費税預かり金＝負債。

借方		A支店 貸方	
普通預金	100,420円	当座預金	100,000円
		振込手数料	400円
		消費税預かり金	20円

(2)　仕向側・電信振込（本支店宛）

　当座預金を20万円出金し、指定の普通預金口座（本支店宛）に窓口から振込。振込手数料も当座預金から徴求。

　当座預金＝負債、普通預金＝負債、振込手数料＝利益、消費税預かり金＝負債。

借方		A支店 貸方	
当座預金	200,525円	本支店勘定	200,000円
		振込手数料	500円
		消費税預かり金	25円

借方		B支店 貸方	
本支店勘定	200,000円	普通預金	200,000円

(3) 仕向側・電信振込（他行宛）

5万円の現金を、指定の普通預金口座（他行宛）に窓口から振込。振込手数料も現金で徴求。

現金＝資産、振込手数料＝利益、消費税預かり金＝負債、日銀預け金＝資産。

借方		A支店	貸方	
現金	50,840円	本支店勘定	50,000円
		振込手数料	800円
		消費税預かり金	40円

借方		本部	貸方	
本支店勘定	50,000円	日銀預け金*1	50,000円

＊1　日銀預け金は、実際には日銀にあり、実際の残高や資金の異動も日銀のものが正当です。一方、個々の銀行も自行のシステムで、日銀預け金の残高や異動を管理しています。日銀の管理している異動と自行システムの異動に差異がないか比較することを、リコンサイル（Reconcile）といいます。

(4) 被仕向側・電信振込（他行から）

他行から、指定の当座預金口座に30万円を振込（振込手数料は、振込人負担）。

日銀預け金＝資産、当座預金＝負債。

借方		本部	貸方	
日銀預け金	300,000円	本支店勘定	300,000円

借方		A支店	貸方	
本支店勘定	300,000円	当座預金	300,000円

(5) 取立側・代金取立

① 取　　立

期日の到来する手形（他行を支払場所とする手形）の取立依頼を受付。

借方	貸方
（起票なし）	

② 支　　払

取立を依頼された10万円手形の支払が行われ、資金を受領し、顧客の普通預金に入金。

日銀預け金＝資産、当座預金＝負債。

借方	本部	貸方
日銀預け金　100,000円	本支店勘定　100,000円

借方	A支店	貸方
本支店勘定　100,000円	当座預金　100,000円

③ 不　　渡

取立を依頼された手形が不渡とされ、返却。

借方	貸方
(起票なし)

(6) **支払側・代金取立**

他行から期日の到来する50万円の手形の交換呈示を受け、手形が振り出された当座預金口座から手形の額面金額を出金し、日銀預け金で決済。

日銀預け金＝資産、当座預金＝負債。

借方	A支店	貸方
当座預金　500,000円	本支店勘定　500,000円

借方	本部	貸方
本支店勘定　500,000円	日銀預け金　500,000円

第2項　決　算

1　決算とは

決算とは、一定期間の会計処理を確認・補正して、その期間の経営成績と期末の財政状態を明らかにする会計手続です。作成が必要な書類として、決算書類（貸借対照表、損益計算書など）、および報告書があります。

会計期間は、銀行法第17条により「銀行の事業年度は、4月1日から翌年3月31日までとする」と定められています。また同法第19条で、中間事業年度[*1]ごとに中間決算を行い、中間業務報告書を作成すること、および事業年度ごとに決算を行い、業務報告書を作成することが義務づけられています。

*1 「当該事業年度の4月1日から9月30日までの期間」とされています。

(1) 決算の種類

決算には、四半期決算・中間決算・本決算のほかに、日次決算・月次決算などがあります。それぞれの決算の内容は以下のとおりです。

① 日次決算

決算本手続の損益補正、直物為替の仲値評価替、直物為替・先物為替の引直などを行い、日次の総勘定元帳を補正・確定します。銀行内部の管理のための決算作業であり、公表されません。

② 月次決算

決算本手続の損益補正、直物為替の仲値評価替、直物為替・先物為替の引直などを行います。月初の一定期間内（月初の数営業日）に各種決算補正計数を入力することで、月次の総勘定元帳を補正・確定します。日次決算と同様、銀行内部の管理のための決算作業であり、公表されません。

③ 四半期決算

事業年度が1年の会社において、事業年度を3カ月ごとに分け、各当該期間における経営成績と財務状態を明らかにする作業です。本決算の決算手続よりも簡便な部分もありますが、本決算に準じる決算手続を行います。金融商品取引法により、2008年4月1日から始まる事業年度から、四半期決算に伴う財務諸表・報告書の作成が義務づけられています。

④ 中間決算

事業年度が1年の会社において、事業年度の開始日から6カ月経過した中間時点の経営成績と財務状態を明らかにする作業です。本決算に準じる決算手続を行い、半期ごとの財務諸表・報告書を作成します。

⑤ 本決算

事業年度が1年の会社において、事業年度の開始日から1年経過した時点の経営成績と財務状態を明らかにする作業です。決算準備手続、決算本手続を経て、財務諸表・報告書を作成します。

2 決算手続

銀行における決算手続の概要について述べ、その後、対象業務で発生する手続について、決算準備手続、決算本手続、財務諸表・報告書の作成、と流れを追って述べていきます。

以下に述べる手続は本決算についてですが、手続の多くは日次決算・月次決算などにも適用されます。

(1) 決算準備手続

決算本手続に先立って、以下の準備手続を実施します。

① 帳簿の検証

総勘定元帳と個別元帳の残高を突合し、不突合がないか、勘定科目の錯誤がないかなどを精査・検証します。ただし、総勘定元帳と個別元帳の残高突合などのチェックは、システムで実施されているのが一般的なので、通常は検証の必要はありません。ただし、オンラインで管理されていない帳簿（オフライン分）があれば、これらについては、手管理のため検証が必須です。

② 振替勘定の整理

振替勘定は決算日に関係なく、当日のオンライン終了までに残高をゼロとしなければなりません。対応する振替勘定が処理されていない[*1]（以下の仕訳例の網掛けされている部分が処理されていない）場合は、速やかに相対する取引（起票）を行い、振替勘定を相殺します。

> [*1] 振替勘定が残っているかどうかは、通常、オンライン終了前にシステムがチェックし、振替勘定が残っている場合、オンラインは終了できません。

借方		貸方	
当座預金	1,000,000円	振替勘定	3,000,000円
普通預金	2,000,000円		

借方		貸方	
振替勘定	3,000,000円	通知預金	500,000円
		定期預金	2,500,000円

③ 本支店未達勘定の整理

未達勘定とは、仕向店での本支店勘定が起票されているにもかかわらず、

被仕向店で対応する本支店勘定が処理されていない（以下の仕訳例の網掛けされている部分が処理されていない）状態を指します。

未達勘定をチェックし、もし未達勘定がある場合には、速やかに被仕向店側の取引（起票）を行い、未達勘定を残さないようにしなければなりません。

借方	仕向店	貸方	
当座預金	200,000円	本支店勘定	200,000円

借方	被仕向店	貸方	
本支店勘定	200,000円	普通預金	200,000円

④ 仮勘定の整理

仮勘定には、仮受金・仮払金、未収金・未払金、別段預金などがあります。

仮受金・仮払金は、本来起票すべき勘定科目や金額が未確定の場合に使用される勘定科目です。適正な勘定科目に振替できるものは、速やかに振替処理を行う必要があります。

未収金・未払金は、実収、実払されているにもかかわらず、未収・未払のままでないかチェックし、実収・実払に振替できるものは、速やかに受払処理を行う必要があります。

別段預金は、業務上発生する未整理の預金です。残高がある別段預金口座についてはその内容をチェックし、適正な勘定科目に振替できるものは、速やかに振替処理を行う必要があります。

(2) 決算本手続

決算本手続には、損益補正、財産の評価、諸引当金・諸準備金の繰入・戻入、本支店財務諸表の合併、法人税等引当額の計上、利益剰余金の算出などの作業があります。以下、代表的な作業項目について説明します。

① 損益補正

各業務で未収収益・未払費用、前受収益・前払費用の計上を行います。詳細は後述します。

② 財産の評価

会計上の概念では、財産とは資産・負債の両方を指します。ここでいう財産の評価とは、具体的には有価証券の時価評価（Marked to Market）、デリ

バティブの時価評価、動産の減価償却、不動産の評価、貸付金の償却、直物為替の仲値評価替、そして直物為替・先物為替の引直などを指します。

本書ではこれらのうち、貸付金の償却、直物為替の仲値評価替、直物為替の引直、先物為替の引直、資金関連スワップの直先差金補正について説明します。

財産の評価には、これらのほかにも、以下に述べる諸引当金・諸準備金の繰入・戻入、本支店財務諸表の合併、法人税等引当額の計上、利益剰余金の算出などがありますが、本書の対象とする業務の範囲には含まれないため、詳細は割愛します。

③ 諸引当金・諸準備金の繰入・戻入

貸倒引当金、退職給付引当金、その他引当金、準備金の繰入・戻入などを行います。

④ 本支店財務諸表の合併

勘定科目、日計表、元帳などは、本部と支店ごとに管理されています。このため、本部と支店の元帳などを合算し、銀行全体としての財務諸表を作成する必要性があります。これを本支店財務諸表の合併といいます。またこの後に決算本手続の各種補正により生じた本支店勘定の未達勘定をチェックし、未達勘定が残っていればこれを処理します。

⑤ 法人税等引当額の計上

法人税等引当額を計上します。

⑥ 利益剰余金の算出

利益剰余金を算出します。

(3) 財務諸表、報告書の作成

決算準備手続、決算本手続を経て、最終的に財務諸表と事業報告書を作成します。本書の対象業務ではないため、ごく簡略に紹介するにとどめます。

① 財務諸表の作成

貸借対照表、損益計算書などの計算書を作成します。

② 報告書の作成

業務報告書、有価証券報告書などを作成します。

3　対象業務での決算手続

　これまで決算手続の概要について、述べてきました。以降は本書の対象業務で発生する決算手続、具体的には、損益補正と財産の評価[*1]について説明します。なお、ここでは本決算を想定していますが、考え方は月次決算などでも同じです。

　　*1　これらを業務システム、経理システムのいずれで、どこまで行うかは、銀行により異なります。

(1)　損益補正とは

　各業務で発生する利益と損失には、おもに手数料と利息の二つがあります。

　手数料の受払方法には、発生と同時に受払をする「即時」受払と、クレジットカード払のように発生した日ではなく後日に一括受払をする「後取・後払」の２種類があります。

　これに対して利息は、利息計算の始期（手形貸付の実行日など）に利息を計算し、受け取る「前取」と、利息計算の終期（手形貸付の回収日など）に利息を計算し、受け取る「後取」があります。また、利息計算の始期に利息を計算し、支払う「前払」と、利息計算の終期（定期預金の満期日など）に利息を計算し、支払う「後払」もあります。

　このように、利息の受払方法には、前取、後取、前払、後払の４種類の方法があります。

　損益補正を計上する時期ですが、「発生主義の原則」[*2]に基づき、１事業年度における収益と費用における後取の収益、後払の費用は、翌決算期以降の受取・支払を見越して、翌決算期以降にかかる部分を除外し残りの部分を今期分として計上します（収益の見越、費用の見越）。同様に、期末日時点における前取の収益、前払の費用については、今期部分を計上し、翌決算期以降にかかる部分は翌期に繰延します（収益の繰延、費用の繰延）。こうした手続を損益補正（または決算補正）といいます。

　　*2　企業会計の基本原則である企業会計原則（損益計算書の本質）に規定されています。損益を実際の受取・支払（現金の受払、口座引落、口座振込など）のみにより認識するのではなく、損益が発生した時点で認識・把握するものです。

図表5－3－1　利息・手数料の損益補正

収益・費用	利息・手数料	受払方法	決算時の状態	受払（勘定起票）	決算時の勘定
収益	手数料	即時	実収	発生と同時	－（起票済み）
		後取	未収	後日（顧客との約定日）	未収収益
	利息	前取	実収（前受）	利息計算開始日	前受収益
		後取	未収	利息計算終了日	未収収益
費用	手数料	即時	実払	発生と同時	－（起票済み）
		後払	未払	後日（顧客との約定日）	未払費用
	利息	前払	実払（前払）	利息計算開始日	前払費用
		後払	未払	利息計算終了日	未払費用

　これまで述べてきたことをまとめると、図表5－3－1のとおりです。

① **損益補正時の会計処理**

　損益補正で行われる会計処理（勘定起票）を以下に示します。なお実際の損益の見越、損益の繰延は期間按分が絡むため、詳細は後述します。ここでは仕訳の例示のみにとどめます。

(i) **未収収益**[*1]

　未収収益＝資産、手形貸付利息＝利益。

借方	貸方
未収収益	手形貸付利息

(ii) **前受収益**

　前受収益＝負債、手形貸付利息＝利益。

借方	貸方
手形貸付利息	前受収益

(iii) **未払費用**

　未払費用＝負債、定期預金利息＝損失。

借方	貸方
定期預金利息	未払費用

(iv) **前払費用**

前払費用＝資産、コールマネー*²利息＝損失。

借方	貸方
前払費用	コールマネー利息

* 1　貸付金の未収収益（未収利息）のうち、破綻懸念先、実質破綻先、破綻先に対する未収利息は、原則として未収利息を計上しない（不計上）ものとされています（金融検査マニュアル）。
* 2　コールマネーとは市場から資金を調達（借入）する短期の銀行間取引のことです。

② **損益の期間按分**

　利息は元本や利率が同じでも、利息計算の期間（たとえば、定期預金の預入日〜解約日）の長短により利息金額が増減します。一方、手数料は、振込手数料などのように取り扱う金額の大小により金額が増減することはあっても、期間により手数料金額が増減することはありません。このことから、利息には期間の概念があるとされ、手数料には期間の概念がないとされます（図表5－3－2参照）。

　損益計算書には各決算期において発生した利益と費用を記載するので、期間の概念がある利息も、1決算期間内において発生した金額を正確に計上しなくてはなりません。決算期間をまたいでいるのにもかかわらず、まったく計上しない、あるいは前倒しで全額計上するなど、利息を特定の決算期間内

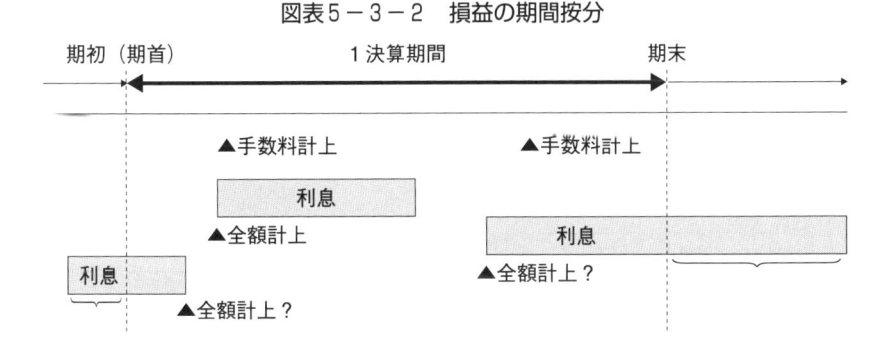

図表5－3－2　損益の期間按分

に損益として計上してしまうと、各決算期間内の損益をゆがめてしまい、損益計算書の正確性を損なってしまいます。

そこで、期間概念のある損益は期間按分を行い、当該決算期間に属する金額のみを計算して、決算時には損益の見越、損益の繰延といった損益補正を行います。そのための計算を補正計算といい、計算結果を期間損益といいます。

なお、期間概念のない手数料については、当然のことながら期間按分をせずに、全額を当該決算期間に計上します。また、利息のように期間の長さに完全比例するのではなく、3カ月ごとに保証期間が設定されている外国為替業務の信用状発行手数料の場合などは、正確に期間按分ができないとの理由により、期間概念のない手数料として扱っていた銀行も一部にありました。

③ 期間按分の考え方

利息の期間が、1決算期間内に収まらないケースは図表5-3-3のとおりです。なお、比較のため、1決算期間内に収まっている例（ケース1）も示しています。

各ケースの①は利息期間の初日、②は利息期間の最終日、①〜②は利息期間です。利息の受払が期間の初日（①）にある場合（前取、前払）、既収未経

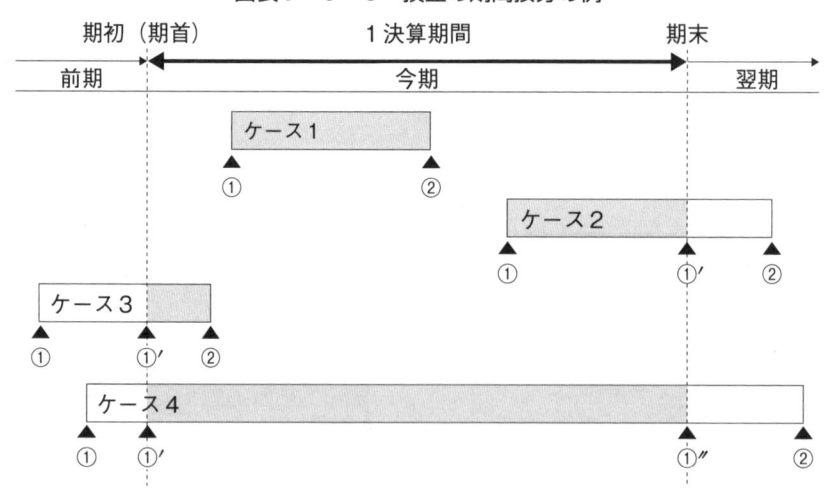

図表5-3-3　損益の期間按分の例

過補正、既払未経過補正といい、利息の受払が期間の最終日（②）にある場合（後取、後払）、未収既経過補正、未払既経過補正といいます。

④ 期間該当額の算出方法

既収未経過補正、既払未経過補正、未収既経過補正、未払既経過補正のために、当該決算期間に属する金額（期間該当額）を求めます。その方式は以下のとおりです。

(i) **既収未経過補正（前取）・既払未経過補正（前払）**

ケース１：① 〜 ② ＝既収額・既払額＝今期の期間該当額

ケース２：① 〜 ② ＝今期の既収額・既払額
　　　　　①´〜 ② ＝今期の既収未経過補正額・既払未経過補正額
　　　　　① 〜 ①´＝今期の期間該当額

ケース３：① 〜 ② ＝前期の既収額・既払額
　　　　　① 〜 ①´＝前期の期間該当額
　　　　　①´〜 ② ＝今期の期間該当額

ケース４：① 〜 ② ＝前期の既収額・既払額
　　　　　① 〜 ①´＝前期の期間該当額
　　　　　①´〜 ② ＝前期の既収未経過補正額・既払未経過補正額
　　　　　①″〜 ② ＝今期の既収未経過補正額・既払未経過補正額
　　　　　①´〜 ①″＝（①〜②）−（①〜①´）−（①″〜②）
　　　　　　　　　　＝今期の期間該当額

(ii) **未収既経過補正（後取）・未払既経過補正（後払）**

ケース１：① 〜 ② ＝既収額・既払額＝今期の期間該当額

ケース２：① 〜 ② ＝今期の未収額・未払額
　　　　　① 〜 ①´＝今期の未収既経過補正額・未払既経過補正額
　　　　　　　　　　（今期の期間該当額）

ケース３：① 〜 ② ＝今期の既収額・既払額（前期の未収額・未払額）
　　　　　① 〜 ①´＝前期の未収既経過補正額・未払既経過補正額
　　　　　①´〜 ② ＝今期の期間該当額

ケース４：① 〜 ② ＝今期の未収額・未払額
　　　　　　　　　　（前期の未収額・未払額、または翌期の既収額・既払額）

①～①′＝前期の未収既経過補正額・未払既経過補正額

①′～②＝今期の未収既経過補正額・未払既経過補正額
　　　　＋今期の未収未経過金額・未払未経過金額

①″～②＝今期の未収未経過金額・未払未経過金額
　　　　（翌期の既収額・既払額）

①′～①″＝(①～②) − (①～①′) − (①″～②)
　　　　＝今期の期間該当額

(iii) **補正額の計算式**

期間按分後の利息を計算するための計算式や、片端・両端などの条件は、利息が発生する（した）もともとの取引と同じもので行います。

補正額＝取引から発生する（した）利息額×補正日数[*1]÷利息計算期間の日数[*2]

> [*1] 利息計算開始日〜利息計算終了日までの利息計算期間のうち、未収収益・未払費用が今期に属する期間の日数、または前受収益・前払費用が今期に属さない期間の日数です。片端・両端はもともとの取引と同じ条件で計算します。なお、片端・両端といっても、実際には始期・終期の算入・不算入の別、さらにたとえば証書貸付の分割回収時に利息計算期間が分割される際の始期・終期の算入・不算入の別など、銀行や業務、商品によりさまざまなバリエーションがあるので、注意が必要です。補正額の計算においても、銀行や業務、商品によって片端・両端などの使い分けをしているのが一般的です。
>
> [*2] 利息計算開始日〜利息計算終了日までの日数です。片端・両端などはもともとの取引と同じ条件で計算します。

⑤ **期間按分ありの場合の起票例**

(i) **未収収益**

貸付業務の手形貸付利息を例に、未収収益の期間該当額の算出方法と起票について説明します。

手形貸付・実行金額＝100万円、年利＝5％、実行日＝2010/03/01、回収日＝2010/05/31、利息＝後取

手形貸付利息＝1,000,000円×5％×92日（両端）÷365日＝12,602円（円未満切捨）

実行時、期末時、期初時、回収時の仕訳は以下のとおりです。

(a) 2010/03/01実行時

利息後取のため、手形貸付利息の起票は必要ありません。

借方	貸方
手形貸付　1,000,000円	当座預金　1,000,000円

→今期の手形貸付利息残高（ほかに取引がなかったとして。以下同じ）

　＝0円

(b)　2010/03期末（決算）時

期末の時点では、手形貸付利息の受取はありませんが、利息の発生は認識されています。このため、今期の期間該当額（今期の未収既経過補正額）を算出し、今期の利益として計上します（なお、「今期」「前期」などは各時点での期を指します。以下同じ）。

今期の期間該当額＝12,602円×31日（両端）÷92日（両端）＝4,246円（円未満切捨）

借方	貸方
未収収益　　4,246円	手形貸付利息　4,246円

→今期の手形貸付利息残高

　＝0円＋4,246円

　＝4,246円

今期分の利益を損益勘定[*1]に振り替えます。

　　＊1　損益計算書の当期純利益または当期純損失（最終的には、貸借対照表の利益剰余金）に振り替えるための内部的な勘定（以下同じ）です。

借方	貸方
手形貸付利息　4,246円	損益勘定　　4,246円

→今期の手形貸付利息残高

　＝4,246円－4,246円

　＝0円

(c)　2010/04期初（期首）時

回収時（2010/05/31）に計上される予定の手形貸付利息は、すでに前期末（2010/03末）の利益として一部計上済みです。このため、既計上分を反対起票（逆起票）し、相殺すること（振戻処理）で、今期の期間該当額のみを今期の利益として計上します。このため、期初の手形貸付利息残高はゼロで始まりますが、直後にマイナスされます。

第5章　銀行業務の会計

借方		貸方	
手形貸付利息	4,246円	未収収益	4,246円

→今期の手形貸付利息残高
  = 0円 − 4,246円
  = ▲4,246円

(d) 2010/05/31回収時

回収時には、実際に顧客から支払われた利息を全額計上します（元本回収の起票は省略します）。ただし、すでに期初（期首）時（2010/04初）に、前期分の利益を相殺する起票が行われているため、結果として手形貸付利息残高は、今期の期間該当額と一致します。

借方		貸方	
当座預金	12,602円	手形貸付利息	12,602円

→今期の手形貸付利息残高
  = ▲4,246円 + 12,602円
  = 8,356円

(ii) **前受収益**

貸付業務の手形貸付利息を例に、前受収益の期間該当額の算出方法と起票について説明します。

手形貸付・実行金額＝100万円、年利＝5％、実行日＝2010/03/01、回収日＝2010/05/31、利息＝前取

手形貸付利息＝1,000,000円×5％×92日（両端）÷365日＝12,602円（円未満切捨）

実行時、期末時、期初時、回収時の仕訳は以下のとおりです。

(a) 2010/03/01実行時

利息前取のため、手形貸付利息の起票も行います。

借方		貸方	
手形貸付	1,000,000円	当座預金	1,000,000円
当座預金	12,602円	手形貸付利息	12,602円

→今期の手形貸付利息残高（ほかに取引がなかったとして。以下同じ）
  = 0円 + 12,602円

= 12,602円

(b) 2010/03期末（決算）時

手形貸付実行時に起票済みの手形貸付利息は、翌期にかかる利益を含みます。このため既収未経過補正額を求めてこれを除外し、今期の期間該当額のみを計上します。

既収未経過補正額 = 12,602円 × 61日（両端）÷ 92日（両端）= 8,355円（円未満切捨）

借方	貸方
手形貸付利息　8,355円	前受収益　8,355円

→ 今期の手形貸付利息残高

= 12,602円 − 8,355円

= 4,247円

今期分の利益を損益勘定に振り替えます。

借方	貸方
手形貸付利息　4,247円	損益勘定　4,247円

→ 今期の手形貸付利息残高

= 4,247円 − 4,247円

= 0円

(c) 2010/04期初（期首）時

手形貸付実行時（2010/03/01）で計上した利息は、期末（2010/03末）において、その一部を利益として計上済みです。しかし期末に算出した既収未経過補正額である今期の期間該当額の計上は未済のままです。このため、この期間該当額を今期の利益として計上します。このため、期初の手形貸付利息残高はゼロで始まりますが、直後にプラスされます。

借方	貸方
前受収益　8,355円	手形貸付利息　8,355円

→ 今期の手形貸付利息残高

= 0円 + 8,355円

= 8,355円

(d) 2010/05/31回収時

前取のため、手形貸付利息は起票されません。

借方		貸方	
当座預金	1,000,000円	手形貸付	1,000,000円

→今期の手形貸付利息残高
　＝8,355円

(iii) **未払費用**

預金業務の定期預金利息を例に、未払費用の期間該当額の算出方法と起票について説明します。

定期預金・預入金額＝500万円、年利＝1％、預入日＝2010/03/01、満期日＝2010/05/31、利息＝後払

定期預金利息＝5,000,000円×1％×91日（片端）÷365日＝12,465円（円未満切捨）

預入時、期末時、期初時、満期時の起票は以下のとおりです。

(a) 2010/03/01預入時

利息後払のため、定期預金利息の起票はありません。

借方		貸方	
現金	5,000,000円	定期預金	5,000,000円

→今期の定期預金利息残高（ほかに取引がなかったとして。以下同じ）
　＝0円

(b) 2010/03期末（決算）時

期末の時点（2010/03末）では、まだ定期預金利息の支払はありません。しかし、損失の発生は認識されているため、今期の期間該当額（今期の未払既経過補正額）を求め、今期の損失として、計上します。

今期の期間該当額＝12,465円×30日（片端）÷91日（片端）＝4,109円（円未満切捨）

借方		貸方	
定期預金利息	4,109円	未払費用	4,109円

→今期の定期預金利息残高
　＝0円＋4,109円

= 4,109円

今期分の損失を損益勘定に振り替えます。

借方		貸方	
損益勘定	4,109円	定期預金利息	4,109円

→今期の定期預金利息残高

= 4,109円 − 4,109円

= 0円

(c) 2010/04期初（期首）時

満期時（2010/05/31）に計上される予定の定期預金利息は、前期末時（2010/03末）にすでに前期分の損失として、一部計上済みです。このため、その計上分を反対起票（逆起票）し、相殺すること（振戻処理）で、今期の期間該当額のみを今期の損失として計上します。このため、期初の定期預金利息残高はゼロで始まりますが、期初直後にマイナスされます。

借方		貸方	
未払費用	4,109円	定期預金利息	4,109円

→今期の定期預金利息残高

= 0円 − 4,109円

= ▲4,109円

(d) 2010/05/31満期時

満期時には、実際に顧客に支払った利息を全額計上します。期初（期首）時（2010/04初）に前期分の損失を相殺する起票が行われているため、結果として定期預金利息残高は今期の期間該当額と一致します。

借方		貸方	
定期預金利息	12,465円	現金	12,465円

→今期の定期預金利息残高

= ▲4,109円 + 12,465円

= 8,356円

(iv) **前払費用**

預金・貸付・為替業務には、前払費用が発生する取引がありません。このため、前払費用に関しては、国内ディーリング業務のコールマネー利息を例

に説明します（外国為替業務に外貨のコールマネーがありますが、外貨建取引のため、ここでは、円のコールマネーを例示します）。

　コールマネー・借入金額＝10億円、年利＝0.21％、借入日＝2010/03/30、返済日＝2010/04/02、利息＝前払

　コールマネー利息＝1,000,000,000円×0.21％×4日（両端）÷365日＝23,013円（円未満切捨）

　借入時、期末時、期初時、返済時の起票は、以下のとおりです。

(a)　2010/03/30借入時

利息前払のため、コールマネー利息の起票も行います。

借方		貸方	
日銀預け金	1,000,000,000円	コールマネー	1,000,000,000円
コールマネー利息	23,013円	日銀預け金	23,013円

→今期のコールマネー利息残高（ほかに取引がなかったとして。以下同じ）

　＝0円＋23,013円

　＝23,013円

(b)　2010/03期末（決算）時

コールマネー借入時に起票済みのコールマネー利息は、翌期にかかる損失を含んでいます。このため既払未経過補正額を求めてこれを除外し、今期の期間該当額のみ計上します。

　既払未経過補正額＝23,013円×2日（両端）÷4日（両端）＝11,506円（円未満切捨）

借方		貸方	
前払費用	11,506円	コールマネー利息	11,506円

→今期のコールマネー利息残高

　＝23,013円－11,506円

　＝11,507円

今期分の損失を損益勘定に振り替えます。

借方		貸方	
損益勘定	11,507円	コールマネー利息	11,507円

→今期のコールマネー利息残高

= 11,507円 − 11,507円
= 0円

(c) 2010/04期初（期首）時

借入時（2010/03/30）に計上したコールマネー利息は、損失としてすでに一部計上済みですが、期末（2010/03末）に求めた既払未経過補正額である今期の期間該当額の計上が未済なので、これを今期の損失として計上します。このため、期初のコールマネー利息残高はゼロで始まりますが、期初直後にプラスされます。

借方		貸方	
コールマネー利息	11,506円	前払費用	11,506円

→今期のコールマネー利息残高
= 0円 + 11,506円
= 11,506円

(d) 2010/04/02返済時

コールマネー利息は、前払のため、起票はありません。

借方		貸方	
コールマネー	1,000,000,000円	日銀預け金	1,000,000,000円

→今期のコールマネー利息残高
= 11,506円

⑥ 期間按分なしの場合の起票例

期間按分がない場合の起票例は、期間按分ありの場合と同様です。金額を期間按分して計上しないだけなので、期間按分なしの例は未収収益についてのみ説明します。

(i) 未収収益

残高証明書発行手数料（単純化のため、消費税は省略）を例に説明します。なお、各種の利息・手数料は、毎月月末締めで、翌月15日に顧客の当座預金口座から引き落とすことを顧客と銀行の間で契約しているものとします。

(a) 2010/03/03残高証明書発行依頼時

顧客からの依頼により、2010年2月末時点の残高証明書を発行し、残高証明書発行手数料（500円）を翌月15日に、顧客の当座預金口座から引き落と

すものとします。手数料後取のため、残高証明書発行手数料の起票はありません。

借方	貸方
（起票なし）	

(b) 2010/03期末（決算）時

2010/03期末の決算時点では、残高証明書発行手数料を受け取っていません。ただし手数料の発生は認識されているため、全額を今期の利益として計上します。

借方	貸方
未収収益　　　　500円	残高証明書発行手数料　500円

→今期の残高証明書発行手数料残高（ほかに取引がなかったとして。以下同じ）

= 0円 + 500円

= 500円

今期分の利益を損益勘定[*1]に振り替えます。

> ＊1　損益計算書の当期純利益または当期純損失（最終的には、貸借対照表の利益剰余金）に振り替えるための内部的な勘定です。

借方	貸方
残高証明書発行手数料　500円	損益勘定　　　　500円

→今期の残高証明書発行手数料残高

= 500円 − 500円

= 0円

(c) 2010/04期初（期首）時

2010/04/15に計上される予定の残高証明書発行手数料は、前期末（2010/03末）に前期分利益として、すでに全額計上済みです。このため、その計上分を反対起票（逆起票）し、相殺すること（振戻処理）で、2010/04から始まる期の利益から除外しなければなりません。このため、期初の残高証明書発行手数料残高はゼロで始まりますが、期初直後にマイナスされます。

借方	貸方
残高証明書発行手数料　500円	未収収益　　　　500円

→今期の残高証明書発行手数料残高

= 0円 − 500円

= ▲500円

(d) 2010/04/15手数料引落時

手数料引落の段階で、実際に顧客から支払われた手数料を起票します。期初（期首）時（2010/04初）に前期分の利益を相殺する起票が行われているため、結果として残高証明書発行手数料も相殺され、今期の利益としては計上されません。

借方		貸方	
当座預金	500円	残高証明書発行手数料	500円

→今期の残高証明書発行手数料残高

= ▲500円 + 500円

= 0円

(2) 財産の評価

前述のとおり、会計上の概念では、財産とは資産・負債の両方を指します。このうち、負債である預金を取り扱う預金業務では、預金金額が負債金額であるため、時価評価などの評価作業はありません。同様に、資産である各種貸付も時価評価はされません。ただし回収不能と判定した貸付金は資産から減額し、損失として処理します*1。

*1 2001年の緊急経済対策で「不良債権のオフバランス化」が決定され、破綻懸念先以下の不良債権を、新規発生分は3年以内、既存分は2年以内に直接償却（貸借対照表から不良債権を切り離し、損失計上したうえで消滅させる）するものとされました。

① 手形貸付

(i) 実 行

100万円の手形貸付を実行し、貸付金を当座預金に入金。

手形貸付＝資産、当座預金＝負債。

借方		貸方	
手形貸付	1,000,000円	当座預金	1,000,000円

(ⅱ) **償　　却**

顧客の倒産により、100万円の手形貸付が回収不能とされたので、償却。

手形貸付＝資産、貸付金償却＝費用。

借方		貸方	
貸付金償却	1,000,000円	手形貸付	1,000,000円

② **証書貸付**

（ⅰ) **実　　行**

500万円の証書貸付を実行し、貸付金を当座預金に入金。

証書貸付＝資産、当座預金＝負債。

借方		貸方	
証書貸付	5,000,000円	当座預金	5,000,000円

(ⅱ) **償　　却**

顧客の倒産により、500万円の証書貸付が回収不能とされたので、償却。

証書貸付＝資産、貸付金償却＝費用。

借方		貸方	
貸付金償却	5,000,000円	証書貸付	5,000,000円

第4節　外国為替業務の会計

第1項　単一通貨会計と多通貨会計の違い

1　外貨の取扱

　預金・貸付・内国為替の各業務は、いずれも円貨（日本円）でのみ取引が行われます。これに対し、外国為替業務は外貨が取引の主体であるため、円貨以外の外貨をどう会計処理するか、その処理方法には単一通貨会計（単通貨会計）と多通貨会計の二つがあります。

　本節では、まず外貨の換算に関して触れ、次に単一通貨会計と多通貨会計の違いについて述べます。その後、単一通貨会計と多通貨会計の会計処理（決算を含みます）について実例をあげながら説明します。

2　外貨換算

　外国為替の取引は通貨の換算・交換の有無により、Exchange取引とNon-Exchange取引の2種類に分けられます。

　Exchange取引は円貨と外貨、または異なる2種類の通貨を換算し、交換する取引です。たとえば、顧客から円貨を受け取り、ドルを海外に送金する取引や、顧客からユーロの手形を受け取り、円貨を支払う取引などがあります。

　Non-Exchange取引は同一の通貨による、つまり通貨の交換、換算が起きない取引です。たとえば、顧客の円預金を払い出し、海外に輸入代金を円貨で支払う取引や、海外からのドル建の送金を同じドル建預金で受け入れる取引などがあります。

3　単一通貨会計における外貨換算と起票レート

　単一通貨会計の場合、外貨はすべて円貨に換算されます。そして換算され

た円貨額を伝票上の金額（起票金額、起票円貨額、伝票金額などともいいます）とします。この外貨を円貨に換算するレートを起票レートといいます。

この起票レートには、主として対顧適用レート（対顧客適用レート）とノミナルレートの二つがあります。

対顧適用レートは取引において外貨を換算した最初のレートが起票金額の算出に使用され、そのときと同じ値のレートが当該取引の終了まで使用されます。たとえば、外貨定期預金の新規預入時に外貨に換算した対顧適用レートは、当該外貨定期預金の解約時の起票レートとしても使用されます。

ノミナルレート[1]は一種の想定・仮想レートで、前月月末営業日の最終TTM（公示相場仲値）[2]が当月1カ月間、起票金額の算出に使用されます[3]。輸入信用状、外貨債務保証などの取引の起票レートには一律ノミナルレートが使用されます。なお、ノミナルレートは仮換算レート、仮換算相場、仮定相場などともいわれます。

 [1] ノミナルレートのNominalとは、「名目上の〜」という意味です。
 [2] 通常、公示相場（157頁参照）の公示は1日1回ですが、相場の乱高下により、公示相場が複数回公示されることがあります。その場合は最終の公示相場仲値を使用します。
 [3] ノミナルレートの取引では1カ月の間、同じ前月月末営業日のレートが使用されます。このため月をまたいで起票する場合、毎月のレートの変動により起票金額に差額が出ます。この起票金額の差額を補正しないと、起票金額の不一致が生じます。この差額の解消方法については、決算の直物為替の仲値評価替（377頁参照）で説明します。

(1) **Exchange取引**

起票金額の算出に対顧適用レートとノミナルレートのどちらを使うかは、おもに勘定科目によって決められます（銀行により一部差異があります）。また、利子税や利息の起票レートにはTTB、TTMなどが使用されます。

(2) **Non-Exchange取引**

通貨間の換算・交換が起きないため、対顧適用レートは存在せず、起票レートはノミナルレートのみ使用されます。外貨は一律、ノミナルレートで円貨に換算され、換算後の円貨額を起票金額とします。

コラム 起票レートの使い分け

　対顧適用レートとノミナルレートは、顧客との間で取引開始時に外貨と円貨の交換が発生するか否か、Exchange、Non-Exchangeいずれの取引かなどによっても使い分けられます。具体的には、以下のとおりです。

1．対顧適用レート

　　外貨定期預金の新規入金など、取引開始時に顧客との間で外貨と円貨の交換が発生するExchange取引で使用されます。つまり、対顧適用レートがある勘定科目です。

　（例）仕向送金の売渡外国為替、外貨定期預金など

2．ノミナルレート

① 　取引の最初から最後まで、顧客と資金のやり取りが発生しないNon-Exchange取引で使用されます。つまり、対顧適用レートがない勘定科目です。

　（例）輸入信用状の支払承諾、支払承諾見返など

② 　取引開始時に顧客との間で外貨と円貨の交換が発生しないNon-Exchange取引で使用されます。つまり、対顧適用レートがない勘定科目です。外貨現金を窓口に持参し、同じ通貨の外貨定期預金に新規預入する場合も含まれます。

　（例）被仕向送金の未払外国為替、輸入本邦ユーザンスの取立外国為替など

③ 　期間に定めがなく、長期[*1]にわたって取引される可能性が高い商品で使用されます。

　（例）外貨普通預金、外貨当座預金など

　　[*1] 取引が長期にわたると、為替相場が大幅に変動する可能性が高まります。極端な例ですが、1985年年初のドル円相場は1ドル＝250円前後でした。かりに、このときの対顧適用レートを起票レートとしてしまうと、現在においても1ドル＝250円で起票され、当該勘定科目の起票金額が不適切な金額で表現されてしまいます。したがって、このような商品（勘定科目）については毎月見直しされるノミナルレートが適用されます。

④ 　前記以外には、以下のようなレートが使用されます。

　TTB：外貨預金利息にかかる税金の起票レートとして使用されます。

　TTS：外貨の利息を顧客から円貨で受け取る際の起票レートとして使用されます。

　TTM：外貨の利息を顧客から同じ外貨で受け取る際の起票レートとして使用されます。

4 多通貨会計における外貨換算と起票レート

多通貨会計（418頁参照）では単一通貨会計のような起票レートの使い分けはありません。Exchange取引では、起票レートは対顧適用レートのみを使って起票金額を求めます。Non-Exchange取引では換算がないので、起票レートはありません。つまり取引する通貨のまま、外貨は外貨、円貨は円貨のまま、起票金額とします。

(1) Exchange取引

取引する金額と対顧適用レートで換算した金額の二つを起票します。なお、外貨、円貨とも振替相手（相手勘定科目）は必ず通貨振替勘定としなければなりません。

（例）　1ドル＝90.00円で、円普通預金から出金し、外貨普通預金に入金します。

借方	ドル	貸方	借方	円	貸方
通貨振替勘定 100.00ドル		外貨普通預金 100.00ドル	普通預金 9,000円		通貨振替勘定 9,000円

(2) Non-Exchange取引

同じ通貨間の取引であるため、対顧適用レートはなく、取引する通貨をそのまま起票します。Exchange取引で使用する通貨振替勘定は使用しません。

（例）　500ユーロを外貨当座預金から外貨普通預金に振り替えます。

借方	ユーロ	貸方
外貨当座預金 500.00ユーロ		外貨普通預金 500.00ユーロ

いままでの説明を簡単にまとめると、図表5－4－1のとおりです。

5 日計・総勘、B/S・P/Lの差異

(1) 単一通貨会計

単一通貨会計では、前述のように外貨は主として対顧適用レート、または

図表5－4－1　単一通貨会計と多通貨会計の概要

会計	取引	起票レート	適用例	備考
単一通貨会計	Exchange	対顧適用レート	仕向送金の売渡外国為替、外貨定期預金など	TTB、TTSなどが使用されることもある
		ノミナルレート	外貨普通預金、外貨当座預金など	
	Non-Exchange	ノミナルレート	輸入信用状の支払承諾、支払承諾見返、被仕向送金の未払外国為替、輸入本邦ユーザンスの取立外国為替など	対顧適用レートは存在しない
多通貨会計	Exchange	対顧適用レート	Exchange取引	対顧適用レートで求めた金額が換算後の起票金額である
	Non-Exchange	なし	Non-Exchange取引	取引通貨のまま、起票するため、起票レートはない

ノミナルレートにより、すべて円貨に換算されます（図表5－4－2参照）。したがって、伝票、日計表、総勘定元帳、B/S、P/Lなどを日本円で、一つずつ用意すれば済みます。

(2) 多通貨会計

これに対して多通貨会計では、外貨は外貨のまま、円貨は円貨のまま、会計処理されます（図表5－4－3参照）。このため、伝票、日計表、総勘定元帳、B/S、P/Lなどを日本円に加えて、取り扱う外貨の数分を用意しなければなりません。

図表5−4−2 単一通貨会計

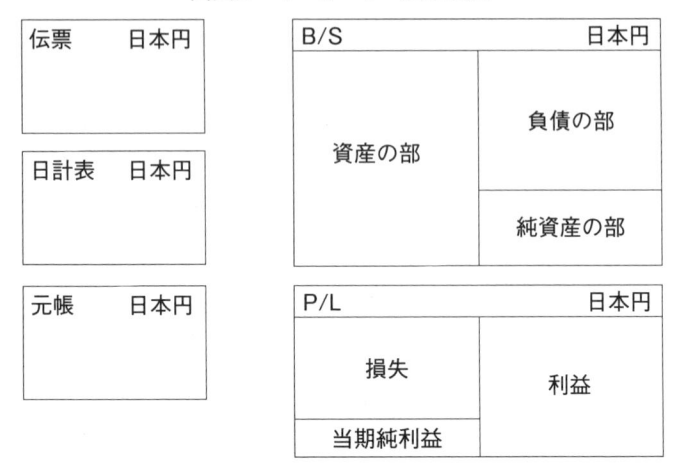

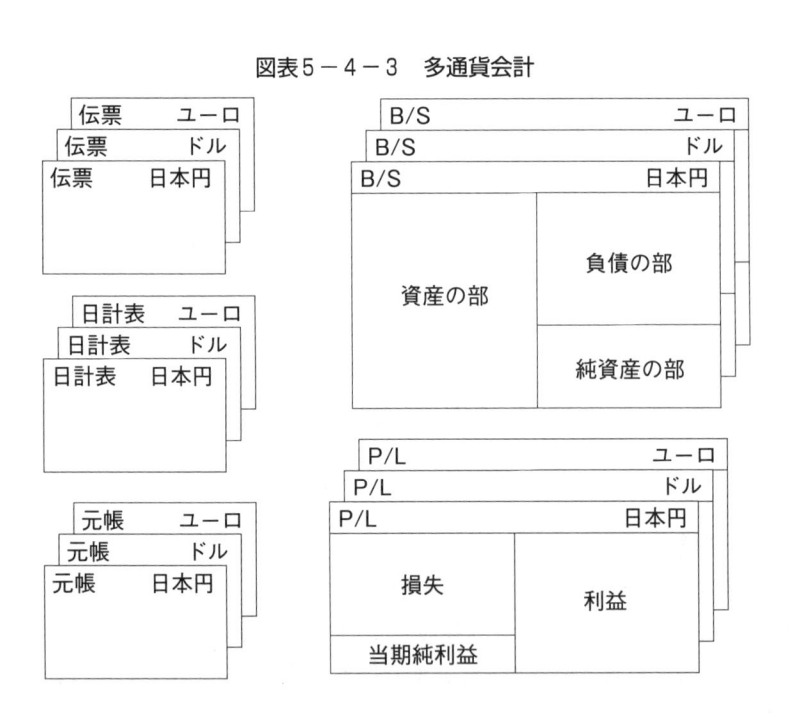

伝票 日本円	B/S 日本円
日計表 日本円	資産の部 / 負債の部 / 純資産の部
元帳 日本円	P/L 日本円 — 損失 / 利益 / 当期純利益

図表5−4−3 多通貨会計

伝票 ユーロ / 伝票 ドル / 伝票 日本円

日計表 ユーロ / 日計表 ドル / 日計表 日本円

元帳 ユーロ / 元帳 ドル / 元帳 日本円

B/S ユーロ / B/S ドル / B/S 日本円（資産の部 / 負債の部 / 純資産の部）

P/L ユーロ / P/L ドル / P/L 日本円（損失 / 利益 / 当期純利益）

第2項　単一通貨会計

ノミナルレートは、1カ月ごとに見直されます。ただし、ここでは複雑化を避けるため、見直し*1 を省略して説明します。

*1　ノミナルレート見直しに伴う会計処理は、「直物為替の仲値評価替」(377頁)参照。

以降の会計処理の例では、便宜上、外貨はドルに限定していますが、ユーロなどの他通貨でも、レートの値の違いにより円貨金額が変わるだけで、会計処理は同じです。

単一通貨会計では、各取引の仕訳の起票金額は通常、円貨額でのみ表現されます。ただし、以下の説明においては理解しやすいように、外貨金額、起票レート（たとえば1ドル＝91.00円を「@91.00」と表記します）も併記します。また、勘定起票の主体である資産・負債科目を中心に記述することとし、利益・損失科目は基本的に省略しています。

1　単一通貨会計における注意事項

外貨から円貨を求める際に出る端数（1円未満）は一律、切捨とされます。端数の切捨により、単一通貨会計固有の為替換算調整勘定（あるいは、換算調整勘定）が発生することがあります。この為替換算調整勘定は、通常は本部に計上される勘定ですが、仕訳を単純化するため、以下の説明では便宜的に支店に計上しています。

また、端数切捨に起因する調整方法にはいくつかの方法がありますが、ここでは一例のみ示します。

(1)　端数切捨による「為替換算調整勘定」の例

端数切捨による為替換算調整勘定は、たとえば外貨普通預金のように残高が増減する口座（または明細）、あるいは段階的に残高が減少する一方の口座（または明細）のような場合に発生します。

日本円の普通預金（以下、円普通預金）から出金し、外貨普通預金口座を開設・入金・全額出金するまでの流れにより説明します。この例では切捨による為替換算調整勘定の発生を際立たせるために、対顧適用レートと起票

レートを一致させています。

① **外貨普通預金口座開設**

円普通預金から出金して、外貨に換算し、換算後の外貨額を外貨普通預金口座に入金します。

入金外貨額＝1,234.56ドル、対顧適用レート：1ドル＝91.22円、起票レート：1ドル＝91.22円、円普通預金の出金額＝112,616円（＝1,234.56ドル×91.22円）、外貨普通預金口座の円貨残高＝112,616円（＝1,234.56ドル×91.22円）。

借方	貸方
円普通預金	外貨普通預金
	US＄1,234.56
	＠91.22
¥112,616	¥112,616(ⅰ)

② **外貨普通預金入金**

円普通預金から出金して、外貨に換算し、換算後の外貨額を外貨普通預金に入金します。

入金外貨額＝67.89ドル、対顧適用レート：1ドル＝91.22円、起票レート：1ドル＝91.22円、円普通預金の出金額＝6,192円（＝67.89ドル×91.22円）。

外貨普通預金に入金の際の外貨額・円貨額、入金取引前後の外貨残高・円貨残高を求めると、図表5－4－4のとおりです。

外貨ベースでみると、(ⅳ)取引後外貨残高－(ⅱ)取引前外貨残高＝(ⅲ)取引外貨額、と一致しますが、円貨ベースでみると、(ⅶ)取引後円貨残高－(ⅴ)取引前円

図表5－4－4　入金取引前後の外貨残高と円貨残高

(ⅱ)取引前外貨残高	(ⅲ)取引外貨額	(ⅳ)取引後外貨残高
1,234.56ドル	67.89ドル	1,302.45ドル＝(ⅱ)＋(ⅲ)＝1,234.56ドル＋67.89ドル
(ⅴ)取引前円貨残高	(ⅵ)取引円貨額	(ⅶ)取引後円貨残高
112,616円 ＝(ⅱ)×起票レート ＝1,234.56ドル×91.22円	6,192円 ＝(ⅲ)×起票レート ＝67.89ドル×91.22円	118,809円 ＝((ⅱ)＋(ⅲ))×起票レート ＝1,302.45ドル×91.22円

貨残高 ≠ (vi)取引円貨額、つまり、((vii)118,809円 − (v)112,616円 =) 6,193円 ≠ (vi)6,192円、と左辺と右辺が一致しません。一致しない理由は、端数切捨による不整合が生じるからです。

(vi)取引円貨額（6,192円）を外貨普通預金入金取引の起票金額とし、この入金取引の後、全額を出金することを想定すると、外貨普通預金の外貨残高はゼロになります。同時に外貨普通預金の起票円貨額の合計もゼロになるべきですが、(v)112,616円 + (vi)6,192円 − (vii)118,809円 = ▲1円とゼロになりません。

この不整合を解消するために、(viii)差額（((vii)118,809円 − (v)112,616円）− (vi)6,192円 = 1円）を求め、外貨普通預金を追加で起票します。(viii)差額の外貨普通預金は、取引の起票円貨額（入金取引の場合、貸方）と同じ側に起票します。

この差額は、端数切捨に起因するものなので、相手の勘定科目は、為替換算調整勘定という勘定科目（銀行によっては、換算為替差金勘定、外国他店預け（調整口）、外国他店預け（レート差口）などともいいます）を使用します。なお、この差額は外貨額や起票レートによってはゼロ円になり、起票する必要がないこともあります。

借方	貸方
円普通預金	外貨普通預金 US＄67.89 ＠91.22
¥6,192	¥6,192 (vi)
為替換算調整勘定	外貨普通預金
¥1	¥1 (viii)

ここまでの内容を数式化すると、以下のとおりです。

取引により起票される資産・負債科目（前記では、(vi)外貨普通預金）の起票金額の計算式。

　　起票金額（取引円貨額）＝取引外貨額×ノミナルレート　　……(1)

為替換算調整勘定に対応した資産・負債科目の起票金額（前記では、(viii)外貨普通預金）の計算式。

・残高が増加する（入金、利息決算など）場合。ただし、口座開設などのよ

うに取引前残高がゼロの場合は前記(1)の起票金額（取引円貨額）に同じ。

起票金額（取引円貨額）＝（取引後外貨残高×ノミナルレート）
　　　　　　　　　　　－（取引前外貨残高×ノミナルレート）
　　　　　　　　　　　－（取引外貨額×ノミナルレート）

つまり、起票金額（取引円貨額）＝（取引後円貨残高－取引前円貨残高）
　　　　　　　　　　　　　　　－前記(1)の起票金額（取引円貨額）

・残高が減少する（出金）場合。ただし、全額出金や解約のように取引後残高がゼロになる場合は前記(1)の起票金額（取引円貨額）に同じ。

起票金額（取引円貨額）＝（取引前外貨残高×ノミナルレート）
　　　　　　　　　　　－（取引後外貨残高×ノミナルレート）
　　　　　　　　　　　－（取引外貨額×ノミナルレート）

起票金額（取引円貨額）＝（取引前円貨残高－取引後円貨残高）
　　　　　　　　　　　－前記(1)の起票金額（取引円貨額）

③ 外貨普通預金出金

外貨普通預金から全額を出金して、円貨に換算し、換算後の円貨額を円普通預金に入金します。

出金外貨額＝1,302.45ドル、対顧適用レート：1ドル＝91.22円、起票レート：1ドル＝91.22円、円普通預金の入金額＝118,809円（＝1,302.45ドル×91.22円）。

借方	貸方
外貨普通預金 US＄1,302.45 ＠91.22 ¥118,809	円普通預金 ¥118,809

前記②の外貨預金入金取引で、(ⅷ)差額を追加で起票しているため、外貨普通預金から全額を出金しても、外貨・円貨ともゼロになります。外貨額と円貨額の推移は、図表5－4－5のとおりです。

(2) レートの違いによる「為替換算調整勘定」の例

為替換算調整勘定は端数切捨による場合のほかに、起票レートがノミナルレートで、かつ対顧適用レートとの間に差がある場合に発生します。また、

図表5－4－5　外貨額と円貨額の推移

	外　貨	円　貨
外貨普通預金口座開設	1,234.56ドル(ii)	112,616円(v)
外貨普通預金入金	67.89ドル(iii)	6,192円(vi) + 1円(viii)
外貨普通預金出金	1,302.45ドル(iv)	118,809円(vii)

取引開始時に起票レートとされた対顧適用レートと後続取引で使用される対顧適用レートとの間に差がある場合などでも発生します。ここでは、起票レートであるノミナルレートと対顧適用レートの差により為替換算調整勘定が生じる場合について説明します。なお、レートの差以外の内容は前記の端数切捨による「為替換算調整勘定」の例と同じ条件・内容とします。

① 外貨普通預金口座開設

円普通預金から円貨を出金して、外貨に換算し、換算後の外貨額を外貨普通預金口座に入金します。

入金外貨額＝1,234.56ドル、対顧適用レート：1ドル＝90.00円、起票レート：1ドル＝91.22円、円普通預金の出金額＝111,110円（＝1,234.56ドル×90.00円）、外貨普通預金の起票金額＝112,616円（＝1,234.56ドル×91.22円）。

外貨普通預金の起票金額が、112,616円であるのに対して、円普通預金の出金額（起票金額）は、111,110円であり、借方と貸方がバランスしません。この差は起票レートと対顧適用レートによるもので、両者をバランスさせるために為替換算調整勘定を起票します。

借方	貸方
円普通預金	外貨普通預金 US＄1,234.56 @91.22
¥111,110(ii) 為替換算調整勘定 ¥1,506(iii)	¥112,616(i)

（i）外貨普通預金の起票金額＝112,616円（＝1,234.56ドル×91.22円）

（ⅱ）　円普通預金の起票金額＝111,110円（＝1,234.56ドル×90.00円）

　（ⅲ）　1,506円＝（ⅰ）112,616円－（ⅱ）111,110円

② **外貨普通預金入金**

　円普通預金から出金して、外貨に換算し、換算後の外貨額を外貨普通預金口座に入金します。

　入金外貨額＝67.89ドル、対顧適用レート：1ドル＝93.00円、起票レート：1ドル＝91.22円、円普通預金の出金額＝6,313円（＝67.89ドル×93.00円）、外貨普通預金の起票金額＝6,192円（＝67.89ドル×91.22円）。

借方	貸方
円普通預金	外貨普通預金
	US＄67.89
	@91.22
¥6,313(ⅱ)	¥6,192(ⅰ)
	為替換算調整勘定
	¥121(ⅲ)
為替換算調整勘定	外貨普通預金
¥1	¥1

　（ⅰ）　外貨普通預金の起票金額＝6,192円（＝67.89ドル×91.22円）

　（ⅱ）　円普通預金の起票金額＝6,313円（＝67.89ドル×93.00円）

　（ⅲ）　121円＝（ⅱ）6,313円－（ⅰ）6,192円

③ **外貨普通預金出金**

　外貨普通預金から全額を出金して、円貨に換算し、換算後の円貨額を円普通預金に入金します。

　出金外貨額＝1,302.45ドル、対顧適用レート：1ドル＝88.88円、起票レート：1ドル＝91.22円、円普通預金の入金額＝115,761円（＝1,302.45ドル×88.88円）、外貨普通預金の起票金額＝118,809円（＝1,302.45ドル×91.22円）。

借方	貸方
外貨普通預金 US＄1,302.45 ＠91.22 ¥118,809(ⅰ)	円普通預金 ¥115,761(ⅱ) 為替換算調整勘定 ¥3,048(ⅲ)

(ⅰ) 外貨普通預金の起票金額＝118,809円（＝1,302.45ドル×91.22円）

(ⅱ) 円普通預金の起票金額＝115,761円（＝1,302.45ドル×88.88円）

(ⅲ) 3,048円＝(ⅰ)118,809円−(ⅱ)115,761円

第3項　単一通貨会計における各取引の会計処理

本項では、輸出、輸入、貿易外、外貨預金、外貨貸付、先物予約、外貨資金の会計処理について説明します。起票に関係しない取引は原則省略しています。なお説明を単純化するため、端数切捨による為替換算調整勘定が発生しない例のみ示します。

1　輸　　出

確認信用状、無確認（一般）信用状、信用状付輸出手形買取、信用状なし輸出手形買取、クリーン手形・小切手買取、輸出手形取立、クリーン手形・小切手取立の起票について説明します。

(1) 確認信用状

確認信用状の接受、条件変更接受、残高引落、キャンセルの各取引について説明します。

信用状発行銀行の信用力が低い、輸入国が政情不安であるなどの理由で信用状発行銀行の信用補完[*1]を行った信用状に関する取引です。

>　＊1　この信用補完を「確認」といい、信用補完を行った銀行を「確認銀行」と呼びます。「確認」は信用状発行銀行に対する確認銀行の与信行為です。

信用状発行銀行が債務不履行に陥った場合には、確認銀行は輸出代金の支

払義務(偶発債務)を負います。このため、支払承諾・同見返の起票が必要です。

確認信用状自体は顧客との決済がないため、対顧適用レートは存在しません。このためノミナルレートにより、外貨を円貨に換算します。勘定科目のおもな属性、起票レートは以下のとおりです。

支払承諾（確認口）＝負債、本部計上、起票レートは一律ノミナルレート（1ドル＝95.00円）

支払承諾見返（確認口）＝資産、本部計上、起票レートは一律ノミナルレート（1ドル＝95.00円）

信用状の接受、条件変更の接受、キャンセルの各取引は通常、本部（または外為事務センターなど、以降、本部と総称します）で行われます。

また、残高引落は通常支店で行われます。

① 接　　受

信用状を接受した銀行が当該信用状を確認した場合の仕訳です。信用状の金額は、1,000.00ドルとします。

借方	本部	貸方
支払承諾見返（確認口） US＄1,000.00 @95.00 ¥95,000	支払承諾（確認口） US＄1,000.00 @95.00 ¥95,000	

② 条件変更（Amend）接受・増額

信用状の金額を増額する条件変更を接受した場合の仕訳です。増額金額は、300.00ドルとします。

借方	本部	貸方
支払承諾見返（確認口） US＄300.00 @95.00 ¥28,500	支払承諾（確認口） US＄300.00 @95.00 ¥28,500	

③ 条件変更（Amend）接受・減額

信用状の金額を減額する条件変更を接受した場合の仕訳です。減額金額は、100.00ドルとします。

借方	本部	貸方
支払承諾（確認口） US＄100.00 @95.00 ¥9,500		支払承諾見返（確認口） US＄100.00 @95.00 ¥9,500

④ **残高引落**

　確認信用状に基づき、輸出者が振り出した荷為替手形（手形金額＝700.00ドル）を銀行が買い取ったため、手形金額分、確認信用状の残高を引き落とします。その仕訳は以下のとおりです。手形の買取は支店で行っており、残高引落も、通常は手形の買取と同時に支店で行うので、本支店勘定も起票されます。なお、信用状付輸出手形買取の仕訳は後述するので、ここでは省略します。

借方	本部	貸方
支払承諾（確認口） US＄700.00 @95.00 ¥66,500 本支店勘定 ¥66,500		支払承諾見返（確認口） US＄700.00 @95.00 ¥66,500 本支店勘定 ¥66,500

借方	支店	貸方
本支店勘定 ¥66,500		本支店勘定 ¥66,500

⑤ **キャンセル**

　有効期限を過ぎ、さらに一定期間を経過した後や、顧客から依頼があった場合に信用状の残高をゼロにし、当該信用状の取引を終了します。その仕訳は以下のとおりです。

借方	本部	貸方
支払承諾（確認口） US＄500.00 ＠95.00 ¥47,500		支払承諾見返（確認口） US＄500.00 ＠95.00 ¥47,500

（2） **無確認信用状**

　確認のない（無確認）信用状です。接受、条件変更といった取引の種類は確認信用状と同じですが、信用状を接受した銀行は信用状の確認を行わないので、輸出代金の支払義務を負いません。したがって、支払承諾・同見返の起票もいっさい行いません。

　無確認信用状の各取引は通常、本部または支店で行われます。

借方	貸方
（起票なし）	

（3） **信用状付輸出手形買取**

　信用状付輸出手形買取の買取、買戻、対外決済の各取引について説明します。

① **買　　取**

　信用状に基づいて、振り出された外貨建の輸出手形（荷為替手形）を銀行が買い取り、円貨に換算して、輸出者の円普通預金口座に入金する場合の仕訳です。勘定科目のおもな属性、起票レートは以下のとおりです。

　買入外国為替＝資産、支店計上、起票レート[*1]は、買取時のTTB（1ドル＝90.00円）

　　　＊1　対顧適用レートは、金利を相場に織り込んでいる、A/Sレートであるため、TTBを使用しています。

　外国為替受入利息（メール利息）＝利益、本部計上、起票レートは、TTBとA/Sレートの差（1ドル＝0.20円）

　外国為替受入利息（メール利息）＝700.00ドル×（TTB＝90.00円－A/Sレート＝89.80円）＝140円

対顧適用レート（A/Sレート）：1ドル＝89.80円

円普通預金への入金額：700.00ドル×89.80円＝62,860円

輸出手形の買取は通常、支店で行われます。輸出手形の金額は、700.00ドルとします。

借方 支店	貸方
買入外国為替 US＄700.00 ＠90.00 ¥63,000	円普通預金 ¥62,860 本支店勘定 ¥140

借方 本部	貸方
本支店勘定 ¥140	外国為替受入利息 ¥140

確認信用状に基づく買取の場合、輸出手形の買取により確認信用状の残高が引き落とされ、偶発債務が消滅します。その仕訳は以下のとおりです（確認信用状の残高引落に同じです）。無確認信用状に基づく場合、信用状の起票はありません。

借方 本部	貸方
支払承諾（確認口） US＄700.00 ＠95.00 ¥66,500 本支店勘定 ¥66,500	支払承諾見返（確認口） US＄700.00 ＠95.00 ¥66,500 本支店勘定 ¥66,500

借方 支店	貸方
本支店勘定 ¥66,500	本支店勘定 ¥66,500

② 買　　戻

信用状付輸出手形の支払を輸入者に拒絶されたため、輸出者である顧客が

手形を買い戻し、銀行が立替払していた資金を返却する場合の仕訳です（メール利息の顧客への戻しは、ないものとします）。勘定科目のおもな属性、起票レートは以下のとおりです。

　買入外国為替＝資産、支店計上、起票レートは、買取時のTTBレート（1ドル＝90.00円）

　対顧適用レート（TTS）：1ドル＝93.00円

　円普通預金からの出金額：700.00ドル×93.00円＝65,100円

　輸出手形の買戻は、支店で行われます。

借方	支店	貸方
円普通預金	買入外国為替 US＄700.00 @90.00	
¥65,100	¥63,000 本支店勘定 ¥2,100	

借方	本部	貸方
本支店勘定	為替換算調整勘定	
¥2,100	¥2,100	

　確認信用状に基づく輸出手形が決済されない場合、偶発債務である確認信用状残高は復活するか否かは支払拒絶の理由によります。無確認信用状に基づく場合、買取と同様に信用状の起票はありません。

③ **対外決済**

　信用状付輸出手形の資金が輸入者により支払われた場合の仕訳です。輸入者が支払った資金は、信用状発行銀行にある自行のドルの外国他店預けに入金されることで決済されるものとします。勘定科目のおもな属性、起票レートは以下のとおりです。

　買入外国為替＝資産、支店計上、起票レートは、買取時のTTBレート（1ドル＝90.00円）

　外国他店預け＝資産、本部計上、起票レートは、買取時のTTBレート（1ドル＝90.00円）

なお、輸出手形の対外決済は通常、本部で行われます。

借方	支店	貸方	借方	本部	貸方
本支店勘定	買入外国為替 US＄700.00 ＠90.00		外国他店預け US＄700.00 ＠90.00	本支店勘定	
￥63,000	￥63,000		￥63,000	￥63,000	

(4) 信用状なし輸出手形買取、クリーン手形・小切手買取

確認信用状の起票がない以外、信用状付手形輸出買取と同じであるため、省略します。

(5) 輸出手形取立、クリーン手形・小切手取立

輸出手形取立、クリーン手形・小切手取立では、取立、不渡、資金受領、支払の各取引がありますが、取引によって、起票の有無があります。

① 取　　立

輸出手形、クリーン手形・小切手の取立を顧客から依頼され、コルレス銀行経由で海外の輸入者（債務者）に対し資金の支払を請求する取引です。買取と異なり、取立を受けた段階では取立手数料などを除いて、顧客と資金のやり取りがないため、起票はありません。

借方	貸方
（起票なし）	

② 不　　渡

輸出手形、クリーン手形・小切手の支払を海外の輸入者（債務者）に拒絶され、不渡とされた場合の取引です。取立の受付時には起票がなく、また不渡により輸入者との資金のやり取りも発生していないので、起票もありません。

借方	貸方
（起票なし）	

③ 資金受領

輸出手形、クリーン手形・小切手の資金が輸入者（債務者）により支払われ、

コルレス銀行経由で決済される場合の仕訳です。海外からの支払資金は、コルレス銀行にある自行のドルの外国他店預けに入金されることで決済されるものとします。勘定科目のおもな属性、起票レートは以下のとおりです。

未払外国為替＝負債、本部計上、起票レートは、ノミナルレート（1ドル＝95.00円）

外国他店預け＝資産、本部計上、起票レートは、ノミナルレート（1ドル＝95.00円）

なお、手形・小切手の資金受領は通常、本部で行われます。

借方	本部 貸方
外国他店預け US＄700.00 @95.00 ¥66,500	未払外国為替 US＄700.00 @95.00 ¥66,500

④ 支　　払

受領した輸出手形、クリーン手形・小切手の資金を顧客に支払う場合の仕訳です。勘定科目のおもな属性、起票レートは以下のとおりです。

未払外国為替＝負債、本部計上、起票レートは、ノミナルレート（1ドル＝95.00円）

対顧適用レート（TTB）：1ドル＝90.00円

円普通預金への入金額：700.00ドル×90.00円＝63,000円

なお、手形・小切手の取立資金の顧客への支払は通常、支店で行われます。

借方	支店 貸方	借方	本部 貸方
本支店勘定 ¥63,000	円普通預金 ¥63,000	未払外国為替 US＄700.00 @95.00 ¥66,500	本支店勘定 ¥63,000 為替換算調整勘定 ¥3,500

2　輸　　入

　輸入信用状、信用状付輸入手形（一覧払、本邦ユーザンス）、信用状付輸入手形（外銀ユーザンス）、信用状なし輸入手形、L/G（荷物引取保証）・丙号T/R（丙号貨物貸渡）、スタンド・バイ・クレジット、運賃保険料ユーザンスの起票について説明します。

(1)　輸入信用状

　輸入信用状の発行、条件変更、残高引落、キャンセルの各取引について説明します。自行の顧客から信用状の発行依頼を受け、信用状を発行し、海外の通知銀行経由で輸出者に通知・送付する取引です。

　輸入者が債務不履行に陥った場合、信用状発行銀行に輸入代金の支払義務（偶発債務）が生じます。これは信用状発行銀行の顧客に対する与信行為であるため、支払承諾・同見返の起票を行います。

　輸入信用状自体は、顧客との決済がないため、対顧適用レートは存在しません。ノミナルレートにより、外貨を円貨に換算します。勘定科目のおもな属性、起票レートは以下のとおりです。

　支払承諾（輸入LC）＝負債、支店計上、起票レートは、ノミナルレート（1ドル＝95.00円）

　支払承諾見返（輸入LC）＝資産、支店計上、起票レートは、ノミナルレート（1ドル＝95.00円）

　なお、信用状の発行、条件変更、残高引落、キャンセルの各取引は通常、支店で行われます。

①　発　　行

　信用状を発行する場合の仕訳です。信用状の金額は、1,000.00ドルとします。

借方	支店	貸方
支払承諾見返（輸入LC） US＄1,000.00 ＠95.00 ¥95,000		支払承諾（輸入LC） US＄1,000.00 ＠95.00 ¥95,000

② **条件変更（Amend）・増額**

信用状の金額を増額する条件変更を行う場合の仕訳です。増額する金額は、300.00ドルとします。

借方	支店	貸方
支払承諾見返（輸入LC） US＄300.00 @95.00 ¥28,500		支払承諾（輸入LC） US＄300.00 @95.00 ¥28,500

③ **条件変更（Amend）・減額**

信用状の金額を減額する条件変更を行う場合の仕訳です。減額する金額は、100.00ドルとします。

借方	支店	貸方
支払承諾（輸入LC） US＄100.00 @95.00 ¥9,500		支払承諾見返（輸入LC） US＄100.00 @95.00 ¥9,500

④ **条件変更（Amend）・期限延長**

信用状の有効期限を延長する条件変更を行う場合、起票はありません。条件変更は、条件変更内容が金額の増減額のとき以外は、起票を行いません。

借方	貸方
（起票なし）	

⑤ **条件変更（Amend）・期限短縮**

信用状の有効期限を短縮する条件変更は、期限の延長と同様に起票はありません。

借方	貸方
（起票なし）	

⑥ **残高引落**

信用状に基づき、振り出された輸入手形（手形金額＝700.00ドル）を顧客である輸入者が支払った結果、信用状発行銀行の偶発債務が消滅するので、信用状の残高を手形金額分、引き落とします。

借方	支店	貸方
支払承諾（輸入LC） US＄700.00 @95.00 ¥66,500		支払承諾見返（輸入LC） US＄700.00 @95.00 ¥66,500

⑦ キャンセル

有効期限を過ぎ、さらに一定期間を経過した後や、顧客から依頼があった場合に、信用状の残高をゼロにし、当該信用状の取引を終了します。その仕訳は以下のとおりです。

借方	支店	貸方
支払承諾（輸入LC） US＄500.00 @95.00 ¥47,500		支払承諾見返（輸入LC） US＄500.00 @95.00 ¥47,500

(2) 信用状付輸入手形（一覧払、本邦ユーザンス）

信用状付輸入手形（一覧払、本邦ユーザンス）の船積書類接受、対外対顧同時決済、本邦ユーザンス取組、本邦ユーザンス決済の各取引について説明します。

① 船積書類接受

海外の輸出者が信用状に基づいて振り出した為替手形と船積書類[1]をコルレス銀行経由で受け取る取引です。この取引では資金のやり取りがないので起票はありません。船積書類接受は通常、本部で行われます。

* 1 為替手形と船積書類は、両者を合わせて荷為替手形ともいいますが、輸入手形とも呼びます。

以下の例では、輸入手形の金額を700.00ドルとします。

借方	貸方
（起票なし）	

② 対外対顧同時決済

輸入者である顧客が輸入手形を自己資金で支払う場合の仕訳です。顧客

は、輸入手形を決済（対顧客決済）することで船積書類を受領し、輸入した貨物を船会社から受け取ることができます。ここでは、コルレス銀行にある自行のドルの外国他店預けが出金されることで決済（対外決済）されるものとします。顧客との決済と海外との決済を同時に行うことから、対外対顧同時決済といわれます。勘定科目のおもな属性、起票レートは以下のとおりです。

外国他店預け＝資産、本部計上、起票レートは、対顧適用レート（TTS）（1ドル＝92.00円）

円普通預金からの出金額：700.00ドル×92.00円＝64,400円

支払承諾（輸入LC）＝負債、支店計上、起票レートは、ノミナルレート（1ドル＝95.00円）

支払承諾見返（輸入LC）＝資産、支店計上、起票レートは、ノミナルレート（1ドル＝95.00円）

対外対顧同時決済は通常、支店で行われます。

輸入手形が決済されることで偶発債務が消滅するため、手形の決済起票に加えて、輸入信用状の起票（輸入手形分の残高引落）も行います。

借方	支店	貸方
支払承諾（輸入LC） US＄700.00 @95.00 ¥66,500 円普通預金 US＄700.00 @92.00 ¥64,400		支払承諾見返（輸入LC） US＄700.00 @95.00 ¥66,500 本支店勘定 ¥64,400

借方	本部	貸方
本支店勘定 ¥64,400		外国他店預け US＄700.00 @92.00 ¥64,400

③ 本邦ユーザンス取組

輸入手形期日に顧客が輸入手形の支払資金を銀行から借入する場合の仕訳です。ここでは、コルレス銀行にある自行のドルの外国他店預けが出金されることで決済されるものとします。勘定科目のおもな属性、起票レートは以下のとおりです。

取立外国為替＝資産、支店計上、起票レートは、ノミナルレート（1ドル＝95.00円）

外国他店預け＝資産、本部計上、起票レートは、ノミナルレート（1ドル＝95.00円）

支払承諾（輸入LC）＝負債、支店計上、起票レートは、ノミナルレート（1ドル＝95.00円）

支払承諾見返（輸入LC）＝資産、支店計上、起票レートは、ノミナルレート（1ドル＝95.00円）

本邦ユーザンス取組は通常、支店で行われます。

輸入手形が決済されることにより偶発債務が消滅するため、手形の決済起票に加えて、輸入信用状の起票（輸入手形分の残高引落）も行います。

借方	支店	貸方
支払承諾（輸入LC） US＄700.00 ＠95.00 ￥66,500 取立外国為替 US＄700.00 ＠95.00 ￥66,500		支払承諾見返（輸入LC） US＄700.00 ＠95.00 ￥66,500 本支店勘定 ￥66,500

借方	本部	貸方
本支店勘定 ￥66,500		外国他店預け US＄700.00 ＠95.00 ￥66,500

④ **本邦ユーザンス決済**

本邦ユーザンス取組で、輸入手形の支払のために銀行から借り入れた資金を本邦ユーザンス期日に顧客が返済する場合の仕訳です。勘定科目のおもな属性、起票レートは以下のとおりです。

取立外国為替＝資産、支店計上、起票レートは、ノミナルレート（1ドル＝95.00円）

対顧適用レート（TTS）：1ドル＝92.00円

円普通預金からの出金額：700.00ドル×92.00円＝64,400円

本邦ユーザンス決済は通常、支店で行われます。

借方	支店	貸方
円普通預金	取立外国為替 US＄700.00 @95.00	
¥64,400	¥66,500	
本支店勘定		
¥2,100		

借方	本部	貸方
為替換算調整勘定	本支店勘定	
¥2,100	¥2,100	

(3) **信用状付輸入手形（外銀ユーザンス）**

信用状付輸入手形（外銀ユーザンス）の船積書類接受、決済、本邦ユーザンス取組、本邦ユーザンス決済の各取引について説明します。

① **船積書類接受**

海外の引受銀行が輸入代金を輸出者に立替払し、輸入手形の手形期日まで支払を猶予する外銀ユーザンス・ベースの船積書類を、コルレス銀行経由で接受する場合の仕訳です。勘定科目のおもな属性、起票レートは以下のとおりです。

支払承諾（輸入LC）、支払承諾（外銀）＝負債、支店計上、起票レートは、ノミナルレート（1ドル＝95.00円）

支払承諾見返（輸入LC）、支払承諾見返（外銀）＝資産、支店計上、起票レートは、ノミナルレート（1ドル＝95.00円）

船積書類接受は通常、本部で行われます。

引受銀行により、輸入代金が立替払されたことで、輸入信用状の偶発債務が消滅し、引受銀行に対する偶発債務が発生するため、輸入信用状の起票（残高引落）と外銀ユーザンス分の起票を行う必要があります（輸入信用状の支払承諾が外銀ユーザンスの支払承諾に振り替えられるということもできます）。

輸入手形の金額は、700.00ドルとします。

借方	支店	貸方
支払承諾（輸入LC） US＄700.00 ＠95.00 ¥66,500		支払承諾見返（輸入LC） US＄700.00 ＠95.00 ¥66,500
本支店勘定 ¥66,500		本支店勘定 ¥66,500
支払承諾見返（外銀） US＄700.00 ＠95.00 ¥66,500		支払承諾（外銀） US＄700.00 ＠95.00 ¥66,500
本支店勘定 ¥66,500		本支店勘定 ¥66,500

借方	本部	貸方
本支店勘定 ¥66,500		本支店勘定 ¥66,500
本支店勘定 ¥66,500		本支店勘定 ¥66,500

② 決　　済

輸入手形期日に顧客が輸入手形を自己資金で引受銀行に支払う場合の仕訳です。ここでは、コルレス銀行にある自行のドルの外国他店預けが出金されることで決済されるものとします。輸入手形の決済により、外銀ユーザンス

の支払承諾も引き落とされます。勘定科目のおもな属性、起票レートは以下のとおりです。

　支払承諾（外銀）＝負債、支店計上、起票レートは、ノミナルレート（1ドル＝95.00円）

　支払承諾見返（外銀）＝資産、支店計上、起票レートは、ノミナルレート（1ドル＝95.00円）

　外国他店預け＝資産、本部計上、起票レートは、対顧適用レート（TTS）（1ドル＝92.00円）

　円普通預金からの出金額：700.00ドル×92.00円＝64,400円

　決済は通常、支店で行われます。

借方	支店	貸方
円普通預金 ¥64,400	本支店勘定 ¥64,400	
支払承諾（外銀） US＄700.00 @95.00 ¥66,500	支払承諾見返（外銀） US＄700.00 @95.00 ¥66,500	

借方	本部	貸方
本支店勘定 ¥64,400	外国他店預け US＄700.00 @92.00 ¥64,400	

③　本邦ユーザンス取組

輸入手形期日に顧客が輸入手形の支払資金を銀行から借入して、引受銀行に支払う場合の仕訳です。ここでは、コルレス銀行にある自行のドルの外国他店預けが出金されることで、決済されるものとします。輸入手形の決済により、外銀ユーザンスの支払承諾も引き落とされます。勘定科目のおもな属性、起票レートは以下のとおりです。

　支払承諾（外銀）＝負債、支店計上、起票レートは、ノミナルレート（1ドル＝95.00円）

支払承諾見返（外銀）＝資産、支店計上、起票レートは、ノミナルレート（1ドル＝95.00円）

取立外国為替＝資産、支店計上、起票レートは、ノミナルレート（1ドル＝95.00円）

外国他店預け＝資産、本部計上、起票レートは、ノミナルレート（1ドル＝95.00円）

本邦ユーザンス取組は通常、支店で行われます。

借方	支店	貸方
取立外国為替 US＄700.00 ＠95.00 ￥66,500		本支店勘定 ￥66,500
支払承諾（外銀） US＄700.00 ＠95.00 ￥66,500		支払承諾見返（外銀） US＄700.00 ＠95.00 ￥66,500

借方	本部	貸方
本支店勘定 ￥66,500		外国他店預け US＄700.00 ＠95.00 ￥66,500

④ **本邦ユーザンス決済**

本邦ユーザンス取組で、輸入手形の支払のために銀行から借り入れた資金を本邦ユーザンス期日に顧客が返済する場合の仕訳です。勘定科目のおもな属性、起票レートは以下のとおりです。

取立外国為替＝資産、支店計上、起票レートは、ノミナルレート（1ドル＝95.00円）

対顧適用レート（TTS）：1ドル＝92.00円

円普通預金からの出金額：700.00ドル×92.00円＝64,400円

本邦ユーザンス決済は通常、支店で行われます。

第5章　銀行業務の会計　349

借方	支店	貸方
円普通預金	取立外国為替 US＄700.00 ＠95.00	
¥64,400		¥66,500
本支店勘定		
¥2,100		

借方	本部	貸方
為替換算調整勘定	本支店勘定	
¥2,100	¥2,100	

(4) 信用状なし輸入手形

信用状なし輸入手形の船積書類接受、対顧客決済、対外決済、本邦ユーザンス取組、本邦ユーザンス決済の各取引について説明します。

① 船積書類接受

海外の輸出者が振り出した輸入手形をコルレス銀行経由で輸入者の取引銀行が接受する取引です。この取引では資金のやり取りがないので、起票はありません。船積書類接受は通常、本部で行われます。

輸入手形の金額は700.00ドルとします。

借方	貸方
（起票なし）	

② 対顧客決済

顧客が自己資金で輸入手形を支払う場合の仕訳です。勘定科目のおもな属性、起票レートは以下のとおりです。

売渡外国為替＝負債、本部計上、起票レートは、対顧適用レート（TTS）（1ドル＝92.00円）

円普通預金からの出金額：700.00ドル×92.00円＝64,400円

対顧客決済は通常、支店で行われます。

借方	支店	貸方	借方	本部	貸方
円普通預金	本支店勘定		本支店勘定	売渡外国為替 US＄700.00 @92.00	
¥64,400	¥64,400		¥64,400	¥64,400	

③　本邦ユーザンス取組

　輸入手形期日に顧客が輸入手形の支払資金を銀行から借入する場合の仕訳です。勘定科目のおもな属性、起票レートは以下のとおりです。

　売渡外国為替＝負債、本部計上、起票レートは、ノミナルレート（1ドル＝95.00円）

　取立外国為替＝資産、支店計上、起票レートは、ノミナルレート（1ドル＝95.00円）

　本邦ユーザンス取組は通常、支店で行われます。

借方	支店	貸方	借方	本部	貸方
取立外国為替 US＄700.00 @95.00	本支店勘定		本支店勘定	売渡外国為替 US＄700.00 @95.00	
¥66,500	¥66,500		¥66,500	¥66,500	

④　対外決済

　対顧客決済、または本邦ユーザンス取組の輸入手形の支払資金をコルレス銀行経由で海外の輸出者に支払う場合の仕訳です。ここでは、コルレス銀行にある自行のドルの外国他店預けが出金されることで決済されるものとします。勘定科目のおもな属性、起票レートは以下のとおりです。

　売渡外国為替＝負債、本部計上、起票レートは、対顧客決済時の対顧適用レート（1ドル＝92.00円）、または本邦ユーザンス取組時のノミナルレート（1ドル＝95.00円）

　外国他店預け＝資産、本部計上、起票レートは、対顧客決済時の対顧適用レート（1ドル＝92.00円）、または本邦ユーザンス取組時のノミナルレート（1ドル＝95.00円）

　対外決済は通常、本部で行われます。

・前記②対顧客決済からの場合　　・前記③本邦ユーザンス取組からの場合

借方	本部	貸方
売渡外国為替 US＄700.00 @92.00 ¥64,400	外国他店預け US＄700.00 @92.00 ¥64,400	

借方	本部	貸方
売渡外国為替 US＄700.00 @95.00 ¥66,500	外国他店預け US＄700.00 @95.00 ¥66,500	

⑤　**本邦ユーザンス決済**

　本邦ユーザンス取組で、輸入手形の支払のために銀行から借り入れた資金を本邦ユーザンス期日に顧客が返済する場合の仕訳です。勘定科目のおもな属性、起票レートは以下のとおりです。

　取立外国為替＝資産、支店計上、起票レートは、ノミナルレート（1ドル＝95.00円）

　対顧適用レート（TTS）：1ドル＝92.00円

　円普通預金からの出金額：700.00ドル×92.00円＝64,400円

　本邦ユーザンス決済は通常、支店で行われます。

借方	支店	貸方
円普通預金 ¥64,400 本支店勘定 ¥2,100	取立外国為替 US＄700.00 @95.00 ¥66,500	

借方	本部	貸方
為替換算調整勘定 ¥2,100	本支店勘定 ¥2,100	

(5)　**L/G（荷物引取保証）・丙号T/R（丙号貨物貸渡）**

　L/G、T/Rの実行、解除の各取引について説明します。

　L/Gとは、船荷証券なしで輸入貨物を引き取る場合に輸入者と取引銀行が連帯保証で船会社に補償状を差し入れる取引です。T/Rとは、銀行が担保としている輸入貨物を売却するため、輸入者に輸入貨物を貸し渡す際に輸入者が銀行に保管証を差し入れる取引です。

① 実行・解除

勘定科目のおもな属性、起票レートは以下のとおりです。

支払承諾（L/G・T/R）＝負債、支店計上、起票レートは、ノミナルレート（1ドル＝95.00円）

支払承諾見返（L/G・T/R）＝資産、支店計上、起票レートは、ノミナルレート（1ドル＝95.00円）

L/G、T/Rの金額は、700.00ドルとします。

L/G実行・解除、T/R実行・解除は通常、支店で行われます。

(i) 実　行

借方	支店	貸方
支払承諾見返（L/G・T/R） US＄700.00 @95.00 ¥66,500		支払承諾（L/G・T/R） US＄700.00 @95.00 ¥66,500

(ii) 解　除

借方	支店	貸方
支払承諾（L/G・T/R） US＄700.00 @95.00 ¥66,500		支払承諾見返（L/G・T/R） US＄700.00 @95.00 ¥66,500

(6) スタンド・バイ・クレジット

発行、条件変更といった取引の種類と仕訳は支払承諾・同見返の勘定科目の内訳が違うことを除けば、輸入信用状と同じです。勘定科目の内訳は「輸入LC」が、たとえば「その他輸入保証」に変わります。

スタンド・バイ・クレジットの各取引（輸入信用状に準じる）は通常、支店で行われます。

(7) 運賃保険料ユーザンス

運賃保険料ユーザンスの取組、対顧客決済の各取引について説明します。

① 取　　組

顧客が輸入にかかわる運賃保険料の支払資金を銀行から借入する場合の仕訳です。運賃保険料は海外に支払うものとします。勘定科目のおもな属性、起票レートは以下のとおりです。

　取立外国為替＝資産、支店計上、起票レートは、ノミナルレート（1ドル＝95.00円）

　売渡外国為替＝負債、本部計上、起票レートは、ノミナルレート（1ドル＝95.00円）

運賃保険料ユーザンスの取引では、(ⅰ)〜(ⅱ)が支店、(ⅲ)が本部で行われます。

(ⅰ)運賃保険料ユーザンスの取組　　(ⅱ)仕向送金の取組

（船会社・保険会社への送金）

借方	支店	貸方
取立外国為替 US＄700.00 ＠95.00 ￥66,500	本支店勘定 ￥66,500	

借方	本部	貸方
本支店勘定 ￥66,500	売渡外国為替 US＄700.00 ＠95.00 ￥66,500	

(ⅲ)仕向送金の決済

借方	本部	貸方
売渡外国為替 US＄700.00 ＠95.00 ￥66,500	外国他店預け US＄700.00 ＠95.00 ￥66,500	

② 対顧客決済

運賃保険料の支払のために、銀行から借り入れた資金をユーザンス期日に顧客が返済する場合の仕訳です。勘定科目のおもな属性、起票レートは以下のとおりです。

　取立外国為替＝資産、支店計上、起票レートは、ノミナルレート（1ドル＝95.00円）

対顧適用レート（TTS）：1ドル＝92.00円

円普通預金からの出金額：700.00ドル×92.00円＝64,400円

対顧客決済は通常、支店で行われます。

借方 支店	貸方	借方 本部	貸方
円普通預金	取立外国為替 US＄700.00 ＠95.00	為替換算調整勘定 ¥2,100	本支店勘定 ¥2,100
¥64,400 本支店勘定 ¥2,100	¥66,500		

3　貿易外

仕向送金、被仕向送金の起票について説明します。

(1) 仕向送金

仕向送金の取組、決済の各取引について説明します。

① 取組

円普通預金から出金することで顧客から資金を受領し、海外向け送金、または国内向け外貨建送金の依頼を受け付ける取引です。仕向送金には、電信送金、郵便送金（普通送金）、送金小切手の3種類があり、仕訳はいずれも同じです。勘定科目のおもな属性、起票レートは以下のとおりです。

売渡外国為替＝負債、本部計上、起票レートは、対顧適用レート（TTS）（1ドル＝92.00円）

円普通預金からの出金額：700.00ドル×92.00円＝64,400円

取組は通常、支店で行われます。

借方 支店	貸方	借方 本部	貸方
円普通預金	本支店勘定	本支店勘定	売渡外国為替 US＄700.00 ＠92.00
¥64,400	¥64,400	¥64,400	¥64,400

② 決　　済

　取組で受領した資金を、コルレス銀行経由で海外の受取人に支払う仕訳です。ここでは、コルレス銀行にある自行のドルの外国他店預けが出金されることで決済されるものとします。勘定科目のおもな属性、起票レートは以下のとおりとします。

　売渡外国為替＝負債、本部計上、起票レートは、取組時の対顧適用レート（1ドル＝92.00円）

　外国他店預け＝資産、本部計上、起票レートは、取組時の対顧適用レート（1ドル＝92.00円）

　決済は通常、本部で行われます。

借方	本部	貸方
売渡外国為替 US＄700.00 @92.00 ¥64,400		外国他店預け US＄700.00 @92.00 ¥64,400

(2) **被仕向送金**

　被仕向送金の接受、支払の各取引について説明します。

① 接　　受

　海外のコルレス銀行から送られてきた資金、または在日他行から送られてきた国内の外貨建送金の資金を受領する取引です。被仕向送金にも、電信送金、郵便送金（普通送金）、送金小切手の3種類があり、仕訳はいずれも同じです。ここでは、コルレス銀行にある自行のドルの外国他店預けに入金されることで決済されるものとします。勘定科目のおもな属性、起票レートは以下のとおりです。

　未払外国為替＝負債、本部計上、起票レートは、ノミナルレート（1ドル＝95.00円）

　外国他店預け＝資産、本部計上、起票レートは、ノミナルレート（1ドル＝95.00円）

　接受は通常、本部で行われます。

借方	本部	貸方
外国他店預け		未払外国為替
US $700.00		US $700.00
@95.00		@95.00
¥66,500		¥66,500

② 支　　払

接受で受領した資金を顧客に支払う取引です。外貨資金を円貨に換算し、顧客の円普通預金に入金する場合の仕訳です。勘定科目のおもな属性、起票レートは以下のとおりです。

未払外国為替＝負債、本部計上、起票レートは、ノミナルレート（1ドル－95.00円）

対顧適用レート（TTB）：1ドル＝90.00円

円普通預金への入金額：700.00ドル×90.00円＝63,000円

支払は通常、支店で行われます。

借方	支店	貸方	借方	本部	貸方
本支店勘定		円普通預金	未払外国為替		本支店勘定
			US $700.00		
			@95.00		
¥63,000		¥63,000	¥66,500		¥63,000
					為替換算調整勘定
					¥3,500

4　外貨預金

外貨普通預金、外貨当座預金、外貨定期預金の起票について説明します。それ以外の外貨預金は勘定科目が違うだけで、会計処理は基本的に同じです。また、非居住者円預金は勘定科目に非居住者円当座預金、非居住者円普通預金などが使われますが、会計処理は国内の円預金と同様[1]なので、説明は省略します。

　　＊1　非居住者にかかる預金利子税は、地方税分が免除されます。また、租税条約によっては、国税も軽減されることもあります。

(1) 外貨普通預金

外貨普通預金の口座開設、入金、出金、解約、利息決算の各取引について説明します。

① **口座開設**

円普通預金から出金した円貨を外貨に換算し、その外貨額を開設した外貨普通預金口座に入金する場合の仕訳です。なお、口座のみ開設し、外貨を入金しない場合、起票は行われません。勘定科目のおもな属性、起票レートは以下のとおりです。

外貨普通預金＝負債、支店計上、起票レートは、ノミナルレート（1ドル＝95.00円）

対顧適用レート（TTS）：1ドル＝92.00円

円普通預金からの出金額：1,000.00ドル×92.00円＝92,000円

口座開設は通常、支店で行われます。

借方	支店	貸方	借方	本部	貸方
円普通預金		外貨普通預金 US＄1,000.00 ＠95.00	為替換算調整勘定		本支店勘定
￥92,000		￥95,000	￥3,000		￥3,000
本支店勘定					
￥3,000					

② **入　　金**

仕訳は口座開設に同じです。入金は通常、支店で行われます。

③ **出　　金**

外貨普通預金から出金した外貨を円貨に換算して、円普通預金へ入金する場合の仕訳です。勘定科目のおもな属性、起票レートは以下のとおりです。

外貨普通預金＝負債、支店計上、起票レートは、ノミナルレート（1ドル＝95.00円）

対顧適用レート（TTB）：1ドル＝90.00円

円普通預金への入金額：300.00ドル×90.00円＝27,000円

出金は通常、支店で行われます。

借方	支店	貸方	借方	本部	貸方
外貨普通預金 US＄300.00 @95.00 ¥28,500		円普通預金 ¥27,000 本支店勘定 ¥1,500	本支店勘定 ¥1,500		為替換算調整勘定 ¥1,500

④　解　　約

外貨普通預金から外貨残高の全額と外貨普通預金利息を合わせて出金し、外貨を円貨に換算して円普通預金へ入金する場合の仕訳です。勘定科目のおもな属性、起票レートは以下のとおりです。

外貨普通預金＝負債、支店計上、起票レートは、ノミナルレート（1ドル＝95.00円）

外貨普通預金利息＝損失、支店計上、起票レートは、仲値（TTM）

(i)　対顧適用レート（TTB）：1ドル＝90.00円

(ii)　仲値（TTM）：1ドル＝91.00円

(iii)　ノミナルレート：1ドル＝95.00円

(iv)　解約前外貨残高：700ドル

(v)　税引前利息外貨額：10ドル

(vi)　税引後利息外貨額：8ドル

　　＝(v)10ドル －（(v)10ドル×国税率（15％）

　　＋(v)10ドル×地方税率（5％））

　　＝(v)10ドル －（1.50ドル＋0.50ドル）

(vii)　付利後の全額出金外貨額＝708.00ドル

　　＝(iv)700.00ドル＋(vi)8.00ドル

(viii)　円普通預金への入金額：63,720円

　　＝(vii)708.00ドル×(i)90.00円

(ix)　利子税預かり金：180円

　　－(v)10ドル×(i)90.00円×国税率（15％）

　　＋(v)10ドル×(i)90.00円×地方税率（5％）

= 135円 + 45円

解約は通常、支店で行われます。以下の仕訳(a)と(b)が同時に行われます。

(a) 外貨普通預金の付利（利息決算）の仕訳

借方	支店	貸方
外貨普通預金利息 US $10.00(v) @91.00(ii) ¥910　((v)×(ii)) 本支店勘定 ¥30　(((vi)×(iii)+(ix)) − ((v)×(ii)))		外貨普通預金 US $8.00(vi) @95.00(iii) ¥760　((vi)×(iii)) 利子税預かり金 ¥180(ix)

借方	本部	貸方
為替換算調整勘定 ¥30		本支店勘定 ¥30

(b) 外貨普通預金の付利（利息決算）後の全額出金の仕訳

借方	支店	貸方
外貨普通預金 US $708.00(vii) @95.00(iii) ¥67,260　((vii)×(iii))		円普通預金 ¥63,720(viii) 本支店勘定 ¥3,540　((vii)×(iii)−(viii))

借方	本部	貸方
本支店勘定 ¥3,540		為替換算調整勘定 ¥3,540

⑤ **利息決算**

年2回の普通預金利息決算日（通常、2月・8月の中旬の週末）に、外貨普通預金の利息を計算して、算出した利息を入金する場合の仕訳です。利息決算は、システムにより自動で行われます。仕訳は、解約の仕訳(a)に同じです。

(2) **外貨当座預金**

外貨当座預金の口座開設、入金、出金の各取引について説明します。

① 口座開設

円普通預金から出金した円貨を外貨に換算し、その外貨額を開設した外貨当座預金口座に入金する場合の仕訳です。なお、口座のみ開設し、外貨を入金しない場合、起票は行われません。勘定科目のおもな属性、起票レートは以下のとおりです。

外貨当座預金＝負債、支店計上、起票レートは、ノミナルレート（1ドル＝95.00円）

対顧適用レート（TTS）：1ドル＝92.00円

円普通預金からの出金額：1,000.00ドル×92.00円＝92,000円

口座開設は通常、支店で行われます。

借方	支店	貸方	借方	本部	貸方
円普通預金	外貨当座預金 US＄1,000.00 @95.00		為替換算調整勘定 ¥3,000		本支店勘定 ¥3,000
¥92,000 本支店勘定 ¥3,000	¥95,000				

② 入　金

仕訳は口座開設に同じです。入金は通常、支店で行われます。

③ 出　金

外貨当座預金から出金した外貨を円貨に換算して円普通預金へ入金する場合の仕訳です。勘定科目のおもな属性、起票レートは以下のとおりです。

外貨当座預金＝負債、支店計上、起票レートは、ノミナルレート（1ドル＝95.00円）

対顧適用レート（TTB）：1ドル＝97.00円

円普通預金への入金額：1,000.00ドル×97.00円＝97,000円

出金は通常、支店で行われます。

借方 支店	貸方	借方 本部	貸方
外貨当座預金 US＄1,000.00 @95.00 ¥95,000 本支店勘定 ¥2,000	円普通預金 ¥97,000	為替換算調整勘定 ¥2,000	本支店勘定 ¥2,000

④ 解　約

外貨当座預金は、無利息の商品であるため、仕訳は出金と同じです。解約は通常、支店で行われます。

(3) 外貨定期預金

外貨定期預金の新規入金、中間利払、解約、新規入金（元利継続）の各取引について説明します。

① **新規入金（新規預入）**

円普通預金から出金した円貨を外貨に換算し、その外貨額を外貨定期預金に新規入金する場合の仕訳です。勘定科目のおもな属性、起票レートは以下のとおりです。

外貨定期預金＝負債、支店計上、起票レートは、対顧適用レート（TTS）（1ドル＝92.00円）

円普通預金からの出金額：700.00ドル×92.00円＝64,400円

新規入金は通常、支店で行われます。

借方 支店	貸方
円普通預金 ¥64,400	外貨定期預金 US＄700.00 @92.00 ¥64,400

② **中間利息支払（中間利払）**

外貨定期預金の中間利息支払日に外貨定期預金利息を円貨に換算し、円普通預金に入金する場合の仕訳です。勘定科目のおもな属性、起票レートは以

下のとおりです。

外貨定期預金利息＝損失、支店計上、起票レートは、仲値（TTM）
（ⅰ） 中間利息支払時の対顧適用レート（TTB）：1ドル＝90.00円
（ⅱ） 仲値（TTM）：1ドル＝91.00円
（ⅲ） 税引前利息外貨額：10ドル
（ⅳ） 税引後利息外貨額：8ドル
　　　＝(ⅲ)10ドル－((ⅲ)10ドル×国税率（15％）
　　　＋(ⅲ)10ドル×地方税率（5％））
　　　＝(ⅲ)10ドル－（1.50ドル＋0.50ドル）
（ⅴ） 円普通預金への入金額：720円
　　　＝(ⅳ)8.00ドル×(ⅰ)90.00円
（ⅵ） 利子税預かり金：180円
　　　＝(ⅲ)10ドル×(ⅰ)90.00円×国税率（15％）
　　　＋(ⅲ)10ドル×(ⅰ)90.00円×地方税率（5％）
　　　＝135円＋45円

中間利払は通常、支店で行われます。

借方	支店	貸方
外貨定期預金利息 US＄10.00(ⅲ) ＠91.00(ⅱ) ¥910（(ⅲ)×(ⅱ)）	円普通預金 ¥720(ⅴ) 利子税預かり金 ¥180(ⅵ) 本支店勘定 ¥10 ｜((ⅲ)×(ⅱ))－((ⅴ)＋(ⅵ))	

借方	本部	貸方
本支店勘定 ¥10	為替換算調整勘定 ¥10	

③ 解　　約

　外貨定期預金を解約し、外貨定期預金の元本と利息を円貨に換算して、円普通預金へ入金する場合の仕訳です。勘定科目のおもな属性、起票レートは以下のとおりです。

　外貨定期預金＝負債、支店計上、起票レートは、新規預入時の対顧適用レート（1ドル＝92.00円）

　外貨定期預金利息＝損失、支店計上、起票レートは、仲値（TTM）

(ⅰ)　解約時の対顧適用レート（TTB）：1ドル＝88.00円

(ⅱ)　仲値（TTM）：1ドル＝89.00円

(ⅲ)　新規預入時の対顧適用レート（TTS）：1ドル＝92.00円

(ⅳ)　外貨定期預金の元本：700ドル

(ⅴ)　税引前利息外貨額：20ドル

(ⅵ)　税引後利息外貨額：16ドル

　　＝(ⅴ)20ドル－((ⅴ)20ドル×国税率（15％）

　　＋(ⅴ)20ドル×地方税率（5％））

　　＝(ⅴ)20ドル－（3.00ドル＋1.00ドル）

(ⅶ)　税引後外貨額合計＝716.00ドル＝(ⅳ)700.00ドル＋(ⅵ)16.00ドル

(ⅷ)　円普通預金への入金額：63,008円＝(ⅶ)716.00ドル×(ⅰ)88.00円

(ⅸ)　利子税預かり金：352円

　　＝(ⅴ)20ドル×(ⅰ)88.00円×国税率（15％）

　　＋(ⅴ)20ドル×(ⅰ)88.00円×地方税率（5％）

　　＝264円＋88円

解約は通常、支店で行われます。

借方	支店		貸方
外貨定期預金 US＄700.00(iv) ＠92.00(iii) ¥64,400　((iv)×(iii)) 外貨定期預金利息 US＄20.00(v) ＠89.00(ii) ¥1,780　((v)×(ii))	円普通預金 ¥63,008(viii) 利子税預かり金 ¥352(ix) 本支店勘定 ¥2,820 ((iv)×(iii)+(v)×(ii))　－　((viii)+(ix))		

借方	本部		貸方
本支店勘定 ¥2,820	為替換算調整勘定 ¥2,820		

④　新規入金（元利継続）

　外貨定期預金の満期日に元金と利息の合計額を新元金として、外貨定期預金を新規入金する場合の仕訳です。勘定科目のおもな属性、起票レートは以下のとおりです。

　旧外貨定期預金（継続前）＝負債、支店計上、起票レートは、新規預入時の対顧適用レート（1ドル＝92.00円）

　外貨定期預金を解約し、外貨のまま外貨定期預金を新規入金しているため、新規預入時の対顧適用レートは存在しません。したがって、ノミナルレートを使用します。

　新外貨定期預金（継続後）＝負債、支店計上、起票レートは、ノミナルレート（1ドル＝95.00円）

　外貨定期預金利息＝損失、支店計上、起票レートは、仲値（TTM）

　(i)　解約時の対顧適用レート（TTB）：1ドル＝88.00円

(ii) 仲値（TTM）：1ドル＝89.00円
(iii) 旧外貨定期預金の新規預入時の対顧適用レート（TTS）：1ドル＝92.00円
(iv) 外貨定期預金の元本：700ドル
(v) 税引前利息外貨額：20ドル
(vi) 税引後利息外貨額：16ドル
　　＝(v)20ドル－((v)20ドル×国税率（15％）
　　＋(v)20ドル×地方税率（5％））
　　＝(v)20ドル－（3.00ドル＋1.00ドル）
(vii) 元金外貨額＋税引後利息外貨額（新元金）＝716.00ドル
　　＝(iv)700.00ドル＋(vi)16.00ドル
(viii) 新元金の円貨額：68,020＝(vii)716.00ドル×(x)95.00円
(ix) 利子税預かり金：352円
　　＝(v)20ドル×(i)88.00円×国税率（15％）
　　＋(v)20ドル×(i)88.00円×地方税率（5％）
　　＝264円＋88円
(x) 元利継続時のノミナルレート：1ドル＝95.00円

新規入金（元利継続）は通常、支店で行われます。

借方	支店	貸方
外貨定期預金 US＄700.00(iv) ＠92.00(iii) ￥64,400　((iv)×(iii))		外貨定期預金 US＄716.00(vii) ＠95.00(x) ￥68,020(viii)
外貨定期預金利息 US＄20.00(v) ＠89.00(ii) ￥1,780　((v)×(ii))		
本支店勘定 ￥2,192 ((viii)＋(ix))　－　((iv)×(iii)＋(v)×(ii))		利子税預かり金 ￥352(ix)

借方	本部	貸方
為替換算調整勘定 ¥2,192		本支店勘定 ¥2,192

5　外貨貸付

　外貨手形貸付、外貨証書貸付、外貨債務保証の起票について説明します。非居住者円貸付は勘定科目に非居住者円手形貸付や非居住者円証書貸付などが使われますが、会計処理は国内の円の貸付と同様なので、説明は省略します。

(1)　外貨手形貸付

　外貨手形貸付の実行、回収の各取引について説明します。

①　実　行

　外貨での手形貸付を実行し、外貨を円貨に換算して、顧客の円普通預金に入金する場合の仕訳です。勘定科目のおもな属性、起票レートは以下のとおりです。

　外貨手形貸付＝資産、支店計上、起票レートは、対顧適用レート（TTB）（1ドル＝92.00円）

　円普通預金への入金額：700.00ドル×92.00円＝64,400円

　実行は通常、支店で行われます。

借方	支店	貸方
外貨手形貸付 US＄700.00 ＠92.00 ¥64,400		円普通預金 ¥64,400

②　回収（返済）

　外貨手形貸付の回収日に元金と利息の合計額を円貨に換算して、顧客の円普通預金から出金し、回収する場合の仕訳です。勘定科目のおもな属性、起票レートは以下のとおりです。

　外貨手形貸付＝資産、支店計上、起票レートは、実行時の対顧適用レート（1ドル＝92.00円）

外貨手形貸付利息＝利益、支店計上、起票レートは、回収時の対顧適用レート（TTS）

利息外貨額：50ドル

回収時の対顧適用レート（TTS）：1ドル＝89.00円

円普通預金からの出金額：（700.00ドル＋50.00ドル）×89.00円＝66,750円

回収は通常、支店で行われます。

借方	支店	貸方
円普通預金 ¥66,750	外貨手形貸付 US＄700.00 @92.00 ¥64,400	
本支店勘定 ¥2,100	外貨手形貸付利息 US＄50.00 @89.00 ¥4,450	

借方	本部	貸方
為替換算調整勘定 ¥2,100	本支店勘定 ¥2,100	

(2) 外貨証書貸付

外貨証書貸付の実行、一部回収、全額回収の各取引について説明します。

① 実　　行

外貨での証書貸付を実行し、顧客の外貨普通預金に入金する場合の仕訳です。勘定科目のおもな属性、起票レートは以下のとおりです。

外貨証書貸付＝資産、支店計上、起票レートは、ノミナルレート（1ドル＝95.00円）

外貨普通預金＝負債、支店計上、起票レートは、ノミナルレート（1ドル＝95.00円）

実行は通常、支店で行われます。

借方	支店	貸方
外貨証書貸付 US＄1,000.00 @95.00 ¥95,000		外貨普通預金 US＄1,000.00 @95.00 ¥95,000

② 一部回収（一部返済）

外貨証書貸付の一部回収日に一部回収する元金と利息の合計額を円貨に換算して、顧客の円普通預金から出金し、回収する場合の仕訳です。勘定科目のおもな属性、起票レートは以下のとおりです。

外貨証書貸付＝資産、支店計上、起票レートは、ノミナルレート（1ドル＝95.00円）

外貨証書貸付利息＝利益、支店計上、起票レートは、一部回収時の対顧適用レート（TTS）

利息外貨額：50ドル

一部回収時の対顧適用レート（TTS）：1ドル＝91.00円

円普通預金からの出金額：（300.00ドル＋50.00ドル）×91.00円＝31,850円

一部回収は通常、支店で行われます。

借方	支店	貸方
円普通預金 ¥31,850 本支店勘定 ¥1,200		外貨証書貸付 US＄300.00 @95.00 ¥28,500 外貨証書貸付利息 US＄50.00 @91.00 ¥4,550

借方	本部	貸方
為替換算調整勘定 ¥1,200		本支店勘定 ¥1,200

③ **全額回収(全額返済)**

　外貨証書貸付の最終回収日に残りの元金と利息の合計額を外貨のまま、顧客の外貨普通預金から出金し、回収する場合の仕訳です。勘定科目のおもな属性、起票レートは以下のとおりです。

　外貨証書貸付＝資産、支店計上、起票レートは、ノミナルレート(1ドル＝95.00円)

　外貨普通預金＝負債、支店計上、起票レートは、ノミナルレート(1ドル＝95.00円)

　外貨証書貸付利息＝利益、支店計上、起票レートは、仲値(TTM)(1ドル＝90.00円)

　利息外貨額:50ドル

　外貨普通預金からの出金額:750.00ドル＝700.00ドル＋50.00ドル

　全額回収は通常、支店で行われます。

借方	支店	貸方
外貨普通預金		外貨証書貸付
US＄750.00		US＄700.00
@95.00		@95.00
¥71,250		¥66,500
		外貨証書貸付利息
		US＄50.00
		@90.00
		¥4,500
		本支店勘定
		¥250

借方	本部	貸方
本支店勘定		為替換算調整勘定
¥250		¥250

(3) **外貨債務保証**

　外貨債務保証の実行、増額、一部解除、全額解除の各取引について説明し

ます。顧客が債務不履行に陥った場合、銀行に保証金額の支払義務（偶発債務）が生じるため、支払承諾・同見返の起票が必要です。外貨債務保証は、輸入信用状などと同様に顧客との決済がないため、対顧適用レートは存在しません。ノミナルレートによって、外貨を円貨に換算します。勘定科目のおもな属性、起票レートは以下のとおりです。

支払承諾（その他）＝負債、支店計上、起票レートは、ノミナルレート（1ドル＝95.00円）

支払承諾見返（その他）＝資産、支店計上、起票レートは、ノミナルレート（1ドル＝95.00円）

外貨債務保証の実行、増額、一部解除、全額解除は通常、支店で行われます。

① 実　　行

外貨債務保証を実行する場合の仕訳です。実行する金額は、1,000.00ドルとします。

借方	支店	貸方
支払承諾見返（その他） US＄1,000.00 ＠95.00 ¥95,000		支払承諾（その他） US＄1,000.00 ＠95.00 ¥95,000

② 増　　額

外貨債務保証の保証金額を増額する場合の仕訳です。増額する金額は、300.00ドルとします。

借方	支店	貸方
支払承諾見返（その他） US＄300.00 ＠95.00 ¥28,500		支払承諾（その他） US＄300.00 ＠95.00 ¥28,500

③ 一部解除（一部回収）

外貨債務保証の保証金額を一部解除（減額）する場合です。減額する金額は、100.00ドルとします。

借方	支店	貸方
支払承諾（その他） US＄100.00 ＠95.00 ¥9,500	支払承諾見返（その他） US＄100.00 ＠95.00 ¥9,500	

④ **全額解除（全額回収）**

外貨債務保証の保証金額を全額解除する場合の仕訳です。

借方	支店	貸方
支払承諾（その他） US＄1,200.00 ＠95.00 ¥114,000	支払承諾見返（その他） US＄1,200.00 ＠95.00 ¥114,000	

6　先物予約

　先物予約は、オフバランス取引（貸借対照表に記載されない取引）であり、対顧客取引、対市場取引とも取引にかかわる起票は発生しません。ただし、先物予約（先物為替）の引直による損益は起票する必要があります。これについては、決算における先物為替の引直（404頁参照）で説明します。

7　外貨資金

　外貨資金調達、外貨資金運用の起票について説明します。

(1) **外貨資金調達**

　外貨資金調達の取組、決済の各取引について説明します。

① **取　　組**

　銀行が市場において外貨資金を調達する取引であり、取引相手は銀行などの金融機関です。取引としては円貨へ換算せず、外貨のまま資金調達します。したがって、ノミナルレートにより外貨を円貨に換算し、起票円貨額を求めます。ここでは、コルレス銀行にある自行のドルの外国他店預けに入金されることで外貨資金を調達するものとします。勘定科目のおもな属性、起票レートは以下のとおりです。

外貨コールマネー＝負債、本部計上、起票レートは、ノミナルレート（1ドル＝95.00円）

外国他店預け＝資産、本部計上、起票レートは、ノミナルレート（1ドル＝95.00円）

外貨コールマネー利息＝損失、本部計上、起票レートは、仲値（TTM）（1ドル＝90.00円）

調達外貨額：2,000,000ドル

支払利息外貨額（前払）：10,000ドル

取組は通常、本部で行われます。

借方	本部	貸方
外国他店預け US＄2,000,000.00 ＠95.00 ￥190,000,000		外貨コールマネー US＄2,000,000.00 ＠95.00 ￥190,000,000
外貨コールマネー利息 US＄10,000.00 ＠90.00 ￥900,000		外国他店預け US＄10,000.00 ＠90.00 ￥900,000

② 決　　済

調達した外貨資金を期日に返済する場合の仕訳です。ここでは、コルレス銀行にある自行のドルの外国他店預けが出金されることで外貨資金を返済するものとします。勘定科目のおもな属性、起票レートは以下のとおりです。

外貨コールマネー＝負債、本部計上、起票レートは、ノミナルレート（1ドル＝95.00円）

外国他店預け＝資産、本部計上、起票レートは、ノミナルレート（1ドル＝95.00円）

決済は通常、本部で行われます。

借方	本部	貸方
外貨コールマネー US＄2,000,000.00 @95.00 ￥190,000,000	外国他店預け US＄2,000,000.00 @95.00 ￥190,000,000	

(2) 外貨資金運用

外貨資金運用の取組、決済の各取引について説明します。

① 取　　組

銀行が市場において外貨資金を運用する取引であり、取引相手は、銀行などの金融機関です。取引としては円貨へ換算せず、外貨のまま資金運用します。したがって、ノミナルレートにより、外貨を円貨に換算し、起票円貨額を求めます。ここでは、コルレス銀行にある自行のドルの外国他店預けが出金されることで、外貨資金を運用するものとします。勘定科目のおもな属性、起票レートは以下のとおりです。

外貨コールローン＝資産、本部計上、起票レートは、ノミナルレート（1ドル＝95.00円）

外国他店預け＝資産、本部計上、起票レートは、ノミナルレート（1ドル＝95.00円）

運用外貨額：2,000,000ドル

取組は通常、本部で行われます。

借方	本部	貸方
外貨コールローン US＄2,000,000.00 @95.00 ￥190,000,000	外国他店預け US＄2,000,000.00 @95.00 ￥190,000,000	

② 決　　済

運用した外貨資金を期日に回収する場合の仕訳です。ここでは、コルレス銀行にある自行のドルの外国他店預けに入金されることで、外貨資金を回収するものとします。勘定科目のおもな属性、起票レートは以下のとおりです。

外貨コールローン＝資産、本部計上、起票レートは、ノミナルレート（1ドル＝95.00円）

外国他店預け＝資産、本部計上、起票レートは、ノミナルレート（1ドル＝95.00円）

外貨コールローン利息＝利益、本部計上、起票レートは、仲値（TTM）（1ドル＝90.00円）

受取利息外貨額（後取）：10,000ドル

決済は通常、本部で行われます。

借方	本部	貸方
外国他店預け US＄2,000,000.00 @95.00 ¥190,000,000		外貨コールローン US＄2,000,000.00 @95.00 ¥190,000,000
外国他店預け US＄10,000.00 @90.00 ¥900,000		外貨コールローン利息 US＄10,000.00 @90.00 ¥900,000

第4項　単一通貨会計における決算手続

外貨をおもに取り扱う外国為替業務であっても、単一通貨会計では円貨のみで会計処理を行います。このため、外国為替業務の決算手続と決算仕訳は前述の国内業務の決算（300頁参照）の項で大半は説明済みです。そこで本項では、おもに外国為替業務固有の決算手続について説明します。なお、以下に述べる手続は本決算を前提にしていますが、国内業務の決算と同様、手続の多くは月次決算などにも適用されます。

1　決算準備手続

(1) **帳簿の検証**

外国為替業務で使用する勘定科目についても、国内業務と同様の手続を行

います。

(2) 振替勘定の整理

振替勘定は円貨に限られるので、振替勘定の整理は国内業務の手続と同じです。

(3) 本支店未達勘定の整理

本支店勘定は円貨に限られるので、未達勘定の整理は国内業務の手続と同じです。

(4) 外国為替固有の仮勘定の整理

通貨ごとの仮受金、仮払金についても、手続は国内業務と同様です。仮受金は勘定科目が決められないなどの入金があった場合に、一時的に使用されます。また、仮払金は金額や勘定科目が当面決められない経費など（海外駐在員事務所の経費を本部が支払うなど）の支払に使用されます。

通貨ごとの未収金・未払金についても、手続は国内業務と同様です。外貨有価証券や通貨オプションの取引が外国為替業務のシステムでサポートされている場合は、未収金は外貨有価証券の売却約定取引や通貨オプションの売約定取引で使用されます。また、未払金は外貨有価証券の購入約定取引や通貨オプションの買約定取引で使用されます。

非居住者円別段預金と通貨ごとの外貨別段預金も、手続は国内業務と同様です。非居住者円別段預金、外貨別段預金は海外から送金された資金の受取人が自行の顧客か否かを確認できるまでの間、受け取った資金を一時的に預かるときなどに使用されます。

2 決算本手続

外国為替業務の決算本手続[*1]には「損益補正」のほか、外国為替業務固有の「直物為替の仲値評価替」「資金関連スワップの直先差金補正」「直物為替の引直」「先物為替の引直」などの手続があります。

　　＊1　手続を業務システム、経理システムのいずれで、どこまで行うかは銀行により異なります。

(1) 損益補正

外国為替業務の損益補正も、国内業務と同様、期間按分後の利息を計算す

るための計算式や片端・両端などの条件は、利息が発生する（した）もともとの取引と同じもので行います。

① 円貨が確定しているケース

前受収益・前払費用のように外貨損益であっても受払済みのため、TTSなどでの換算により損益の円貨額が確定している場合は、国内業務の損益補正と同様に、確定している円貨額から補正額を求め、損益補正を行います。補正額は、以下の式で計算します。

補正額＝損益円貨額×補正日数^{*1}÷損益計算期間の日数^{*2}　……円未満切捨

* 1　損益計算開始日～損益計算終了日までの利息計算期間のうち、未収収益・未払費用が今期に属する期間の日数、または前受収益・前払費用が今期に属さない期間の日数です。片端・両端はもともとの取引と同じ条件で計算します。なお、片端・両端といっても、実際には始期・終期の算入・不算入の別、さらにたとえば外貨証書貸付の分割回収時に利息計算期間が分割される際の始期・終期の算入・不算入の別など、銀行や業務・商品によりさまざまなバリエーションがあるので、注意が必要です。補正額の計算においても、銀行や業務、商品によって片端・両端などの使い分けをしているのが一般的です。
* 2　損益計算開始日～損益計算終了日までの日数です。片端・両端などはもともとの取引と同じ条件で計算します。

② 円貨が確定していないケース

未収収益・未払費用のように、外貨損益の円貨額が確定していない場合は、以下の式で補正額を計算します。その後の処理は、円貨が確定しているケースと同様です。

補正額＝（損益外貨額×補正日数^{*3}÷損益計算期間の日数^{*4}）
　　　　×仲値^{*5}　……円未満切捨

* 3および＊4　前記「①　円貨が確定しているケース」の^{*1}および^{*2}に同じ。
* 5　本決算＝3月月末営業日の最終の公示相場仲値（TTM）、月次決算＝前月月末営業日の最終の公示相場仲値（TTM）です。以下、月末TTMまたは月末仲値、期末TTM、期末仲値とします。

(2) **直物為替の仲値評価替**

外貨はノミナルレート、もしくは対顧適用レートのいずれかにより、円貨に換算されます。そして毎月初、外貨と最新のレート（月末TTMまたは期末TTM）により、円貨額（円簿価）の評価替を行います。考え方は後述する直物為替の引直と類似していますが、仲値評価替は外貨建資産・負債の円貨額

の増減を「その他資産・その他負債」に振り替えるための処理であり、評価損益そのものを計算するものではありません。

具体的には、まず毎月初に直物の外貨建資産・負債科目について取引ごと、通貨ごとに仲値評価替を行い、その後それらを集計し、評価替金額を起票します。

① **直物為替の評価方法**

評価方法は、ノミナルレートで起票する取引と、対顧適用レートで起票する取引の二つに分かれます。

(i) **ノミナルレートで起票する取引**

ノミナルレートで起票する取引の評価替金額を、以下の方法で算出します。

評価替金額＝（取引の外貨残高×前月月末営業日の最終TTM*1）
　　　　　－（取引の外貨残高×前々月月末営業日の最終TTM*2）

　＊1　当月適用されるノミナルレート。
　＊2　前月中に適用されていたノミナルレート。

ノミナルレートを毎月変更することにより生じる差額は、ここで求めた評価替金額を毎月起票することで解消します。なお後述する実例のように、当初の起票金額を、毎月、前々月と前月のレートの変動部分を評価替金額で補正起票していくため、振戻処理は不要です。

(ii) **対顧適用レートで起票する取引**

対顧適用レートで起票する取引の評価替金額を求めるには、以下の算出方法を用います。

評価替金額＝（取引の外貨残高×前月月末営業日の最終TTM）
　　　　　－（取引の外貨残高×対顧適用レート）

なお、当初の起票レートはその取引が終了するまで変えないため、仲値評価替の評価替金額は後述する振戻処理が必要です。

② **評価替金額の起票**

(i) 外貨建資産科目の場合は以下のとおりです。

(a) 円高（前月最終TTM＜前々月最終TTM）の場合

借方	貸方
為替換算調整勘定	外貨建資産科目

ⓑ 円安(前月最終TTM>前々月最終TTM)の場合

借方	貸方
外貨建資産科目	為替換算調整勘定

(ⅱ) 外貨建負債科目の場合は以下のとおりです。

ⓐ 円高(前月最終TTM<前々月最終TTM)の場合

借方	貸方
外貨建負債科目	為替換算調整勘定

ⓑ 円安(前月最終TTM>前々月最終TTM)の場合

借方	貸方
為替換算調整勘定	外貨建負債科目

③ 直物為替の仲値評価替の起票例

3月末の本決算を想定し、ノミナルレートで起票する取引と対顧適用レートで起票する取引の実例を以下に示します。なお、本支店勘定の起票は省略しています。

(ⅰ) ノミナルレートで起票する取引

ⓐ 3月に以下の取引を行います

1) 輸入・本邦ユーザンス取組

3月適用のノミナルレート:1ドル=95.00円

取立外国為替の起票金額(円貨残高)=95,000円

借方	貸方
取立外国為替 US $1,000.00 @95.00 ¥95,000	(省略)

ⓑ 3月の月末営業日(ただし、取引が行われない夜間)に以下の取引を行います

1) 輸入・本邦ユーザンスの仲値評価替

3月月末営業日の最終TTM:1ドル=90.00円

評価替金額=1,000.00ドル×90.00円-1,000.00ドル×95.00円=▲5,000円

この取引では、取立外国為替が円貨ベースで5,000円減っているため、以下の起票を行います。

借方	貸方
為替換算調整勘定＊1	取立外国為替
¥5,000	¥5,000

＊1　為替換算調整勘定は、最終的には貸借対照表の「その他資産・その他負債」に振り替えられます。

取立外国為替の起票金額（円貨残高）＝95,000円－5,000円＝90,000円

(c)　4月の月初営業日

1)　ノミナルレートで起票する取引は、振戻はありません。

取立外国為替の起票金額（円貨残高）＝90,000円（変動なし）

かりに振戻を行うと、本邦ユーザンス決済時における取立外国為替の起票金額（円貨残高）はゼロになりません。

借方	貸方
（起票なし）	

(d)　4月に以下の取引を行います

1)　輸入・本邦ユーザンス決済

4月適用のノミナルレート：1ドル＝90.00円

決済時の対顧適用レート（TTS）：1ドル＝92.00円

円普通預金からの出金額：1,000.00ドル×92.00＝92,000円

取立外国為替の起票金額（円貨残高）＝90,000円－90,000円＝0円

借方	貸方
円普通預金	取立外国為替 US＄1,000.00 @90.00
¥92,000	¥90,000 為替換算調整勘定 ¥2,000

(ii)　**対顧適用レートで起票する取引**

(a)　3月に以下の取引を行います

1)　外貨定期預金の新規入金

新規入金時の対顧適用レート（TTS）：1ユーロ＝130.00円

外貨定期預金の起票金額（円貨残高）＝91,000円

借方	貸方
円普通預金	外貨定期預金 EUR 700.00 @130.00
¥91,000	¥91,000

(b) 3月の月末営業日（ただし、取引が行われない夜間）に以下の取引を行います

1) 外貨定期預金の仲値評価替

3月月末営業日の最終TTM：1ユーロ＝133.00円

評価替金額＝700.00ユーロ×133.00円－700.00ユーロ×130.00円＝2,100円

この取引では、外貨定期預金が円貨ベースで、2,100円増えているため、以下の起票を行います。

借方	貸方
為替換算調整勘定[*1]	外貨定期預金
¥2,100	¥2,100

　＊1　為替換算調整勘定は、最終的には貸借対照表の「その他資産・その他負債」に振り替えられます。

外貨定期預金の起票金額（円貨残高）＝91,000円＋2,100円＝93,100円

(c) 4月の月初営業日（ただし、取引が行われない早朝）に以下の取引を行います

1) 外貨定期預金の仲値評価替の振戻

3月の月末営業日に行った直物為替の仲値評価替を振り戻します[*2]。

外貨定期預金の起票金額（円貨残高）＝93,100円－2,100円＝91,000円

　＊2　振戻を行わないと、外貨定期預金解約時の「外貨定期預金」の起票金額（円貨残高）が、ゼロになりません。

借方	貸方
外貨定期預金	為替換算調整勘定
¥2,100	¥2,100

(d) 4月に以下の取引を行います。なお、利息と税金は省略します

1) 外貨定期預金の解約

起票レート＝新規入金時の対顧適用レート：1ユーロ＝130.00円

解約時の対顧適用レート（TTB）：1ユーロ＝135.00円
円普通預金への入金額：700.00ユーロ×135.00＝94,500円
外貨定期預金の起票金額（円貨残高）＝91,000円－91,000円＝0円

借方	貸方
外貨定期預金 EUR 700.00 @130.00 ¥91,000	円普通預金 ¥94,500
為替換算調整勘定 ¥3,500	

(3) 資金関連スワップの直先差金補正
① 資金関連スワップとは

　資金関連スワップとは、異なる二つの通貨での資金運用・調達取引（以下の(ア)と(ウ)の取引）を動機とした、先物予約のスワップ取引（以下の(イ)の取引）のことです。

　図表5－4－6の例では、対市場取引の外貨資金の調達取引を例にしていますが、外貨資金の運用取引や対顧客取引であるスワップ付外貨定期預金、スワップ付外貨貸付も基本的に同じです。

　資金関連スワップには、個別紐付方式、インターナル・コントラクト方式（Internal Contract：内部取引方式）の二つがあります。

図表5－4－6　資金関連スワップの取引の例

	5月1日	8月1日
資金関連スワップ	▲	▲
外資資金調達	①ドルを借入（調達）＝(ア)－1	⑥ドルを返済＝(ア)－2
	▲	▲
先物予約・スワップ	②ドルを日本円に （直側：ドル売り・円買い）＝(イ)－1	⑤日本円をドルに （先側：ドル買い・円売り）＝(イ)－2
	▲	▲
(参考) 運用取引		
円資金運用	③上記で得た円資金の運用開始 ＝(ウ)－1	④上記で得た円資金の運用終了 ＝(ウ)－2

(i) **個別紐付方式**

先物予約・スワップ取引と外貨資金取引（いずれも対外的な取引[*1]）の各取引を資金関連スワップとして、個別に紐付け（特定）し、区分経理する方式です（図表5－4－7参照）。

* 1　対市場取引、対顧客取引の両方を指します。ただし、以下では対市場取引を例にしています。

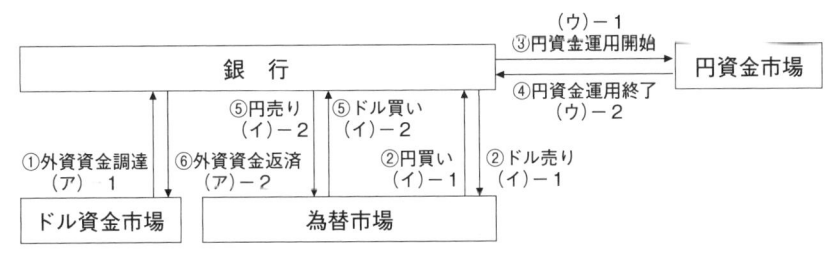

(ii) **インターナル・コントラクト方式（内部取引方式）**

為替取引を行う為替部門と資金の運用調達取引を行う資金部門との間で、資金の運用調達を動機として行われる銀行内部（部門間）の先物予約・スワップ取引と外貨資金取引を資金関連スワップとして、ほかの取引と区分経理する方式です（図表5－4－8参照）。

② **資金関連スワップの取引例**

ドルと日本円の資金関連スワップの詳細例を以下にあげます。なおこの例は、先物予約相場の決定理論（250頁参照）であげた実例から、一部内容を変えて使用しています。

【条件】

スポットレート・1ドル＝114.67円

直先スプレッド・3カ月：d 1.180（d：ディスカウント）

ドルLIBOR・3カ月：4.87500％ P.A.[*1]

日本円・短期プライムレート：0.87375％ P.A.[*1]

* 1　P.A.：Per Annumの略、年利率の意。

図表5－4－7　資金関連スワップ・個別紐付方式

図表５－４－８　資金関連スワップ・インターナル・コントラクト方式

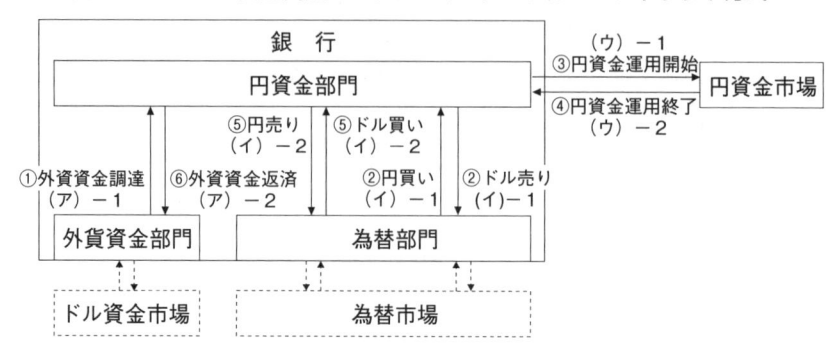

```
┌─────────────────────────────────────────┐
│                銀　行                    │   (ウ)－1
│  ┌─────────────────────────────────┐    │  ③円資金運用開始    ┌──────────┐
│  │           円資金部門              │────┼──────────────────→│ 円資金市場 │
│  └─────────────────────────────────┘    │  ④円資金運用終了    └──────────┘
│       ↑↓    ⑤円売り  ⑤ドル買い         │     (ウ)－2
│             (イ)－2   (イ)－2
│   ①外資資金調達 ⑥外資資金返済 ②円買い ②ドル売り
│       (ア)－1    (ア)－2   (イ)－1  (イ)－1
│  ┌─────────┐  ┌─────────────────────┐  │
│  │外貨資金部門│  │      為替部門        │  │
│  └─────────┘  └─────────────────────┘  │
└─────────────────────────────────────────┘
       ↑↓                  ↑↓
   ┌─────────┐         ┌──────────┐
   │ドル資金市場│        │  為替市場  │
   └─────────┘         └──────────┘
```

【取引例】

(ア)　外貨資金・調達取引（外国為替業務・対市場取引）＝(ア)－1、(ア)－2

　　元本金額：1,000,000.00ドル

　　利率：4.875％（ドルLIBOR・3カ月）

　　取組日（調達日）：5月1日

　　決済日（返済日）：8月1日

　　調達日数：93日（両端）

　　年日数：360日

　　調達利息：1,000,000.00ドル×（4.875％÷100）×93÷360

　　　　　　　＝12,593.75ドル

　　元利合計：1,012,593.75ドル

　　　　　　　＝1,000,000.00ドル（元本）＋12,593.75ドル（利息）

(イ)　先物予約・スワップ取引（外国為替業務・対市場取引）

　　(イ)－1　直側：ドル売・円買

　　　実行日：5月1日

　　　売金額：1,000,000.00ドル

　　　締結相場：1ドル＝114.67円（スポットレート）

　　　買金額：114,670,000円（＝1,000,000.00ドル×114.67円）

　　(イ)－2　先側：ドル買・円売、外貨資金・調達取引の元本に利息を加えた金額をカバー

実行日：8月1日

買金額：1,000,000.00ドル（元本）＋12,593.75ドル（利息）
　　　　＝1,012,593.75ドル

締結相場：1ドル＝113.49円（5月1日時点の3カ月後の先物相場。
　　　　　113.49円＝114.67円（スポットレート）
　　　　　－1.18円（直先スプレッド・3カ月））

売金額：114,919,264円（＝1,012,593.75ドル×113.49円）

（参考）

(ウ) 円資金・運用取引（国内業務）＝(ウ)－1、(ウ)－2

金額：114,670,000円

利率：1.37375％（＝0.87375％（短期プライムレート）
　　　　　＋0.5％（スプレッド））

運用開始日：5月1日

運用終了日：8月1日

運用日数：93日（両端）

年日数：365日

運用利息：114,670,000円×（1.37375％÷100）×93÷365＝401,372円

元利合計：115,071,372円＝114,670,000円（元本）＋401,372円（利息）

【取引の流れ】

① ドル資金調達……図表5－4－6(ア)－1

　外貨資金調達の取引で、1,000,000.00ドルを調達（利息は後払）。

② 先物予約・スワップ・直側の実行……図表5－4－6(イ)－1

　①で調達したドル資金（1,000,000.00ドル）について、直側の先物予約を実行（ドル売り・円買い）して、円資金（114,670,000円）を調達。

③ 円資金運用（開始）……図表5－4－6(ウ)－1

　②で調達した円資金（114,670,000円）を円資金運用取引で運用（市場での運用、顧客への貸付など）。

④ 円資金運用（終了）……図表5－4－6(ウ)－2

　③の円資金運用取引が終了し、元利合計（115,071,372円）を受領。

⑤ 先物予約・スワップ・先側の実行……図表5－4－6(イ)－2

③～④で運用していた円資金（115,071,372円）の一部について、先側の先物予約を実行（ドル買い・円売り）し、ドル資金（1,012,593.75ドル）を調達。

⑥ ドル資金返済……図表5－4－6(ア)－2

⑤で調達したドル資金により、①のドル資金の調達取引を返済。

この取引例で、円に着目して先物予約・スワップ取引をみると、直側（図表5－4－6(イ)－1）でドルを売って（支払って）、114,670,000円を買い（受け取り）、先側（図表5－4－6(イ)－2）でドルを買って（受け取って）、114,919,264円を売って（支払って）います。

これは換言すれば、直側で円を調達し、先側で円を返済していることにほかなりません。つまり、外貨資金の調達（図表5－4－6(ア)の取引）を先物予約・スワップ（図表5－4－6(イ)の取引）と組み合わせることで、外貨資金の調達が実質的に円資金の調達に変わったわけです。

先側の円貨と直側の円貨の差、249,264円（＝114,919,264円－114,670,000円）は、実質的には円資金の調達取引から生じた支払利息と考えることができます。この円貨の支払利息が円の直先差金であり、ドルの直先差金は図表5－4－6(ア)の取引の調達利息、12,593.75ドル（＝1,012,593.75ドル－1,000,000.00ドル）です。

また、円資金の運用（図表5－4－6(ウ)の取引）では、運用利息（401,372円）が生じていますが、これは受取利息です。したがって、受取利息から支払利息を引いたものが銀行の利益であり、図表5－4－6の取引例での利益は152,108円＝401,372円（受取利息）－249,264円（支払利息）です。

なお、ここでは資金関連スワップについて説明しているため、以降は外貨資金の調達取引と先物予約・スワップ取引についてのみ述べ、円資金の運用取引（図表5－4－6(ウ)の取引）についてはこれ以上言及しません。

③ **資金関連スワップの起票例**

図表5－4－6の外貨資金・調達取引の起票について説明し、その後、決算で行われる補正について述べます。

(i) 取組：5月1日

ノミナルレート：1ドル＝110.00円（単純化のため、以降のノミナルレートに変動はないものとします）。

借方	本部	貸方
外国他店預け US＄1,000,000.00 ＠110.00 ￥110,000,000		外貨コールマネー US＄1,000,000.00 ＠110.00 ￥110,000,000

(ii) 決済（返済）：8月1日

ノミナルレート：1ドル＝110.00円

決済日の仲値：1ドル＝105.00円

借方	本部	貸方
外貨コールマネー US＄1,000,000.00 ＠110.00 ￥110,000,000		外国他店預け US＄1,000,000.00 ＠110.00 ￥110,000,000

借方	本部	貸方
外貨コールマネー利息 US＄12,593.75 ＠105.00 ￥1,322,343		外国他店預け US＄12,593.75 ＠105.00 ￥1,322,343

外貨の支払利息である外貨コールマネー利息（1,322,343円）が起票されていますが、前述のとおり、実質的な支払利息は直先差金である249,264円にすぎないので補正が必要です。この補正を直先差金補正といいます。なお、資金関連スワップではない単純な外貨資金取引であれば、(i)と(ii)の起票のみ行い、以下に示す直先差金補正の必要はありません。

④ 直先差金補正

外貨資金取引で起票される外貨利息は、利息受払日（取組日または決済日）の仲値により、起票円貨額が算出されます。しかし、資金関連スワップでは、外貨利息は表面上の利息であって、実際の利息は円貨の直先差金です。

第5章　銀行業務の会計　387

したがって、外貨利息の起票円貨額を円貨での直先差金の円貨額に補正するための直先差金補正を行う必要があります。以降、まず直先差金補正金額の計算方法について説明し、その後、起票方法について述べていきます。

(i) **個別紐付方式とインターナル・コントラクト方式との違い**

個別紐付方式とインターナル・コントラクト方式の直先差金補正の計算方法には、以下に示す差異があります。

個別紐付方式の場合、先物予約・スワップ取引と外貨資金取引（いずれも対市場取引）が個別に紐付け・特定され、資金関連スワップとして区分経理されます。しかし、図表5－4－6の取引例のように、期間や金額がすべて一致するとは限りません。この場合、期間や金額が一部一致しない取引の一致する部分のみを資金関連スワップとして区分経理する調整作業が必要です。

金額が一致しない場合、外貨資金取引と先物予約・スワップ取引の外貨額同士を比較し、いずれか小さいほうを資金関連スワップとして区分経理します。

期間が一致しない場合、外貨資金取引と先物予約・スワップ取引の期間同士を比較し、いずれか短い期間の部分を資金関連スワップとして区分経理します。

一例を示せば、以下の場合、先物予約・スワップ取引の外貨額のみを資金関連スワップとして区分経理します。

外貨資金・調達取引	先物予約・スワップ取引	→	資金関連スワップ取引
調達時外貨額	売外貨額		調達時外貨額
1,500,000.00ドル	1,000,000.00ドル	→	1,000,000.00ドル
返済時外貨額	買外貨額		返済時外貨額
1,518,890.63ドル	1,012,593.75ドル	→	1,012,593.75ドル

インターナル・コントラクト方式の場合、銀行内部の先物予約・スワップ取引と外貨資金取引であるため、個別紐付方式と異なり、期間や金額は必ず一致します。したがって、個別紐付方式における調整作業は不要です。ここでは、調整作業が不要な、期間や金額がすべて一致している個別紐付方式、またはインターナル・コントラクト方式の直先差金補正について説明します。

(ii) **直先差金補正金額の計算方法と起票**

　資金関連スワップの取引ごとに外貨の直先差金と円貨の直先差金を求め、その差額を直先差金補正金額とします。期日（決済日）が到来しているか否か、つまり決済済みか未決済かによって計算式が異なるので、それらを分けて述べていきます。

(a) **決済済み分**

　資金関連スワップの取引ですでに決済が終了しているケースです。図表5－4－6の取引例を使用して説明します。計算式は以下のとおりです。

直先差金補正金額
= ［（先物予約・スワップ・先側・外貨額×締結相場）……円未満切捨
－（先物予約・スワップ・直側・外貨額×締結相場）］……円未満切捨
－［(外貨資金・元利合計外貨額－外貨資金・元本外貨額)×決済日の仲値］
　　　　　　　　　　　　　　　　　　　　　　　　……円未満切捨

　この式で図表5－4－6の外貨資金・調達取引について直先差金補正金額を計算すると、以下のとおりです。なお、決済日の仲値は105.00円とします。

直先差金補正金額
= ［(1,012,593.75ドル×113.49円) －（1,000,000.00ドル×114.67円)］
－［(1,012,593.75ドル－1,000,000.00ドル）×105.00円］
= ［(114,919,264円－114,670,000円)］ －［1,322,343円］
= 249,264円－1,322,343円 = ▲1,073,079円

(b) **決済済み分の起票例**

　決済時に起票した外貨利息と直先差金補正金額の起票は、以下のとおりです。なお、資金関連スワップ取引は、ほかにないものとします。また、利息以外の起票は省略しています。

1) 決済時の外貨利息の起票

決済（返済）：8月1日

決済日の仲値：1ドル＝105.00円

支払利息（損失）の起票＝1,322,343円

借方	本部	貸方
外貨コールマネー利息 US＄12,593.75 @105.00 ¥1,322,343		

2) 決算時の直先差金補正

直先差金補正の起票科目と起票パターンは後述する直先差金補正金額の起票科目と仕訳方法（394頁）を参照してください。

受入雑利息（利益）の起票＝1,073,079円

借方	本部	貸方
		受入雑利息 ¥1,073,079

→受入雑利息＝▲1,073,079円（＝249,264円－1,322,343円）のうち、1,322,343円は決済時の決済で起票した外貨コールマネー利息を相殺する金額です。

1)決済時の損失＝1,322,343円と、2)決算時の直先補正時の利益＝1,073,079円から、最終的に実質的な支払利息＝249,264円が残ります。なお、この直先差金補正は決済済みの取引についてのもののため、後述する未決済の取引のように期初に直先差金補正を振戻する必要はありません。

(c) 未決済分

資金関連スワップの取引は、異なる二つの通貨での資金運用・調達取引を動機とした先物予約のスワップ取引です。為替相場が変動したことによる為替損益ではなく、期間概念のある利息、すなわち資金損益として認識・評価されるべきであるため、資金関連スワップの取引では未決済の場合でも前述の決算本手続における損益補正（外国為替業務の損益補正、376頁参照）が必要です。計算式は、以下のとおりです。

直先差金補正金額

= ［（先物予約・スワップ・先側・外貨額×締結相場

　　－先物予約・スワップ・直側・外貨額×締結相場）

　×先物予約・スワップ・直側の実行日～期末日までの日数（両端）

　÷先物予約・スワップ・直側の実行日

　　～先物予約・スワップ・先側の実行日までの日数（片端）］ ｝ 円未満切捨

－［（外貨資金・元利合計外貨額－外貨資金・元本外貨額）

　×外貨資金・取組日～期末日までの日数（両端）

　÷外貨資金・取組日～同決済日までの日数（片端）[*1]×期末仲値］ ｝ 円未満切捨

*1　下線部の外貨額は、セント未満切捨で計算します。

図表 5 － 4 － 6 の外貨資金・調達取引の調達日と返済日のみ変えて、未決済分の直先差金補正金額を求めると以下のとおりです。

調達日：3月1日

決算日：3月31日（期末仲値＝105.00円）

返済日：6月1日

調達日～返済日までの日数（両端）：93日

直先差金補正金額

= ［（1,012,593.75ドル×113.49円

　　－1,000,000.00ドル×114.67円）×31日÷92日］

　－［（1,012,593.75ドル－1,000,000.00ドル）×31日÷92日×105.00円］

= ［（114,919,264円－114,670,000円）×31日÷92日］

　－［12,593.75ドル×31日÷92日×105.00円］

= 83,991円－445,571円 = ▲361,580円

また、未決済分の外貨資金・調達取引の損益補正の補正額は、以下のとおりです。なお、期末仲値は105.00円とします。

補正額＝12,593.75ドル×31日（両端）÷93日（両端）×105.00円

　　　＝440,781円

(d)　未決済分の起票例

未決済分についての起票は以下のとおりです。なお、資金関連スワップはほかにないものとします。

1) 取組（調達）：3月1日

ノミナルレート：1ドル＝110.00円（単純化のため、以降、ノミナルレートに変動はないものとします）。

借方	本部	貸方
外国他店預け US $1,000,000.00 @110.00 ￥110,000,000		外貨コールマネー US $1,000,000.00 @110.00 ￥110,000,000

2) 決算：3月31日

未決済分の外貨資金・調達取引は、利息後払のため、期末の時点では外貨コールマネー利息を実際に支払っているわけではありません。しかし、損失の発生は認識されているため、今期の期間該当額（今期の未払既経過補正額）を求め、今期の損失として計上しなければなりません。なお、「今期」「前期」などは各時点での期を指します（以下同じ）。期末仲値は105.00円とします。

ⅰ）損益補正

借方	本部	貸方
外貨コールマネー利息 ￥440,781		未払費用 ￥440,781

→今期の外貨コールマネー利息残高（ほかに取引がなかったとして。以下同じ）＝0円＋440,781円＝440,781円

ⅱ）損益への振替

借方	本部	貸方
損益勘定 ￥440,781		外貨コールマネー利息 ￥440,781

→今期の外貨コールマネー利息残高＝440,781円－440,781円＝0円

ⅲ）直先差金補正

借方	本部	貸方
未収収益 ￥361,580		受入雑利息 ￥361,580

→今期の受入雑利息残高（ほかに取引がなかったとして。以下同じ）＝0円＋361,580円＝361,580円

ⅳ）損益への振替

借方　　　本部	貸方→今期の受入雑利息残高
受入雑利息 ¥361,580	損益勘定 ¥361,580

＝361,580円－361,580円＝0円

3) 期初：4月1日

未決済分の外貨資金・調達取引の返済日に計上される予定の外貨コールマネー利息は、期末に前期分の損失として一部計上済みのため、その分を反対起票（逆起票）し、相殺することで（振戻処理）、今期の期間該当額のみを今期の損失として計上します。このため、期初の外貨コールマネー利息残高はゼロで始まりますが、期初直後にマイナスされます。

ⅰ）損益補正の振戻

借方　　　本部	貸方→今期の外貨コールマネー利息残高
未払費用 ¥440,781	外貨コールマネー利息 ¥440,781

＝0円－440,781円
＝▲440,781円

ⅱ）直先差金補正の振戻

借方　　　本部	貸方→今期の受入雑利息残高
受入雑利息 ¥361,580	未収収益 ¥361,580

＝0円－361,580円
＝▲361,580円

4) 決済（返済）：6月1日（ただし、利息のみ記述）

実際に顧客に支払った利息を全額計上します。期初（期首）時に前期計上分の損失を相殺するよう起票しているため、結果として外貨コールマネー利息残高は今期の期間該当額と一致します。

決済日の仲値：1ドル＝105.00円

支払利息（損失）の起票＝1,322,343円

借方　　　本部	貸方→今期の外貨コールマネー利息残高
外貨コールマネー利息 US＄12,593.75 @105.00 ¥1,322,343	

＝▲440,781円＋1,322,343円
＝881,562円

5) 月次決算：6月30日

　直先差金補正金額を全額計上します。期初（期首）時に前期分の直先差金補正金額を相殺するよう起票しているため、結果として、受入雑利息残高は今期の期間該当額と一致します。

　決済日の仲値：1ドル＝105.00円

　受入利息（利益）の起票＝1,073,079円

借方	本部	貸方	→今期の受入雑利息残高
	受入雑利息	＝▲361,580円＋1,073,079円
	¥1,073,079	＝711,499円

(iii) **直先差金補正金額の起票科目と仕訳方法**

　直先差金補正金額の起票は、取引ごとではなく、通貨単位に直先差金補正金額を合計して行います。さらに期日が到来しているか否か、運用調達の別、補正金額の値により起票科目・仕訳方法が異なります。

　以下に、未決済分の起票科目、仕訳方法をあげます。決済済み分の起票科目や仕訳方法も、未収収益・未払費用の起票がない以外は、未決済分と同じです。

　なお、通貨単位の直先差金補正金額＝ゼロのとき、当該通貨の直先差金補正の起票は行われませんが、全通貨合計の直先差金補正金額＝ゼロであっても、個々の通貨の直先差金補正の起票がないとはいえません。

　個々の通貨の直先差金補正金額≠ゼロであっても、たまたま全通貨合計の直先差金補正金額＝ゼロということもありうるため、全通貨の合計についての判定条件には「≧ゼロ」のように等号も含まれます。

　以下の例では単純化のため、対象通貨はドルとユーロしかないものとします。

(a) **外貨調達で受入雑利息を起票するケース**

　全通貨の直先差金補正額合計＜ゼロのとき、図表5－4－9のとおり起票を行います。

図表5−4−9　外貨調達・受入雑利息の起票パターン

通貨	直先差金	直先差金補正額合計	起票（通貨単位で起票）		備考
全通貨	ドルの直先差金補正金額合計＝▲20 ユーロの直先差金補正金額合計＝5	＜ゼロ （＝▲15（＝▲20＋5））			全通貨の直先差金補正額合計がマイナスということは、利益の増加要因であるので、受入雑利息（利益科目）を使用する
ドル	先物予約・スワップ取引の直先差金＝80 外貨資金取引の直先差金＝100	＜ゼロ （＝▲20（＝80−100））	未収収益 20	受入雑利息 20	当該通貨の直先差金補正額合計がマイナスということは、利益の増加要因であるので、受入雑利息（利益科目）を増加させる起票とする
ユーロ	先物予約・スワップ取引の直先差金＝205 外貨資金取引の直先差金＝200	＞ゼロ （＝5（＝205−200））	受入雑利息 5	未払費用 5	当該通貨の直先差金補正額合計がプラスということは、利益の減少要因であるので、受入雑利息（利益科目）を減少させる起票とする

(b) 外貨調達で支払雑利息を起票するケース

全通貨の直先差金補正額合計≧ゼロのとき、図表5－4－10のとおり起票を行います。

図表5－4－10　外貨調達・支払雑利息の起票パターン

通貨	直先差金	直先差金補正額合計	起票（通貨単位で起票）		備考
全通貨	ドルの直先差金補正金額合計＝▲20 ユーロの直先差金補正金額合計＝30	≧ゼロ （＝10（＝▲20＋30））			全通貨の直先差金補正額合計がゼロ以上ということは、損失の増加要因であるので、支払雑利息（損失科目）を使用する
ドル	先物予約・スワップ取引の直先差金＝80 外貨資金取引の直先差金＝100	＜ゼロ （＝▲20（＝80－100））	未収収益 20	支払雑利息 20	当該通貨の直先差金補正額合計がマイナスということは、損失の減少要因であるので、支払雑利息（損失科目）を減少させる起票とする
ユーロ	先物予約・スワップ取引の直先差金＝230 外貨資金取引の直先差金＝200	＞ゼロ （＝30（＝230－200））	支払雑利息 30	未払費用 30	当該通貨の直先差金補正額合計がプラスということは、損失の増加要因であるので、支払雑利息（損失科目）を増加させる起票とする

(c) 外貨運用で支払雑利息を起票するケース

全通貨の直先差金補正額合計＜ゼロのとき、図表5－4－11のとおり起票を行います。

図表5－4－11　外貨運用・支払雑利息の起票パターン

通貨	直先差金	直先差金補正額合計	起票（通貨単位で起票）		備考
全通貨	ドルの直先差金補正金額合計＝▲20 ユーロの直先差金補正金額合計＝5	＜ゼロ （＝▲15（＝▲20＋5））			全通貨の直先差金補正額合計がマイナスということは、損失の増加要因であるので、支払雑利息（損失科目）を使用する
ドル	先物予約・スワップ取引の直先差金＝80 外貨資金取引の直先差金＝100	＜ゼロ （＝▲20（＝80－100））	支払雑利息 20	未払費用 20	当該通貨の直先差金補正額合計がマイナスということは、損失の増加要因であるので、支払雑利息（損失科目）を増加させる起票とする
ユーロ	先物予約・スワップ取引の直先差金＝205 外貨資金取引の直先差金＝200	＞ゼロ （＝5（＝205－200））	未収収益 5	支払雑利息 5	当該通貨の直先差金補正額合計がプラスということは、損失の減少要因であるので、支払雑利息（損失科目）を減少させる起票とする

第5章　銀行業務の会計　397

(d) 外貨運用で受入雑利息を起票するケース

全通貨の直先差金補正額合計≧ゼロのとき、図表5－4－12のとおり起票を行います。

図表5－4－12　外貨運用・受入雑利息の起票パターン

通貨	直先差金	直先差金補正額合計	起票（通貨単位で起票）		備考
全通貨	ドルの直先差金補正金額合計＝▲20 ユーロの直先差金補正金額合計＝30	≧ゼロ （＝10（＝▲20＋30））			全通貨の直先差金補正額合計がゼロ以上ということは、利益の増加要因であるので、受入雑利息（利益科目）を使用する
ドル	先物予約・スワップ取引の直先差金＝80 外貨資金取引の直先差金＝100	＜ゼロ （＝▲20（＝80－100））	受入雑利息 20	未払費用 20	当該通貨の直先差金補正額合計がマイナスということは、利益の減少要因であるので、受入雑利息（利益科目）を減少させる起票とする
ユーロ	先物予約・スワップ取引の直先差金＝230 外貨資金取引の直先差金＝200	＞ゼロ （＝30（＝230－200））	未収収益 30	受入雑利息 30	当該通貨の直先差金補正額合計がプラスということは、利益の増加要因であるので、受入雑利息（利益科目）を増加させる起票とする

以上をまとめると、以下のようにいうことができます。

外貨運用・外貨調達の別と全通貨の直先差金補正金額合計の値により、受入雑利息か支払雑利息のいずれで起票するかの勘定科目が決まります。

そして、通貨ごとの直先差金補正金額合計の値により、勘定科目の貸借が決まります。

(4) 直物為替の引直

毎月初、直物外貨建資産・負債について、通貨ごと、取引ごとに最新のレート（前記の月末TTM、本決算時は期末TTM）により引直損益を算出し、起票を行います。なお、考え方は前述の直物為替の仲値評価替と類似していますが、直物為替の引直は、外貨建資産・負債の評価損益を計算するものです。

① 直物為替の引直とは

毎月初に直物外貨建資産・負債科目について、通貨ごと、取引ごとに月末TTM（期末TTM）による引直（時価評価）を行い、それらを集計して引直による損益金額（引直損益）を起票します。これが直物為替の引直です。なお、3月末の本決算以外では実際に決算をするわけではなく、あくまでその時点での引直であるため、損益の起票は行うものの引直直後に振戻を行い、起票を相殺します。

3月末の本決算では、その時点の直物外貨建資産・負債を期末TTMで時価評価し、その期の損益とするため、振戻はしません。また、引直損益は為替損益であるため、資金損益のように損益補正を行わず、全額をその期に計上します。

② 引直損益の算出方法

引直損益の算出式は、以下のとおりです。

引直損益
= （直物外貨建資産の外貨額合計[*1] − 直物外貨建負債の外貨額合計[*1]）
　×前月月末営業日の最終TTM
− （直物外貨建資産の円貨残高合計[*2] − 直物外貨建負債の円貨残高合計[*2]）

　　＊1　期日が到来していない資金関連スワップ（資産または負債）の外貨額、ならびに期日が到来していない通貨スワップ（資産または負債）の外貨額は除外し

＊2　期日が到来していない資金関連スワップ（資産または負債）の円貨残高[*3]、ならびに期日が到来していない通貨スワップ（資産または負債）の円貨残高[*3]は、除外します。
　　＊3　前述のように外貨をノミナルレートや対顧適用レートで換算した円貨額を取引ごとに管理し、それらを合計したものです。円持値ともいいます。

　直物為替の引直は、為替相場が変動したことによる為替損益を算出するものです。これに対して、通貨スワップや前述の資金関連スワップは異なる通貨での資金の運用調達を動機として行われる為替取引であり、期間概念のある利息、つまり資金損益として認識・評価されるべきとされているため、為替損益を算出する直物為替の引直からは除外します。

③　**引直損益の起票**
(i)　3月末の本決算時、または毎月末の月次決算時の起票は、以下のとおりです。
(a)　引直損益＞ゼロ（売買益が発生）の場合

借方	貸方
為替換算調整勘定	外国為替売買益

(b)　引直損益＜ゼロ（売買損が発生）の場合

借方	貸方
外国為替売買損	為替換算調整勘定

(ii)　3月末の本決算時を除く、毎月末の月次決算直後の振戻の起票は、以下のとおりです。
(a)　引直損益＞ゼロ（売買益が発生）の場合の振戻

借方	貸方
外国為替売買益	為替換算調整勘定

(b)　引直損益＜ゼロ（売買損が発生）の場合の振戻

借方	貸方
為替換算調整勘定	外国為替売買損

④　**引直損益の計算と起票例**
　3月末の本決算を想定して以下に例示します。なお、本支店勘定の起票は省略します。

(i) **引直損益の計算**

外貨建資産については、以下のとおりです。外貨建資産は下記以外にないものとします。

(a) 3月に以下の取引を行います。

1) 外貨手形貸付の実行

3月適用のノミナルレート：1ドル＝95.00円

外貨手形貸付の起票金額（円貨残高）＝95,000円

借方	貸方
外貨手形貸付 US＄1,000.00 ＠95.00 ¥95,000	円普通預金 ¥95,000

外貨建負債については、以下のとおりです。外貨建負債は下記以外にないものとします。

(b) 3月に以下の取引を行います。

1) 外貨定期預金の新規入金

新規入金時の対顧適用レート（TTS）：1ドル＝96.00円

外貨定期預金の起票金額（円貨残高）＝76,800円

借方	貸方
円普通預金 ¥76,800	外貨定期預金 US＄800.00 ＠96.00 ¥76,800

(c) 3月の月末営業日（ただし取引が行われない夜間）に直物為替の引直を行います。

なお、3月月末営業日の最終TTMは、1ドル＝98.00円とします。

引直損益
＝（1,000.00ドル（外貨建資産の外貨額合計）
 －800.00ドル（外貨建負債の外貨額合計））
 ×98.00円（前月月末営業日の最終TTM）

－（95,000円（外貨建資産の円貨残高）
　　－76,800円（外貨建負債の円貨残高））

引直損益
= （1,000.00ドル－800.00ドル）×98.00円－（95,000円－76,800円）
= 19,600円－18,200円
= 1,400円

(ⅱ) **引直損益の起票**

引直損益は、以下のように起票されます。

借方	貸方
為替換算調整勘定	外国為替売買益
¥1,400	¥1,400

(5) 直物為替の仲値評価替と引直

類似した処理を行っている直物為替の仲値評価替と、直物為替の引直の役割について説明します。なお、説明に特化するため、本来の手続・手順、ルールは一部変更・割愛しています。

① 前期決算

単純化のため、前期決算の時点では外貨建資産・負債はないものとします（図表5－4－13参照）。

② 今期決算

以下の外貨建取引が発生したとします（今期の外貨建取引は、この二つのみとします）。

　外貨手形貸付100.00ドルを対顧適用レート（起票レート）：1ドル＝92.00円で実行…(ｱ)

図表5－4－13　前期決算時点のB/S

B/S	
資産	負債
	純資産

外貨定期預金100.00ドルを対顧適用レート（起票レート）：1ドル＝97.00円で新規入金・・・(イ)

B/S、P/Lを作成します。外国為替売買益を除いた今期のP/Lは、バランス（損も益も生じていない）させています。

(i) **直物為替の引直**

外貨建資産・負債について、直物為替の引直を行います。期末仲値は、1ドル＝98.00円とします。

引直損益＝（100.00ドル－100.00ドル）×98.00円
　　　　－（9,200円－9,700円）

引直損益＝ 0円－（－500円）＝500円

直物為替の引直の結果、外国為替売買益が起票され、P/Lに図表5－4－14のとおり加味されます。ここでは外国為替売買益＝今期の純利益としています。

当期純利益（ここでは、外国為替売買益そのもの）を通常の決算手続と同様に、利益剰余金として、B/Sの純資産の部に組み入れます。これにより、B/Sの貸方が利益剰余金（当期純利益）の分、増加します。この増加分は、外貨建資産の引直額（600円）と外貨建負債の引直額（100円）の差額（500円）です（図表5－4－15参照）。

図表5－4－14　今期決算・直物為替の引直後のB/S、P/L

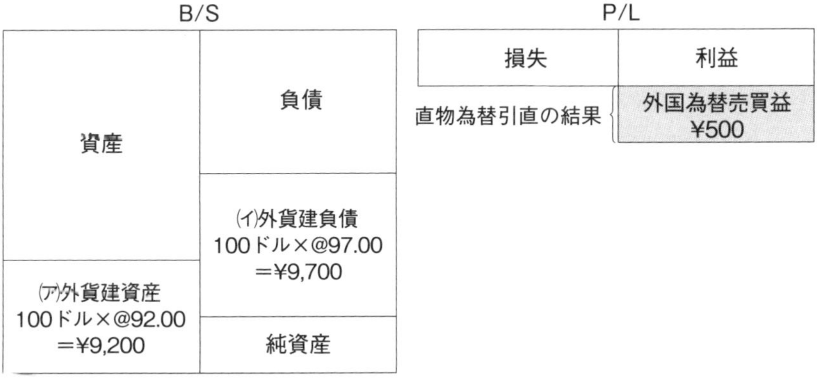

B/S

資産	負債
	(イ)外貨建負債 100ドル×@97.00 ＝¥9,700
(ア)外貨建資産 100ドル×@92.00 ＝¥9,200	純資産

P/L

損失	利益
直物為替引直の結果	外国為替売買益 ¥500

図表5－4－15　今期決算・利益剰余金組入後のB/S、P/L

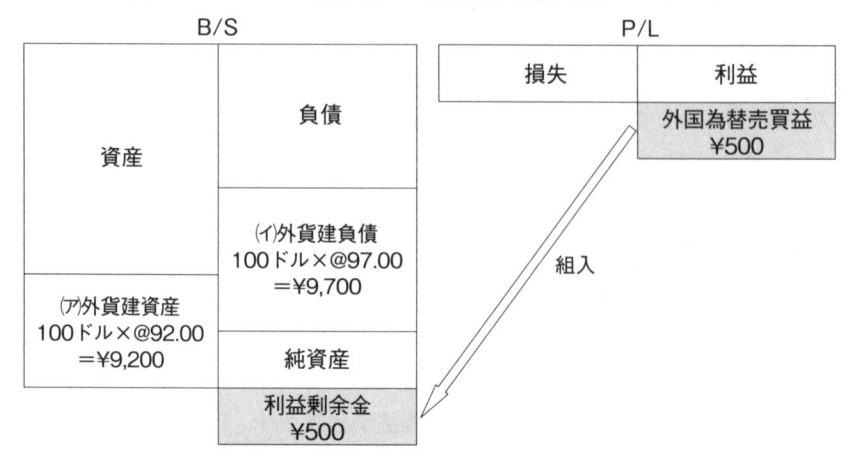

B/S

資産	負債
	(イ)外貨建負債 100ドル×@97.00 ＝¥9,700
(ア)外貨建資産 100ドル×@92.00 ＝¥9,200	純資産
	利益剰余金 ¥500

P/L

損失	利益
	外国為替売買益 ¥500

組入

(ⅱ) **直物為替の仲値評価替**

外貨建資産・負債について、直物為替の仲値評価替を行います。期末仲値は、1ドル＝98.00円とします。

外貨建資産の評価替金額
＝100.00ドル×98.00円－100.00ドル×92.00円
＝9,800円－9,200円＝600円

外貨建負債の評価替金額
＝100.00ドル×98.00円－100.00ドル×97.00円
＝9,800円－9,700円＝100円

直物為替の仲値評価替の結果、その他資産とその他負債を増加させる起票を行います（図表5－4－16参照）。

(6) **先物為替の引直**

毎月初、先物為替（先物予約）について、通貨ごとの引直相場と後述する現価係数により、取引ごとに引直損益を算出し、通貨別、売予約・買予約別に引直損益を集計して起票を行います。

図表5－4－16　今期決算・直物為替仲値評価替後のB/S、P/L

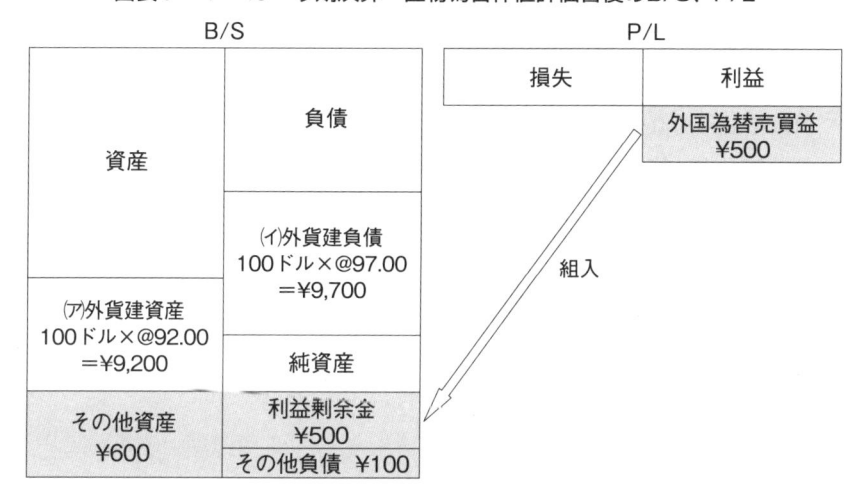

B/S

資産	負債
	(イ)外貨建負債 100ドル×@97.00 ＝¥9,700
(ア)外貨建資産 100ドル×@92.00 ＝¥9,200	純資産
その他資産 ¥600	利益剰余金 ¥500
	その他負債　¥100

P/L

損失	利益
	外国為替売買益 ¥500

組入

① 先物為替の引直とは

　毎月初に取引ごとに引直相場による引直（時価評価）を行い、引直差額を算出してこれに現価係数を乗じ*1、引直損益を求めます。そして引直損益を通貨別、売予約・買予約別に集計し、引直による損益金額（引直損益）を起票するのが「先物為替の引直」です。

　　*1　先物為替（先物予約）は決算日からみて、未来の一時点または一定期間内に、二つの異なる通貨を一定のレートで売買（換算・交換）する契約であるため、売買する金額を現在価値に割り引く必要があります。

　先物為替の引直損益は為替損益なので、直物為替の引直損益と同様に損益補正をせず、全額をその期に計上します。なお、先物為替は未来における二つの異なる通貨の売買であり、最終的な為替損益は、受渡日または受渡日以降に発生します。したがって、決算時には引直損益の起票を行いますが、引直損益の振戻を行い、起票を相殺します（本決算か否かに関係なく、振戻をします）。

　対顧客取引と対市場取引の両方が対象ですが、資金関連スワップの先物予約・スワップ取引から生じる損益は為替損益ではなく、資金損益として認識

されるべきものであるため、先物為替の引直からは除外されます。

② **引直損益の算出方法**

引直損益の算出式は、以下のとおりです。

引直損益＝引直差額×現価係数

この算出式は簡単に表現されていますが、実際の引直差額と現価係数の算出は煩雑なため、以降、引直相場、引直差額、現価係数の順で算出方法を説明します。引直差額の算出方法について述べる前に、引直差額の算出に使用する相場やレートなどがいつ時点のものであるかを図表5－4－17に示します。

引直相場や現価係数の算出には、先物期日が使用されます。先物期日は受渡期間別に図表5－4－18のとおりです。

③ **引直相場の算出方法**

引直相場とは、先物為替の引直を行うために、TTM（月末TTM、期末TTM）に前述の先物期日が属する期間までの直先スプレッドを加減したものです。直先スプレッドには図表5－4－19に示す種類があります。なお、直先スプレッドは銭単位であり、ディスカウント[*1]の場合はマイナス、プレミアムの場合はプラスで表されます。

図表5－4－17　引直差額算出に使用するレート

▲	▲	▲
先物予約の締結日	決算日（先物為替の引直）	受渡日（売買日）
・締結相場	・引直相場（ドル・円）	
・スポット仲値（ドル・円）	・引直相場（他通貨・ドル）	
・フォワードレート（他通貨・ドル）	・円金利	

図表5－4－18　受渡期間別の先物期日

受渡期間	先物期日
順月渡し（暦月渡し）	受渡月の月末最終営業日
一定期間渡し（特定期間渡し）	一定期間の最終日（営業日）
確定日渡し	確定日（営業日）

図表5－4－19　直先スプレッドの種類と適用期間

直先スプレッドの種類	直先スプレッドの適用期間（始期、終期）
O/N　（Over Night）	決算日当日～翌営業日
T/N　（Tomorrow Next）	翌営業日～翌々営業日
S/N　（Spot Next）	翌々営業日～翌々営業日
1 W　（1 Week）	翌々営業日～翌々営業日の1週間後の営業日
1 M　（1 Month）	翌々営業日～翌々営業日の1カ月後の営業日
2 M　（2 Month）	翌々営業日～翌々営業日の2カ月後の営業日
3 M　（3 Month）	翌々営業日～翌々営業日の3カ月後の営業日
4 M　（4 Month）	翌々営業日～翌々営業日の4カ月後の営業日
5 M　（5 Month）	翌々営業日～翌々営業日の5カ月後の営業日
6 M　（6 Month）	翌々営業日～翌々営業日の6カ月後の営業日
7 M　（7 Month）	翌々営業日～翌々営業日の7カ月後の営業日
8 M　（8 Month）	翌々営業日～翌々営業日の8カ月後の営業日
9 M　（9 Month）	翌々営業日～翌々営業日の9カ月後の営業日
10M　（10Month）	翌々営業日～翌々営業日の10カ月後の営業日
11M　（11Month）	翌々営業日～翌々営業日の11カ月後の営業日
1 Y　（1 Year）	翌々営業日～翌々営業日の1年後の営業日
2 Y　（2 Year）	翌々営業日～翌々営業日の2年後の営業日
3 Y　（3 Year）	翌々営業日～翌々営業日の3年後の営業日
4 Y　（4 Year）	翌々営業日～翌々営業日の4年後の営業日
5 Y　（5 Year）	翌々営業日～翌々営業日の5年後の営業日
6 Y　（6 Year）	翌々営業日～翌々営業日の6年後の営業日
7 Y　（7 Year）	翌々営業日～翌々営業日の7年後の営業日
8 Y　（8 Year）	翌々営業日～翌々営業日の8年後の営業日
9 Y　（9 Year）	翌々営業日～翌々営業日の9年後の営業日
10Y　（10Year）	翌々営業日～翌々営業日の10年後の営業日

*1　ディスカウント、プレミアムについては、先物予約相場の決定理論（250頁）も参照して下さい。また以下に、1W、1Mなどとありますが、翌々営業日からみての1週間、1カ月などであることに注意する必要があります。たとえば、3月31日の本決算時点で1Wの直先スプレッドは、4月2日（3月31日の翌々営業日）〜4月9日（3月31日の翌々営業日の1週間後の営業日）を指します。

　この表の一部を例示すると、図表5－4－20のとおりです。

　直先スプレッドは、先物期日すべてについて公表されるわけではありません。先物期日が翌々営業日であれば、図表5－4－19のようにO/N＋T/Nで直先スプレッドが求められますが、たとえば、図表5－4－19にない先物期日、たとえば2週間後の直先スプレッドは計算式によって求めます。その計算式は、先物期日が図表5－4－21のどの直先スプレッドの適用期間に属するかによって決まります。

④　引直差額の算出方法

　売買の別により、算出方法が異なります。

　買予約は以下の計算式を使用します。

　引直差額＝引直額（外貨額を引直相場で換算した円貨額）
　　　　　－円持値（外貨額を締結相場などで換算した円貨額）

　売予約は以下の計算式を使用します。

　引直差額＝円持値（外貨額を締結相場などで換算した円貨額）
　　　　　－引直額（外貨額を引直相場で換算した円貨額）

　売買の別のほか、売買通貨の組み合わせによっても、算出方法が異なります。具体的には以下のとおりです。

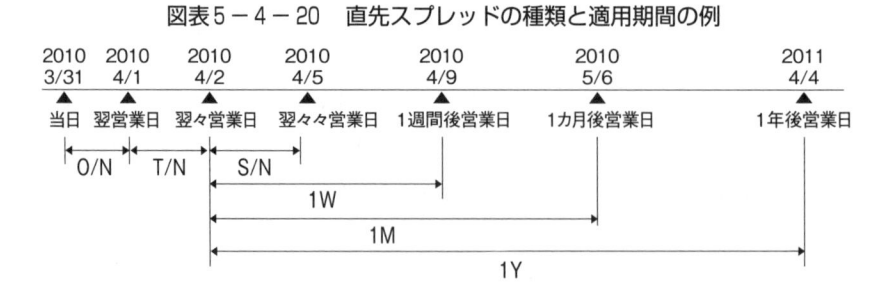

図表5－4－20　直先スプレッドの種類と適用期間の例

2010 3/31	2010 4/1	2010 4/2	2010 4/5	2010 4/9	2010 5/6	2011 4/4
当日	翌営業日	翌々営業日	翌々々営業日	1週間後営業日	1カ月後営業日	1年後営業日

O/N　T/N　S/N
1W
1M
1Y

図表 5 − 4 − 21　直先スプレッドと引直相場の計算式

先物期日と直先スプレッドの種類	引直相場（直先スプレッドは銭単位のため、100で割ってから計算する）
先物期日＜T/N （先物期日＜翌々営業日）	＝仲値＋O/N
T/N≦先物期日＜S/N （翌々営業日≦先物期日＜翌々々営業日）	＝仲値＋O/N＋T/N
S/N≦先物期日＜1W （翌々々営業日≦先物期日＜翌々営業日の1週間後の営業日）	＝仲値＋O/N＋T/N＋S/N ＋（(1W−S/N)×(S/Nの終期〜先物期日の日数（片端)) ÷(S/Nの終期〜1Wの終期の日数（片端))) 円未満小数点第6位切捨
1W≦先物期日＜1M （翌々営業日の1週間後の営業日≦先物期日＜翌々営業日の1カ月後の営業日）	＝仲値＋O/N＋T/N＋1W ＋（(1M−1W)×(1Wの終期〜先物期日の日数（片端)) ÷(1Wの終期〜1Mの終期の日数（片端))) 円未満小数点第6位切捨
1M≦先物期日＜2M （翌々営業日の1カ月後の営業日≦先物期日＜翌々営業日の2カ月後の営業日）	＝仲値＋O/N＋T/N＋1M ＋（(2M−1M)×(1Mの終期〜先物期日の日数（片端)) ÷(1Mの終期〜2Mの終期の日数（片端))) 円未満小数点第6位切捨
2M≦先物期日＜3M （翌々営業日の2カ月後の営業日≦先物期日＜翌々営業日の3カ月後の営業日）	＝仲値＋O/N＋T/N＋2M ＋（(3M−2M)×(2Mの終期〜先物期日の日数（片端)) ÷(2Mの終期〜3Mの終期の日数（片端))) 円未満小数点第6位切捨
以下、同様	
1Y≦先物期日＜2Y （翌々営業日の1年後の営業日≦先物期日＜翌々営業日の2年後の営業日）	＝仲値＋O/N＋T/N＋1Y ＋（(2Y−1Y)×(1Yの終期〜先物期日の日数（片端)) ÷(1Yの終期〜2Yの終期の日数（片端))) 円未満小数点第6位切捨
以下、同様	
9Y≦先物期日＜10Y[*1] （翌々営業日の9年後の営業日≦先物期日＜翌々営業日の10年後の営業日）	＝仲値＋O/N＋T/N＋9Y ＋（(10Y−9Y)×(9Yの終期〜先物期日の日数（片端)) ÷(9Yの終期〜10Yの終期の日数（片端))) 円未満小数点第6位切捨

＊1　10年以上の先物期日の場合も、同様の計算式で計算します。

(i) **ドル・円**

(a) 買予約（ドル買い・円売り）

引直差額
= (買側外貨額（ドル外貨額）×引直相場（ドル・円））……円未満切捨
− (買側外貨額（ドル外貨額）×締結相場)　　　　……円未満切捨

(b) 売予約（ドル売り・円買い）

引直差額
= (売側外貨額（ドル外貨額）×締結相場)　　　　……円未満切捨
− (売側外貨額（ドル外貨額）×引直相場（ドル・円））……円未満切捨

(ii) **他通貨・円**

(a) 買予約（他通貨買い・円売り）

引直差額
= (買側外貨額（他通貨外貨額）×引直相場（他通貨・ドル）×引直相場（ドル・円）) − (買側外貨額（他通貨外貨額）×締結相場)

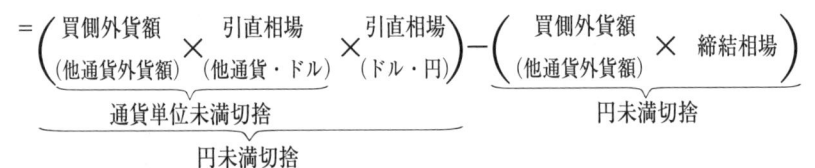

　　　　　通貨単位未満切捨　　　　　　　　　　　　　　　　円未満切捨
　　　　　　　　　円未満切捨

(b) 売予約（他通貨売り・円買い）

引直差額
= (売側外貨額（他通貨外貨額）×締結相場) − (売側外貨額（他通貨外貨額）×引直相場（他通貨・ドル）×引直相場（ドル・円））

　　円未満切捨　　　　　　　　　　通貨単位未満切捨
　　　　　　　　　　　　　　　　　　　円未満切捨

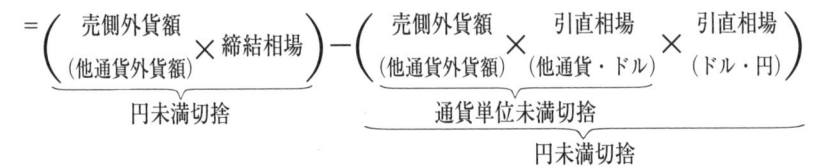

(iii) **他通貨・ドル**

(a) ドル買い・他通貨売り

（ドル側（買側））

引直差額
= (買側外貨額（ドル外貨額）×引直相場（ドル・円））……円未満切捨
− (買側外貨額（ドル外貨額）×締結時のスポット仲値（ドル・円））
　　　　　　　　　　　　　　　　　　　　　　　……円未満切捨

(他通貨側（売側））

引直差額

$$= \underbrace{\left(\underset{(\text{ドル外貨額})}{\text{買側外貨額}} \times \underset{(\text{ドル・円})}{\text{締結時のスポット仲値}}\right)}_{\text{円未満切捨}} - \underbrace{\left(\underbrace{\underset{(\text{他通貨外貨額})}{\text{売側外貨額}} \times \underset{(\text{他通貨・ドル})}{\text{引直相場}}}_{\text{通貨単位未満切捨}} \times \underset{(\text{ドル・円})}{\text{引直相場}}\right)}_{\text{円未満切捨}}$$

(b) ドル売り・他通貨買い

(ドル側（売側））

引直差額

$= \underline{(\text{売側外貨額（ドル外貨額）} \times \text{締結時のスポット仲値（ドル・円）})}$ ……円未満切捨

$- \underline{(\text{売側外貨額（ドル外貨額）} \times \text{引直相場（ドル・円）})}$ ……円未満切捨

(他通貨側（買側））

引直差額

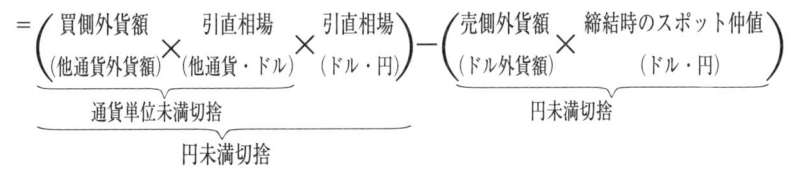

$$= \underbrace{\left(\underbrace{\underset{(\text{他通貨外貨額})}{\text{買側外貨額}} \times \underset{(\text{他通貨・ドル})}{\text{引直相場}}}_{\text{通貨単位未満切捨}} \times \underset{(\text{ドル・円})}{\text{引直相場}}\right)}_{\text{円未満切捨}} - \underbrace{\left(\underset{(\text{ドル外貨額})}{\text{売側外貨額}} \times \underset{(\text{ドル・円})}{\text{締結時のスポット仲値}}\right)}_{\text{円未満切捨}}$$

(iv) 他通貨・他通貨

(a) 他通貨側（買側）

引直差額

$$= \underbrace{\left(\underbrace{\text{買側外貨額} \times \underset{(\text{買側他通貨・ドル})}{\text{引直相場}}}_{\text{通貨単位未満切捨}} \times \underset{(\text{ドル・円})}{\text{引直相場}}\right)}_{\text{円未満切捨}} - \underbrace{\left(\underbrace{\text{売側外貨額} \times \underset{(\text{売側他通貨・ドル})}{\text{締結時のフォワードレート}}}_{\text{通貨単位未満切捨}} \times \underset{(\text{ドル・円})}{\text{締結時のスポット仲値}}\right)}_{\text{円未満切捨}}$$

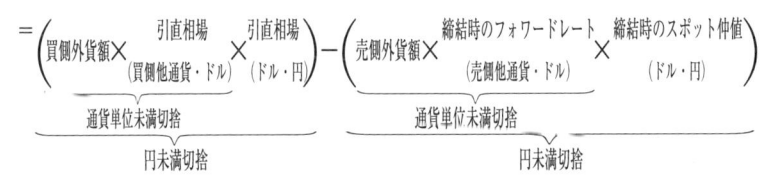

(b) 他通貨側（売側）

引直差額
= (売側外貨額 × 締結時のフォワードレート(売側他通貨・ドル) × 締結時のスポット仲値(ドル・円))〈通貨単位未満切捨〉〈円未満切捨〉 − (売側外貨額 × 引直相場(売側他通貨・ドル) × 引直相場(ドル・円))〈通貨単位未満切捨〉〈円未満切捨〉

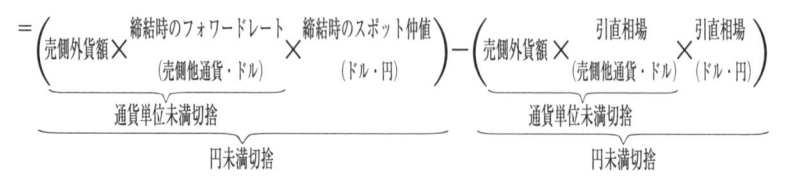

⑤ 現価係数の算出方法

引直相場・締結相場などから求めた引直差額に現価係数を乗じることにより、現在価値に割引します。現価係数は円金利から求められますが、その円金利には期間別に図表5－4－22に示す種類があり、円金利の適用期間と前述の先物期日により、どの円金利を使用するかを決めます。なお、以下の月末日は、円金利の基準日が属する月の月末日（暦日ベース）をもとに求めます。

図表5－4－22　円金利の期間別の種類

円金利の種類	円金利の適用期間と先物期日
－*1	先物期日≦円金利の基準日の属する月の月末日
1カ月	円金利の基準日の属する月の月末日＜先物期日≦円金利の基準日の属する月の1カ月後の月末日*2
2カ月	円金利の基準日の属する月の1カ月後の月末日＜先物期日≦円金利の基準日の属する月の2カ月後の月末日
3カ月	円金利の基準日の属する月の2カ月後の月末日＜先物期日≦円金利の基準日の属する月の3カ月後の月末日
4カ月	円金利の基準日の属する月の3カ月後の月末日＜先物期日≦円金利の基準日の属する月の4カ月後の月末日
5カ月	円金利の基準日の属する月の4カ月後の月末日＜先物期日≦円金利の基準日の属する月の5カ月後の月末日
6カ月	円金利の基準日の属する月の5カ月後の月末日＜先物期日≦円金利の基準日の属する月の6カ月後の月末日
7カ月	円金利の基準日の属する月の6カ月後の月末日＜先物期日≦円金利の基準日の属する月の7カ月後の月末日

円金利の種類	円金利の適用期間と先物期日
8カ月	円金利の基準日の属する月の7カ月後の月末日＜先物期日≦円金利の基準日の属する月の8カ月後の月末日
9カ月	円金利の基準日の属する月の8カ月後の月末日＜先物期日≦円金利の基準日の属する月の9カ月後の月末日
10カ月	円金利の基準日の属する月の9カ月後の月末日＜先物期日≦円金利の基準日の属する月の10カ月後の月末日
11カ月	円金利の基準日の属する月の10カ月後の月末日＜先物期日≦円金利の基準日の属する月の11カ月後の月末日
1年	円金利の基準日の属する月の11カ月後の月末日＜先物期日≦円金利の基準日の属する月の1年後の月末日
2年	円金利の基準日の属する月の1年後の月末日＜先物期日≦円金利の基準日の属する月の2年後の月末日
3年	円金利の基準日の属する月の2年後の月末日＜先物期日≦円金利の基準日の属する月の3年後の月末日
4年	円金利の基準日の属する月の3年後の月末日＜先物期日≦円金利の基準日の属する月の4年後の月末日
5年	円金利の基準日の属する月の4年後の月末日＜先物期日≦円金利の基準日の属する月の5年後の月末日
7年	円金利の基準日の属する月の5年後の月末日＜先物期日≦円金利の基準日の属する月の7年後の月末日
10年	円金利の基準日の属する月の7年後の月末日＜先物期日

＊1　現在価値に割引する必要のない過去分の先物為替ですので、引直損益＝引直差額です。

＊2　たとえば、3月末の本決算で、円金利の基準日が、3月29日（＝3月月末営業日）とすると、円金利の基準日の属する月の月末日は3月31日を指し、円金利の基準日の属する1カ月後の月末日は4月30日を指します（2カ月後以降についても同様です）。

表により決定した円金利をもとに、現価係数を以下の計算式で算出します。なお、以下の式で「＾」は、べき乗であることを表しています。

$$\text{現価係数} = \underbrace{\frac{1}{\underbrace{(1+円金利\%\div100)}_{\text{小数点第8位以下切捨}} \verb|^| \underbrace{(日数*1\div365)}_{\text{小数点第6位以下切捨}}}}_{\substack{\text{小数点}\\\text{第13位以下}\\\text{切捨}}} \Bigg\} \substack{\text{小数点}\\\text{第8位以下}\\\text{切捨}}$$

＊1　円金利の基準日の属する月の月末日～先物期日の日数（片端）です。

⑥　引直損益の算出方法

いままで述べてきた引直相場・引直差額・現価係数から、取引ごとに引直損益を計算します。引直損益の算出式は、以下のとおりです。

$$\text{引直損益} = \underbrace{\text{引直差額} \times \text{現価係数}}_{\text{円未満切捨}}$$

⑦　引直損益の起票

取引ごとの引直損益を計算し、通貨別・売買別に引直損益を集計して、その結果を起票します。

(ⅰ)　3月末の本決算時、または毎月末の月次決算時の起票は、以下のとおりです。

　(a)　引直損益＞ゼロ（売買益が発生）の場合

借方	貸方
為替換算調整勘定	外国為替売買益

　(b)　引直損益＜ゼロ（売買損が発生）の場合

借方	貸方
外国為替売買損	為替換算調整勘定

(ⅱ)　3月末の本決算直後、または毎月末の月次決算直後の振戻の起票は、以下のとおりです。

　(a)　引直損益＞ゼロ（売買益が発生）の場合の振戻

借方	貸方
外国為替売買益	為替換算調整勘定

(b) 引直損益＜ゼロ（売買損が発生）の場合の振戻

借方	貸方
為替換算調整勘定	外国為替売買損

⑧ 引直損益の計算と起票例

以下に、2010年3月31日の本決算での引直損益の計算例を示します。先物予約の取引内容は、以下のとおりとします。

先物予約・対顧客・買予約取引（ドル買い・円売り）

買側通貨・金額：10,000ドル

売側通貨・金額：1,000,000円

締結相場：1ドル＝100.00円

締結日：2010年3月29日

受渡方法：確定日渡し

受渡日：2010年5月21日

(i) 引直相場の算出

本決算に適用されるドル・円の期末TTM（円単位）と直先スプレッド（銭単位）は、以下のとおりとします。

期末TTM：1ドル＝98.00円

ドル・円の直先スプレッドは、図表5－4－23のとおりとします（ディスカウント）。

引直を行う先物予約の先物期日である2010年5月21日は、2010年5月6日（決算日の翌々営業日である、2010年4月2日の1カ月後の営業日）と、6月2日（決算日の翌々営業日である、2010年4月2日の2カ月後の営業日）の間にあります。そこで「1M≦先物期日＜2M」の計算式を使用（直先スプレッドは、1Mと2Mのものを使用）して、引直相場を求めます。

引直相場＝仲値＋O/N＋T/N＋1M
　　　　　＋（（2M－1M）×（1Mの終期～先物期日の日数（片端））
　　　　　÷（1Mの終期～2Mの終期の日数（片端）））

引直相場＝98.00円＋（▲1÷100）＋（▲2÷100）＋（▲50÷100）
　　　　　＋（（（▲82÷100）－（▲50÷100））
　　　　　×（2010年5月6日～2010年5月21日の日数（片端））

図表５－４－23　直先スプレッド

直先スプレッドの種類	値（銭単位）	直先スプレッドの適用期間 （始期、終期）
O/N	▲1	2010年3月31日～2010年4月1日
T/N	▲2	2010年4月1日～2010年4月2日
S/N	▲5	2010年4月2日～2010年4月5日
1W	▲10	2010年4月2日～2010年4月9日
1M	▲50	2010年4月2日～2010年5月6日
2M	▲82	2010年4月2日～2010年6月2日
3M	▲111	2010年4月2日～2010年7月2日
以下、省略		

$\quad\quad\div$（2010年5月6日～2010年6月2日の日数（片端）））
　　＝98.00円＋（▲1÷100）＋（▲2÷100）＋（▲50÷100）
　　　＋（（（▲82÷100）－（▲50÷100））×（15日）÷（27日））
　　＝97.47円＋▲0.17777（円未満小数点第6位切捨）

引直相場＝97.29223円

(ii) **引直差額の算出**

買予約（ドル買い・円売り）の計算式を使用して、引直差額を求めます。

引直差額＝（買側外貨額（ドル）×引直相場（ドル・円））
　　　　　　　　　円未満切捨
　　　－（買側外貨額（ドル）×締結相場）
　　　　　　　　　円未満切捨

引直差額＝（10,000ドル×97.29223円）－（10,000ドル×100.00円）
　　＝（972,922円）－（1,000,000円）＝▲27,078円

(iii) **現価係数の算出**

本決算に適用される円金利は、図表５－４－24のとおりとします。
以下の計算式を使用して、現価係数を求めます。

図表5-4-24 円金利の例

円金利の種類	値（％）	円金利の適用期間と先物期日
過去分	−	≦2010年3月31日
1カ月	0.75	2010年3月31日＜先物期日≦2010年4月30日
2カ月	0.85	2010年4月30日＜先物期日≦2010年5月31日
3カ月	0.90	2010年5月31日＜先物期日≦2010年6月30日
以下、省略		

$$\text{現価係数} = \frac{1}{\underbrace{(1+\text{円金利\%}\div 100)}_{\text{小数点第8位以下切捨}} \wedge \underbrace{(\text{日数}^{*1}\div 365)}_{\text{小数点第6位以下切捨}}} \biggr\} \begin{array}{l}\text{小数点}\\\text{第13位以下}\\\text{切捨}\end{array} \biggr\} \begin{array}{l}\text{小数点}\\\text{第8位以下}\\\text{切捨}\end{array}$$

＊1 円金利の基準日の属する月の月末日～先物期日の日数（片端）です。

$$\text{現価係数} = \frac{1}{(1+0.85\%\div 100) \wedge (51^{*2}\div 365)}$$

$$= \frac{1}{(1.0085) \wedge (0.13972)} = \frac{1}{1.0011833005840}$$

$$= 0.9988180（小数点第8位以下切捨）$$

＊2 2010年3月31日～2010年5月21日の日数（片端）です。

(iv) 引直損益の算出と起票

以下の計算式を使用して、引直損益を求めます。

$$\text{引直損益} = \frac{\text{引直差額}\times\text{現価係数}}{\text{円未満切捨}}$$

引直損益 ＝ ▲77,078円 × 0.9988180 ＝ ▲76,986円

引直損益＜ゼロのため、以下の起票を行います。なお、買予約（ドル買い・円売り）の取引はほかにないものとします。

借方	貸方
外国為替売買損 ¥76,986	為替換算調整勘定 ¥76,986

第5項　多通貨会計

1　概　　要

多通貨会計の起票は以下のとおりです。なお、ここでは、借方を「DR」、貸方を「CR」と表記します。また通貨は、SWIFTコード（ISO4217）で表記しています。以下に、本項で使用する通貨のSWIFTコードをあげておきます。

JPY：日本円、USD：ドル、EUR：ユーロ、CHF：スイス・フラン、
MXN：メキシコ・ペソ、ZAR：南アフリカ・ランド

(1)　起　　票

① Exchange取引

外貨は外貨のまま起票し、円貨は起票レート（対顧適用レート）と外貨で求めて起票します。外貨科目と円貨科目の振替相手には、それぞれ通貨振替勘定（通振勘定、通振）が必須です。

（例）　1ドル＝90.00円で、円当座預金を出金し、外貨普通預金に、100.00ドルを入金する。

DR	JPY	CR
円当座預金	通貨振替勘定（JPY）	
JPY 9,000	JPY 9,000	

DR	USD	CR
通貨振替勘定（USD）	外貨普通預金	
USD 100.00	USD 100.00	

② Non-Exchange取引

外貨は外貨のまま、起票します。円貨への換算は行われません。換算がないため、単一通貨会計の起票レートであるノミナルレートも存在せず、通貨振替勘定も使用しません。

（例）　外貨当座預金から出金し、外貨普通預金に、100.00ドルを入金する。

DR	USD	CR
外貨当座預金	外貨普通預金	
USD 100.00	USD 100.00	

(2) **通貨振替勘定の分類**

通貨振替勘定には、外貨分と円貨分があります。

① **通貨振替勘定（外貨）**

通貨振替勘定（円貨）とペアで起票されます。Exchangeがあるときにのみ起票され、Exchange前の外貨額を表します。

② **通貨振替勘定（円貨）**

通貨振替勘定（外貨）とペアで起票されます。Exchangeがあるときにのみ起票され、外貨がいくらに円換算されたかを表します。さらに通貨振替勘定は、直物通貨振替勘定（通常、単純に通貨振替勘定といわれる）と先物通貨振替勘定の二つに分かれ、それぞれ外貨分・円貨分に分かれます。

③ **直物通貨振替勘定**（SPA：Spot Position Account、Exchange Account）

直物振替勘定、または単純に通貨振替勘定ともいわれ、直物相場により換算した際に使用します。

④ **先物通貨振替勘定**（FPA：Forward Position Account、Forward Exchange Account）

先物振替勘定ともいわれ、先物予約の締結相場により換算した際に使用します。

(3) **持高との関係**

直物通貨振替勘定、先物通貨振替勘定の残高は、それぞれ持高のNet Actual Position、Net Forward Position（260頁参照）も表しています。

① **直物持高**（Net Actual Position）

外貨現金を、外貨普通預金に入金します。

DR	USD	CR
①外貨現金		②外貨普通預金
USD 150.00		USD 150.00

１ドル＝90.00円で円現金を換算し、外貨普通預金に入金します。

DR	JPY	CR
③円現金		④通貨振替勘定（JPY）
JPY 9,000		JPY 9,000

DR	USD	CR
⑤通貨振替勘定(USD) USD 100.00		⑥外貨普通預金 USD 100.00

ほかに取引はないものとして簡便なB/Sを作成すると、図表5－4－25のとおりです。

このB/Sでは、⑤通貨振替勘定の部分が、売持（外貨資産＜外貨負債）を表し*1、為替相場の変動リスクがあることを示しています。後述する直物為替の引直の対象でもあります。

  *1　通貨振替勘定は外貨現金、外貨普通預金といった資産・負債科目の反対側に置かれるため、通貨振替勘定の残高自体は売買が逆であることに注意が必要です。つまり、通貨振替勘定の残高が資産側にあるときは売持（外貨資産＜外貨負債）、負債側にあるときは買持（外貨資産＞外貨負債）です。

②　先物持高（Net Forward Position）

先物持高の管理・把握のために、先物通貨振替勘定を使って起票を行うことがあります。ただし、この場合、起票というかたちはとるものの、オフバランス（貸借対照表に記載されない）であることに変わりはありません。以下の各取引を例に説明します。

1ドル＝100.00円で、100ドルを売買する先物予約・スワップ取引を締結します。①＝直側、②＝先側を表しています。

DR	JPY	CR
①－1　先物買予約 JPY 10,000		②－1　先物売予約 JPY 10,000

図表5－4－25　直物持高とB/S

資産	JPY	負債	資産	USD	負債
③円現金 JPY 9,000		④通貨振替勘定(JPY) JPY 9,000	①外貨現金 USD 150.00		②外貨普通預金 USD 150.00
			⑤通貨振替勘定(USD) USD 100.00		⑥外貨普通預金 USD 100.00

この部分が、Net Actual Position

DR	USD	CR
②-2 先物買予約 USD 100.00		①-2 先物売予約 USD 100.00

　1ドル＝90.00円で、70ドルの先物予約・アウトライト取引（ドル買い・円売り）を締結します。

DR	JPY	CR
③先物通貨振替勘定 JPY 6,300		④先物売予約 JPY 6,300

DR	USD	CR
⑤先物買予約 USD 70.00		⑥先物通貨振替勘定 USD 70.00

　先物予約はオフバランスですが、ほかに取引はないものとして簡便なB/Sを作成すると図表5－4－26のとおりです。

　このB/Sでは、⑥先物通貨振替勘定の部分が買持（先物買為替＞先物売為替）を表しています。先物通貨振替勘定の残高は直物持高と同様、売買が逆です。なお、先物為替の引直は先物通貨振替勘定の評価によっては行われません。詳細は「先物為替の引直」（404頁）を参照してください。

(4) 通貨振替勘定の管理・分別

　多通貨会計には、通貨振替勘定をどこまで分別・管理するかによっていくつかのバリエーションがあります。ここでは直物分の通貨振替勘定について

図表5－4－26　先物持高とB/S

先物買い(資産)	JPY	先物売り(負債)	先物買い(資産)	USD	先物売り(負債)
①-1 先物買予約 JPY 10,000		②-1 先物売予約 JPY 10,000	②-2 先物買予約 USD 100.00		①-2 先物売予約 USD 100.00
③先物通貨振替勘定 JPY 6,300		④先物売予約 JPY 6,300	⑤先物買予約 USD 70.00		⑥先物通貨振替勘定 USD 70.00

この部分が、Net Forward Position

説明します。先物分についても同様に分別・管理を行います。

① 全通貨に内訳口を設定する方式

　すべての通貨に、相手通貨別の内訳口（内訳は、カッコ内で表現、以下同じ）を設定します。通貨振替勘定の分別・管理イメージは、以下のとおりです。

　　通貨振替勘定　　　　　通貨振替勘定　　　　　通貨振替勘定
　　　・JPY（対USD）　　　・USD（対JPY）　　　・EUR（対JPY）
　　通貨振替勘定　　　　　通貨振替勘定　　　　　通貨振替勘定
　　　・JPY（対EUR）　　　・USD（対EUR）　　　・EUR（対USD）
　　　　　⋮　　　　　　　　　　⋮　　　　　　　　　　⋮
　　　　　⋮　　　　　　　　　　⋮　　　　　　　　　　⋮
　　通貨振替勘定　　　　　通貨振替勘定　　　　　通貨振替勘定
　　　・JPY（対ZAR）　　　・USD（対ZAR）　　　・EUR（対ZAR）
　　通貨振替勘定　　　　　通貨振替勘定　　　　　通貨振替勘定
　　　・JPY（対MXN）　　　・USD（対MXN）　　　・EUR（対MXN）

　この方式での起票例は、以下のとおりです。なお、本支店勘定は省略します（以下同じ）。

　（例）　1ユーロ＝120.00円で、円当座預金を出金し、外貨普通預金に100.00ユーロを入金します。

DR	JPY	CR
円当座預金	通貨振替勘定・JPY（対EUR）	
JPY 12,000	JPY 12,000	

DR	EUR	CR
通貨振替勘定・EUR（対JPY）	外貨普通預金	
EUR 100.00	EUR 100.00	

② 主要通貨に内訳口を設定する方式

　主要な通貨に、相手通貨別の内訳口を設定します。通貨振替勘定の分別・管理イメージは、以下のとおりです。

通貨振替勘定	通貨振替勘定	通貨振替勘定	通貨振替勘定
・JPY（対USD）	・USD（対JPY）	・EUR（対JPY）	・ZAR
通貨振替勘定	通貨振替勘定	通貨振替勘定	⋮
・JPY（対EUR）	・USD（対EUR）	・EUR（対USD）	
⋮	⋮	⋮	通貨振替勘定
			・MXN
通貨振替勘定	通貨振替勘定	通貨振替勘定	
・JPY（対CHF）	・USD（対CHF）	・EUR（対CHF）	

この方式での起票例は、以下のとおりです。

（例） 1ドル＝9.00南アフリカ・ランドで，外貨当座預金を出金し、外貨普通預金に100.00ドルを入金します。

DR	ZAR	CR	DR	USD	CR
外貨当座預金	通貨振替勘定・ZAR		通貨振替勘定・USD（対ZAR）	外貨普通預金	
ZAR 900.00	ZAR 900.00		USD 100.00	USD 100.00	

③ 邦貨にのみ内訳口を設定する方式

邦貨にのみ、相手通貨別の内訳口を設定します。後述する起票例は以降、当方式によることとします。なお、海外現地法人などでは邦貨は現地通貨とされ、本決算などで最終的に日本円に換算されます。通貨振替勘定の分別・管理イメージは、以下のとおりです。

通貨振替勘定・JPY（対USD）　　通貨振替勘定・USD
通貨振替勘定・JPY（対EUR）　　通貨振替勘定・EUR
　　　　⋮　　　　　　　　　　　　　⋮
　　　　⋮　　　　　　　　　　　　　⋮
通貨振替勘定・JPY（対ZAR）　　通貨振替勘定・ZAR
通貨振替勘定・JPY（対MXN）　　通貨振替勘定・MXN

この方式での起票例は、以下のとおりです。

（例） 1ユーロ＝120.00円で、円当座預金を出金し、外貨普通預金に、100.00ユーロを入金します。

DR	JPY	CR	DR	EUR	CR
円当座預金	通貨振替勘定・JPY（対EUR）		通貨振替勘定・EUR	外貨普通預金	
JPY 12,000	JPY 12,000		EUR 100.00	EUR 100.00	

④ **管理通貨にのみ内訳口を設定する方式**

管理通貨にのみ、相手通貨別の内訳口を設定します。海外支店などでよくみられる方式です。管理通貨は通常ドルとされ、本決算などで最終的に日本円に換算されます。通貨振替勘定の分別・管理イメージは、以下のとおりです。

通貨振替勘定・USD（対JPY）　　通貨振替勘定・JPY
通貨振替勘定・USD（対EUR）　　通貨振替勘定・EUR
　　　　　︙　　　　　　　　　　　　　︙
　　　　　︙　　　　　　　　　　　　　︙
通貨振替勘定・USD（対ZAR）　　通貨振替勘定・ZAR
通貨振替勘定・USD（対MXN）　　通貨振替勘定・MXN

この方式での起票例は、以下のとおりです。

（例）　1ユーロ＝121.50円で、円当座預金を出金し、外貨普通預金に、100.00ユーロを入金します。取引はユーロと日本円の換算であり、ドルは介在しませんが、仕訳ではドルを経由します。なお、1ユーロ＝1.35ドル（1ドル＝90円）とします。

DR	JPY	CR	DR	USD	CR
円当座預金	通貨振替勘定・JPY		通貨振替勘定・USD（対JPY）	通貨振替勘定・USD（対EUR）	
JPY 12,150	JPY 12,150		USD 135.00	USD 135.00	

DR	EUR	CR
通貨振替勘定・EUR	外貨普通預金	
EUR 100.00	EUR 100.00	

第6項　多通貨会計における各取引の会計処理

単一通貨会計では外国為替業務の個々の取引について例示しましたが、多

通貨会計は起票レートの使い分けもなく比較的単純であるため、貿易外のExchange取引とNon-Exchange取引についてのみ例示します。

1　貿易外（本支店勘定を除く）

以下では単純化のため、本支店勘定は省略します。本支店勘定を含む例はこの例の次に示します。

(1) 仕向送金

① 取組（Exchange取引）

海外向け送金の依頼を顧客から受け、円普通預金を出金して、仕向送金の円資金を受領します。勘定科目のおもな属性、起票レートは以下のとおりです。

売渡外国為替＝負債、円普通預金＝負債

対顧適用レート（TTS）：1ドル＝92.00円

円普通預金からの出金額：700.00ドル×92.00円＝64,400円

DR	JPY	CR	DR	USD	CR
円普通預金	通貨振替勘定・JPY（対USD）		通貨振替勘定・USD		売渡外国為替
JPY 64,400	JPY 64,400		USD 700.00		USD 700.00

② 取組（Non-Exchange取引）

海外向け送金の依頼を顧客から受け、外貨普通預金を出金して、仕向送金の外貨資金を受領します。勘定科目のおもな属性、起票レートは以下のとおりです。

売渡外国為替＝負債、外貨普通預金＝負債

対顧適用レート：なし

外貨普通預金からの出金額：700.00ドル

DR	USD	CR
外貨普通預金		売渡外国為替
USD 700.00		USD 700.00

③ 決　済

受領した資金を、コルレス銀行経由で海外の受取人に支払います。なお、

ここではコルレス銀行にある自行のドルの外国他店預けが出金されることで、決済されるものとします。勘定科目のおもな属性は、以下のとおりです。

売渡外国為替＝負債、外国他店預け＝資産

DR	USD	CR
売渡外国為替 USD 700.00		外国他店預け USD 700.00

(2) 被仕向送金

① 接　　受

海外のコルレス銀行から送金の資金を受領します。なお、ここではコルレス銀行にある自行のドルの外国他店預けに入金されることで、決済されるものとします。勘定科目のおもな属性、起票レートは、以下のとおりです。

未払外国為替＝負債、外国他店預け＝資産

DR	USD	CR
外国他店預け USD 700.00		未払外国為替 USD 700.00

② 支払（Exchange取引）

受領した被仕向送金の外貨資金を円貨に換算し、円普通預金に入金します。勘定科目のおもな属性、起票レートは、以下のとおりです。

未払外国為替＝負債、円普通預金＝負債

対顧適用レート（TTB）：1ドル＝90.00円

円普通預金への入金額：700.00ドル×90.00円＝63,000円

DR	JPY	CR
通貨振替勘定・JPY （対USD） JPY 63,000		円普通預金 JPY 63,000

DR	USD	CR
未払外国為替 USD 700.00		通貨振替勘定・USD USD 700.00

③ 支払（Non-Exchange取引）

受領した被仕向送金の外貨資金を、そのまま外貨普通預金に入金します。勘定科目のおもな属性は、以下のとおりです。

未払外国為替＝負債、外貨普通預金＝負債

対顧適用レート（TTB）：なし

外貨普通預金への入金額：USD 700.00

DR	USD	CR
未払外国為替 USD 700.00		外貨普通預金 USD 700.00

2　先物予約

先物予約の起票は、前述のとおり、先物持高の把握に使用されます。

(1)　締　　結

外貨定期預金の満期日に円貨に換算するため、顧客との間で、101.00ドルを、1ドル＝88.00円で買う先物為替予約（ドル買い・円売り）の契約を締結します。なお、以下はオフバランス（貸借対照表に記載されない）の起票として扱われます。

DR	JPY	CR
先物通貨振替勘定 ・JPY（対USD） JPY 8,888		先物円貨・売り JPY 8,888

DR	USD	CR
先物外貨・買い USD 101.00		先物通貨振替勘定 ・USD USD 101.00

(2)　実　　行

締結した先物予約を期日に実行し、外貨定期預金を解約して外貨元利合計101.00ドルを1ドル＝88.00円で円貨に換算し、円普通預金に入金します。

① 先物予約の実行

締結の反対起票を行います。オフバランスの起票であることは、締結の起票に同じです。

DR	JPY	CR
先物円貨・売り	先物通貨振替勘定・JPY（対USD）	
JPY 8,888	JPY 8,888	

DR	USD	CR
先物通貨振替勘定	先物外貨・買い・USD	
USD 101.00	USD 101.00	

② 外貨定期預金の解約と円普通預金の入金

先物予約の実行とは別に、外貨定期預金と円普通預金が起票されます。なお、この取引では先物通貨振替勘定ではなく、直物の通貨振替勘定が使われます。利息と税金は省略しています。

DR	JPY	CR
通貨振替勘定・JPY（対USD）	円普通預金	
JPY 8,888	JPY 8,888	

DR	USD	CR
外貨定期預金	通貨振替勘定・USD	
USD 101.00	USD 101.00	

3 貿易外（本支店勘定を含む）

本支店勘定の説明、ならびに本支店勘定を含む起票例を示します。なお、以下の例では、本支店勘定については通貨別に内訳口を設けていません。

(1) 本支店勘定について

① 通貨振替本支店勘定（円貨）

通貨振替勘定（円貨）の本支店勘定です。通貨振替勘定（円貨）と同額が

起票されます。

② **通貨振替本支店勘定（外貨）**

通貨振替勘定（外貨）の本支店勘定です。通貨振替勘定（外貨）と同額が起票されます。

③ **本支店勘定（円貨）**

通貨振替勘定以外に相対する本支店勘定で円建の勘定に使用します。ここでいう本支店勘定は国内業務でも使用される本支店勘定ですが、本支店勘定（外貨）と区別するために本支店勘定（円貨）と表記しています。

④ **本支店勘定（外貨）**

通貨振替勘定以外に相対する本支店勘定で外貨建の勘定に使用します。

(2) **仕向送金**

① **取組（Exchange取引）**

取引条件は前記（425頁参照）と同じです。海外向け送金の依頼を顧客から受け、円普通預金を出金して、仕向送金の円資金を受領します。勘定科目のおもな属性、起票レートは以下のとおりです。

売渡外国為替＝負債、本部計上

円普通預金＝負債、支店計上

通貨振替勘定＝本部計上

起票レート－対顧適用レート（TTS）：1ドル＝92.00円

円普通預金からの出金額：700.00ドル×92.00円＝64,400円

仕向送金の取組は、通常、支店で行われます。Tバー内の丸数字はペア同士である本支店勘定を示しており、本支店勘定以外は色付しています（以下同じ）。

支店		本部	
DR　　JPY　　CR		DR　　JPY　　CR	
円普通預金	通貨振替本支店勘定・円貨③	通貨振替本支店勘定・円貨③	通貨振替勘定・JPY（対USD）
JPY 64,400	JPY 64,400	JPY 64,400	JPY 64,400

支店				本部			
DR	USD		CR	DR	USD		CR
通貨振替本支店勘定・外貨②		本支店勘定・外貨①		本支店勘定・外貨①		売渡外国為替	
USD 700.00		USD 700.00		USD 700.00		USD 700.00	
				通貨振替勘定・USD		通貨振替本支店勘定・外貨②	
				USD 700.00		USD 700.00	

　この仕向送金の例で、顧客から送金手数料（3,500円とする）も同時に徴求する場合、追加で以下の起票が行われます。

　受入手数料・送金＝利益、本部計上

　円普通預金＝負債、支店計上

　円普通預金からの出金額：3,500円

支店

DR	JPY		CR
円普通預金		本支店勘定・円貨④	
JPY 3,500		JPY 3,500	

本部

DR	JPY		CR
本支店勘定・円貨④		受入手数料・送金	
JPY 3,500		JPY 3,500	

② 取組（Non-Exchange取引）

　取引条件は、前記（425頁参照）と同じです。海外向け送金の依頼を顧客から受け、外貨普通預金を出金して、仕向送金の外貨資金を受領します。

　売渡外国為替＝負債：本部計上

　外貨普通預金＝負債：支店計上

　対顧適用レート：なし

　外貨普通預金からの出金額：700.00ドル

　なお、仕向送金の取組は、通常、支店で行われます。

支店

DR	USD	CR
外貨普通預金 USD 700.00	本支店勘定・外貨① USD 700.00	

本部

DR	USD	CR
本支店勘定・外貨① USD 700.00	売渡外国為替 USD 700.00	

決済は、本支店勘定を含まない起票例の決済と同じため、省略します。

第7項　多通貨会計における決算手続

　多通貨会計では、円貨だけではなく外貨でも会計処理を行いますが、基本的な考え方は前述の国内業務の決算（300頁参照）の項と同じです。外国為替業務固有の決算手続についても、多くは単一通貨会計の決算（375頁参照）の項と重複します。したがって、ここでは重複を避け、単一通貨会計と異なる部分を中心に言及します。ここでは本決算時の決算手続について述べていますが、ほぼ同様の手続が月次決算などでも行われます。

1　決算準備手続

(1)　帳簿の検証

　基本的に、単一通貨会計と同じです。

(2)　振替勘定の整理

　振替勘定だけではなく、多通貨会計固有の通貨振替勘定についても、同様に対象とします。

(3)　本支店未達勘定の整理

　国内業務で使用する本支店勘定だけではなく、多通貨会計固有の本支店勘定（外貨）、通貨振替本支店勘定についても、同様に対象とします。

(4)　仮勘定の整理

　基本的に、単一通貨会計と同じです。

2　決算本手続

外国為替業務固有の決算本手続[*1]には「損益補正」「直物為替の仲値評価替」「資金関連スワップの直先差金補正」「直物為替の引直」「先物為替の引直」「外貨損益邦貨振替」などの手続があります。

> [*1] 手続を業務システム・経理システムのいずれで、どこまで行うかは、銀行により異なります。

(1)　損益補正

国内業務と同様、期間按分後の利息を計算するための計算式や片端・両端などの条件は、利息が発生する(した)もともとの取引と同じもので行います。

①　円貨が確定しているケース

前受収益・前払費用のように外貨損益であっても受払済みのため、TTSなどでの換算により損益の円貨額が確定している場合は、国内業務の損益補正と同じです。

補正額＝損益円貨額×補正日数[*2]÷損益計算期間の日数[*3]　……円未満切捨

> [*2] 損益計算開始日〜損益計算終了日の利息計算期間のうち、未収収益・未払費用が今期に属する期間の日数、または前受収益・前払費用が今期に属さない期間の日数です。片端・両端はもともとの取引と同じ条件で計算します。なお、片端・両端といっても、実際には始期・終期の算入・不算入の別、さらに、たとえば外貨証書貸付の分割回収時に利息計算期間が分割される際の始期・終期の算入・不算入の別など、銀行や業務・商品によりさまざまなバリエーションがあるので、注意が必要です。補正額の計算においても、銀行や業務、商品によって片端・両端などの使い分けをしているのが一般的です。
>
> [*3] 損益計算開始日〜損益計算終了日の日数です。片端・両端などはもともとの取引と同じ条件で計算します。

②　円貨が確定していないケース

未収収益・未払費用のように外貨損益の円貨額が確定していない場合は、以下の式で補正額を計算します。その後の処理は、円貨が確定しているケースと同様です。

補正額＝(損益外貨額×補正日数[*4]÷損益計算期間の日数[*5])×仲値[*6]
　　　……円未満切捨

> [*4]および[*5]　前記「①　円貨が確定しているケース」の[*2]および[*3]に同じ。

＊6　本決算＝3月月末営業日の最終の公示相場仲値（TTM）、月次決算＝前月月末営業日の最終の公示相場仲値（TTM）です。

以下に、未収収益・前受収益の計算例と決算前後の会計処理を例示します。

③　未収収益の例

外貨手形貸付利息を例に説明します。

外貨手形貸付・実行金額＝1,000.00ドル、年利＝5％、

実行日＝2010/03/01、回収日＝2010/05/31、利息＝後取

外貨手形貸付利息＝1,000.00ドル×5％×92日（両端）÷360日

　　　　　　　　＝12.77ドル（セント未満切捨）

実行時、期末時、期初（期首）時、回収時の仕訳は以下のとおりです。

(i)　**2010/03/01外貨手形貸付実行時**

利息後取のため、外貨手形貸付利息の起票はありません。

DR	USD	CR	→今期の外貨手形貸付利息残高（ほかに取引がなかったとして。以下同じ）
外貨手形貸付	外貨当座預金		
USD 1,000.00	USD 1,000.00	＝0.00ドル	

(ii)　**2010/03期末（決算）時**

2010/03期末の時点では、外貨手形貸付利息の受取はありませんが、利息の発生は認識されています。このため、今期の期間該当額（今期の未収既経過補正額）を求めて補正額とし、今期の利益として計上します（なお、「今期」「前期」などは各時点での期を指します。以下同じ）。

今期の期間該当額＝12.77ドル×31日（両端）÷92日（両端）

　　　　　　　　＝4.30ドル（セント未満切捨）

未収収益＝資産、外貨手形貸付利息＝利益

DR	USD	CR	→今期の外貨手形貸付利息残高
未収収益	外貨手形貸付利息	＝0.00ドル＋4.30ドル＝4.30ドル	
USD 4.30	USD 4.30		

今期分の利益を損益勘定[*1]に振り替えます。

＊1　損益計算書の当期純利益または当期純損失（最終的には、貸借対照表の利益剰余金）に振り替えるための内部的な勘定（以下同じ）です。

DR		USD		CR→今期の外貨手形貸付利息残高
外貨手形貸付利息		損益勘定		＝4.30ドル－4.30ドル＝0.00ドル
USD 4.30		USD 4.30		

損益勘定を邦貨に換算します。なお、期末仲値は、1ドル＝91.00円とします。

DR	USD	CR	DR	JPY	CR
損益勘定	通貨振替勘定・USD		通貨振替勘定・JPY（対USD）		損益勘定
USD 4.30	USD 4.30		JPY 391		JPY 391

(iii) **2010/04期初（期首）時**

2010/05/31に計上される予定の外貨手形貸付利息は、2010/03期末に前期分の利益として、すでに一部計上されています。このため、その計上済み分を反対起票（逆起票）し、相殺すること（振戻処理）で、今期の期間該当額のみを今期の利益として計上します。このため、期初の外貨手形貸付利息残高はゼロで始まりますが、期初直後にマイナスされます。

未収収益＝資産、外貨手形貸付利息＝利益

DR		USD		CR→今期の外貨手形貸付利息残高
外貨手形貸付利息		未収収益		＝0.00ドル－4.30ドル＝▲4.30ドル
USD 4.30		USD 4.30		

(iv) **2010/05/31外貨手形貸付回収時**

実際に顧客から支払われた利息を全額計上します。2010/04期初（期首）時に前期分の利益を相殺するよう起票されているため、外貨手形貸付利息残高は今期の期間該当額と一致します。

DR		USD		CR→今期の外貨手形貸付利息残高
外貨当座預金		外貨手形貸付利息		＝▲4.30ドル＋12.77ドル
USD 12.77		USD 12.77		＝8.47ドル

④ **前受収益の例**

外貨手形貸付利息を例に説明します。

外貨手形貸付・実行金額＝1,000.00ドル、年利＝5％、

実行日＝2010/03/01、回収日＝2010/05/31、利息＝前取

外貨手形貸付利息＝1,000.00ドル×5％×92日（両端）÷360日
　　　　　　　　＝12.77ドル（セント未満切捨）

実行時・期末時・期初時・回収時の仕訳は以下のとおりです。

(i) **2010/03/01外貨手形貸付実行時**

利息前取のため、外貨手形貸付利息の起票もあります。

DR	USD		CR→今期の外貨手形貸付利息残高（ほ
外貨手形貸付	外貨当座預金		かに取引がなかったとして）
USD 1,000.00	USD 1,000.00		＝0.00ドル＋12.77ドル
外貨当座預金	外貨手形貸付利息		＝12.77ドル
USD 12.77	USD 12.77		

(ii) **2010/03期末（決算）時**

外貨手形貸付実行時に起票済みの外貨手形貸付利息は、翌期にかかる利益を含みます。このため、既収未経過補正額を求めてこれを補正額として除外し、今期の期間該当額のみ計上します。

既収未経過補正額＝12.77ドル×61日（両端）÷92日（両端）
　　　　　　　　＝8.46ドル（セント未満切捨）

前受収益＝負債、外貨手形貸付利息＝利益

DR	USD		CR→今期の外貨手形貸付利息残高
外貨手形貸付利息	前受収益		＝12.77ドル－8.46ドル＝4.31ドル
USD 8.46	USD 8.46		

今期分の利益を損益勘定に振り替えます。

DR	USD		CR→今期の外貨手形貸付利息残高
外貨手形貸付利息	損益勘定		＝4.31ドル－4.31ドル＝0.00ドル
USD 4.31	USD 4.31		

損益勘定を邦貨に換算します。期末仲値は、1ドル＝91.00円とします。

なお、単一通貨会計では、取引時（この例では、2010/03/01外貨手形貸付実行時）の仲値で外貨建利息を起票するため、決算時の仲値で起票する多通貨会計に比べて、邦貨ベースの損益が歪む可能性があります。

DR	USD	CR	DR	JPY	CR
損益勘定	通貨振替勘定・USD		通貨振替勘定・JPY（対USD）	損益勘定	
USD 4.31	USD 4.31		JPY 392	JPY 392	

(iii) 2010/04期初（期首）時

2010/03/01に計上した外貨手形貸付利息は、2010/03期末に利益として一部計上済みです。ただし2010/03期末に求めた既収未経過補正額である今期の期間該当額の計上が未済なので、これを今期の利益として計上します。このため、期初の外貨手形貸付利息残高は、ゼロで始まりますが、期初直後にプラスされます。

前受収益＝負債、外貨手形貸付利息＝利益

DR	USD	CR	→今期の外貨手形貸付利息残高
前受収益	外貨手形貸付利息		＝0.00ドル＋8.46ドル＝8.46ドル
USD 8.46	USD 8.46		

(iv) 2010/05/31外貨手形貸付回収時

前取のため、外貨手形貸付利息の起票はありません。

DR	USD	CR	→今期の外貨手形貸付利息残高
外貨当座預金	外貨手形貸付		＝8.46ドル
USD 1,000.00	USD 1,000.00		

(2) 直物為替の仲値評価替

多通貨会計を採用していても、決算時の財務諸表などは、日本円で表記しなければなりません。したがって、直物外貨建資産・負債について、通貨ごとに最新のレート（月末TTMまたは期末TTM）による円貨額を求める必要があります。この円貨額の算出を直物為替の仲値評価替といい、後述する直物為替の引直と類似しています。

しかし、直物為替の引直がExchange分の直物外貨建資産・負債のみを対象としているのに対して、仲値評価替はすべての直物外貨建資産・負債を対象とし、対応する円貨額を求めるだけなので、為替損益は算出しません。

① 評価方法
　(ⅰ) Non-Exchange取引

評価替金額の計算式は、以下のとおりです。

評価替金額＝取引の外貨残高×前月月末営業日の最終TTM
　　　　　－取引の外貨残高×前々月月末営業日の最終TTM

　Non-Exchange取引では円貨額は算出されませんが、決算に必要な円貨額を求め、同時に前月分との差額である評価替金額と合わせて起票します。ただし、これらの起票は便宜的に円貨額を起票しているだけなので、いずれについても振戻が必要です。

　(ⅱ) Exchange取引

評価替金額の計算式は、以下のとおりです。

評価替金額＝（当該取引の通貨振替勘定・外貨分
　　　　　　　×前月月末営業日の最終TTM）
　　　　　－当該取引の通貨振替勘定・円貨分

　当初の起票レートはその取引が終了するまで変えないため、仲値評価替の評価替金額について振戻が必要です。

② 評価替金額の起票
　(ⅰ) 外貨建資産科目の場合は以下のとおりです。
　　(a) 円高（前月最終TTM＜前々月最終TTM）の場合

DR	JPY	CR
通貨振替勘定・JPY		外貨建資産科目

　　(b) 円安（前月最終TTM＞前々月最終TTM）の場合

DR	JPY	CR
外貨建資産科目		通貨振替勘定・JPY

　(ⅱ) 外貨建負債科目の場合は以下のとおりです。
　　(a) 円高（前月最終TTM＜前々月最終TTM）の場合

DR	JPY	CR
外貨建負債科目		通貨振替勘定・JPY

(b) 円安（前月最終TTM＞前々月最終TTM）の場合

DR	JPY	CR
通貨振替勘定・JPY	外貨建負債科目	

③ **直物為替の仲値評価替の起票例**

3月末の本決算を想定して例示します。なお、本支店勘定の起票は省略します。

(i) **Non-Exchange取引**

(a) 2月に以下の取引を行います

1) 輸入・本邦ユーザンス取組

DR	USD	CR
取立外国為替	（省略）	
USD 1,000.00		

(b) 3月の月末営業日（ただし、取引が行われない夜間）に以下の取引を行います

1) 輸入・本邦ユーザンスの仲値評価替

まず、3月に適用される2月月末営業日の最終TTMで取立外国為替の円貨額を求めます。

3月に適用される2月月末営業日の最終TTM：1ドル＝95.00円

3月月末営業日の最終TTM：1ドル＝90.00円

評価替金額＝1,000.00ドル×90.00円－1,000.00ドル×95.00円

　　　　　＝90,000円－95,000円＝▲5,000円

DR	USD	CR	DR	JPY	CR
通貨振替勘定・USD	取立外国為替		取立外国為替	通貨振替勘定・JPY（対USD）	
USD 1,000.00	USD 1,000.00		JPY 95,000	JPY 95,000	

次に、3月末時点では取立外国為替が円貨ベースで、5,000円減少しているため、以下の起票を行います。

DR	JPY	CR
通貨振替勘定・JPY*1	取立外国為替	
JPY 5,000	JPY 5,000	

＊1 ここでの通貨振替勘定は、最終的には貸借対照表の「その他資産・その他負債」に振り替えられます。

(c) 4月の月初営業日（ただし、取引が行われない早朝）に以下の取引を行います

1) 輸入・本邦ユーザンスの仲値評価替の振戻

円貨ベースでの決算を行うために、本来換算のないNon-Exchange取引を円貨に換算しているだけなので、反対起票により、円貨ベースの起票を相殺します。

まず、取立外国為替の振戻を行います。

DR	USD	CR	DR	JPY	CR
取立外国為替	通貨振替勘定・USD		通貨振替勘定・JPY（対USD）	取立外国為替	
USD 1,000.00	USD 1,000.00		JPY 95,000	JPY 95,000	

次に、取立外国為替を減少させた起票の振戻も行います。

DR	JPY	CR
取立外国為替	通貨振替勘定・JPY	
JPY 5,000	JPY 5,000	

(d) 4月に以下の取引を行います

1) 輸入・本邦ユーザンス決済

決済時の対顧適用レート（TTS）：1ドル＝92.00円

円普通預金からの出金額：1,000.00ドル×92.00円＝92,000円

DR	USD	CR	DR	JPY	CR
通貨振替勘定・USD	取立外国為替		円普通預金	通貨振替勘定・JPY（対USD）	
USD 1,000.00	USD 1,000.00		JPY 92,000	JPY 92,000	

(ⅱ) **Exchange取引**

(a) 2月に以下の取引を行います

1) 外貨定期預金の新規入金

新規入金時の対顧適用レート（TTS）：1ユーロ＝130.00円

外貨定期預金の起票金額＝700.00ユーロ×130.00円＝91,000円

DR	EUR	CR	DR	JPY	CR
通貨振替勘定・EUR	外貨定期預金		円普通預金	通貨振替勘定・JPY（対EUR）	
EUR 700.00	EUR 700.00		JPY 91,000	JPY 91,000	

(b) 3月の月末営業日（ただし、取引が行われない夜間）に以下の取引を行います

1) 外貨定期預金の仲値評価替

3月月末営業日の最終TTM：1ユーロ＝128.00円

評価替金額＝700.00ユーロ×128.00円－91,000円

　　　　　＝89,600円－91,000円＝▲1,400円

外貨定期預金の円貨額は新規入金時に算出しているため、ここでは算出せず、起票も行いません。

DR	CR
（起票なし）	

3月末時点では、外貨定期預金が円貨ベースで1,400円減っているため、以下の起票を行います。

DR	JPY	CR
外貨定期預金	通貨振替勘定・JPY[※1]	
JPY 1,400	JPY 1,400	

　※1　ここでの通貨振替勘定は、最終的には貸借対照表の「その他資産・その他負債」に振り替えられます。

(c) 4月の月初営業日（ただし、取引が行われない早朝）に以下の取引を行います

1) 外貨定期預金の仲値評価替の振戻

評価替金額は評価替時点のものであるため、反対起票し相殺します。仲値評価替で外貨定期預金の円貨額を算出・起票していないため、外貨定期預金の円貨額の振戻も行いません。

DR	CR
（起票なし）	

外貨定期預金を減少させた起票の振戻を行います。

DR	JPY	CR
通貨振替勘定・JPY	外貨定期預金	
JPY 1,400	JPY 1,400	

(d) 4月に以下の取引を行います。なお、利息と税金は省略します

1) 外貨定期預金の解約

解約時の対顧適用レート（TTB）：1ユーロ＝135.00円

円普通預金への入金額：700.00ユーロ×135.00＝94,500円

DR	EUR	CR	DR	JPY	CR
外貨定期預金	通貨振替勘定・EUR		通貨振替勘定・JPY（対EUR）	円普通預金	
EUR 700.00	EUR 700.00		JPY 94,500	JPY 94,500	

(3) 資金関連スワップの直先差金補正

基本的に単一通貨会計と同じであるため、省略します。

(4) 直物為替の引直

① 直物為替の引直とは

　毎月初、Exchange分の直物外貨建資産・負債について、通貨・取引ごとに月末TTM（期末TTM）による引直（時価評価）を行い、それらを集計して引直による損益金額（引直損益）を起票します。これを直物為替の引直といいます。

　単一通貨会計と比較して、以下の点は同じです。

(ⅰ) 3月末の本決算以外では損益の起票を行うものの、引直直後に振戻を行い、起票を相殺する。

(ⅱ) 3月末の本決算では損益の起票を行い、その期の損益とするため振り戻さない。

(ⅲ) 引直損益は為替損益であるため、損益補正を行わず、全額をその期に計上する。

　また、単一通貨会計との違い[*1]は、以下のとおりです。

(ⅳ) 通貨振替勘定の起票がないNon-Exchange取引は、直物為替の引直対

象外である(Non-Exchange取引が為替相場の変動の影響を受けず、為替損益が発生しないため)。

*1 単一通貨会計ではExchange取引だけではなく、Non-Exchange取引も円貨に換算して起票するため、直物為替の引直対象です。

② 引直損益の算出方法

引直損益の算出式は、以下のとおりです。

引直損益 =(直物外貨建資産の通貨振替勘定・外貨分*2
　　　　　－直物外貨建負債の通貨振替勘定・外貨分*2)
　　　　　×前月月末営業日の最終TTM
　　　　　－(直物外貨建資産の通貨振替勘定・円貨分*2
　　　　　－直物外貨建負債の通貨振替勘定・円貨分*2)

*2 単一通貨会計と同様に期日が到来していない資金関連スワップ、ならびに期日が到来していない通貨スワップに該当する部分は除外します。

③ 引直損益の起票

(i) 3月末の本決算時、または毎月末の月次決算時の起票は、以下のとおりです。

⒜ 引直損益＞ゼロ(売買益が発生)の場合

DR	JPY	CR
通貨振替勘定・JPY		外国為替売買益

⒝ 引直損益＜ゼロ(売買損が発生)の場合

DR	JPY	CR
外国為替売買損		通貨振替勘定・JPY

(ii) 3月末の本決算時を除く毎月末の月次決算直後の振戻の起票は、以下のとおりです。

⒜ 引直損益＞ゼロ(売買益が発生)の場合の振戻

DR	JPY	CR
外国為替売買益		通貨振替勘定・JPY

⒝ 引直損益＜ゼロ(売買損が発生)の場合の振戻

DR	JPY	CR
通貨振替勘定・JPY		外国為替売買損

④ 引直損益の計算と起票例

ここでは、3月末の本決算を想定して例示します。なお、本支店勘定の起票は省略します。

(i) 引直損益の計算

外貨建資産については、以下のとおりです。外貨建資産は下記以外にないものとします。

(a) 3月に以下の取引を行います

1) 外貨手形貸付の実行

外貨手形貸付・実行金額＝1,000.00ドル

起票レート（対顧適用レート）：1ドル＝95.00円

DR	USD	CR	DR	JPY	CR
外貨手形貸付 USD1,000.00	通貨振替勘定・USD USD 1,000.00		通貨振替勘定・JPY （対USD） JPY 95,000	円普通預金 JPY 95,000	

外貨建負債については、以下のとおりです。外貨建負債は下記以外ないものとします。

(b) 3月に以下の取引を行います

1) 外貨定期預金の新規入金

外貨定期預金・新規入金金額＝800.00ドル

起票レート（対顧適用レート）：1ドル＝96.00円

DR	USD	CR	DR	JPY	CR
通貨振替勘定・USD USD 800.00	外貨定期預金 USD 800.00		円普通預金 JPY 76,800	通貨振替勘定・JPY （対USD） JPY 76,800	

(c) 3月の月末営業日（ただし取引が行われない夜間）に直物為替の引直を行います。なお、3月月末営業日の最終TTMは、1ドル＝98.00円とします

引直損益＝（1,000.00ドル（直物外貨建資産の通貨振替勘定・外貨分）
　　　　－800.00ドル（直物外貨建負債の通貨振替勘定・外貨分））
　　　　×98.00円（前月月末営業日の最終TTM）
　　　　－（95,000円（直物外貨建資産の通貨振替勘定・円貨分）

第5章　銀行業務の会計　443

$$-76,800円（直物外貨建負債の通貨振替勘定・円貨分））$$

$$引直損益 = （1,000.00ドル - 800.00ドル）\times 98.00円$$
$$- （95,000円 - 76,800円）$$
$$= 19,600円 - 18,200円 = 1,400円$$

(ii) **引直損益の起票**

引直損益は、以下のように起票されます。

DR	JPY	CR
通貨振替勘定・JPY JPY 1,400		外国為替売買益 JPY 1,400

(5) **先物為替の引直**

基本的に、単一通貨会計と同じであるため、省略します。

(6) **外貨損益邦貨振替**

① **外貨損益邦貨振替とは**

前述のとおり、Non-Exchange取引では外貨は外貨のまま、起票します。したがって、外貨の利息・手数料（外貨損益）を外貨のまま、受取・支払した場合には円貨での起票が行われません。そこで毎月初、受取・支払済の外貨損益[*1]について、通貨ごとに最新のレート（月末TTM、本決算時は期末TTM）により起票円貨額を算出し、起票を行います。

 *1 損益補正が必要な損益[*2]は除きます。
 *2 未収収益、未払費用、前受収益、前払費用については損益補正（305頁参照）を参照して下さい。

なお、単一通貨会計では外貨損益は起票の時点で円貨額を算出します。したがって外貨損益邦貨振替の必要はないため、外貨損益邦貨振替は多通貨会計固有の決算処理ということができます。

② **邦貨振替額の計算式**

外貨損益の起票円貨額（振替額）の計算式は、以下のとおりです。

起票円貨額 = 外貨損益[*3] × 前月月末営業日の最終TTM

 *3 未収収益、未払費用、前受収益、前払費用は除きます。

③ 外貨損益邦貨振替の起票例

3月末の本決算を想定し、受取利息と支払利息を例に説明します。なお受取手数料、支払手数料でも考え方は同じです。

(i) 外貨受取利息の起票例

(a) 3月に以下の取引を行います

1) 外貨普通預金を出金し、外貨手形貸付利息を受取

DR	USD	CR
外貨普通預金	外貨手形貸付利息	
USD 100.00	USD 100.00	

(b) 3月の月末営業日（ただし取引が行われない夜間）に外貨損益邦貨振替を行います。なお、3月月末営業日の最終TTMは、1ドル＝98.00円とします

起票レート（期末TTM）：1ドル＝98.00円

DR	USD	CR	DR	JPY	CR
外貨手形貸付利息	通貨振替勘定・USD		通貨振替勘定・JPY（対USD）	外貨手形貸付利息	
USD 100.00	USD 100.00		JPY 9,800	JPY 9,800	

(ii) 外貨支払利息の起票例

(a) 3月に以下の取引を行います

1) 外貨定期預金利息を外貨普通預金に入金

DR	USD	CR
外貨定期預金利息	外貨普通預金	
USD 100.00	USD 100.00	

(b) 3月の月末営業日（ただし取引が行われない夜間）に外貨損益邦貨振替を行います。なお、3月月末営業日の最終TTMは、1ドル＝98.00円とします

起票レート（期末TTM）：1ドル＝98.00円

DR	USD	CR	DR	JPY	CR
通貨振替勘定・USD	外貨定期預金利息		外貨定期預金利息	通貨振替勘定・JPY（対USD）	
USD 100.00	USD 100.00		JPY 9,800	JPY 9,800	

なお、外貨損益邦貨振替の対象とされる損益（利息始期・終期とも当該決算期間に属する損益）は全額、今期の損益として計上されるべきものです。したがって損益補正における振戻処理などは行われません。

第5節　会計と勘定系システム

　勘定系システムにおける会計処理の概要について説明します。これまでのシステム概要と同様、一般論として説明します。

第1項　勘定系システムの全体像

　図表5-5-1に示すように、勘定系システムには三大業務をはじめとする各業務システムがあり、勘定起票を行っています。各業務の勘定起票（決算に伴う勘定起票も含む）は、銀行の経理全般を取り扱う経理システムによって処理されます。

1　各業務システム

　近年はオンラインの24時間稼動が珍しくなく、入力経路も営業店端末、ATMのほかに、テレフォンバンキング、インターネットバンキングなどがあり、会計処理も複雑です。そこでここでは、単純に支店の1日の業務（朝

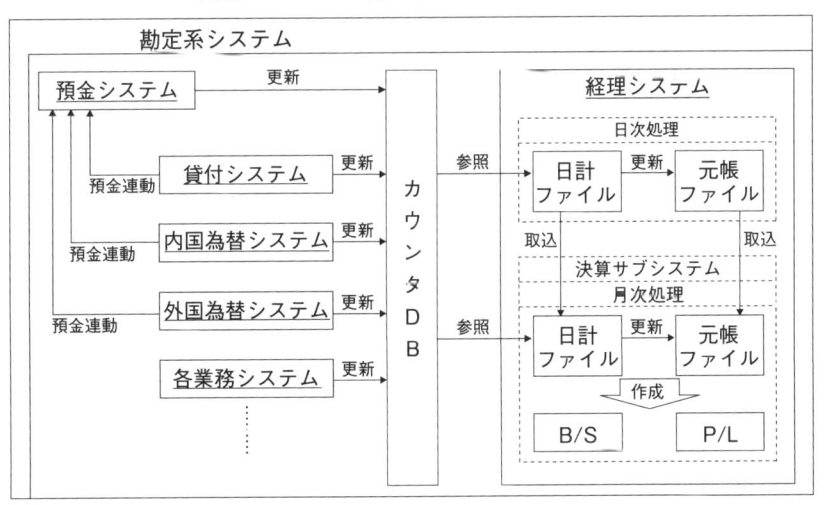

図表5-5-1　勘定系システムのイメージ

第5章　銀行業務の会計　447

〜夕方）を想定して説明します。

(1) 通常処理

　各業務システムは、オンライン上で取引に伴う勘定起票データ（以下、起票データ）を取引ごとに、カウンタDBに書き込みます。

(2) 決算処理

　各業務システムは、オンライン上でカウンタDBに決算に伴う起票データを決算処理ごとに、書き込みます。決算に伴う起票データとは、前述の損益補正や直物為替の仲値評価替、直物為替・先物為替の引直から発生した起票データ（以下、決算データ）を指します。

　決算データの大半はシステムが計算したもので、夜間の自動処理によってカウンタDBに反映されます。なお、決算後に行われる振戻処理も、夜間の自動処理でカウンタDBに反映されます。また、一部の決算データは本部などの営業店端末から入力されます。

(3) データ項目

　起票データの項目には、たとえば図表5－5－2のような項目があり、各業務がカウンタDBを更新する際に使用します。以下に、単一通貨会計と多通貨会計における勘定データの内容を例示します。

2　経理システム

　経理システムの概要についても、以下に簡単に説明します。

(1) 通常処理

　経理システムはカウンタDBを参照し、各業務の取引による起票データを取り込み、日次処理によって日計表に該当する日計ファイル、総勘定元帳に該当する各元帳ファイルなどを更新します。カウンタDBは通常、店ごとに1日分の起票データを保持できるように用意されており、毎日1日の終わりにクリアされます。起票データは当然、クリア前に経理システムに取り込まれます（図表5－5－3参照）。

　銀行によっては、カウンタDBは1日分ではなく、前日分[1]と当日分の2面を用意しているところもあります。この場合は、図表5－5－4のように毎日、前日分をクリアし、当日分を前日分にシフトします。

図表5－5－2　起票データの例

データ項目		単一通貨・多通貨	説明
計上店番		共通	起票データ・決算データをどの店番に計上するかを表す
日付		共通	起票データ・決算データを計上する日付
締後（しめご）区分*2		共通	起票データ・決算データが締後取引であるか否かを表す
科目コード		共通	起票データ・決算データをどの勘定科目で起票するかを表す。銀行により、5～8桁の内部的な科目コードで表され、先頭1文字が、1＝資産、2＝負債、3＝損失、4＝利益などとして、勘定科目のグルーピングをしているのが一般的である
勘定区分		共通	データが、通常の起票データなのか、決算のデータなのかを表す。
貸借区分		共通	勘定科目を借方・貸方のいずれに計上するかを表す
個別項目	起票金額	単一通貨	単一通貨会計の場合、起票する金額（円貨額）を表す
	起票通貨コード	多通貨	多通貨会計の場合、起票する通貨の種類（ドル、ユーロ、日本円など）を表す
	起票金額	多通貨	多通貨会計の場合、起票する金額（ドル、ユーロ、日本円など）を表す

＊2　後述しますが、カウンタDBを前日分と当日分の2面用意している場合の区分です。

＊1　前日分があるのは、以下のような理由によります。
　　銀行員が取引先を訪問し、現金を預かる、あるいは取引を依頼されたものの、支店の営業店端末での夕方の取引締切時間*2に間に合わなかった場合、その日は取引を入力することができないことがあります。このとき、翌営業日に普通

図表5－5－3　当日分のみの処理フロー

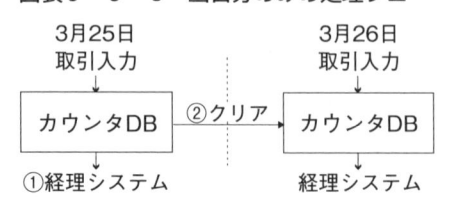

```
3月25日                    3月26日
取引入力                    取引入力
  ↓                         ↓
┌────────┐  ②クリア  ┌────────┐
│カウンタDB│ ┄┄┄┄┄→ │カウンタDB│
└────────┘          └────────┘
  ↓                         ↓
①経理システム              経理システム
```

図表5－5－4　前日分・当日分がある場合の処理フロー

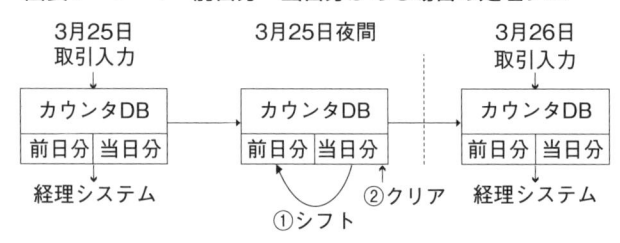

```
3月25日       3月25日夜間        3月26日
取引入力                        取引入力
  ↓                              ↓
┌────────┐   ┌────────┐      ┌────────┐
│カウンタDB│   │カウンタDB│ ┄┄→│カウンタDB│
├──┬──┤   ├──┬──┤      ├──┬──┤
│前日分│当日分│   │前日分│当日分│      │前日分│当日分│
└──┴──┘   └──┴──┘      └──┴──┘
                    ↑   ↓ ②クリア
  ↓                ①シフト              ↓
経理システム                           経理システム
```

に取引を入力すると、翌営業日付での取引として処理されてしまいます。銀行が顧客から取引の依頼を受けたのは前営業日ですので、翌営業日付で取引すると利息が1日分増減するなど、銀行または顧客の一方に不利益が生じてしまいます。そこで、翌営業日に前営業日付で、取引を入力することを許容している銀行もあり、前営業日付の取引を締後（しめご）取引、前日勘定取引などと呼びます。

このような場合、図表5－5－4のように前日分の勘定と当日分の勘定を分けて管理する必要があります。なお、前営業日付での取引は、翌営業日の遅くとも午前中（午前11時までなど）に入力しなければならないという制約があります。

*2　月末日などの繁忙日を除けば、16時15分くらいの時刻が設定されています。この締切時間までに支店（本部の一部部門も含む）は取引の入力漏れ、取引金額の入力間違いなどに起因する勘定の不突合（当該店の勘定がバランスしない状態）がないことを確認したうえで、締上（しめあげ）取引[*3]を行います。この締上取引を行うことで、その日の当該店の勘定が確定し、勘定確定後は当該店の営業店端末から勘定起票のある取引は入力できません。

*3　日締（ひじめ）取引、勘定締取引などともいいます。

(2) 決算処理

決算データの取込は、通常処理と同様です。ただし、本決算などの決算処理は、1日の夜間処理ですべてが完了するわけではありません。一方で、決算日の翌営業日も通常の営業は継続されます。このため、決算日までのデー

図表5－5－5　決算時の処理概要

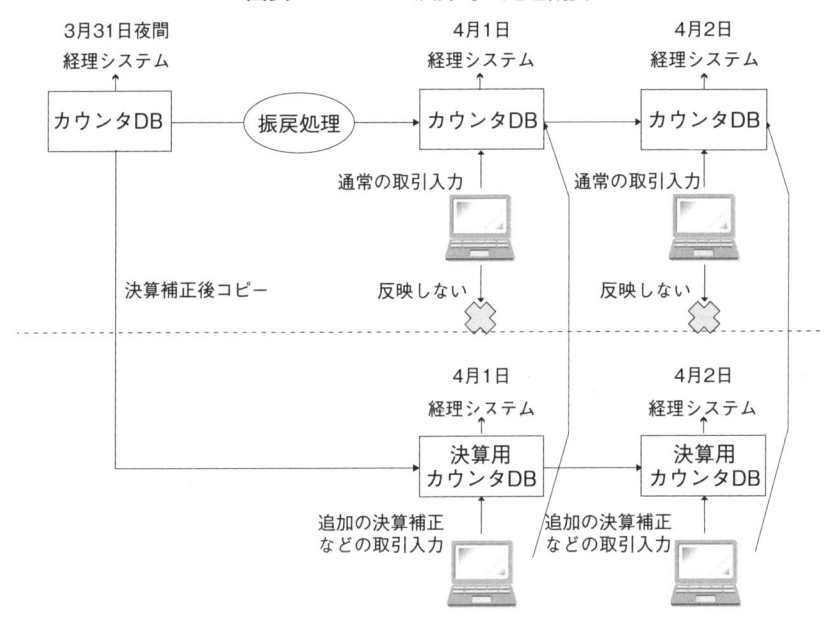

```
3月31日夜間              4月1日                4月2日
経理システム             経理システム            経理システム
   ↑                    ↑                    ↑
┌────────┐  振戻処理  ┌────────┐          ┌────────┐
│カウンタDB│─────────→│カウンタDB│─────────→│カウンタDB│
└────────┘           └────────┘          └────────┘
                     通常の取引入力↑        通常の取引入力↑
                          💻                    💻
   決算補正後コピー      反映しない             反映しない
                          ✕                     ✕
  ─ ─ ─ ─ ─ ─ ─ ─ ─ ─ ─ ─ ─ ─ ─ ─ ─ ─ ─ ─ ─ ─ ─ ─ ─
                        4月1日                4月2日
                       経理システム            経理システム
                          ↑                    ↑
                     ┌────────┐          ┌────────┐
                     │ 決算用 │─────────→│ 決算用 │
                     │カウンタDB│          │カウンタDB│
                     └────────┘          └────────┘
                          ↑                    ↑
                     追加の決算補正         追加の決算補正
                     などの取引入力         などの取引入力
                          💻                    💻
```

タと決算日翌営業日以降のデータを物理的に分けて処理しないと、決算日以降のデータにより決算日までのデータが変動し確定できません。そこで、経理システムでは、図表5－5－5のように決算日までのデータと決算日以降のデータを分別管理しています。

第2項　勘定系システムの詳細

前項では、経理システムと各業務システムの関係と経理システムの概要について、簡単に説明しました。ここでは預金、貸付、為替の三大業務を中心に周辺システムも含め、勘定系システムについて記述します。

勘定系システムは、メインフレームまたはオープン系の上で稼動しており、基本ソフトの上に銀行向けに開発されたミドルソフトが乗っています。さらにその上で各業務システムが稼動しており、各業務システムはそれぞれ、オンラインとバッチに分かれます（図表5－5－6参照）。

1 各業務システムのオンライン

ここでは各業務システムのオンライン部分について、以下に説明します。

(1) 預金オンライン

① 営業店端末から各種取引が入力されます。

② CD／ATMから、残高照会、現金の入出金、他の預金口座との入出金（振替）、通帳記帳などの取引が入力されます。

③ 通帳記帳機から、通帳記帳、通帳繰越の取引が入力されます。

④ テレフォンバンキング、インターネットバンキング[*1]から残高照会、入払明細照会、他の預金口座との入出金などの取引が入力されます。

> ＊1　インターネットバンキング（IB）には、従来からのエレクトリックバンキング（EB）、ファームバンキング（FB）も含めて記述しています（以下同じ）。

⑤ 各業務システムの取引で預金との入出金を伴うものについては、おもに預金連動[*2]により、入出金を行います。

> ＊2　各業務の取引から、預金の入出金取引を起動する取引です。ユーザからみて、1回のオペレーションで各業務の取引と預金の入出金取引を行うことができます。

(2) 貸付オンライン

① 営業店端末から各種取引が入力されます。

② テレフォンバンキング、インターネットバンキングから残高照会、取引照会などの取引が入力されます。個人向け貸付の場合、繰上返済などの手続きもインターネットで行うことができる銀行もあります。

③ 稟議サブシステムは、貸付案件の条件（金額、期間、利率など）、顧客毎・貸付種類ごとの残高などを管理しています。

(3) 内国為替オンライン

① 営業店端末から各種取引が入力されます。

② CD/ATM、テレフォンバンキング、インターネットバンキングから同一銀行内本支店宛振込、他行宛振込の取引が入力されます。

③ 他行の振込データは全銀システムにより送受信され、日銀ネットにより

図表5-5-6 勘定系システムの詳細イメージ

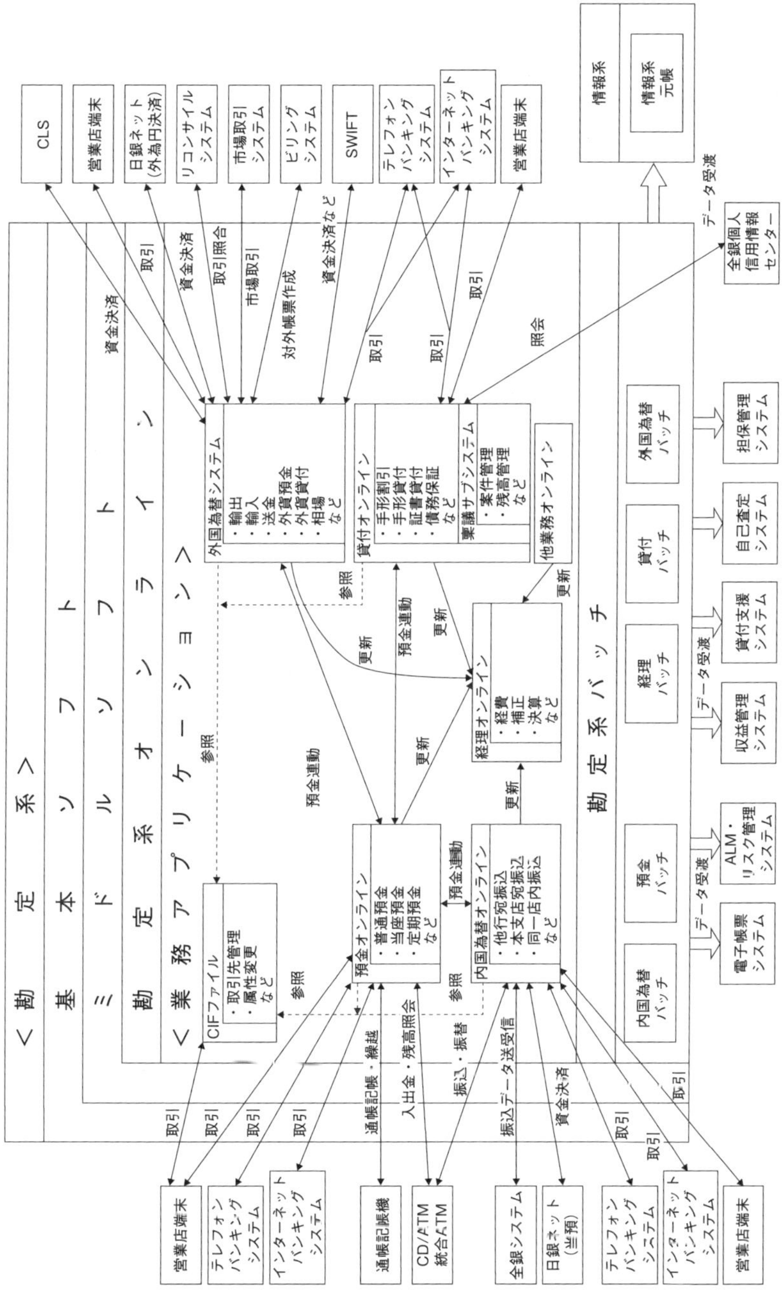

第5章 銀行業務の会計 453

銀行間の資金決済が行われます。

(4) 外国為替オンライン
① 営業店端末から各種取引が入力されます。
② テレフォンバンキング、インターネットバンキングから海外向送金、外貨預金などの取引が入力されます。なお、ATMで外貨預金の入出金、通帳記帳などが可能な銀行もあります。
③ 銀行間の資金決済指示を含む他行とのデータはおもにSWIFTにより、送受信されます。
④ 日本において日本円で他行と決済する場合には日銀ネット（外為円決済）により、資金決済が行われます。
⑤ 他行との資金決済の明細・残高は、自行が管理するデータと他行から送られてくるデータを、リコンサイルシステムにより照合します。
⑥ おもに輸出入取引などで必要な帳票は、ビリングシステムにより作成し、海外や顧客などに送付します。
⑦ 外貨資金の運用調達、先物為替予約の締結などの市場取引は市場取引システムにより行われ、外国為替システムにも反映されます。

第3項　機能別にみたオンライン

勘定系システムを業務横断的に機能別にみると、以下のとおりです。

(1) 取引管理機能・口座管理機能
① 預金業務であれば、預金科目、口座番号、口座開設日、現在残高、カード発行有無、カード暗証番号、利息積数といった取引情報のほか、取引日、入出金の別、入出金金額、摘要などの取引明細別の情報を管理する機能です。
② 貸付業務であれば、貸付の種類、貸付金額、利率、返済期日、返済回数などの取引情報、利息額、利息計算開始日、利息計算終了日などの利息情報を管理し、同時に取引の状態も管理する機能です。

(2) **期日管理機能**

① 定期預金の満期日、手形貸付の返済期日といった取引毎の期日を管理し、期日が迫っている取引や期日を経過した取引を抽出し、ユーザの注意を喚起する機能です。具体的にはユーザ向けに当日に期日を迎える定期預金の一覧表などがあり、顧客向けには、満期日の一定期間前に送付される定期預金満期のお知らせなどがあります。

(3) **勘定起票機能**

① 各種取引に伴い、資産、負債、利益、損失の各勘定科目を起票する機能であり、勘定系システムという呼称の由来でもあります。

(4) **資金決済機能**

① 資金決済を行う機能です。国内の顧客間は全銀システムによる振込で、銀行間は日銀ネットで決済します。海外とは、SWIFTなどにより資金決済（指示）を行います。

【参考文献】

小木曽佳子『でんさい実務Q&A』（金融財政事情研究会、2013年）
銀行経理問題研究会『銀行経理の実務（第8版）』（金融財政事情研究会、2012年）
松本貞夫『改訂新版 内国為替実務Q&A100』（近代セールス社、1998年）
小山嘉昭『銀行の外為経理の実務』（金融財政事情研究会、1990年）
村山豊・島川博邦・森川和幸『新訂外国為替基礎講座2—輸出取引』（銀行研修社、1991年）
吉富啓祐・安田泰一・柏木孝夫『新訂外国為替基礎講座3—輸入取引』（銀行研修社、1991年）

【参考ホームページ】

金融庁　http://www.fsa.go.jp/
日本銀行　http://www.boj.or.jp/
国税庁　http://www.nta.go.jp/
経済産業省　http://www.meti.go.jp/
財務省　http://www.mof.go.jp/
総務省　http://www.soumu.go.jp/
厚生労働省　http://www.mhlw.go.jp/
独立行政法人日本貿易保険（NEXI）　http://nexi.go.jp/
独立行政法人日本貿易振興機構（JETRO）　http://www.jetro.go.jp/
独立行政法人住宅金融支援機構　http://www.jhf.go.jp/
独立行政法人雇用・能力開発機構　http://www.ehdo.go.jp/
株式会社日本政策金融公庫　http://www.jfc.go.jp/
社団法人全国信用保証協会連合会　http://www.zenshinhoren.or.jp/
一般社団法人全国銀行協会　http://www.zenginkyo.or.jp/
株式会社全銀電子債権ネットワーク（でんさいネット）　http://www.densai.net/
株式会社みずほ銀行　http://www.mizuhobank.co.jp/
株式会社三菱東京UFJ銀行　http://www.bk.mufg.jp/
株式会社三井住友銀行　http://www.smbc.co.jp/
国際銀行間通信協会（SWIFT）　http://www.swift.com/
英国銀行協会（BBA）　http://www.bba.org.uk/
国際商業会議所（ICC）　http://www.iccwbo.org/
CLS銀行（CLS Group）　http://www.cls-group.com/
米政府監査院（U.S. GAO）　http://www.gao.gov/

事項索引

◆A～Z

ABS：Asset Backed Security............105
Acceptance Advice..................231, 233
Acceptance Rate......................158, 159
Actual Position................260, 419, 420
Advise and Credit..................196, 198
Advise and Pay............................198
Advising Bank.........................213, 219
Advising Charge..........................219
Agent..98
Airway Bill..............................207, 209
Amend Charge..............................219
Amend (ment)........214, 219, 334, 342
Anti-deficiency Law......................106
Applicant................212, 213, 228, 230
Arbitrage.....................................252
Arranger.......................................98
A/S Buying.................158, 159, 214, 236
A/Sレート..............................336, 337
At Sight................................222, 223
At Sight Buying............................158
Bank Acceptance..........................161
Banker's Acceptance Bill................231
B/A Rate：Banker's Acceptance Rate
....160
B/A市場..............................230, 231
B/Aレート....................159, 161, 231
BBA：British Bankers Association
....161, 251
B/Cディスカウント
.................217, 225, 227, 232, 233
B/Cベース............................224, 226
Beneficiary..............212, 213, 228, 230
Bilateral.....................................101
Bill of Exchange...........205, 207, 208
B/L：Bill of Lading
...................205, 207, 208, 218, 223

B/S：Balance Sheet......281, 282, 287, 288,
  324～326, 402, 403, 420, 421, 447
Buyer....................................212, 233
C/A：Credit Advice...............195, 234
Cable Charge...............................219
Cable Negotiation........................214
Cash....................151, 153, 235, 236
Cash Buying......................158, 160, 236
Cash Selling......................158, 160, 236
Cash幅.....................158, 160, 236, 237
Certificate of Origin.....................207
CHAPS.......................................196
Check...204
CHIPS.......................................196
C.I.F.：Cost, Insurance, Freight.....209
CIF：Customer Information File
....15～21, 38～41, 76～80, 119, 264, 265,
  272, 273, 453
Clean Bill.............................202, 204
Clean Check...............................204
Clean L/C....................................221
CLS：Continuous Linked Settlement
....195, 453
CLS銀行..............................195, 259
CMBS：Commercial Mortgage
  Backed Security..........................105
CMF：Customer Management File......15
Collection...................................205
Combined L/C............................219
Commercial Invoice...............207, 208
Confirmation Instruction..............220
Confirmed L/C............................220
Confirming Bank.........................220
Consignee..................................212
Continental Term........................247
Contract Slip..............................242
Corres. Charge............................196
Correspondent Agreement..........195

事項索引　457

Correspondent Arrangement ……… 195
Credit Facility ……… 230
Creditor ……… 282
D/A：Document against Acceptance
　……… 204, 224, 225, 232
D/D：Demand Draft …… 151, 153, 194, 200
DDB：Demand Draft Buying ……… 159
DD取引：Direct Dealing ……… 155
Deal（ing）Date ……… 255
Debtor ……… 282
Depository Correspondent
　（Agreement）……… 195
Discount ……… 205, 225, 251
Discrepancy ……… 214, 218
Documentary Bill ……… 202, 203, 205
Documentary Draft ……… 205
Documentary L/C ……… 221
Document Check ……… 214
D/P：Document against Payment
　……… 204, 224, 225, 232
D/P D/A Buying ……… 158, 159
Due from Foreign Banks ……… 196
Due to Foreign Banks ……… 196
Exchange Account ……… 419
Exchange取引 …… 321〜325, 418, 425, 426, 429, 437, 439, 442
Exporter ……… 212
Federal Fund Target Rate ……… 161
FEDWIRE ……… 196
F.O.B.：Free on Board ……… 209
Forfaiting ……… 215
FORWARD
　…… 154, 156, 157, 240, 241, 248, 256〜258
Forward Exchange Account ……… 419
Forward Position ……… 260
FPA：Forward Position Account ……… 419
FRB：Federal Reserve Board ……… 161
Freight Usance ……… 226
ICC：International Chamber of
　Commerce ……… 206
Importer ……… 212
Incoterms ……… 208

Interbank Market ……… 154
Internal Contract ……… 382
I/P：Insurance Policy ……… 207, 209
Irrevocable L/C ……… 220
ISO4217 ……… 163, 418
Issuing Bank ……… 213, 228, 230
JIS地名コード ……… 17
JOM：Japan Offshore Market ……… 254
L/C：Letter of Credi
　……… 181, 183, 204, 206, 207, 216, 218
L/C Combine ……… 219
L/C付 ……… 202〜204, 212, 216, 217, 223
L/C付一覧払手形買相場 ……… 158
L/C付期限付手形買相場 ……… 158
L/C付取引 ……… 223
L/Cなし ……… 203, 204, 217, 218, 224
L/Cなし一覧払手形買相場 ……… 158
L/Cなし取引 ……… 224
L/Cベース ……… 223, 226
L/G：Letter of Guarantee
　…… 151, 214, 218, 225, 226, 341, 352, 353
L/Gネゴ（L/G Negotiation）……… 214, 226
LIBOR：London Inter-Bank Offered
　Rate …… 160, 161, 187〜189, 251, 252, 267, 383, 384
Lifting Charge ……… 236, 237
Long ……… 262
Marked to Market ……… 303
Minimum Charge ……… 237, 238
Money Order ……… 194
MS：Magnetic Stripe ……… 41, 273, 274
M/T：Mail Transfer …… 151, 153, 194, 199
Negotiation ……… 205
Negotiation Bank ……… 213, 228, 230, 233
Net Actual Balance ……… 260
Net Actual Position ……… 419, 420
Net Balance ……… 260
Net Forward Balance ……… 260
Net Forward Position ……… 419〜421
New York Term ……… 246, 247
Nominal ……… 322
Non-Correspondent ……… 195

Non-Depository Correspondent ……… 195
Non-Exchange取引 ……… 321〜325, 418, 425, 427, 430, 437〜439, 441, 442, 444
Nostro Account ……… 196
O/D：Over Draft ……… 196
O/N：Over Night
 ……… 256, 407〜409, 415, 416
Onshore ……… 254
Open Confirm ……… 220
Open L/C ……… 221
Ordinary Transfer ……… 194
Other Currency ……… 157
OUR REF. NO.：Our Reference Number ……… 265, 266
Overall Position ……… 260
Over-bought Position ……… 260
Over-night Position ……… 262
Over-sold Position ……… 262
P.A. ……… 383
Packing List ……… 207
Participant ……… 98
Paying Bank ……… 233
Pay on Application ……… 199
Pay on Demand ……… 199
Per Annum ……… 383
P/L：Profit and Loss Statement
 ……… 282, 287, 288, 324〜326, 403, 447
P/O：Payment Order ……… 195, 198, 199
Position ……… 249, 260
Postage ……… 219
Premium ……… 251
Promissory Note ……… 204, 224
PVP：Payment Versus Payment ……… 195
Reconcile ……… 268, 299
Recourse Loan ……… 105
Refinance ……… 224, 230
Reimbursing Bank ……… 213, 228
Restricted L/C ……… 221
Revocable L/C ……… 220
Revolving L/C ……… 221
RTGS：Real-Time Gross Settlement
 ……… 127

Seller ……… 212
Shipper ……… 212, 233
Shippers Usance ……… 225
Shipping Documents ……… 205, 206, 223
Short ……… 262
Silent Confirm ……… 220
S/N：Spot Next ……… 256, 407〜409, 416
SPA：Spot Position Account ……… 419
SPC：Special Purpose Company ……… 106
SPOT
 ……… 154, 156, 240, 241, 248, 249, 256〜258
SPOT相場 ……… 157, 159
Square ……… 249, 262
Square Position ……… 249, 262
Stand-by Credit ……… 223
SWIFT：Society for Worldwide Interbank Financial Telecommunication ……… 123, 193〜195, 197〜199, 201, 213, 219, 453〜455
SWIFTコード ……… 418
SWIFTシステム ……… 193, 194, 213
TARGET ……… 196
T/C：Traveler's Check
 ……… 151, 153, 158, 208, 235〜239
T/C発行手数料 ……… 236, 238
Tenor ……… 222, 223
THEIR REF. NO.：Their Reference No. ……… 266
Through Charge ……… 196
TIBOR：Tokyo Interbank Offered Rate ……… 254
T/N：Tomorrow Next
 ……… 256, 407〜409, 415, 416
Tokyo Dollar Clearing ……… 196
Transferable L/C ……… 221
T/R：Trust Receipt
 ……… 151, 218, 226, 228〜232, 341, 352, 353
T/T：Telegraphic Transfer
 ……… 151, 153, 158, 164, 165, 184, 194, 196
TTB：Telegraphic Transfer Buying
 ……… 158〜160, 164, 165, 167, 183, 184, 212, 238, 245, 269, 274, 275, 322, 323, 325

事項索引 459

TTM：Telegraphic Transfer Middle
　Rate ……… 157〜159, 167, 175〜180, 269,
　322, 323
TTS：Telegraphic Transfer Selling
　…… 158, 159, 164, 165, 167, 170, 176, 183,
　　184, 197, 200, 229, 232, 233, 237, 238,
　　269, 323, 325
TT幅 ………………159, 160, 167, 236, 237
T字 …………………………19, 39, 78, 271, 285
Tバー ……………………19, 39, 78, 271, 285, 429
UCP：The Uniform Customs and
　Practice for Documentary Credits
　……………………………………… 206, 207, 222
Unconfirmed L/C ………………………… 220
URC：The Uniform Rules for
　Collections ………………………………… 210
Usance ………………………………… 222, 223
Usance Buying ……………… 158〜160, 214
U.S. Prime Rate ……………………… 159, 161
Value Date …………………………………… 255
Vostro Account ………………………………… 196
Weight Certificate …………………… 207, 209
With L/C ……………………………………… 223
Without L/C ………………………………… 224
Without L/C A/S Buying ……………… 158

◆あ
アービトラージ ……………………………… 252
アウトライト ………………………… 244, 258, 421
アクセプタンス方式 ………………… 224, 230
アザ・カレ …………………………………… 157
後取 ………79, 82, 83, 89, 96, 107, 110, 111,
　　113, 187〜189, 305, 306, 309, 310, 318,
　　375, 433, 449
後払 ……………… 305, 306, 309, 314, 385, 392
アレンジャー ……………………………… 98〜100

◆い
異種通貨ユーザンス …………………………… 224
委託銀行 ………………… 121, 122, 145〜147
一見客 ……………………………………………… 15
一部繰上返済 ……………………………… 109

一覧後定期払 ……………………………… 222
一覧払 …………………… 222, 228, 341, 343
一覧払手形 ……208, 214, 216, 217, 222, 224,
　　225, 227, 228, 232
一括貸付 ……… 65, 73, 83, 85, 86, 96, 107, 110,
　　113, 114, 188, 190
一括返済 ……… 66, 67, 73, 74, 83, 98, 188, 190
一定期間渡し ……………………… 242〜244, 406
一般横線 ……………………………………… 128
一般型 ……………………………………… 50, 51
一般財産形成預金 ……………………… 52, 53
一般線引 ……………………………………… 128
違約金 ……………… 67, 73, 174, 175, 178, 188
印鑑登録証明（書）……… 16, 17, 25, 64, 134
インコタームズ …………………………… 208
インターナル・コントラクト方式
　………………………………………… 382〜384, 388
インパクトローン ………………………… 182

◆う
受入雑利息（残高）
　……………………… 390, 392〜395, 398, 399
受取銀行 ……………………………………… 120
内訳口 ………………………… 422〜424, 428
裏書 ……………………………………… 85〜87, 208
裏書譲渡 ………………………… 85〜88, 128, 138
裏書人 ………………………………… 88, 128, 138
売持 …………………………………… 262, 420
売渡外国為替 …… 261, 263, 269, 323, 325,
　　350〜352, 354〜356, 425, 426, 429〜431
運賃・保険料込 ……………………………… 209
運賃保険料ユーザンス
　………………………… 151, 218, 226, 341, 354

◆え
英国銀行協会 …………………………… 161, 251
エージェント ……………………………… 98〜100
円貨縛り ……………………………………… 245
円為替手数料 ……………………………… 237
円建B/A ……………………………………… 161
円持値 ………………………………… 400, 408

◆お

横線なし··128
大口定期預金···37
オーバーナイト································256, 257
オープン···245
オープン・コンファーム·························220
オープン信用状···221
乙号T/R···226
おどり利息···75
オフショア市場·······119, 153, 253, 254, 284
オフショア店··284
オフバランス
　···························92, 192, 319, 420, 421, 427, 428
オフバランス取引···································372
オンショア··254

◆か

買入外国為替·····················261, 263, 269, 336〜339
外－外取引··254
海外本支店勘定······································284
外貨現金·········158, 167, 235〜237, 261, 269,
　323, 419, 420
外貨コールマネー·····················373, 374, 387, 392
外貨コールマネー利息（残高）
　···373, 387, 390, 392, 393
外貨コールローン···························374, 375
外貨コールローン利息（残高）···········375
外貨証書貸付利息··························369, 370
外貨損益···························377, 432, 444, 446
外貨損益邦貨振替···············432, 444〜446
外貨建資産（科目）···············378, 379, 399,
　401〜405, 436, 437, 441〜444
外貨建資産・負債（科目）
　···························377, 378, 402〜404, 436, 437, 441
外貨建負債（科目）
　···························379, 401〜405, 437, 438, 442〜444
外貨定期預金利息········362〜366, 445, 446
外貨手形貸付利息（残高）
　···368, 433〜436, 445
外貨取扱手数料······················212, 236, 237
外貨普通預金利息·················271, 359, 360
外貨利息積数······················272, 274, 275

外銀ユーザンス
　···························217, 224, 227, 230, 341, 346〜348
外国為替受入利息··························336, 337
外国為替円決済（制度）···············123, 258
外国為替及び外国貿易管理法············119
外国為替先物取引約定書······················185
外国為替売買益
　···························400, 402〜405, 414, 442, 444
外国為替売買損·······400, 414, 415, 417, 442
外国他店預かり·······195, 196, 261, 268, 283
外国他店預け
　···························195, 196, 261, 263, 268, 283, 329
外国通貨建···247
外国向為替手形取引約定書·········185, 214
外為円決済（制度）·······126, 196, 453, 454
外為自由化···235
外為法···························6, 119, 155, 163, 168, 283
回転信用状······································221, 222
買取銀行
　···························212〜215, 218〜220, 227〜234, 238
買持·································260, 262, 420, 421
買戻·······61, 86, 182, 205, 214, 215, 336〜338
解約予告··49
カウンタDB······································448〜451
書換··33, 72〜74, 187
隔地手形···129
確定日払···223
確定日渡し·······243, 244, 257, 258, 406, 415
確認銀行···220, 333
確認指図···220
確認信用状·····························220, 333〜339
瑕疵··214, 218
貸付金償却···320
貸付人··98, 99
片端·······6, 7, 9〜11, 36, 45, 46, 74, 129, 130,
　310, 314, 377, 391, 409, 414〜417, 432
仮定相場···322
過振···89
荷物貸渡···226
借入人··98, 99
仮受金··························261, 281, 303, 376
仮換算相場···322

事項索引　461

仮換算レート ……………………………… 322
仮勘定 ……………………………… 303, 376, 431
貸越利息積数 ……………………… 45, 46, 89
仮払金 ………………………… 261, 281, 303, 376
為替換算調整勘定 ………………… 327, 329〜333
為替差益 …… 164〜166, 168, 169, 171〜173,
　　183〜185, 249, 262, 282
為替差損
　　………… 164, 165, 183〜185, 249, 262, 282
為替損益 ……… 248, 262, 390, 399, 400, 405,
　　436, 441, 442
元加 ……………………………………………… 6
元金均等返済
　　………………… 67〜70, 73, 83, 96, 109, 190
元金継続（型）……………… 34, 36, 172, 292
換算為替差金勘定 …………………………… 329
換算調整勘定 …………………… 327, 329〜333
幹事行 …………………………………… 98〜100
勘定起票機能 ………………………………… 455
勘定系システム ……… 15, 18, 148, 265, 447,
　　451, 453, 454
勘定式 ………………………………………… 278
勘定締取引 …………………………………… 450
勘定取引 ………………… 19, 20, 39, 40, 78, 271
関税納付保証 ………………………………… 191
間接アクセス方式 …………………… 133, 134
元利均等返済 ……… 66〜70, 73, 83, 96, 107,
　　109〜115, 190
元利継続（型）………… 34, 36, 172, 292, 362,
　　365, 366
管理通貨 ……………………………………… 424

◆き

期間按分 ……… 306〜308, 310, 317, 376, 432
期間該当額 …………… 309〜317, 392〜394,
　　433〜436
期間概念 …………………………… 308, 390, 400
期限付手形 …… 208, 214, 215, 217, 222, 225,
　　227, 230〜233
期後利息 ……………………………… 34, 35, 173
期日管理機能 ………………………………… 455
期日指定定期預金 ……………………… 37, 52

期日指定方式 ………………………………… 33, 34
期日前解約 …………………………… 32, 172
期日前返済 …………………………… 67, 188
既収未経過補正（額）…… 308, 309, 313, 436
期近物 ……………………………… 257, 258
期流れ（利息）…………………………… 34, 173
既払未経過補正（額）…………… 309, 316, 317
起票レート …………… 321〜325, 327〜332
基本通貨単位 ………… 152, 158, 166, 167, 170,
　　171, 173, 174, 246, 247
逆為替 ……………………………… 118, 120, 202
逆スイング ……………………………………… 28
求償銀行 ………………… 213, 215, 228, 229
休眠口座 ………………………………………… 4
狭義の外為 …………………………………… 150
協調融資 ………………………………………… 98
業務報告書 …………………………… 300, 304
極度貸付 …… 65, 66, 73, 83, 89, 90, 188, 190
極度稟議 ……………………………………… 66
居住・非居住区分 …………………… 282, 283
記録原簿 ………………………… 131, 132, 136, 137
金額階層別利率 ……………………… 26, 27
金額別利率 …………………………… 26, 27
銀行間市場 ……………………… 154, 155, 157, 159
銀行取引停止（処分）………………… 25, 133
銀行取引約定書 ………… 63, 64, 76, 86, 185
銀行の事業年度 …………………………… 300
銀行引受 ………………………………………… 161
銀行引受手形 ……… 85, 161, 231, 232
銀行引受手形割引率 ……………………… 161
銀行法 ……………………… 62, 90, 162, 300
銀行法施行規則 …………………………… 162
金銭債権 ……………………………………… 131
金銭消費貸借契約 …………………… 71, 186
金銭消費貸借契約証書
　　……………………… 61, 64, 84, 182, 188
金融商品取引法 …………… 55, 57, 162, 301
金利織込相場 ……………………… 158, 159
金利込相場 ………………………………… 158
金利幅 ……………………… 158, 159, 236, 238
金利平価理論 ……………………………… 250
勤労者財産形成促進法 …………………… 52

勤労者財産形成貯蓄制度·················· 52

◆く
偶発債務·········90, 219, 223, 283, 284, 334,
　　337, 338, 341, 342, 344, 345, 347, 371
組戻······································141
組戻手数料···························141, 198
繰上返済···················67, 73, 188, 190, 452
クリーン信用状···························221, 223
クリーン手形・小切手
　　······182, 202, 204, 210, 211, 223, 339, 340
クリーンローン···································255
クリーンローン借入························254, 255
クロス··································245, 246, 258
クロス相場·····································246

◆け
経過利息··55
経済的要件······································135
計上先区分·····································282
経理システム
　　············305, 376, 432, 447, 448, 450, 451
ケーブル・ネゴ·································214
決済用預金····················2, 11, 12, 25, 162, 163
決算準備手続···············301, 302, 304, 375, 431
決算手続·················301, 302, 305, 375, 403, 431
決算本手続···············301〜304, 376, 390, 432
月次決算··········301, 302, 305, 375, 377, 394,
　　400, 414, 431, 433, 442
現価係数·········404〜406, 412, 414, 416, 417
現金化
　　·······60, 126, 128, 130, 182, 204, 205, 281
原産地証明書·····································207
現地借入保証·····································191
限度貸付···················65, 66, 73, 83, 188, 190
限度稟議···66

◆こ
交換尻···127
交換持帰····························126, 127, 142
交換持出····························126, 127, 142
広義の外為··150

公共工事履行保証······························91
航空貨物運送状···························207, 209
甲号T/R··226
口座管理機能···································454
口座入金·································196, 198
公示相場·······156〜159, 166, 175, 176, 178,
　　179, 186, 212, 214, 229, 232, 233, 236,
　　241, 267, 269〜271, 274, 275, 322
公示相場仲値
　　··························175, 178, 179, 322, 377, 433
公的な証明書····································17
公表相場···································156, 157
コール市場······················153, 154, 253, 255
コールマネー·············255, 261, 307, 316, 317
コールマネー利息（残高）
　　··307, 315〜317
コールローン································255, 261
国際銀行間通信協会···························193
国際商業会議所······················206, 208, 210
後日取消································286, 287
ごとうび（五十日）······························13
個別紐付方式·····························382, 383, 388
個別元帳··302
個別稟議···65
コルレス契約········193, 195〜200, 210, 213,
　　219, 227, 228, 230, 233, 267
コルレスチャージ·······························196
コントラクト・スリップ·························242
梱包明細書······································207

◆さ
債権者請求方式···························135〜137
債権譲渡担保権·····························103, 104
債権譲渡登記制度································103
再構築コスト·································57, 175
財産形成住宅預金···························52〜54
財産形成年金預金···························52〜54
財産の評価··································303〜305, 319
最終TTM·········322, 378, 379, 381, 399, 401,
　　437, 438, 440, 442〜445
再調達······································224, 230
再調達コスト····································175

裁定	246, 247, 252
裁定相場	246
最低手数料	237, 238
裁定取引	252
債務者区分	76, 77
債務者請求方式	135, 136
財務状態維持条項	101
財務諸表	278, 279, 301〜304, 436
財務制限条項	101
最優遇貸出金利	72
サイレント・コンファーム	220
再割引	159, 160, 230, 231
先々スワップ物	258
先物為替の引直	301, 304, 372, 376, 404〜406, 421, 432, 444, 448
先物為替予約	165, 184, 185, 240, 427, 453
先物期日	406, 408, 409, 412〜415, 417
先物相場	156, 241, 251, 252, 267, 385
先物通貨振替勘定	419〜421
先物振替勘定	419
先物持高	260, 261, 420, 421, 427
鞘	72, 187, 189, 241
鞘取取引	252
残高スライド方式	111, 112

◆し

時間外手数料	150, 282, 290
直先差金補正額（合計）	394〜399
直先差金補正金額	388〜391
直先差金補正金額（合計）	394〜399
直先スプレッド	250〜252, 383, 385, 406〜409, 415, 416
磁気ストライプ	41, 42, 273, 274
直物外貨建資産	399, 436, 437, 441〜443
直物外貨建資産・負債（科目）	399, 436, 441
直物外貨建負債	399, 442〜444
直物為替・先物為替の引直	301, 304, 448
直物為替の仲値評価替	301, 304, 322, 327, 376, 377, 379, 381, 399, 402, 404, 432, 436, 438, 448
直物為替の引直	304, 376, 377, 399〜403, 405, 420, 432, 436, 441〜443
直物為替予約	241
直物相場	151, 156, 246, 250, 251, 419
直物通貨振替勘定	419
直物振替勘定	419
直物持高	260, 261, 419〜421
事業年度	300, 301, 305
資金化	126, 128〜130, 205, 231
資金関連スワップの直先差金補正	304, 376, 382, 432, 441
資金決済機能	455
資金決済に関する法律	119
資金決済に関する法律施行令	119
資金損益	390, 399, 400, 405
資金返還請求	146
自行ユーザンス	224
自国通貨建	247
資産担保証券	105
持参人払式	128
システミックリスク	127
質権	103, 104, 109
実質残高	130
実質破綻先	307
シッパーズ・ユーザンス	217, 218, 225
時点ネット決済	127
自動解約（型）	34, 172
自動継続	33, 34, 36, 44, 51, 52, 54, 172
支払銀行	120, 122, 129, 130, 210, 211, 230〜234
支払指図	195, 198, 199, 211, 231, 259
支払雑利息	396, 397, 399
支払承諾	61, 90, 93, 192, 284, 325, 347, 348
支払承諾（L/G・T/R）	353
支払承諾（外銀）	346〜349
支払承諾（確認口）	334〜337
支払承諾（その他）	371, 372
支払承諾（輸入LC）	341〜347
支払承諾・同見返	334, 336, 341, 353, 371
支払承諾見返	93, 192, 284, 323, 325
支払承諾見返（L/G・T/R）	353

支払承諾見返(外銀)	347〜349		譲渡人	56, 137, 138
支払承諾見返(確認口)	334〜337		譲渡(保証)記録	138, 139
支払承諾見返(その他)	371, 372		消費税預かり金	290, 293, 298, 299
支払承諾見返(輸入LC)	341〜345, 347		消費税法基本通達	150
支払承諾約定書	90		商法	4
支払不能	127, 133, 220		消滅時効	4
支払渡	204, 224		所得税法	5
四半期決算	301		シンジケート団	98
仕向銀行	120, 141〜145, 196〜201		新日銀ネット	126
仕向・被仕向銀行	142, 143		信用供与枠	230
締上取引	450		信用状付	
指名債権	56, 131, 132			202, 203, 208, 215〜217, 223, 226
指名債権譲渡方式	56		信用状付取引	204, 206, 209, 212, 223
締後取引	449, 450		信用状統一規則	206, 210
収益の繰延	305		信用状取引約定書	185
収益の見越	305		信用状なし	203, 208, 217, 218, 224, 226
自由金利型定期預金	35		信用状なし取引	204, 206, 209, 224, 225
住宅金融支援機構	107		信用状の確認	220, 336
重量証明書	207, 209		信用状発行銀行	202〜204, 207〜209,
受益者	212, 219, 220			212, 214, 216〜220, 224, 227, 228, 230,
受託銀行	121, 122, 145〜147			333, 338, 341, 342
出資法	102		信用保証協会法	94
順為替	118, 119, 202		信用保証書	94, 95
順月渡し	242〜244, 406		信用保証制度	94
順スイング	28			
証貸	82		◆す	
商業送り状	206〜208, 214		随時貸付	65, 111〜114
商業信用状	208		随時返済	67, 89, 98, 102, 112〜114
商業手形	73, 85		睡眠口座	4
商業手形担保貸付	73		スイングサービス	27
商業登記簿謄本	16, 17, 25, 64, 134		スーパー定期	
商業不動産担保証券	105			32, 33, 35, 37〜39, 44, 50, 52
条件変更			据置期間	37, 48, 49, 170
	214, 219, 221, 334, 336, 341, 342, 353		スクエア	248, 249, 262
条件変更手数料	219		スタンド・バイ・クレジット	
証書貸付利息	282, 295			216, 223, 341, 353
商手	73		ステートメント	26, 169, 268
譲渡可能信用状	221		ステートメント方式	6, 16
譲渡記録	137, 138		スポットレート	383〜385
譲渡記録請求	137		スポネ	256, 257
譲渡担保権	103, 104		スルーチャージ	196
譲渡通知書	56		スワップ付	245

事項索引 465

スワップ付外貨貸付‥‥‥‥‥‥185, 382
スワップ付外貨定期預金‥‥‥‥165, 382

◆せ
請求払‥‥‥‥‥‥‥‥‥‥‥‥‥‥199
税金延納保証‥‥‥‥‥‥‥‥‥‥‥91
正常先‥‥‥‥‥‥‥‥‥‥‥‥‥‥76
正常取引‥‥‥‥‥‥‥‥‥‥‥286, 287
政府系金融機関‥‥‥‥‥‥‥‥94～97
責任共有制度‥‥‥‥‥‥‥‥‥‥‥93
責任財産限定型貸付‥‥‥‥‥‥‥105
全額繰上返済‥‥‥‥‥‥‥‥‥‥109
全銀行参加型‥‥‥‥‥‥‥‥133, 134
全銀システム‥‥‥‥120～125, 134, 141, 143～148, 193, 259, 452, 453, 455
全銀電子債権ネットワーク‥‥‥‥133
全国銀行協会（全銀協）
‥‥‥‥‥75, 98, 124, 127, 128, 133, 259
全国銀行データ通信システム‥‥‥124
前日勘定取引‥‥‥‥‥‥‥‥‥‥450
線引なし‥‥‥‥‥‥‥‥‥‥‥‥128
先方勘定‥‥‥‥‥‥‥‥‥‥‥‥196

◆そ
総勘‥‥‥‥‥‥‥‥‥279, 287, 288, 324
総勘定元帳
‥‥‥‥279, 280, 287, 288, 301, 302, 325, 448
送金為替
‥‥‥‥‥118～121, 123, 140, 193, 195, 202
送金小切手
‥‥‥‥‥‥‥145, 153, 194, 200, 201, 355, 356
送金手数料‥‥‥‥‥194, 197, 200, 430
総合持高‥‥‥‥‥‥‥‥‥‥260, 261
遡求‥‥‥‥‥‥‥‥‥‥‥86～88, 138
遡及‥‥‥‥‥‥‥‥‥‥‥‥‥‥‥54
遡及型貸付‥‥‥‥‥‥‥‥‥‥‥105
即時グロス決済‥‥‥‥‥‥‥125, 127
属性要件‥‥‥‥‥‥‥‥‥‥‥‥135
租税条約‥‥‥‥‥‥‥‥‥5, 168, 357
その他資産・その他負債
‥‥‥‥‥‥‥‥‥‥378, 380, 381, 439, 440
その他輸入保証‥‥‥‥‥‥‥‥‥353

損益計算書‥‥‥‥278～280, 282, 288, 300, 304, 305, 307, 308, 311, 318, 433
損益通算‥‥‥‥‥‥‥‥‥‥‥‥165
損益補正‥‥‥‥‥283, 301, 303, 305, 306, 308, 376, 377, 390～393, 399, 405, 432, 441, 444, 446, 448
損害金‥‥‥‥‥‥‥57, 67, 73, 174, 178, 188

◆た
ターム物‥‥‥‥‥‥‥‥‥‥256, 258
タームローン‥‥‥‥‥‥‥‥‥‥‥98
代位弁済‥‥‥‥‥‥‥‥‥90, 94, 190
対円‥‥‥‥‥‥‥‥‥‥245, 246, 258
代金支払保証‥‥‥‥‥‥‥‥‥‥‥91
代金取立‥‥‥‥‥118, 120～123, 140, 153, 193, 195, 202, 208, 299, 300
対顧客市場‥‥‥‥‥‥‥‥‥154, 155
対顧適用レート‥‥‥‥‥322～325, 327, 328, 330～332, 334, 400, 401, 418
貸借区分‥‥‥‥‥‥‥‥‥‥282, 449
貸借対照表‥‥‥‥93, 192, 278～282, 288, 300, 304, 311, 318, 319, 372, 380, 381, 420, 427, 433, 439, 440
タイボー‥‥‥‥‥‥‥‥‥‥‥‥254
他行宛‥‥‥‥‥‥‥‥‥125, 140, 142, 299
他行宛振込‥‥‥‥‥‥‥‥148, 452, 453
多通貨会計‥‥‥‥‥278, 321, 324, 325, 418, 421, 424, 425, 431, 435, 444, 448, 449
立替金利‥‥‥‥‥‥‥‥‥‥159, 160
建値‥‥‥‥‥‥‥‥‥‥208, 246, 267
他店券‥‥‥‥‥‥‥‥‥‥‥‥‥128
他店券過振‥‥‥‥‥‥‥‥‥‥‥130
単一通貨会計‥‥‥‥‥‥278, 321, 324～327, 333, 375, 418, 424, 431, 435, 441, 442, 444, 448, 449
短期プライムレート‥‥‥‥45, 71, 72, 78, 80, 85, 86, 89, 98, 111, 112, 160, 161, 383, 385
短資会社‥‥‥‥‥‥‥‥154, 155, 253
団体信用生命保険‥‥‥‥108, 109, 114
単通貨会計‥‥‥‥‥‥‥‥‥‥‥321
担保裏書‥‥‥‥‥‥‥‥‥‥‥‥138

担保荷物貸渡 226
単利型 33

◆ち
中間業務報告書 300
中間決算 300, 301
中間事業年度 300
中間利払 ...... 33～36, 39, 40, 55, 57, 172, 291,
    362, 363
中小企業事業 95, 96
中途解約
    ...... 32, 35, 37, 55～57, 172, 174, 175, 178
中途解約利率 32
超過額積立 50
長期・短期区分 282, 283
長期プライムレート 82, 83, 96, 98, 107,
    108, 110, 113, 114
直接貸付 96, 97

◆つ
通貨振替勘定 .... 324, 418～424, 431
通貨振替勘定（円貨） 419, 428
通貨振替勘定（外貨） 419, 429
通貨振替本支店勘定 431
通貨振替本支店勘定（円貨） 428
通貨振替本支店勘定（外貨） 429
通知銀行
    .... 213, 219～221, 227, 228, 230, 341
通知手数料 219
通知払 198

◆て
呈示期間 128, 131, 132, 145
定時定額積立 50
ディスカウント
    .... 250, 251, 383, 406, 408, 415
ディスクレ 214, 218
手貸 71
手形期間 160, 222, 223, 266
手形期日 .... 25, 60, 74, 85～87, 128, 132,
    145, 146, 160, 182, 232, 233, 346

手形交換 86, 87, 123, 125, 128, 129, 142,
    143, 238, 259
手形交換所 ...... 121, 123, 126～130, 132, 133,
    142, 143, 146, 147
手形交換尻 127
手形交換制度
    .... 120, 122, 123, 126, 128, 134
手形専用当座預金 25
手形的利用 133
手形法 71, 86, 88
手形持帰 127
手形持出 127
手形要件 71, 186
デポ・コルレス 195, 196, 210, 268
テレ為替 140
店群管理 14
でんさいネット .... 133～139
電子記録債権 .... 131～133, 135, 138
電子記録債権制度 123, 131, 133
電子記録債権法 123, 131
電子債権記録機関 .... 131～133
電信送金 .... 153, 194, 196～200, 355, 356
電信料 219

◆と
東京オフショア市場
    .... 119, 153, 253, 254, 284
東京外国為替市場 246, 253
東京・ドル・クリアリング 196
東京ドルコール市場 253, 255
当行宛 141, 142
当行宛振込 148
当座貸越約定書 88
当座貸越枠 196
当座預金系 124, 126, 259
当座預金取引照合表 6, 25, 169
動産譲渡登記制度 103
動産担保融資 102
当日取消 286
当日物 255, 256
当店券 128
当方勘定 196

ドキュメントチェック
　　……………………213, 214, 228, 230, 231
特定横線 ……………………………… 128
特定期間渡し ………………… 243, 406
特定線引 ……………………………… 128
特定融資枠契約 ……………………… 101
特定融資枠契約に関する法律 …… 101, 102
特定預金 ……………………………… 162
特別国際金融取引勘定 ……………… 254
特別本支店勘定 ……………………… 284
特別目的会社 ………………………… 106
トムネ ………………………………… 256
トラベラーズチェック ………… 151, 235
取組日 ……………… 255, 384, 387, 391
取消可能信用状 ………………… 220, 221
取消不能信用状 ……………………… 220
取立外国為替 ………… 261, 263, 323, 325
取立為替 …………… 118, 120, 193, 202
取立銀行 ……… 122, 129, 130, 132, 210〜212
取立手数料 ………………… 129, 211, 339
取立統一規則 ………………………… 210
取引管理機能 ………………………… 454
取引停止（処分） …………………… 133
ドルコール市場 ……………………… 253

◆な
名宛人 ………………… 207, 208, 214
内外分離型 …………………………… 254
内部取引方式 …………………… 382, 383
並為替 ………………… 118, 119, 202

◆に
荷受人 ………………… 208, 209, 212
荷為替信用状 …………………… 208, 221
荷為替手形 ……… 85, 202〜206, 208, 209, 211〜214, 219, 221, 223, 224, 335, 336, 343
日銀預け金 ……………………… 281, 283
日銀鑑定 ……………………………… 30
日銀小切手 …………………………… 258
日銀準備預金制度 …………………… 254

日銀ネット ……120, 122〜126, 134, 141, 143, 148, 193, 196, 258, 259, 452, 453
日次決算 ………………………… 301, 302
日計 ………………… 279, 287, 288, 324
日計表 ………… 279, 280, 304, 325, 326, 448
日本円TIBOR ………………………… 254
日本銀行 ……… 120, 121, 124, 126, 154, 155
日本銀行金融ネットワークシステム
　　………………………………… 125, 259
日本政策金融公庫 ……………… 95, 96
日本標準産業分類 ……………………… 17
日本貿易保険 ………………………… 206
荷物引取保証 ………… 209, 225, 341, 352
入金通知
　　……………141〜144, 195, 210, 233, 234, 259
入札保証 ……………………………… 191

◆の
納税貯蓄組合法 ……………………… 29
ノミナルレート ……… 322, 323, 325, 327, 329〜331, 400, 401, 418
ノン・コルレス（銀行）……… 195, 267
ノン・デポ・コルレス（契約）
　　………………………… 195, 196, 210

◆は
パーソナルチェック ………………… 25
パーティシパント …………………… 98
バイラテラル ………………………… 101
破綻懸念先 ……………… 76, 307, 319
破綻先 ………………………………… 307
発生記録 ………………… 136, 137, 139
発生記録請求 …………………… 136, 137
発生主義の原則 ……………………… 305
犯罪収益移転防止法 …………………… 17
判定相場 ……………………… 175〜180

◆ひ
被裏書人 ………………………… 128, 138
非勘定取引 ………… 19, 20, 39, 40, 78, 271
引受銀行 ……………… 217, 230, 231, 346〜348
引受・支払銀行 ……………… 230〜232

引受通知 230, 231, 233
引受渡 204, 224
引直額 403, 408
引直差額
　　　 405, 406, 408, 410〜414, 416, 417
引直相場 404〜406, 408〜412, 414〜416
非居住者
　　　 5, 6, 34, 119, 163, 168, 253, 283, 357
非居住者円 119, 153, 163, 283
非継続型 34, 172, 173
被仕向銀行 120, 141〜145, 196〜201
日締取引 450
非遡及型貸付 105
日付後定期払 222
費用の繰延 305
費用の見越 305

◆ふ
フォーフェイティング 215
複合通帳 44
覆面介入 155
複利型 33
複利計算 35〜37, 54
復興特別所得税 2
不突合 302, 450
船積書類 202〜209, 213〜219, 223〜226,
　　　 228〜233, 343, 344, 346
船荷証券 204〜209, 214, 215, 218,
　　　 224〜226, 228, 229, 232, 233, 352
プライムレート 77, 158, 267
フラット35 107
振替勘定 284, 293, 294, 302, 376, 431
振出人 60, 86, 87, 126, 138, 207, 208, 214
振出日 73, 85, 145, 160, 201
振戻処理 311, 315, 318, 378, 393, 434,
　　　 446, 448, 451
フレート・ユーザンス 218
プレミアム 251, 406, 408
ブローカレッジ 155, 159
不渡(り) 25, 61, 86〜88, 129, 130, 132,
　　　 133, 138, 146, 147, 182, 214, 300, 339
分割貸付 65

分割譲渡 138
分割返済 67, 69, 73, 83, 84, 98, 190
分割割引 138

◆へ
米銀再割引料 159
丙号T/R 226, 341, 352
丙号貨物貸渡 341, 352
米国最優遇貸出金利 159
米国プライムレート 158, 161
ヘルシュタット・リスク 194, 195
変更手数料・取消手数料 243
変動金利型定期預金 37

◆ほ
邦貨・外貨区分 282, 283
邦貨建 247
邦貨振替額 444
邦銀ユーザンス 224
報告式 278
法人税法 5
簿外 92, 192
保管証 218, 352
保険証券 207, 209, 214, 228, 232
ポジション 249, 260
ポジション・スワップ 249
保証記録 138
保証状 138, 214
補償状 214, 218, 225, 226, 352
保証料 61, 92, 93, 107, 109〜111, 113,
　　　 115, 183, 191, 192, 219
補助通貨単位
　　　 152, 166, 167, 169〜171, 174
本決算 301, 302, 305, 400, 414, 415, 431,
　　　 438, 442, 443, 445
本支店勘定 282, 284, 302〜304
本支店勘定（円貨） 429
本支店勘定（外貨） 429, 431
本支店未達勘定 302, 376, 431
本船渡 209
本邦ユーザンス 216, 217, 223, 224,
　　　 226〜229, 265, 323, 325, 341, 343

本邦ユーザンス期日 346, 349, 352
本邦ローン 224

◆ま
前受 306
前受金返還保証 191
前受収益 303, 306, 310, 312, 313, 377,
432～436, 444
前取 .... 71, 72, 80, 85, 86, 91～93, 96, 191,
192, 305, 306, 308, 309, 312, 314, 434,
436
前払
.... 113, 305, 306, 308, 309, 316, 317, 373
前払費用 .... 303, 306, 307, 310, 315～317,
377, 432, 444
まとめ再預入 51, 52
マル専 25
満期指定型 50, 51

◆み
未収既経過補正（額） .... 309～311, 433
未収金 281, 303, 376
未収収益 .... 303, 306, 307, 310～312, 317,
318, 377, 392～398, 432～434, 444
未達勘定 .... 302～304, 376
みなし利息 102
未払外国為替 261, 263, 323, 325
未払既経過補正（額） 309, 310, 314, 392
未払金 281, 303, 376
未払費用 303, 306, 307, 310, 314, 315,
377, 392～398, 432, 444
民法 4, 56, 71, 82, 131

◆む
無確認信用状 .... 220, 333, 336～338

◆め
名目残高 130
メール期間 158, 160, 238
メール金利（幅） 159, 238
メール日数 159, 160

◆も
持高の限度 262

◆や
約定日 243, 255, 258, 306
約定利率 32, 34, 172
約束手形 61, 64, 71, 73, 74, 85, 87, 126,
182, 186, 204, 208, 224, 226, 228～232,
255

◆ゆ
有価証券の時価評価 303
有価証券報告書 278, 304
ユーザンス金利幅 159
郵送料 219
誘導目標金利 161
郵便送金 153, 194, 199, 355, 356
ユーロ円 .... 119, 253～255, 283
ユーロ市場 .... 253～255
ユーロダラー 253
ユーロ取入 255
ユーロ放出 255
輸出者に不利になるような条件変更
（輸出者にとって不利な条件変更）
.... 214, 219
輸出前貸 203, 205
輸出予約 242
譲受人 56, 137, 138
輸入担保貨物保管証 226, 229, 231
輸入手形期日 345, 347, 348, 351
輸入ハネ 218, 226, 227
輸入予約 242

◆よ
要求払い預金 4
要注意先 76

◆ら
ライボー 161

◆り

利益剰余金……282, 288, 303, 304, 311, 318, 403〜405, 433
リコースローン……………………105, 106
リコンサイル……………………268, 299
利鞘……………………………………45, 252
利子税預かり金……20, 21, 40, 271, 272, 281
リストリクト信用状……………………221
利息受取……………………………34, 172
利息決算……3, 5〜8, 20, 26〜28, 30, 34, 166, 168, 173, 271, 272, 291, 296, 329, 358, 360
利息制限法……………………72, 83, 86, 102
利息積数……6〜11, 20, 22, 23, 34, 45, 168, 173, 272, 453
利息・手数料区分……………………282, 283
リファイナンス貸付……………………255
リファイナンス借入……………………254, 255
リファイナンス借入・貸付……………254
リファイナンス手形………224, 254, 255
リファイナンス方式……………224, 230

流動資産一体担保型融資……………102
利用資格要件……………………………135
利用者番号……………………………134, 135
両性勘定…………………………………284
両端………7, 45, 46, 73〜75, 83, 84, 86, 188, 310〜313, 316, 377, 384, 385, 391, 432, 433, 435
旅行小切手……………………………235, 236
稟議………63〜66, 73, 77, 78, 80, 84, 265
臨時金利調整法…………………………24

◆れ

暦月渡し………………………………243, 406
連邦準備制度理事会……………………161

◆ろ

ロンドン銀行間取引金利……………160, 161

◆わ

割引手形…………………………………281
割引料……………………60, 85〜87, 160, 182

図解で学ぶ
SEのための銀行三大業務入門【第2版】

平成26年5月13日　第1刷発行
（平成22年12月18日　初版発行）

著　者　室　　　勝
発行者　小田　徹
印刷所　図書印刷株式会社

〒160-8520　東京都新宿区南元町19
発　行　所　一般社団法人 金融財政事情研究会
　　　編集部　TEL 03（3355）2251　FAX 03（3357）7416
販　　売　株式会社きんざい
　　　販売受付　TEL 03（3358）2891　FAX 03（3358）0037
　　　URL http://www.kinzai.jp/

・本書の内容の一部あるいは全部を無断で複写・複製・転訳載すること、および磁気または光記録媒体、コンピュータネットワーク上等へ入力することは、法律で認められた場合を除き、著作者および出版社の権利の侵害となります。
・落丁・乱丁本はお取替えいたします。定価はカバーに表示してあります。

ISBN978-4-322-12447-7